INTRODUCTION
TO GERMAN

Elke E. Godfrey

Prentice/Hall International

ENGLEWOOD CLIFFS, NEW JERSEY   LONDON   NEW DELHI
SINGAPORE   SYDNEY   TOKYO   TORONTO   WELLINGTON

ISBN   0-13-484378-9

Prentice-Hall International, Inc., London
Prentice-Hall of Australia Pty. Ltd., Sydney
Prentice-Hall of Canada, Ltd., Toronto
Prentice-Hall of India Private Limited, New Delhi
Prentice-Hall of Japan, Inc., Tokyo
Prentice-Hall of Southeast Asia Ptd. Ltd., Singapore
Prentice-Hall, Inc., Englewood Cliffs, New Jersey

Printed and bound in Great Britain

Contents

Scope and Sequence Chart

PART ONE (Lektion 1-18)

	DIALOG/EINFÜHRUNG	ERGÄNZUNG	GRAMMATIK
1	Wie ist Ihr Name? Woher sind Sie? Was sind Sie von Beruf?	Ein wenig Mathematik Telefonieren Buchstabieren	Personal Pronouns Present Tense: sein Demonstrative Pronoun: das Basic Sentence Structure Notes about written German

2	Im Klassenzimmer	Die Farben
		Wieviel Uhr ist es?
		Die Wochentage
		Kreuzworträtsel
			Definite Article: Gender and
			  Number of Nouns
			Replacement of Nouns by Pro-
			  nouns

3	Verstehen Sie Deutsch?	Städte-Quiz
		Kfz-Zeichen
		Kreuzworträtsel
		Wiederholung
			Regular Verbs in the Present
			  Tense
			Use of Present Tense
			Imperative
			Basic Sentence Structure
			Question Words: wo, woher, wohin
			Idioms: zu Hause, nach Hause
			  gern + Verb

4	Im Café: Wir bestellen. Wissen Sie, was das ist?	Wiederholung	Indefinite Article Negation by kein Verb Patterns: wissen/möchte(n) Plural of Nouns Expressions of Quantity: viel, viele, wieviel/wie viele Word Formation: Compound Nouns
5	Im Schreibwarengeschäft		Accusative: The Direct Object Kennen and wissen doch as Positive Response

6	Am Bahnhof		Verbs with Stem Vowel Change in
			  the Present Tense
			Coordinating Conjunctions: und,
			  aber, denn, oder
			Indicating Directions with nach
			Idioms: Nicht wahr?/Nicht?
			Flavoring Particles: aber, also,
			  denn, ja

7	Deutsche Paß- und Zoll-
	  kontrolle
	Variation: Verkehrskon-
	  trolle
		Wiederholung	Possessive Adjectives
			Possession with Proper Names

WORTSCHATZERWEITERUNG	AUSSPRACHE	CULTURAL NOTES/LESESTÜCKE
Die Zahlen von 1 bis 30		
Adjektive Die Zahlen von 30 bis 1000	/r/ medial /r/ final /i/ short /i/ long	
Was trinken Sie gern? (Getränke)	/o/ short /o/ long /e/ final	Deutschland im Zentrum von Europa
Compound Nouns Die Tageszeiten	/a/ short /a/ long /au/	Im Büro
	/u/ short /u/ long /x/ /ch/	Deutsches Geld: Was bekommen Sie in Deutschland ...?
Wie fährt Frau Heller? Die Kleidung	/in/ /en/ /r/ initial /ng/	Ein Interview
	/a/ ≠ /ä/ /o/ ≠ /ö/ /u/ ≠ /ü/	Meine Familie

WORTSCHATZERWEITERUNG	AUSSPRACHE	CULTURAL NOTES/LESESTÜCKE
		Wie verbringen die Deutschen ihren Urlaub?
	/ei/ /ie/ /eu/ /äu/	
	/sch/ /st/ sp/	Drei Komponisten: Wer war's?
		Im Supermarkt
	/w/ /f/ /v/	
		Welche deutschen Städte sind das?
Das Wohnzimmer Die Möbel		
Womit kann man fahren oder fliegen?		Die Mahlzeiten: Was ißt man in Deutschland?

WORTSCHATZERWEITERUNG	AUSSPRACHE	CULTURAL NOTES/LESESTÜCKE
		Deutsch, up to date!
		Frau Becker erwartet Gäste.
Die Körperteile Expressions with the Dative		
Das Haus		Die Bremer Stadtmusikanten Ein Märchen von Marie G. Wiener

WORTSCHATZERWEITERUNG	AUSSPRACHE	CULTURAL NOTES/LESESTÜCKE

ITG A*

LEKTION 1

Wie ist Ihr Name?   Wie heißen Sie?
Mein Name ist ...   Ich heiße ...

▲ Guten Tag, mein Name ist Berger.

● Guten Tag, ich heiße Ottman.

▲ Verzeihung, wie ist Ihr Name?

● Mein Name ist Ottman.

▲ Guten Morgen, ich heiße Hoffmann.

● Guten Morgen, mein Name ist Alexander.

▲ Verzeihung, ist Alexander Ihr Vorname?

● Nein, Alexander ist mein Familienname.

▲ Guten Abend, Herr Klein.

● Guten Abend, Fräulein Walter.
▲ Wie geht es Ihnen?

● Danke, gut! Und Ihnen?

In Southern Germany and Austria people greet each other with **Grüß Gott!**
at all times of the day.

Woher sind Sie?   Sind Sie aus ...?
Ich bin aus ...   Ja, ich bin aus ...
                                     Nein, ich bin nicht aus ...

Ich heiße Wilson.   Ich heiße Braun.
Ich bin aus Ohio.   Ich bin aus Berlin.

Ich heiße Schulz.
Ich bin aus Frankfurt.

Ich heiße Falke.
Ich bin aus New York.

Ich heiße Ottman.
Ich bin aus Florida.

Was?

Was sind Sie von Beruf?	Sind Sie ...?
Ich bin ...	Ja, ich bin ...
	Nein, ich bin nicht ...

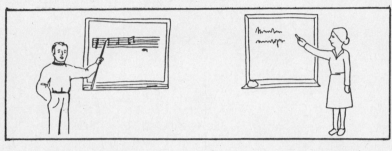

Lehrer/Lehrerin

Student/Studentin

Polizist/Polizistin

Soldat/Soldatin

Mechaniker/Mechanikerin

Und Sie?
Was sind Sie?

Sekretärin

Hausfrau

Wer?/Wo?

Wer ist das?
Das ist ...
Das sind ...

Wer ist das?	Das ist Herr Falke.
Woher ist er?	Er ist aus New York.
Was ist er von Beruf?	Er ist Soldat.
Wo ist er jetzt?	Er ist in Deutschland.
Ist er in Amerika?	Nein, er ist nicht in Amerika.

Das ist Herr Falke.
Er ist Amerikaner.

Wer ist das?   Das ist Frau Wilson.
Woher ist sie?   Sie ist aus Ohio.
Was ist sie von Beruf?   Sie ist Sekretärin.
Wo ist sie jetzt?   Sie ist in Augsburg.

Ist sie in Ohio?   Nein, sie ist in Augsburg.

Das ist Frau Wilson.
Sie ist Amerikanerin.

Wer ist das?   Das sind Herr und Frau Ottman.
Woher sind sie?   Sie sind aus Florida.
Wo sind sie jetzt?   Sie sind in Mannheim.

Sind sie in Florida?   Nein, sie sind in Mannheim.

Das sind Herr und Frau
Ottman.
Sie sind auch Amerikaner.

Wo sind **Sie**?/Wo sind wir?
Wir sind (nicht) ...

Wo sind Sie?   Wir sind in Deutschland.
Sind Sie im Klassen-
zimmer?   Ja, wir sind im Klassenzimmer.
Sind Sie zu Hause?   Nein, wir sind nicht zu Hause.

Wir sind in Deutschland.
Wir sind im Klassenzimmer.
Wir sind nicht zu Hause.

Wir zählen von 1 (eins) bis 30 (dreißig).

0	null				
1	eins	11	elf	21	einundzwanzig
2	zwei	12	zwölf	22	zweiundzwanzig
3	drei	13	dreizehn	23	dreiundzwanzig
4	vier	14	vierzehn	24	vierundzwanzig
5	fünf	15	fünfzehn	25	fünfundzwanzig
6	**sechs**	16	**sechzehn**	26	sechsundzwanzig
7	**sieben**	17	**siebzehn**	27	siebenundzwanzig
8	acht	18	achtzehn	28	achtundzwanzig
9	neun	19	neunzehn	29	neunundzwanzig
10	zehn	20	zwanzig	30	dreißig

Lit15

Ein wenig Mathematik

Wieviel ist ...?

Wieviel ist vier **und** fünf?
Vier und fünf ist neun.

Wieviel ist zwanzig **und** vier?
Zwanzig und vier ist vierundzwanzig.

Wieviel ist elf **weniger** sieben?
Elf weniger sieben ist vier.

Wieviel ist zwanzig **weniger** vier?
Zwanzig weniger vier ist sechzehn.

Wie alt ...?

Das ist Peter Müller.
Er ist Student.
Er ist zweiundzwanzig Jahre alt.

Das ist Sigrid Klose.
Sie ist Studentin.
Sie ist neunzehn.

Und Sie?
Wie alt sind Sie?

Kleine Unterhaltung

Student
Frage:

Wie heißen Sie?
Wie ist Ihr Vorname?
Wie ist Ihr Familienname?
Woher sind Sie?
Was sind Sie von Beruf?
usw. (= und so weiter)

Student
Antwort:

Ich heiße ...
Mein Vorname ist ...
...
...
...

Auf Wiedersehen!

GRAMMATIK

Preliminaries

PERSONAL PRONOUNS. As the term pronoun (= for a noun)
implies, the function of a personal pronoun is to replace
a noun. A pronoun has all the properties of a noun. It
indicates the gender (masculine, feminine, neuter) and the
number (singular, plural) of the replaced noun.

> Mr. Ottman/he
> Mrs. Ottman/she
> Mr. and Mrs. Ottman/they

1 Personal Pronouns

A Look at the German personal pronouns. Their pattern corresponds very
closely to that of English personal pronouns.

		Singular		Plural	
1 st person		I	**ich**	**wir**	we
2 nd person (familiar)	you	du	ihr	you
3 rd person	he	**er**		
	it	**es**	**sie**	they
	she	**sie**		
2 nd person (formal)	you	**Sie**	**Sie**	you

B There are, however, some differences.

German has three equivalent forms for the English *you*: **du/ihr/Sie.**

du is the informal (familiar) form to address one person. Since **du**
expresses intimacy, it is used among family members, among close
friends or classmates. It is also used in prayers, with children
and with pets.

ihr is the plural form of **du,** which means it is used to address more
than one person.

Sie is the formal (polite) form to address one or more persons.
Since **Sie** expresses a certain degree of formality, it is used
when addressing a person with **Herr** ____, **Frau** ____ or **Fräulein** ____.
It is especially used when meeting a person for the first time.

Note: The **du/ihr-**forms are often pointed out in the grammar explanations
to make you aware of their existence and usage. However, they
will not be practiced until Chapter **10.** Therefore, only the first
and third person will be indicated on the initial verb charts.

2 Present Tense of the verb sein (to be)

As in English, the verb **sein** (to be) is irregular, which means that its forms have to be carefully memorized.

sein (to be)

	Singular	Plural	
I am	ich bin	wir sind	we are
you are	du bist	ihr seid	you are
he/it/she is	er/es/sie ist	sie sind	they are
you are	Sie sind	Sie sind	you are

3 The Demonstrative Pronoun das

In sentences such as

Wer ist **das**?	Who is that (this)?
Das ist Herr Ottman.	This (that) is Mr. Ottman.

das is used like its English equivalent *this* or *that* to bring a person or an object to someone's attention. It may be accompanied with a gesture to *demonstrate* who or what is referred to. Used in this way, **das** is called a demonstrative pronoun.

Note: Unlike English, the demonstrative **das** does not change when used to point to more than one person or thing.

a-b-c	Das sind Buchstaben.	These (those) are letters.
1-2-3	Das sind Zahlen.	These (those) are numbers.

4 Basic German Sentence Structure

Compare the following sentences. You will see that in simple sentences German and English follow the same word order.

A   In simple statements the verb is the second element:

	Verb		
Ich	**bin**	in Deutschland.	I am in Germany
Das	**ist**	Frau Berger.	This is Mrs. Berger.
Wir	**sind**	aus New York.	We are from New York.

B   In questions introduced by a question word, the verb is the second element:

Question word	**Verb**		
Wer	**ist**	das?	Who is this?
Was	**sind**	Sie?	What are you?
Woher	**sind**	Sie?	Where are you from?

c In questions that require a *yes* or *no* answer, the verb is the first element, with the subject immediately following; that is to say, subject and verb are simply turned around.

Das ist Frau Wilson.

Ist das Frau Wilson?

Note: The negative word **nicht** (not) is placed in front of the noun.

Mein Name ist **nicht** Berger.
Ich bin **nicht** Polizist. (Ich bin Student.)

5 Notes about written German

1. German nouns are always capitalized: **Student**, **Tag**, **Sekretärin**.
2. The polite form of address **Sie** (you) is always capitalized.
3. The pronoun **ich** is not capitalized (unless it occurs at the beginning of a sentence).
4. An apostrophe indicates the omission of the letter **e**, as for example in the expression **Wie geht's** (= Wie geht es?).
5. The **s**-sound is represented by the letter **ß** (called **ess-tsett**) instead of ss when it occurs
   after long vowels or vowel combinations (**heißen**, **dreißig**)
   before a consonant (**heißt**)
   at the end of a word (**Grüß Gott**)
   When all the letters in a word are capitalized, the ß is replaced by ss (DREISSIG, GRÜSS GOTT).

Mündliche Übungen

Antworten Sie!   (Antworten Sie!/answer)

MÜ 1
> Sind Sie Polizist?
> Ja, ich bin Polizist.
> (Nein, ich bin nicht Polizist.)

1. Sind Sie Mechaniker?
2. Sind wir in Amerika?
3. Sind Sie aus Florida?

4. Ist Frau Ottman Amerikanerin?
5. Ist Ihr Name Alexander?
6. Ist Fräulein Walter hier?

Fragen Sie!   (Fragen Sie!/ask)

MÜ 2
> Herr Falke ist aus New York.
> Ist Herr Falke aus New York?

1. Herr und Frau Ottman sind hier.
2. Sie sind in Deutschland.
3. Frau Wilson ist Sekretärin.

4. Herr Schulz ist Lehrer.
5. Er ist aus Frankfurt.
6. Frau Ottman ist Hausfrau.

19

Antworten Sie mit **er** oder **sie**!   (mit/with)
                                                                (oder/or)

MÜ 3   ┌─────────────────────────────────┐
        │ Ist Frau Wilson Sekretärin?   │
        │ Ja, sie ist Sekretärin.   │
        │ (Nein, sie ist nicht Sekretärin.)│
        └─────────────────────────────────┘

1. Ist Herr Schulz aus Augsburg?   4. Ist Fräulein Klose Studentin?
2. Ist Frau Braun aus Berlin?   5. Sind Herr und Frau Ottman hier?
3. Ist Herr Falke aus Florida?   6. Ist Herr Müller Student?

Fragen Sie mit **wer,was,wo,woher,wie**!

MÜ 4   ┌─────────────────────────┐
        │ Das ist **Herr Schneider**. │
        │ Wer ist das?   │
        └─────────────────────────┘

1. Das ist **Frau Braun**.   5. Wir sind **im Klassenzimmer**.
2. Sie ist **aus Berlin**.   6. Er ist **in Deutschland**.
3. Herr Falke ist **Soldat**.   7. Mein Name ist **Keller**.
4. Ich bin **Sekretärin**.   8. Ich bin **aus Stuttgart**.

MÜ 5   Lesen Sie laut!   (Read aloud.)

    4   17   1   20   6   16
    2   22   13   12   3   14
    5   15   10   25   29   30
    7   9   8   23   24   28

Ein wenig Mathematik: Wieviel ist ...?

MÜ 6 ┌──────────────────────┐   MÜ 7 ┌──────────────────────┐
      │ 7 + 4 = 11   │   │ 7 - 4 = 3   │
      │ Sieben und vier ist elf.│   │ Sieben weniger vier ist drei.│
      └──────────────────────┘   └──────────────────────┘

 2 + 12   20 + 5   10 + 10   9 - 8   12 - 3   28 - 21
14 + 3   11 + 9   4 + 5   6 - 3   17 - 7   13 - 2
 7 + 1   15 + 2   19 + 11   4 - 1   11 - 6   19 - 11
 4 + 16   4 + 6   12 + 7   7 - 5   13 - 5   30 - 8

MÜ 8 **Persönliche Fragen**   (personal questions)

1. Wie heißen Sie?   5. Wie geht es Ihnen?
2. Wie ist Ihr Vorname?   6. Wo sind Sie jetzt?
3. Wie ist Ihr Familienname?   7. Wie alt sind Sie?
4. Was sind Sie von Beruf?   8. Woher sind Sie?

Telefonieren

▲ Hoffmann.

● Guten Tag! Hier ist
Peter Müller. Ist
Fräulein Klose zu Hause?

        ▲ Wie bitte? Hier ist
        Hoffmann. 17 24 30!

● Oh, Entschuldigung!

Buchstabieren

a, b, c, d, e, f, g,
h, i, j, k, l, m, n,
o, p, q, r, s, t, u,
v, w, x, y, z

Vokale: a, e, i, o, u
Umlaute: ä,   ö, ü

▲ Mein Name ist Hewston.

    ● Wie bitte? Wie ist
    Ihr Name?

▲ Mein Name ist
H e w s t o n!

    ● Buchstabieren Sie
    bitte langsam!

Since on the telephone **zwei** may be confused with **drei**, you will often
hear **zwo** instead of **zwei**.

Schriftliche Übungen

Sü 1   Ergänzen Sie!   (Complete.)
   (**bin**, **ist** oder **sind**)

1. Ich ___bin___ Amerikaner.
2. Wir ___SIND___ in Deutschland.
3. Woher ___SIND___ Herr und Frau Ottman?
4. Mein Name ___IST___ Keller.
5. Das ___IST___ Frau Berger.
6. ___SIND___ Sie aus Berlin, Frau Braun?
7. ___IST___ Alexander Ihr Vorname?
8. ___Sind___ Sie Mechaniker?
9. Ich ___bin___ Studentin.
10. Wir ___SIND___ jetzt in Deutschland.
11. Wie ___IST___ Ihr Name?
12. ___IST___ das Ihr Familienname?

Sü 2   Ergänzen Sie!
   (**ich**, **er**, **sie**/singular oder **wir**)
   I   hE   SIe   wE

1. ___Sie___ ist Amerikanerin.
2. ___ER___ ist Lehrer.
3. ___Ich___ bin aus New York.
4. ___ER___ ist Soldat.
5. ___WIR___ sind im Klassenzimmer.
6. ___SIE___ ist Sekretärin.
7. ___WIR___ sind in Deutschland.
ER 8. ___SIE___ ist Amerikaner.
9. ___Ich___ bin zwanzig Jahre alt.
—10. ___WIR___ sind aus Amerika.
11. ___SIE___ ist Hausfrau.
12. ___WIR___ sind zu Hause.

Sü 3   Frage: (**wer**, **was**, **wo**, **woher**, **wie**, **wieviel**?)   Antwort:

1. _Wie heißen Sie?_   Ich heiße Hoffmann.
2. _Woher IST ER._   Er ist aus Frankfurt.
3. _Wie gEhT es IhNEN_   Danke gut. Und Ihnen?
WIE 4. _WIE IST ER VORNAME_   Mein Vorname ist Peter.
5. _Wie Jahre AlT sind SIE_   Ich bin 22.
6. _WOR sind sie jETzT?_   Wir sind jetzt in Deutschland.
7. _WAS IST SIE VON BER?_   Sie ist Sekretärin.
8. _WER IS DAS?_   Das ist Herr Alexander.
Wievie 9. IST _VIER und SechS IST_   Vier und sechs ist zehn.

SÜ 4   Ein wenig Mathematik

1. Sieben und ___fünf___ ist zwölf.
2. Neunzehn weniger elf ist ___Acht___.
3. ___Dreißig___ weniger eins ist neunundzwanzig.
4. Zehn und sieben ist ___siebzehn___.
5. Dreizehn weniger ___vier___ ist neun.
6. Zwanzig und zehn ist ___dreissig___.
7. ___Siebzehn___ weniger fünf ist zwölf.
8. Vierzehn und acht ist ___zweiundzwanzig___
9. Sieben und zehn ist ___siebzehn___.
10. Dreißig weniger ___sechzehn___ ist vierzehn.

Fragen Sie!

SÜ 5

> Er ist Mechaniker.
> Ist er Mechaniker?

1. Sie ist zu Hause. ___Ist sie zu Hause___
2. Wir sind im Klassenzimmer. ___Sind wir im Klassenzimmer___
3. Sie sind Amerikaner. ___Sind sie Amerikaner___
4. Herr Schulz ist aus Frankfurt. ___Ist Herr Schulz aus Frankfurt___
5. Frau Wilson ist Amerikanerin. ___Ist Frau Wilson Amerikanerin___
6. Herr und Frau Ottman sind hier. ___(Sind Herr und Frau Ottman hier)___
   ___, sind sie hier___

SÜ 6   Was ist er? Was ist sie?

er	**sie**
1. Er ist Amerikaner.	*Sie ist Amerikanerin.*
2. ___Er ist Student___	Sie ist Studentin.
3. Er ist Polizist.	___Sie ist Polizistin___
4. Er ist Lehrer.	___Sie ist Lehrerin___
5. ___Er is Mechaniker___	Sie ist Mechanikerin.
6. Er ist Soldat.	___Sie ist Soldatin___

WORTSCHATZ

Amerika	America
auch	also
auf Wiedersehen!	good bye
bitte	please
bitte?	I beg your pardon?
buchstabieren	to spell
danke	thank you
das ist...	this (that) is...
Deutschland	Germany
Frau...	Mrs.
Fräulein...	Miss
Entschuldigung!	excuse me.
Grüß Gott!	hello
gut	good
guten Abend!	good evening
guten Morgen!	good morning
guten Tag!	good day, hello
Herr...	Mr.
hier	here
ich bin Amerikaner	I am (an) American (male)
Amerikanerin	I am (an) American (fem.)
Student	I am a student (male)
Studentin	I am a student (fem.)
ich bin aus...	I am from...
in	in
im Klassenzimmer	in the classroom
ja	yes
jetzt	now
langsam	slow, slowly
mit	with
nein	no
nicht	not
null	zero
oder	or
sein	to be
telefonieren	to phone
Verzeihung!	excuse me.
von...bis	from...to
was?	what?
was sind Sie von Beruf?	what is your profession?
ich bin Hausfrau	I am a housewife
Lehrer	teacher (male)
Lehrerin	teacher (fem.)
Mechaniker	mechanic (male)
Mechanikerin	mechanic (fem.)
Polizist	policeman
Polizistin	policewoman
Sekretärin	secretary
Soldat	soldier (male)
Soldatin	soldier (fem.)

weniger	less, minus
ein wenig Mathematik	a little mathematics
wer?	who?
wie alt...?	how old?
ich bin...Jahre alt.	I am... years old
wie bitte?	pardon me?/I beg your pardon?
wie geht es Ihnen?	how are you?
danke,gut.	fine,thank you.
und Ihnen?	and you?
wie heißen Sie?	what's your name?
ich heiße...	my name is...
wie ist Ihr Name?	what's your name?
Familienname?	family name?
Vorname?	first name?
mein Name ist...	my name is...
wieviel?	how much?
wo?	where?
woher?	where...from?
und	and, plus
und so weiter (u.s.w.)	and so on, etc.
zählen	to count
zu Hause	at home

Words and expressions used in the classroom

Fragen Sie!	Ask.
Antworten Sie!	Answer.
Wiederholen Sie!	Repeat.
Lernen Sie das auswendig!	Learn that by heart!
Machen Sie das Buch auf!	Open the book.
Machen Sie das Buch zu!	Close the book.
Hören Sie bitte gut zu!	Listen carefully.
Sprechen Sie lauter!	Speak louder.
Lauter, bitte!	Louder, please.
Noch einmal, bitte!	Once again, please
Alle zusammen, bitte!	All together, please.
Üben Sie das!	Practice that.
Mündliche Übung	oral exercise
Schriftliche Übung	written exercise
Lesen Sie!	Read.
Seite...	page...

LEKTION 2

Einführung

$$Das\ ist \begin{cases} der\ \dots \\ die\ \dots \end{cases}$$

Wer ist der Mann hier?
Das ist Herr Falke.

Wie heißt der Herr?
Der Herr heißt Falke.

Wer ist die Frau dort?
Das ist Frau Braun.

Wie heißt die Dame?
Die Dame heißt Braun.

Das ist ...

der Lehrer
die Lehrerin

der Student
die Studentin

der Polizist
die Polizistin

der Soldat
die Soldatin

der Mechaniker
die Mechanikerin

die Sekretärin

$$\text{Das ist} \left\{ \begin{array}{l} \text{der ...} \\ \text{das ...} \\ \text{die ...} \end{array} \right.$$

Das Klassenzimmer

Was ist im Klassenzimmer?

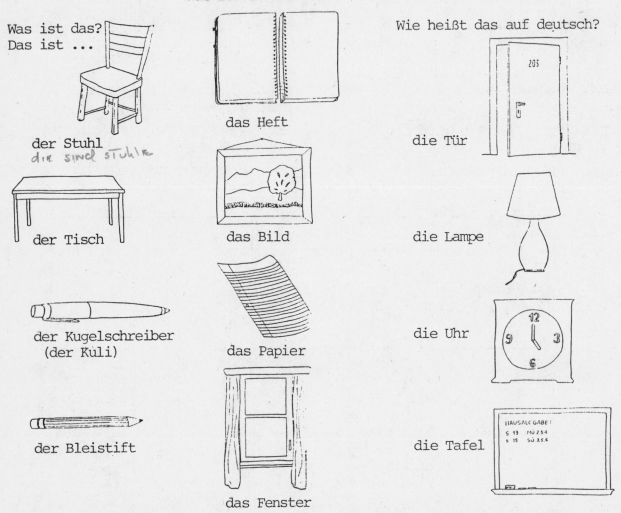

Was ist das?
Das ist ...

der Stuhl
die sind stuhle

der Tisch

der Kugelschreiber
(der Kuli)

der Bleistift

das Heft

das Bild

das Papier

das Fenster

Wie heißt das auf deutsch?

die Tür

die Lampe

die Uhr

die Tafel

Ist das der.../das.../die...?   Nein, das ist nicht der.../das.../die...

Was ist das?

Ist das der Tisch?   Nein, das ist nicht der Tisch.
Ist das das Bild?   Nein, das ist nicht das Bild.
Ist das die Lampe?   Nein, das ist nicht die Lampe.

Was ist das?
Das ist das Buch.

der Mann	das Buch	die Frau
der Tisch	das Heft	die Lampe
er	es	sie

Ist **der Herr** Amerikaner?
Nein, **er** ist nicht Amerikaner.
Er ist Deutscher.

Was ist **der Mann** von Beruf?
Er ist Polizist.

Ist **die Dame** Amerikanerin?
Nein, **sie** ist nicht Amerikanerin.
Sie ist Deutsche.

Was ist **die Dame** von Beruf?
Sie ist Sekretärin.

Die Farben: blau, rot, grau, grün, braun, weiß, gelb, schwarz

Ist **der Tisch** braun?
Ist **der Bleistift** gelb?

Ja, **er** ist braun.
Nein, **er** ist nicht gelb.
Er ist blau.

Ist **das Heft** blau?
Ist **das Papier** rot?

Ja, **es** ist blau.
Nein, **es** ist nicht rot.
Es ist weiß.

Ist **die Tür** weiß?
Ist **die Lampe** grün?

Ja, **sie** ist weiß.
Nein, **sie** ist nicht grün.
Sie ist gelb.

Wo sind **die** ...
Sie sind ...

Wo sind **die Studenten**?
Sie sind im Klassenzimmer.

Wo sind **die Bücher**?
Sie sind hier.

Wo sind **die Fenster**?
Sie sind dort.

Wortschatzerweiterung: Adjektive

Das Buch ist **dick**.
Das Heft ist **dünn**.

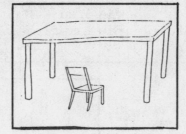

Der Tisch ist **groß**.
Der Stuhl ist **klein**.

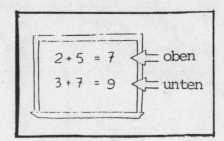

Die Antwort **oben** ist **richtig**.
Die Antwort **unten** ist **falsch**.

Das Auto ist **neu**.
Der Mann ist **alt**.
Die Dame ist **jung**.

Der **Lehrer** ist **vorne**.
Die Uhr ist **hinten**.

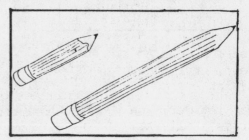

Der Bleistift **links** ist **kurz**.
Der Bleistift **rechts** ist **lang**.

Die Zahlen

Wir zählen von 30 bis 1 000.

30	dreißig	40	vierzig	50	fünfzig
31	einunddreißig	41	einundvierzig	51	einundfünfzig
32	zweiunddreißig	42	zweiundvierzig	52	zweiundfünfzig
33	dreiunddreißig	43	dreiundvierzig	53	dreiundfünfzig
34	vierunddreißig	44	vierundvierzig	54	vierundfünfzig
35	fünfunddreißig	45	fünfundvierzig	55	fünfundfünfzig
36	sechsunddreißig	46	sechsundvierzig	56	sechsundfünfzig
37	siebenunddreißig	47	siebenundvierzig	57	siebenundfünfzig
38	achtunddreißig	48	achtundvierzig	58	achtundfünfzig
39	neununddreißig	49	neunundvierzig	59	neunundfünfzig

60	sechzig	101	hunderteins	1 000	tausend
70	siebzig	102	hundertzwei	2 000	zweitausend
80	achtzig	210	zweihundertzehn		
90	neunzig	220	zweihundertzwanzig		
100	hundert	500	fünfhundert		

Wie viele ... sind das?

Wie viele Bücher sind das?
Das sind drei Bücher.

Wie viele Bleistifte sind das?
Das sind zwei Bleistifte.

Wie viele Kugelschreiber sind das?
Das sind vier Kugelschreiber.

Wie viele Studenten sind im Klassenzimmer?
Wie viele Stühle?
Wie viele Tische?
Wie viele Lampen?
Wie viele Bilder?
Wie viele Fenster?

Kleine Unterhaltung

Student Frage:	Student Antwort
Wo sind wir jetzt?	Wir sind im Klassenzimmer.
Wie viele Studenten sind hier?	.....
Wo ist die Tür?	.....
Ist das Klassenzimmer groß?	.....
Was ist im Klassenzimmer?	.....
usw.	

GRAMMATIK

Preliminaries

A **NOUN** names a person, place, thing or idea: man, house car, love.

GENDER is the classification of nouns as masculine, feminine or neuter. In English, gender is mostly based on a natural distinction; that is, male beings are masculine, female beings are feminine and lifeless things are neuter: man (masculine), woman (feminine), book (neuter).

A **DEFINITE ARTICLE** points to a definite (specific) person, place, thing or idea. In English, the definite article is *the*.

1 The German Definite Article: Gender and Number of Nouns

A In contrast to English, the arrangements of German nouns into three classes (masculine, neuter, feminine)* is not based on a biological distinction. Nouns denoting lifeless objects or abstract ideas can be masculine, feminine or neuter. All German nouns belong to one of these three classes.

It is important to understand that in German, the term gender points to the grammatical class to which the noun belongs and has nothing to do with sex. There is obviously nothing inherently masculine in a noun such as **Tisch** (table). There is no way to discern that **Tür** (door) is a feminine noun, nor can one tell that **Fenster** (window) is neuter by merely looking at it. A native speaker of German is not even conscious of gender; it is simply a grammatical feature of the language.

Usually German nouns themselves do not show gender. This function is left to the definite article.

B A German definite article indicates to which of the three classes a noun belongs. Thus, where English uses *the*, German has three equivalent forms.

Masculine (the)	Neuter* (the)	Feminine (the)
der Tisch	**das** Fenster	**die** Lampe
der Bleistift	**das** Zimmer	**die** Uhr
der Mann	**das** Buch	**die** Frau

Note: In some instances biological and grammatical gender may be identical as in **der Mann** (the man), **die Frau** (the woman); but then again, **das Mädchen** (the girl) and **das Kind** (the child) are neuter nouns.

---

* To simplify later grammar charts, this text uses the sequence masculine, neuter, feminine.

Because the grammatical gender of most nouns is not predictable, always memorize the definite article together with the noun.

Do not memorize	Do memorize
~~Lampe~~	die Lampe
~~Tisch~~	der Tisch
~~Buch~~	das Buch

C   Some helpful hints for memorizing the definite article

As in English, nouns denoting males are usually grammatically masculine (**der**-nouns); most nouns denoting females are grammatically feminine (**die**-nouns).

Masculine	Feminine
der Herr	die Dame
der Mann	die Frau

The suffix **-in** is often added to a masculine noun to form its feminine counterpart. Thus nouns ending in the suffix **-in** are always **die**-nouns.

der Amerikaner	die Amerikanerin
der Student	die Studentin
der Lehrer	die Lehrerin

As a rule, nouns ending in **-e** are **die**-nouns. There are, however, some exceptions.

die Lampe		der Name
die Farbe	but	der Buchstabe
die Frage		(and others)

All nouns ending in the suffix **-ung** are **die**-nouns.

die Einführung
die Übung
die Unterhaltung

D   Omission of article

Only when there is a reference to a nationality or an occupation is the article omitted.

Herr Linke ist Student.
Sie ist Studentin.
Sind Sie Amerikaner?

32

E The plural definite article

As in English, the definite article for plural nouns has only one form: **die**

Singular	Plural
der Stuhl	**die** Stühle
das Buch	**die** Bücher
die Lampe	**die** Lampen

Note: If you look closely at the plural forms of the above German nouns, you will see that they undergo certain changes from the singular to the plural. Whereas most English nouns form their plural by adding -s (book, books), there is no definite rule for the formation of German plural nouns. Therefore, it is best to memorize the plural along with the singular form of the noun and the definite article.

You will find the plural forms indicated in the **Wortschatz** as follows:

Singular	Plural
der Amerikaner,-	die Amerikaner
die Lampe,-n	die Lampen
der Tisch,-e	die Tische
das Buch,ᵘer	die Bücher

2 Replacement of Nouns by Pronouns

In English, the personal pronouns *he*, *she*, *it* indicate the biological gender of the nouns they replace (the man/he). In German, however, the personal pronouns must agree with the grammatical, not necessarily the biological, gender of the replaced nouns.

Note the similarity between the definite article and the corresponding personal pronoun.

Singular	**der** Tisch/**er**
	das Buch/**es**
	die Tür/**sie**
Plural	**die** Bücher/**sie**

Look at some more examples:

Der Bleistift ist lang. **Er** ist lang.	The pencil is long. It is long.
Das Heft ist dünn. **Es** ist dünn.	The notebook is thin. It is thin.
Die Lampe ist neu. **Sie** ist neu.	The lamp is new. It is new.

Mündliche Übungen

Hier ist die Antwort.
Fragen Sie mit **wer** oder **was**!

Mü 1

Das ist Herr Falke.	Wer ist das?
Das ist der Kuli.	Was ist das?

1. Das ist der Kugelschreiber. *WAS*
2. Das ist der Student. *WER*
3. Das ist Frau Hoffmann. *WER*
4. Das ist das Buch. *WAS*

5. Das ist die Tür. *WAS*
6. Das ist der Tisch. *WAS*
7. Das ist die Studentin. *WER*
8. Das ist das Heft. *WAS*

Mü 2 Was ist richtig,
der, das oder **die**?

1. *das* Fenster
2. *der* Bleistift
3. *die* Uhr
4. *das* Papier
5. *die* Dame

6. *der* Mann
7. *der* Tisch
8. *das* Buch
9. *die* Frau
10. *der* Stuhl

11. *der* Polizist
12. *die* Lampe
13. *die* Tür
14. *das* Heft
15. *der* Kuli

Antworten Sie mit **er, es** oder **sie**!

Mü 3

Ist der Tisch braun?
Ja, er ist braun.
(Nein, er ist nicht braun.)

1. Ist der Tisch klein?
2. Ist das Heft schwarz?
3. Sind die Fenster groß?
4. Ist die Lampe unten?
5. Sind die Bilder klein?
6. Ist der Polizist hier?

7. Ist der Kugelschreiber weiß?
8. Sind die Stühle rot?
9. Ist die Tür grün?
10. Sind die Studenten alt?
11. Ist der Bleistift kurz?
12. Sind die Bücher neu?

Mü 4 Was ist im Klassenzimmer ...?

1. weiß
2. grün
3. braun
4. gelb
5. schwarz
6. rot
7. groß
8. klein
9. alt
10. neu
11. lang
12. kurz
13. dick
14. dünn
15. oben
16. rechts
17. links
18. unten

Fragen Sie mit **wer, was, wo, woher**!

Mü 5

Das ist **Herr Müller**.
Wer ist das?

1. Das ist **Frau Braun**. *WER IST SIE*
2. Sie ist **aus Berlin**. *WOHER SIND SIE*
3. **Dort** ist **die Lampe**. *WO IST SIE*
4. **Dort** ist **das Fenster**. *WO IST ES*

5. **Die Tür** ist **rechts**. *WO IST DIE TÜR*
6. Der Mann ist **Polizist**. *WAS IST der MANN / WAS SIND SIE VON BERUF*
7. **Hier** ist das Buch. *WO IST DAS BOOK*
8. Er ist **aus Florida**. *WOHER IS ER*

ITG B

Mü 6   Lesen Sie laut!

21 Studenten	15 Männer	4 Farben	22 Studentinnen
16 Tische	17 Damen	10 Frauen	30 Amerikaner
100 Bücher	6 Bilder	12 Uhren	2 Türen
11 Stühle	9 Hefte	2 Lehrerinnen	1 Klassenzimmer

Die Uhrzeit

Wieviel Uhr ist es?   Es ist ... Uhr.
Wie spät ist es?

	7.00	sieben Uhr
	19.00	neunzehn Uhr
	7.05	sieben Uhr fünf
	19.05	neunzehn Uhr fünf
	7.10	sieben Uhr zehn
	19.10	neunzehn Uhr zehn
	7.15	sieben Uhr fünfzehn
	19.15	neunzehn Uhr fünfzehn
	7.20	sieben Uhr zwanzig
	19.20	neunzehn Uhr zwanzig
	7.30	sieben Uhr dreißig
	19.30	neunzehn Uhr dreißig
	7.40	sieben Uhr vierzig
	19.40	neunzehn Uhr vierzig
	7.55	sieben Uhr fünfundfünfzig
	19.55	neunzehn Uhr fünfundfünfzig
	8.00	acht Uhr
	20.00	zwanzig Uhr

Die Woche

Die Wochentage heißen:

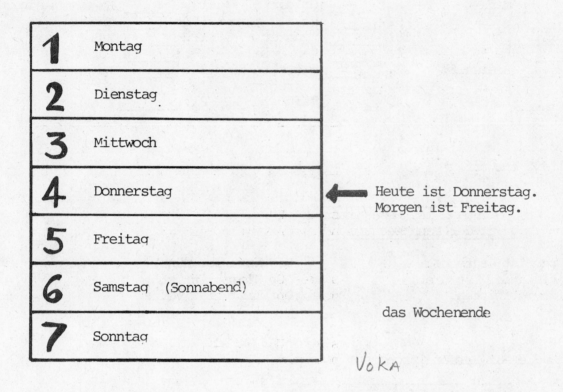

1 Montag

2 Dienstag

3 Mittwoch

4 Donnerstag ← Heute ist Donnerstag.
Morgen ist Freitag.

5 Freitag

6 Samstag (Sonnabend)

7 Sonntag

das Wochenende

VoKA

Aussprachübung

/r/ Amerika, Frau, Fräulein, Grüß Gott, Morgen, Amerikaner, telefonieren, buchstabieren, Beruf, Lehrer, Mechanikerin, Sekretärin, Jahre, fragen, antworten

/r/ aber, wieder, Herr, hier, Amerikaner, Mechaniker, Lehrer, Zimmer, oder, weniger, wer, ihr, woher, weiter

/i/ kurz bitte, ist, bin, in, Zimmer, Lehrerin, Polizistin, Studentin, dick, Stift, Tisch, Bild, hinten, links, nicht, sind

/i/ lang buchstabieren, auf Wiedersehen, hier, telefonieren, Sie, ihr, Papier, Dienstag, wieviel, wiederholen

---

Notice that the days of the week are all **der**-nouns: **der Tag, der Montag**, etc.

Schriftliche Übungen

Sü 1   Was ist richtig,
der, das oder **die**?

Das ist ...   Das ist ...   Das ist ...

1. _der_ Mann	8. _____ Soldat	15. _____ Kugelschreiber
2. _____ Bild	9. _____ Stuhl	16. _____ Mechaniker
3. _____ Uhr	10. _____ Fenster	17. _____ Zahl
4. _____ Heft	11. _____ Lehrerin	18. _____ Papier
5. _____ Bleistift	12. _____ Tisch	19. _____ Farbe
6. _____ Frau	13. _____ Sekretärin	20. _____ Herr
7. _____ Lampe	14. _____ Tafel	21. _____ Klassenzimmer

Hier ist die Antwort.
Fragen Sie!

Sü 2

> Der Mann ist Mechaniker.
> Ist der Mann Mechaniker?

1. Die Frau ist Deutsche.
2. Herr Alexander ist hier.
3. Die Tür ist hinten.
4. Das Heft ist dünn.
5. Der Bleistift ist gelb.
6. Der Tisch ist vorne.

Antworten Sie mit Personalpronomen!

Sü 3

> Ist der Mann Mechaniker?
> Ja, **er** ist Mechaniker.
> (Nein, **er** ist nicht Mechaniker.)

1. Ist Frau Braun Hausfrau?
2. Ist Herr Ottman Deutscher?
3. Sind die Studenten zu Hause?
4. Sind Sie aus Frankfurt?
5. Ist Fräulein Walter Amerikanerin?
6. Sind die Fenster groß?
7. Ist der Kuli schwarz?
8. Ist das Klassenzimmer klein?
9. Sind die Bücher dick?
10. Ist das Bild neu?

Sü 4   Ergänzen Sie **bin, ist** oder **sind**!

1. Der Bleistift _ist_ lang.
2. Wo _ist_ die Tür, bitte?
3. Dort _ist_ die Fenster.
4. Woher _sind_ die Studenten?
5. Wer _ist_ die Dame dort?
6. Die Bilder _sind_ alt.
7. _ist_ der Kugelschreiber rot?
8. Herr und Frau Ottman _sind_ hier.
9. Wie viele Studenten _sind_ hier?
10. Im Klassenzimmer _sind_ drei Fenster.
11. Wieviel Uhr _ist_ es?
12. Ich _bin_ Student.

Wortschatzübung

> Wie heißt das Gegenteil?
>
> | | |
> |---|---|
> | dick | _dünn_ |
> | alt | _neu_ |
> | kurz | _lang_ |
> | rechts | _links_ |
> | hinten | _vor_ |
> | oben | _unten_ |
> | dort | _hier_ |
> | klein | _groß_ |
> | richtig | _falsch_ |

Sü 5   Wieviel Uhr ist es?

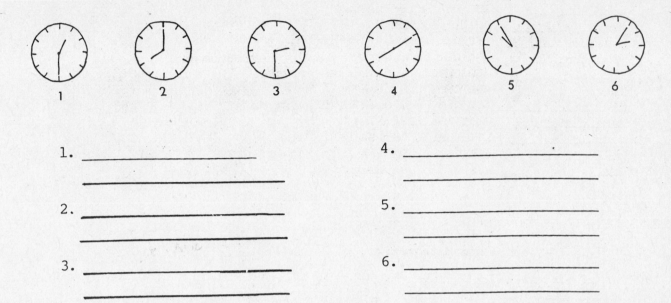

1   2   3   4   5   6

1. _____

_____

2. _____

_____

3. _____

_____

4. _____

_____

5. _____

_____

6. _____

_____

Sü 6   Wie heißt das auf deutsch?

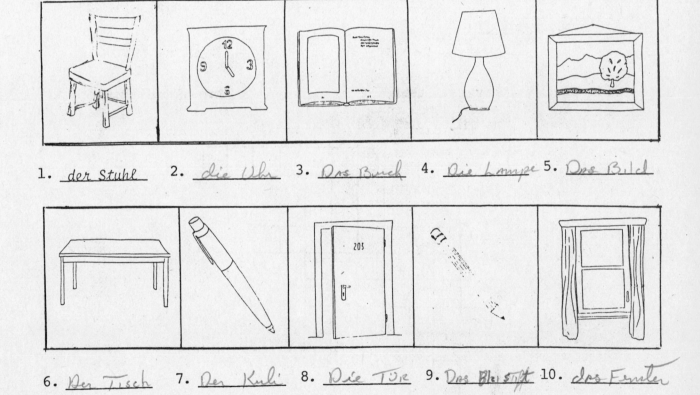

1. _der Stuhl_   2. _die Uhr_   3. _Das Buch_   4. _Die Lampe_ 5. _Das Bild_

6. _Der Tisch_   7. _Der Kuli_   8. _Die Tür_   9. _Das Bleistift_ 10. _das Fenster_

SÜ 7   Ergänzen Sie das Fragewort°!   (question word)

1. _Wieviel_ Uhr ist es?
2. _WAS_ ist er von Beruf?
3. _Wie_ heißt der Mann?
4. _Wo_ ist der Lehrer? (Er ist hier.)
5. _Wer_ ist der Herr dort? (Das ist Herr Berger.)
6. _Wie Viele_ Studenten sind im Klassenzimmer?
7. _Wieviel_ ist zwei und drei?
8. _WAS_ ist die Frau dort? (Sie ist Hausfrau.)
9. _Wie_ spät ist es?
10. _Wer_ ist das? (Das ist Herr Falke.)
11. _WAS_ ist das? (Das ist das Buch.)
12. _Wie_ heißt das auf deutsch?

SÜ 3   Ein wenig Mathematik

1. Vierundzwanzig und neunzehn ist _dreiundvierzig_.
2. Achtzig weniger _____ ist dreißig.
3. Zehn und neunzig ist _____.
4. _____ weniger fünfzehn ist sechzig.
5. Vierzig weniger elf ist _____.
6. _____ und fünf ist siebzig.
7. Neunzig und zwölf ist _____.
8. Sechzig und dreizehn ist _____.
9. _____ weniger vierzehn ist hundert.
10. Dreihundert und _____ ist tausend.

Kreuzworträtsel   (crossword puzzle)

Wie heißen die sieben Wochentage?

WORTSCHATZ

Nomen

der Bleistift,-e	pencil
der Buchstabe,-n	letter (of alphabet)
der Kugelschreiber,-⎫	ball point pen
der Kuli,-s ⎭	
der Stuhl,⸚e	chair
der Tisch,-e	table
das Bild,-er	picture
das Fenster,-	window
das Heft,-e	notebook
das Papier,-e	paper
das Zimmer,-	room
die Antwort,-en	answer
die Einführung,-en	introduction
die Farbe,-n	color
die Tafel,-n	blackboard
die Tür,-en	door
die Übung,-en	exercise
die Uhr,-en	clock, watch
die Unterhaltung,-en	conversation
die Woche,-n	week
die Zahl,-en	number

die Wochentage — the days of the week

der Tag	day
der Montag	Monday
der Dienstag	Tuesday
der Mittwoch	Wednesday
der Donnerstag	Thursday
der Freitag	Friday
der Samstag ⎫	Saturday
der Sonnabend ⎭	
der Sonntag	Sunday

Adjektive

falsch	wrong
gelb	yellow
groß	big, large
klein	small, little
kurz	short
schwarz	black
richtig	right
spät	late
weiß	white

Adverbien

dort	there
heute	today
hinten	in the back
links	left
morgen	tomorrow
oben	above
rechts	right
unten	below
vorne	in front

Verschiedenes

auf deutsch	in German
er ist Deutscher	he is (a) German
sie ist Deutsche	she is (a) German
wie heißt das?	what does this (that)
das heißt...	this (that) means...
wieviel Uhr ist es?⎫	what time is it?
wie spät ist es? ⎭	
es ist...Uhr.	it is... o'clock.
wie viele	how many

Can you guess the meaning of these words?*

Nomen

der Amerikaner,-	das Auto,-s	die Amerikanerin.-nen	
der Beruf,-e	das Buch,⸚er	die Dame,-n	
der Lehrer,-	das Klassenzimmer,-	die Frau,-en	
der Mann,⸚er		die Hausfrau,-en	
der Mechaniker,-		die Lampe,-n	
der Name,-n		die Lehrerin,-nen	
der Polizist,-en		die Mechanikerin,-nen	
der Student,-en		die Polizistin,-nen	
der Soldat,-en		die Sekretärin,-nen	
		die Soldatin,-nen	
		die Studentin,-nen	

Adjektive

alt
blau
braun
dick
dünn
grau
grün
jung
lang
neu
rot

---

* Under this heading, the **Wortschatz** of each chapter will list words which,
by their spelling or sound and hence by their meaning closely resemble their
English equivalents. In this section you will also find words which have
occured earlier and are now used with the definite article or as compounds.
Do not fail to memorize the definite article with each noun.

LEKTION 3

Einführung: Verstehen Sie Deutsch?

Ich heiße Helga Braun.
Ich komme aus Berlin.
Ich wohne jetzt in Frankfurt.
Ich arbeite in Frankfurt.
Ich bin Sekretärin

Er heißt Ralph Sander.
Er kommt aus München.
Er wohnt in Augsburg.
Er arbeitet dort.
Er ist Automechaniker.

Und Sie?
Wie heißen Sie?
Woher kommen Sie?
Wo wohnen Sie?
Wo arbeiten Sie?
Was sind Sie von Beruf?

Was tun Sie hier?

Wir lernen Deutsch.
Wir fragen auf deutsch.
Wir antworten.
Wir zählen.
Wir schreiben.
Wir wiederholen.
Wir arbeiten viel.

Was tun die Studenten?

Sie lernen Deutsch.
Sie fragen auf deutsch.
Sie antworten.
Sie zählen.
Sie schreiben.
Sie wiederholen.
Sie arbeiten viel.

Was tun die Leute?

Sie ist Studentin.   Der Herr raucht Pfeife.   Die Leute gehen zu Fuß.
Sie studiert.   Er telefoniert gerade.   Sie gehen nach Hause.
Sie trinkt gerade Kaffee.   Und Sie? Wohin gehen Sie?

Imperativ

> Rauchen Sie nicht so viel!
> Antworten Sie auf deutsch!
> Wiederholen Sie!

Wortschatzerweiterung: Was trinken Sie gern?

Ich trinke gern ...

Tee	Der Tee ist heiß.
Kaffee	Der Kaffee ist schwarz.
Milch	Die Milch ist nicht warm.
Bier	Das Bier ist kalt.
Wein	Der Wein ist gut.
Rotwein	Der Wein ist rot.
Weißwein	Der Wein ist weiß
Wasser	Das Wasser ist kalt.
Mineralwasser	Das Mineralwasser ist gut.
Limonade	Die Limonade ist süß.
Apfelsaft	Der Apfelsaft ist nicht sauer.

GRAMMATIK

Preliminaries

The **VERB** expresses the action, situation or condition described in a sentence.

The **INFINITIVE** is the basic form of the verb without any connection to the doer of the action (=subject). In English, the infinitive is usually preceded by to. In German, the infinitive form of a verb usually ends in **-en** sometimes only in **-n**.

English Infinitive: to drink   to bring
German Infinitive: trinken   bringen

Tense is the form of the verb that indicates the time or duration of an action, state or situation. This chapter deals with the present tense. English has three forms of present tense, which are equivalent to a single German present tense.

English	German
He works.	
He is working.	Er arbeitet.
He does work.	

CONJUGATION. When a verb undergoes a change in form to indicate person, number or tense it is said to be conjugated. For example, English verbs show a change in the third person singular (he/it/she) of the present tense.

Infinitive	he/it/she
to live	lives
to drink	drinks
to go	goes

1 Regular German Verbs in the Present Tense

A Conjugation pattern

To conjugate a regular verb in the present tense, we begin with the stem of the infinitive. To find the stem, we drop the infinitive ending **-en** or **-n**.

Infinitive	Stem of Infinitive
lernen	lern-
sagen	sag-
gehen	geh-
tun	tu-

With very few exceptions the present tense of German verbs is formed by adding a set of personal endings to the stem of the infinitive.

Personal Endings

SINGULAR   PLURAL

ich	-e	wir	-en
du	-st	ihr	-t
er/es/sie	-t	sie	-en
		Sie	-en

(handwritten annotations: I / you / he/it/she — we / you / they / you)

Thus the present tense of regular German verbs is as follows:

| | lernen | trinken | wohnen | tun | (= Infinitive) |
	lern-	trink-	wohn-	tu-	(= Verb Stem)
ich	lerne	trinke	wohne	tue	
du	lernst	trinkst	wohnst	tust	
er/es/sie	lernt	trinkt	wohnt	tut	
wir	lernen	trinken	wohnen	tun	
ihr	lernt	trinkt	wohnt	tut	
sie	lernen	trinken	wohnen	tun	
Sie	lernen	trinken	wohnen	tun	

Remember: The polite form of address **Sie** may refer to one or more persons, depending on the context. **Sie** always takes the plural verb form.

B Variations

If the verb stem ends in **-t** or **-d** as in **arbeiten, antworten, finden,** an **-e** is inserted between the stem and the ending **-t** of the third person singular (**er,es,sie**). This is for ease of pronunciation.

| | arbeiten | antworten | finden | (= Infinitive) |
	arbeit-	antwort-	find-	= Verb Stem)
er/es/sie	arbeitet	antwortet	findet	

The same is true for the **du/ihr**-form: **du arbeitest, ihr arbeitet.**

2 Use of Present Tense

A No progressive and no emphatic forms in German

German does not differentiate between *she works* a habitual activity and *she is working* an action in progress or the emphatic *she does work* While there is a difference for the native speaker of English, the German equivalent for all three forms is simply **sie arbeitet.**

Ich trinke Kaffee.   }   I am drinking coffee.
I drink coffee.
I do drink coffee.

The same is true for questions and negative statements.

Antwortet er auf englisch?	Is he answering in English?
Nein, er antwortet auf deutsch.	No, he is answering in German.

Arbeitet er?	Does he work?
Nein, er arbeitet nicht.	No, he doesn't work.

B Present tense with future meaning

German often uses the present tense to express an action projected into the future. This is especially true in connection with a time phrase such as **morgen** (tomorrow) or **später** (later). In this instance, the German present tense is equivalent to the progressive form of the future tense in English.

Ich komme morgen.	I am coming tomorrow. I'll come tomorrow.
Er geht später.	He is going later. He will go later.

3 The Imperative (= Command form)

The imperative is used to express a command. In English, the form of the verb in the imperative is identical with the infinitive. The pronoun *you* is understood but not expressed.

Ask the lady.	Don't ask the lady
Go home.	Don't go home

You already have encountered the German imperative in the instructions to the exercises:

> Antworten Sie!
> Fragen Sie!
> Ergänzen Sie!

Notice that in the polite form of address the subject (**Sie**) must be expressed. Also, the word order in the imperative (**Sie**-Form) is identical to that of a question. The distinction is made by intonation; that is, by a rising or falling voice.

Question	Imperative
Gehen Sie?	Gehen Sie!
Trinken Sie Milch?	Trinken Sie Milch!

4 Basic German Sentence Structure

An important aspect of learning a new language is to master its sentence structure. You will see that German and English often use the same word order in constructing sentences. At times, however, the word order in German sentences is completely different from that of English.

Below are the three basic patterns of German word order.

A   Normal word order: Subject first, Verb second

Subject	Verb	Other
Herr Sander	wohnt	in Augsburg.
Ich	verstehe	Deutsch.
Der Herr	trinkt	gern Bier.

B   Inverted word order

A German sentence may begin with an element other than the subject. The verb, however, must remain in second position with the subject immediately following. Thus the word order is turned around, that is to say "inverted".

Normal word order   Ich   gehe   jetzt.

Inverted   Jetzt   gehe   ich.

Look at some more examples:

Other	Verb	Subject
Dort	kommt	Frau Braun
Morgen	arbeiten	wir.
Um 5 Uhr	geht	die Dame.

Inverted word order is used in questions introduced by a question word. The question word comes first, the verb second, with the subject immediately following.

Question word	Verb	Subject
Woher	kommt	Frau Braun?
Wann	arbeiten	Sie?
Was	tun	die Leute?

C   Word order in questions without question words and imperative: Verb first

As pointed out before, those questions which require a *yes* or *no* answer have the verb in first position with the subject immediately following.

Verb	Subject	Other	Imperative
Geht	Frau Braun	jetzt?	Gehen Sie jetzt!
Rauchen	Sie?		Rauchen Sie nicht so viel!
Trinkt	der Herr	gern Bier?	Trinken Sie das Bier!

D Position of <u>nicht</u>

The position of **nicht** in a sentence to form a negative statement varies. **Nicht** is placed:

   at the end if the entire sentence is to be negated.

   Der Herr kommt **nicht**.
   Die Sekretärin arbeitet heute **nicht**.
   Ich verstehe Sie **nicht**.

   before expressions of place

   Frau Braun kommt **nicht** aus Frankfurt.
   Die Leute sind **nicht** zu Hause.
   Herr Falke ist heute **nicht** hier.

E Time before place

German word order requires that expressions of time precede those of place.

		Time	Place
Er	geht	**jetzt**	**nach Hause**.
Sie	arbeitet	**morgen**	**in Augsburg**.
Wir	sind	**heute**	**zu Hause**.

5 Question words: woher? wo? wohin?

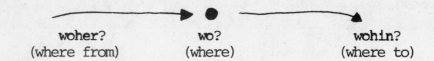

woher?	**wo**?	**wohin**?
(where from)	(where)	(where to)

Sie kommt aus Berlin. Sie ist zu Hause. Sie geht nach Hause.
Woher kommt sie?   Wo ist sie?   Wohin geht sie?

6 Idiomatic Expressions

A **zu Hause** (at home)   Wo ist Michael?   Er ist zu Hause.
   nach Hause (home)   Wohin geht er?   Er geht nach Hause.

B **gern + verb**

The most common way of expressing in German *to like to do something* is to use **gern (gerne)** in connection with a verb.

   Ich trinke gern(e) Kaffee.   I like to drink coffee.
   Was trinken Sie gern(e)?   What do you like to drink?

Note: **gern** and **gerne** are interchangeable.

Mündliche Übungen

Antworten Sie!

MÜ 1
> Ich lerne Deutsch.
> Und die Dame? Die Dame lernt Deutsch.

1. Wir lernen Deutsch.
   Und der Student?
      ich?
      die Leute?
      die Studentin?
      Sie?

4. Er wohnt in Würzburg.
   Und die Studenten?
      der Lehrer?
      die Sekretärin?
      Sie?
      wir?

2. Sie antworten auf deutsch.
   Und der Polizist?
      die Lehrerin?
      die Studenten?
      ich?
      Sie?

5. Ich arbeite heute.
   Und der Mechaniker?
      die Leute?
      der Student?
      wir?
      Sie?

3. Wir verstehen Deutsch.
   Und Fräulein Walter?
      Sie?
      ich?
      wir?
      er?

6. Wir trinken Kaffee.
   Und die Dame?
      die Herren?
      Herr Sander?
      Sie?
      ich?

Hier ist die Antwort.
Fragen Sie!

MÜ 2
> Die Leute trinken Kaffee.
> Trinken die Leute Kaffee?

1. Die Dame geht nach Hause.
2. Der Mechaniker arbeitet heute.
3. Der Lehrer antwortet auf deutsch.

4. Die Studenten schreiben.
5. Der Mann raucht Pfeife.
6. Die Leute verstehen Deutsch.

Fragen Sie mit wer, was, wo, usw.!

MÜ 3
> Frau Braun wohnt **in Berlin**.
> Wo wohnt Frau Braun?

1. **Die Amerikaner** lernen Deutsch.
2. Der Herr trinkt **Bier**.
3. **Die Studenten** verstehen Deutsch.
4. Die Dame arbeitet **in Stuttgart**.
5. **Der Mann** raucht Pfeife.
6. Die Studentin kommt **aus Heidelberg**.
7. Die Leute gehen **nach Hause**.
8. Der Mechaniker heißt **Volz**.

48

Antworten Sie mit **nein!**

MÜ 4

> Raucht der Herr?
> Nein, er raucht **nicht.**

1. Antwortet die Frau?
2. Arbeiten die Studenten?
3. Telefonieren wir?
4. Schreibt die Studentin?

5. Kommen die Leute?
6. Buchstabieren wir?
7. Fragt der Mann?
8. Zählt der Lehrer?

MÜ 5

> Heißt die Dame Schneider?
> Nein, sie heißt **nicht** Schneider.

1. Heißt der Student Peter Falke?
2. Wohnen wir in Hamburg?
3. Antwortet die Lehrerin auf englisch?
4. Rauchen die Studenten im Klassenzimmer?
5. Gehen wir jetzt nach Hause?
6. Lernen wir hier Englisch?

Bilden Sie Sätze!   (Make sentences.)

MÜ 6

> Er/jetzt/nach Hause/gehen
> Er geht jetzt nach Hause.

1. Die Dame/Kaffee/trinken
2. Der Herr/Pfeife/rauchen
3. Die Studenten/Deutsch/lernen

4. Der Lehrer/auf deutsch/antworten
5. Frau Braun/in Frankfurt/wohnen
6. Die Leute/Deutsch/verstehen

Imperativ, bitte!

MÜ 7

> nicht so viel arbeiten
> Arbeiten Sie nicht so viel!

1. nicht so viel rauchen
2. bis zehn zählen
3. Deutsch lernen

4. nach Hause gehen
5. die Übungen wiederholen
6. nicht auf englisch fragen

MÜ 8   Auf deutsch, bitte!

1. He is going home.
2. What is she doing?
3. Where do you live?
4. What do you like to drink?
5. They are learning German.
6. He is working in Frankfurt.
7. Does he work there?
8. We are asking in German.

9. Don't work so much.
10. Answer in German, please.
11. Go home now.
12. Repeat, please.
13. Ask the lady.
14. Drink tea.
15. Learn this.
16. Write the exercise, please.

Deutschland im Zentrum von Europa.

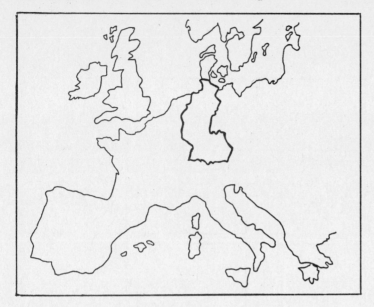

Hier ist die Landkarte
von Europa. Wo liegt
Deutschland? Deutsch-
land liegt im Zentrum von
Europa. Aber Deutschland
ist geteilt.* Im Westen
liegt die Bundesrepublik
und im Osten ist die DDR
(die Deutsche Demokrati-
sche Republik).

*geteilt: divided

Das ist die Bundesrepublik.

KIEL

BREMERHAVEN

HAMBURG

BREMEN

BERLIN

HANNOVER

MÜNSTER

DORTMUND
ESSEN
DÜSSELDORF
KÖLN
BONN

KASSEL

WIESBADEN
FRANKFURT
MAINZ DARMSTADT
WÜRZBURG
KAISERSLAUTERN MANNHEIM
HEIDELBERG NÜRNBERG
SAARBRÜCKEN KARLSRUHE
STUTTGART
AUGSBURG
MÜNCHEN
FREIBURG

Die Hauptstadt heißt Bonn.
Bonn ist nicht groß. Ber-
lin ist sehr groß. Wo
liegt Berlin? Berlin liegt
im Osten von Deutschland.

Wie heißt die Stadt im Norden? Das ist Hamburg. Hamburg liegt in Norddeutschland.

Wo liegt München? Liegt
München auch in Norddeutschland? Nein, München liegt
in Süddeutschland.

Wo liegt Bremen?
Wo liegt Stuttgart?

IM OSTEN

IN OST

liegt (Leaked)

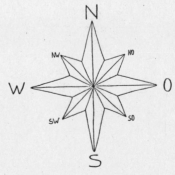

N	= der Norden	NO	= der Nordosten
S	= der Süden	NW	= der Nordwesten
O	= der Osten	SO	= der Südosten
W	= der Westen	SW	= der Südwesten

Städte-Quiz: Wo liegen die Städte?

Augsburg	Bonn	Bremen	Frankfurt	Fulda
Hamburg	Heidelberg	Karlsruhe	Mannheim	Würzburg
Garmisch	Ulm	Wiesbaden	Stuttgart	Köln
Nürnberg	Berlin	Hannover	Düsseldorf	Essen
Hanau	Heilbronn	Regensburg	Bad Hersfeld	Worms

Woher kommt das Auto?
  Es kommt aus Heidelberg.

Wo liegt Heidelberg?
  Heidelberg liegt in Süddeutschland.

Kfz-Zeichen	Stadt	Kfz-Zeichen	Stadt
A	Augsburg	K	Köln
AB	Aschaffenburg	KL	Kaiserslautern
B	Berlin-West	M	München
HB	Hansestadt Bremen	N	Nürnberg
D	Düsseldorf	NU	Neu-Ulm
DA	Darmstadt	R	Regensburg
E	Essen	S	Stuttgart
F	Frankfurt am Main	SB	Saarbrücken
GAP	Garmisch-Partenkirchen	W	Wuppertal
H	Hannover	WO	Worms
HH	Hansestadt Hamburg	WÜ	Würzburg
HD	Heidelberg		

Lesen Sie das Kfz-Zeichen!
Woher kommt das Auto?

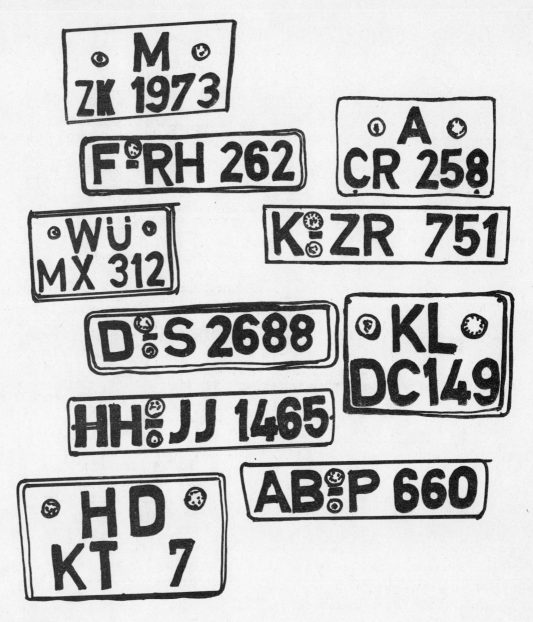

Aussprachenübung

/o/ kurz	Soldat, Osten, von, Gott, Polizist, Donnerstag, Sonntag, Sonnabend, Woche, kommen
/o/ lang	wohnen, rot, wo, oben, oder, wiederholen, groß, Telefon, Montag, so, Vorname, Auto, Europa
/e/ am Wortende	bitte, danke, komme, gehe, heiße, Familie, Name, Frage, Dame, Lampe, Farbe, heute, vorne, Deutsche, viele, Karte, Woche, Ende, Jahre

Schriftliche Übungen

✗ Sü 1   Ergänzen Sie das Verb!

1. arbeiten   Er _arbeitet_ in Frankfurt
→ 2. heißen   Die Dame _____ Helga Braun.
3. verstehen   _____ Sie Deutsch?
4. gehen   Wir _____ nach Hause.
5. wohnen   Ich _____ in Nürnberg.
6. tun   Was _____ Sie dort?
7. wiederholen   _____ Sie, bitte!
8. buchstabieren _____ Sie!
9. zählen   Ich _____ bis drei.
10. antworten   Er _____ auf deutsch.
→ 11. fragen   Die Studentin _____ die Lehrerin.
12. trinken   Was _____ die Leute?
13. liegen   München _____ in Süddeutschland.
14. lernen   Wir _____ Deutsch.
15. kommen   Woher _____ der Mann?
16. rauchen   Er _____ Pfeife.
→ 17. telefonieren Die Dame _____ gerade.
18. studieren   Peter _____ in München.

Hier ist die Antwort.
Fragen Sie mit **wer,was,wohin,woher,wo** oder **wie**!

Sü 2 | Bremen liegt **in Norddeutschland.**
        | **Wo** liegt Bremen?

wo 1. **Hier** ist die Landkarte.   4. Das ist **Rotwein.** *Was ist Das*
Woher kommt 2. Das Auto kommt **aus Hamburg.**   5. Sie geht **nach Hause.** *wo gehen sie*
Wer is Das 3. Das ist **Herr Schneider.**   6. Der Mann heißt **Falke.** *wie heißt er*

Fragen Sie!

✗ Sü 3 | Der Herr raucht Pfeife.
          | Raucht der Herr Pfeife?

1. Frau Braun kommt aus Berlin.   4. Die Studenten fragen auf deutsch.
2. Der Herr ist Amerikaner.   5. Wir gehen zu Fuß nach Hause.
3. Er wohnt jetzt in Ulm.   6. Die Dame trinkt gern Weißwein.

✗ Sü 4   Bilden Sie Sätze!

1. Ich   gern Rotwein.
2. Herr Sander   aus München.
3. Er   in Augsburg.
4. Woher   fragen   Sie?
5. Der Herr   rauchen   Pfeife.
6. Ich   trinken   die Lehrerin.
7. Frau Braun wohnen   Bier.
8. Wer   kommen   aus Berlin?
9. Wir   auf deutsch.
10. Wo   die Dame.

Imperativ, bitte!

Sü 5

> Sie rauchen so viel!
> Rauchen Sie **nicht** so viel!

1. Sie trinken so viel.
2. Sie arbeiten so viel.
3. Sie antworten auf englisch.

4. Sie fragen auf englisch.
5. Sie gehen so langsam.
6. Sie telefonieren so viel.

*** Sü 6 Ergänzen Sie!
Was paßt?

(**passen**: to fit)

1. Wir _gehen_____ zu Fuß.
2. Ich _____ Helga Braun.
3. Mein Name _____ Braun.
4. Bremen _____ in Norddeutschland.
5. Woher _____ Sie?
6. Wir _____ in Nürnberg.
7. Er _____ Apfelsaft.
8. _____ Sie nach Hause?
9. Was _____ wir im Klassenzimmer?
10. Die Studenten _____ Deutsch.
11. _____ Sie bitte bis zehn!
12. Der Herr _____ Pfeife.

Sü 7 **Persönliche Fragen**

1. Wie heißen Sie?
2. Woher kommen Sie?
3. Wo wohnen Sie?
4. Was lernen Sie hier?
5. Was tun Sie im Klassenzimmer?
6. Was sind Sie von Beruf?
7. Arbeiten Sie morgen?
8. Was trinken Sie gern?
9. Was tun Sie zu Hause?
10. Antworten Sie hier auf deutsch?
11. Verstehen Sie Deutsch?
12. Rauchen Sie?

Kreuzworträtsel

Ergänzen Sie die Kfz-Zeichen
und Sie finden drei deutsche Komponisten!

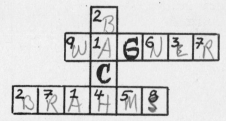

1. Augsburg
2. Berlin
3. Essen
4. Hannover
5. München
6. Nürnberg
7. Regensburg
8. Stuttgart
9. Wuppertal

The *** are used to indicate comprehension exercises.

Wiederholung Review

WÜ 1   Ergänzen Sie die Fragewörter!

1.   Woher   kommen Sie?
2.   Wie   heißt der Lehrer?
3.   Was   lernen Sie hier?
4.   Wo   liegt Frankfurt?
5.   Wohin   gehen die Leute?
6.   Wie   heißt das auf deutsch?
7.   Was   trinken Sie?
8.   Was   Uhr ist es?
9.   Wo   wohnen Sie?
10. Was   raucht er?

WÜ 2   Wie heißen die Wochentage?

WÜ 3   Wieviel Uhr ist es?

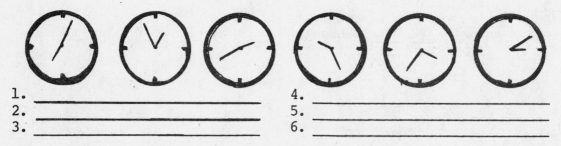

1. _____   4. _____
2. _____   5. _____
3. _____   6. _____

WÜ 4   Ergänzen Sie das Personalpronomen!

1. Was tun die Studenten?   Sie   lernen Deutsch.
2. Wie heißt die Dame?   Sie   heißt Braun.
3. Woher kommen Sie?   Ich   komme aus Darmstadt.
4. Wo wohnt Frau Braun?   Sie   wohnt in Berlin.
5. Lernt der Student Deutsch?   Ja, ich   lernt Deutsch.
6. Rauchen Sie?   Nein, ich   rauche nicht.
7. Telefoniert der Herr?   Ja, er   telefoniert.
8. Gehen die Leute nach Hause? Ja, sie   gehen nach Hause.
9. Was trinken der Herr und
   die Dame?   Sie   trinken Kaffee.
10. Wo liegt Deutschland?   Es   liegt im Zentrum von Europa.
11. Wo ist der Kugelschreiber?   Er   ist nicht hier.
12. Ist das Bier kalt?   Ja, es   ist kalt.
13. Wo arbeitet Herr Müller?   Er   arbeitet in Mannheim.
14. Ist das Fenster groß?   Nein, es   ist nicht groß.
15. Verstehen Sie Deutsch?   Ja, ich   verstehe Deutsch.

Wü 5   Ergänzen Sie das Verb!

1. (count)   _Zählen_ Sie bitte bis zwölf!
2. (work)   Herr Sander _arbeitet_ in Augsburg.
3. (answer)   Der Polizist _ANTWORTET_ auf deutsch.
4. (phone)   Die Dame _Telephoniert_
5. (smoke)   Der Herr _raucht_ Pfeife.
6. (ask)   Ich _frage_ auf deutsch.
7. (learn)   Wir _lehren_ hier Deutsch.
8. (live)   Ich _wohne_ jetzt in Kaiserslautern.
9. (spell)   Bitte _buchstabieren_ Sie!
10. (study)   Wo _STUDIEREN_ Sie?
11. (repeat)   Die Studentin _wiederholen_ das Wort.
12. (come)   Er _kommst_ aus Florida.
13. (write)   Was _schreiben_ die Sekretärin?
14. (do)   Was _TUN_ der Ober?
15. (understand) Der Student _Verstehe_ ein bißchen Deutsch.
16. (go)   Die Leute _gehen_ nach Hause.
17. (drink)   Was _TRINKEN_ Sie gern?
18. (walk)   Ich _zu fuss gehe_ nach Hause.

WORTSCHATZ

Nomen

der Apfel, ̈	apple
der Saft, ̈e	juice
der Satz, ̈e	sentence
das Kreuzwort- rätsel,-	crossword puzzle
das Kfz-Zeichen,-	license plate number
die Hauptstadt, ̈e	capital city
die Landkarte,-n	map
die Pfeife,-n	pipe
die Leute (pl.)	people

Verben

arbeiten	to work
gehen	to go
liegen	to be situated, to lie
rauchen	to smoke
schreiben	to write
tun	to do
verstehen	to understand
wiederholen	to repeat
wohnen	to live

Adjektive

heiß	hot
süß	sweet

Verschiedenes

auf englisch	in English
bilden Sie Sätze!	form sentences
gerade	just (now)
gern (gerne)	gladly
geteilt	divided
im	in the
nach Hause	home
nach Hause gehen	to go home
Pfeife rauchen	to smoke a pipe
sehr	very
von	from
wohin	where...to
zu Fuß gehen	to walk

Can you guess the meaning of these words?

Nomen	Verben	Ein wenig Geographie
der Apfelsaft	antworten	Die Bundesrepublik
der Kaffee	buchstabieren	die DDR
der Tee	finden	die Deutsche Demokratische
der Wein	fragen	Republik
Rotwein	heißen	(das) Europa
Weißwein	kommen	(das) Deutschland
	lernen	Norddeutschland
das Bier	studieren	Süddeutschland
das Deutsch	telefonieren	der Norden
das Englisch	trinken	Nordosten
das Haus, ̈er	zählen	Nordwesten
das Wasser		der Süden
Mineralwasser	Adjektive	Südosten
das Zentrum	kalt	Südwesten
(pl.Zentren)	warm	der Osten
	sauer	der Westen
die Limonade,-n		
die Milch		

LEKTION 4

Im Café : Wir bestellen.

ein Stück Kuchen

eine Tasse Kaffee

ein Kännchen

ein Glas Tee

ein Glas Bier

eine Flasche Wein

ein Viertel Wein

ein Glas Apfelsaft

die Kellnerin:

▲ Bitte schön?

▲ Eine Tasse oder ein
Kännchen?

▲ Möchten Sie auch
Kuchen?

▲ Eine Tasse Kaffee und
ein Stück Apfelkuchen.
Danke.

eine Dame:

● Fräulein!   MERSTA

● Ich möchte Kaffee,
bitte.

● Bringen Sie mir
eine Tasse Kaffee,
bitte!

● Ja, ein Stück
Apfelkuchen, bitte.

Fragen

1. Möchte die Dame Kaffee oder Tee?
2. Möchte sie eine Tasse oder ein Kännchen?
3. Möchte sie auch Kuchen?
4. Was bestellt die Dame?

   Und Sie? Was möchten Sie?
   Was bestellen Sie?

Variationen: Im Restaurant

Der Gast möchte ...

ein Viertel Wein
ein Glas Bier

eine Tasse Tee

Der Ober fragt:

Rotwein oder Weißwein?
Export oder Pils?
groß oder klein?
mit Milch oder Zitrone?

Einführung

Wissen Sie, was das ist?
Wer weiß es?

Ich weiß es.

Sie weiß es auch.

Er weiß es nicht.

Wir wissen es.

Herr und Frau Ottman
wissen es auch.

Das ist { ein ...
ein ...
eine ...

Das ist { der ...
das ...
die ...

Was ist das?

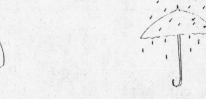

Das ist **ein** Brief.
Der Brief ist kurz.

Das ist **ein** Regenschirm.
Der Regenschirm ist naß.

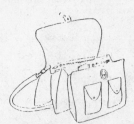

Das ist **eine** Tasche.
Die Tasche ist groß.

Das ist **ein** Ausweis.
Der Ausweis ist neu.

Das ist **ein** Feuerzeug.
Das Feuerzeug ist klein.

Das ist **eine** Brille.
Die Brille ist alt.

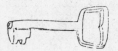

Das ist **ein** Schlüssel.
Der Schlüssel ist groß.

Das ist **ein** Stück Papier.
Das Papier ist weiß.

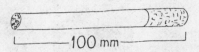
—100 mm—

Das ist **eine** Zigarette.
Die Zigarette ist lang.

Das ist **ein** Geldbeutel.
Der Geldbeutel ist alt.

Das ist **ein** Radio.
Das Radio ist alt.

Das ist **eine** Zeitung.
Die Zeitung ist neu.

| Ja, das ist **ein** ... | Ja, das ist **eine** ... |
| Nein, das ist **kein** ... | Nein, das ist **keine** ... |

Was ist das?

Ist das ein Schlüssel?	Nein, das ist kein Schlüssel.
Ist das ein Radio?	Nein, das ist kein Radio.
Ist das eine Tasche?	Nein, das ist keine Tasche.

Was ist das?
Das ist ein Bild.

Ist das Bild groß oder klein?
Es ist klein.

Ist das Bild neu oder alt?
Es ist alt.

| Ist das nur ein/eine...? | Das sind... |
| | Nein, das sind viele... |

Ist das nur ein Apfel?

Das sind Äpfel.
Nein, das sind viele Äpfel.

Ist das nur ein Schlüssel?

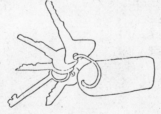

Das sind Schlüssel.
Nein, das sind viele Schlüssel.

Ist das nur eine Zigarette?

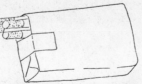

Das sind Zigaretten.
Nein, das sind viele Zigaretten.

Sind das ... ?   Nein, das sind **keine** ...
                                        Das sind ...

___

Was ist das?

Sind das Stühle?
  Nein, das sind keine Stühle.

Sind das Bilder?
  Nein, das sind keine Bilder.

Sind das Hefte?
  Nein, das sind keine Hefte.

Was ist das?
  Das sind Gläser.

Sind die Gläser voll?
Sie sind nicht voll.
Sie sind leer.

Wortschatzerweiterung: Bilden Sie Wörter!

___

Zitronen

Cognac

Apfel

Kaffee

Wein

Wasser

Milch

Tee

Whisky

Orangen

Bier

-kuchen
-flasche
-tasse
-glas
-saft

Apfelkuchen
Kaffeetasse

GRAMMATIK

Preliminaries

In English and in German, nouns have a definite and an indefinite article. The definite article points to a definite person, place, thing or idea; the indefinite article indicates any one of a class or kind, without definite reference. The English indefinite article is *a* or *an*.
a child, a house, an idea.

1 The Indefinite Article

A The German indefinite article, like the definite article, indicates to which class (gender) a noun belongs. Note, however, that the indefinite article for masculine and neuter nouns have the identical form.

	Masculine	Neuter	Feminine
Definite Article:	**der** Tisch	**das** Radio	**die** Tasche
Indefinite Article:	**ein** Tisch	**ein** Radio	**eine** Tasche

Note: When placed in front of a noun, the German numeral **eins** (one) becomes **ein** and is identical with the indefinite article **ein, eine**. The distinction between **a book** and **one book** is made by emphasis when speaking.

Das ist ein **Bleistift**.	This is a pencil.
Das ist **ein** Bleistift.	This is one pencil.

B **Omission of the indefinite article**

As in English, the indefinite article is not used when the noun conveys the idea of an indefinite quantity.

Das ist Tee	This is tea.
Ich möchte Kaffee.	I would like coffee.
Ist das Milch?	Is this milk?

However, when referring to a definite quantity, the definite article is used.

Der Wein ist gut.	The wine is good.
Das Bier ist kalt.	The beer is cold.

Remember: Whenever there is a reference to a nationality or an occupation the article is omitted.

Herr Linke ist Student.	Mr. Linke is a student.
Er ist Amerikaner.	He is (an) American.
Sie ist Sekretärin.	She is a secretary.

C Plural

There is logically no plural of the indefinite article **ein**, **eine**. The plural of **ein Stuhl** must be at least **zwei Stühle** or simply **Stühle**.

Singular	Plural
Hier ist **ein Buch**.	Hier sind **Bücher**.
Here is a book.	Here are books.
Ist das **eine Zeitung**?	Sind das **Zeitungen**?
Is this a newspaper?	Are these newspapers?

2 Negation by <u>kein</u>

A Singular Nouns

Kein is the negative form of the indefinite article and corresponds to English *not a, not any*, or *no*   To negate a noun preceded by an indefinite article, simply use **kein, keine** in place of **ein, eine**.

Ist das **ein** Schlüssel?	Is this a key?
Nein, das ist **kein** Schlüssel.	No, this isn't a key.
Ist das **eine** Tür?	Is this a door?
Nein, das ist **keine** Tür.	No, this isn't a door.

B Plural Nouns

Although there is no indefinite article in the plural, plural nouns are negated by **keine**.

Sind das Zigaretten?	Are these cigarettes?
Nein, das sind **keine** Zigaretten.	No, these aren't cigarettes.

Summary: The Indefinite Article and its Negation

Masculine	Neuter	Feminine	Plural/All Genders
ein Brief	ein Buch	eine Brille	--- Bücher
kein Brief	kein Buch	keine Brille	keine Bücher

Remember: The negation of the definite article is **nicht**: Das ist der Stuhl.
Das ist <u>nicht</u> der Stuhl.

3 Verb Patterns

A <u>wissen</u> (to know)

The verb **wissen** (to know something as a fact) has two forms: one for singular and one for plural.

Singular	Plural	
ich weiß	wir wissen	Familiar forms:
er/es/sie weiß	sie wissen	du weißt
Sie wissen	Sie wissen	ihr wißt

Wissen Sie, was das ist?	Do you know what that is?
Ja, ich weiß es.	Yes, I know it.
Er weiß es auch.	He knows it too.

B möchte, möchten (would like)

The forms **möchte** (singular) and **möchten** (plural) are used to express desire. The English equivalent is **would like**.

Singular	Plural
ich möchte	wir möchten
er/es/sie möchte	sie möchten
Sie möchten	Sie möchten

Familiar forms:

du möchtest
ihr möchtet

Möchten Sie Kaffee oder Tee?	Would you like coffee or tea?
Ich möchte Tee, bitte.	I would like tea, please.

C haben (to have)

The conjugation pattern of **haben** is irregular in the third person singular.

Singular	Plural
ich habe	wir haben
er/es/sie hat	sie haben
Sie haben	Sie haben

Familiar forms:

du hast
ihr habt

Idiomatic expressions with **haben:**

Ich habe Hunger.	I am hungry.
Ich habe Durst.	I am thirsty.

4 Plural Formation of Nouns

A   As pointed out in Chapter 2, most German nouns do not form their plural regularly. The plural of a German noun may be the same as its singular form (compare English deer/deer, sheep/sheep, etc.)

Singular	der Schlüssel	der Kugelschreiber
Plural	die Schlüssel	die Kugelschreiber

Then again, a German noun may undergo a vowel change by adding an Umlaut (compare English vowel changes: foot/feet, mouse/mice, etc.)

Singular	der Apfel	der Mantel
Plural	die Äpfel	die Mäntel

A German noun may add an ending (compare English child/children, ox/oxen etc.).

	Singular	die Frau	der Tag
	Plural	die Frauen	die Tage

A German noun may undergo a vowel change and add an ending (compare English brother/brethren).

	Singular	der Stuhl	das Buch
	Plural	die Stühle	die Bücher

B   Here are some rules which will prove helpful in the memorization of plural nouns.

Most masculine and neuter nouns ending in **-el**, **-en**, **-er** and all nouns ending in the diminutive suffixes **-chen** and **-lein** do not add a plural ending. They may add an Umlaut.

	Sing.	der Amerikaner	das Fenster	das Mädchen	der Kuchen
	Pl.	die Amerikaner	die Fenster	die Mädchen	die Kuchen

Nouns ending in **-e** in the singular, form their plural by adding **-n**. (As a rule, nouns ending in **-e** are **die**-nouns. There are, however, a few exceptions.)

	Sing.	die Brille	die Dame	der Name
	Pl.	die Brillen	die Damen	die Namen

Nouns ending in the suffix **-in** form their plural by adding **-nen**. (They are always **die**-nouns.)

	Sing.	die Studentin	die Sekretärin
	Pl.	die Studentinnen	die Sekretärinnen

Nouns ending in the suffix **-ung** form their plural by adding **-en**. (They are always **die**-nouns.)

	Sing.	die Übung	die Zeitung	die Unterhaltung
	Pl.	die Übungen	die Zeitungen	die Unterhaltungen

5   Expressions of Quantity: <u>wieviel?</u>/<u>wie viele</u>?

Wieviel and **wie viele** correspond to English **how much** and **how many** as **viel** and **viele** correspond to **much** and **many**.

Wieviel Kaffee möchten Sie?	How much coffee would you like?
Ich möchte nicht **viel** (Kaffee).	I don't want much (coffee).
Wie viele Studenten sind hier?	How many students are here?
Viele Studenten sind hier.	Many students are here.
(Hier sind viele Studenten.)	(There are many students here.)

6 Word Formation: Compound Nouns

German relies heavily on compounding to form new nouns. A compound noun is formed by joining two or more words to form a new single noun. The last element of such a compound is usually a noun and it is this last element or base noun which determines the gender and plural form of the whole compound.

German compound nouns may be a combination of

Noun + Noun:

das Land + die Karte	= die Landkarte	(map)
der Apfel + der Kuchen	= der Apfelkuchen	(apple cake)
der Brief + das Papier	= das Briefpapier	(stationary)

Verb + Noun

wohnen + das Haus	= das Wohnhaus	(apartment house)
liegen + der Stuhl	= der Liegestuhl	(lounge chair)
schreiben + das Papier	= das Schreibpapier	(writing paper)

Adjective + Noun

falsch + das Geld	= das Falschgeld	(counterfeit money)
groß + die Stadt	= die Großstadt	(metropolis)

Prefix + Nouns

vor + der Name	= der Vorname	
nach + der Mittag	= der Nachmittag	

A compound noun may also consist of a variation of the above elements: das Autokennzeichen, der Nachmittagskaffee, der Sonntagnachmittag.

In many compounds a connecting letter (**-n** or **-s**) is inserted between the two parts:

der Familienname	family name
das Klassenzimmer	classroom
das Monatsende	end of the month

Mündliche Übungen

Antworten Sie!

Mü 1
> Ich weiß, was das ist.
> Und der Herr? Er weiß es (nicht)

1. Ich weiß, was das ist.
   Und der Student?
     wir?
     die Leute?
     Herr Schneider?
     die Dame?
   Und Sie?

2. Ich möchte eine Tasse Kaffee.
   Und Frau Braun?
     wir?
     die Studenten?
     er?
     der Polizist?
   Und Sie?

Zeigen und antworten Sie!
(**ein** oder **eine**)

(**Zeigen Sie!**/show)

Mü 2
> Hier ist der Stuhl.
> Hier ist auch ein Stuhl.

Hier ist ...

1. der Tisch
2. die Zeitung
3. die Pfeife
4. das Radio
5. der Ausweis
6. der Brief
7. die Lampe
8. das Heft
9. das Feuerzeug
10. die Studentin
11. der Bleistift
12. die Uhr

Was ist richtig,
der, das oder **die**?

Mü 3
> Das ist ein Kugelschreiber.
> Das ist der Kugelschreiber.

Das ist ...

1. ein Schlüssel
2. eine Brille
3. ein Kuli
4. ein Glas
5. ein Regenschirm
6. ein Fenster
7. ein Bild
8. ein Polizist
9. eine Lehrerin
10. ein Mann
11. ein Bleistift
12. eine Sekretärin

Antworten Sie mit nein!
(**kein** oder **keine**)

Mü 4
> Ist das eine Tasse?
> Nein, das ist keine Tasse.

Ist das ...?

1. ein Buch
2. eine Zigarette
3. ein Feuerzeug
4. ein Schlüssel
5. ein Ausweis
6. eine Tafel
7. eine Tür
8. ein Heft
9. ein Radio
10. ein Brief
11. eine Uhr
12. eine Flasche

Plural, bitte!

Mü 5

> Das ist ein Apfel.
> Das sind Äpfel.

Das ist ...

1. ein Stuhl
2. ein Fenster
3. ein Buch
4. eine Frau
5. eine Amerikanerin
6. eine Studentin
7. ein Kugelschreiber
8. ein Radio
9. eine Lampe
10. ein Schlüssel
11. eine Zeitung
12. ein Bleistift

Antworten Sie mit **nein**!

Mü 6

> Sind das Zeitungen?
> Nein, das sind **keine** Zeitungen.

Sind das ... ?

1. Taschen
2. Bücher
3. Bilder
4. Gläser
5. Tassen
6. Flaschen
7. Tische
8. Stühle
9. Lampen

kein, **keine** oder **nicht**?

Mü 7

> Ist das **der** Bleistift?
> Nein, das ist **nicht der** Bleistift.
>
> Ist das **ein** Bleistift?
> Nein, das ist **kein** Bleistift.

Ist das ...?

1. der Schlüssel
2. eine Lampe
3. die Tasche
4. ein Stuhl
5. eine Zigarette
6. die Pfeife
7. das Feuerzeug
8. eine Brille
9. ein Regenschirm
10. die Tür
11. ein Heft
12. der Kuli

Mü 8   Auf deutsch, bitte!

1. Twenty students are in the classroom.
2. Where are the keys?
3. Do you know what this is?
4. I would like a cup of coffee.
5. The wallet is new.
6. This is not an apple.
7. This is a lemon.
8. He is a mechanic.
9. I am American.
10. I don't know (it).
11. Here is only one chair.
12. There are no chairs.

Im Büro

Das ist Frau Kaiser. Sie arbeitet bei Mercedes-Benz in Mannheim. Die Firma in Mannheim ist sehr groß. Fast zwölf tausend Männer und Frauen arbeiten dort.

Frau Kaiser ist Sekretärin. Sie arbeitet morgens von acht bis zwölf. Von zwölf bis eins macht sie eine Pause. Nachmittags arbeitet sie von eins bis vier. Um vier Uhr geht Frau Kaiser nach Hause.

Frau Kaiser ist nicht allein im Büro. Sie hat eine Kollegin. Die Kollegin heißt Claudia Roth. Fräulein Roth und Frau Kaiser gehen mittags immer in die Kantine. Das Essen ist dort gut und nicht sehr teuer. → Toyer

Jetzt ist es fünf Minuten vor zwölf. In fünf Minuten beginnt die Mittagspause.

Frau Kaiser:	Es ist gleich Mittag.
Frl. Roth:	Gott sei Dank! Ich habe Hunger. Gehen Sie auch in die Kantine?
Frau Kaiser:	Nein, heute nicht. Ich mache heute keine Pause. Ich habe zuviel Arbeit.
Frl. Roth:	Dann gehe ich allein. Arbeiten Sie nicht zuviel!

Fräulein Roth hat Hunger. Sie geht in die Kantine.

Und Sie? Haben Sie mittags auch Hunger?

Frau Kaiser hat keine Zeit. Sie hat sehr viel Arbeit.

Und Sie? Haben Sie auch viel Arbeit?

Der Herr hat Durst. Er trinkt Bier.

Und Sie? Haben Sie auch immer Durst?

69

Um wieviel Uhr ...?
Wann ...?

Um wieviel Uhr macht Fräulein Roth Pause?   Sie macht um 12 Uhr Pause.
Wann beginnt die Pause?
Wann geht Fräulein Roth in die Kantine?

macht pause zwölf
Die Pause beginnt mittag

Wie lange?

Wie lange dauert die Pause?   Sie dauert von zwölf bis eins.
                                             Sie dauert eine Stunde.
Wie lange arbeitet Frau Kaiser?

          Und Sie?
          Wie lange arbeiten Sie?
          Wie lange dauert der Deutschunterricht?
          Wann beginnt der Unterricht?
          Wann machen wir Pause?
          Wann gehen wir nach Hause?

Wortschatzerweiterung: Die Tageszeiten

Die Tageszeiten heißen ...   Was tun Sie ...?

    der Morgen   morgens
    der Vormittag   vormittags
    der Mittag   mittags
    der Nachmittag   nachmittags
    der Abend   abends
    die Nacht   nachts

          Wieviel Uhr ist es?

          Es ist drei Uhr.

Es ist Viertel nach drei.   Es ist halb vier.   Es ist Viertel vor vier.
Es ist Viertel vier.   Es ist dreiviertel vier.

Fragen und Aufgaben zum Text

---

1   Antworten Sie!

1. Was ist Frau Kaiser von Beruf?
2. Wo arbeitet sie?
3. Arbeiten dort viele Männer und Frauen?
4. Wie lange arbeitet Frau Kaiser?
5. Wann macht sie Pause?
6. Wann geht sie nach Hause?
7. Arbeitet sie allein?
8. Wie heißt die Kollegin?
9. Wer hat Hunger?
10. Wer hat viel Arbeit?
11. Wer macht heute keine Pause?
12. Wohin geht Fräulein Roth?

2   Was ist hier richtig,
     Uhr oder **Stunde**?

1. Es ist jetzt zwei _Uhr_ .
2. Wieviel _____ ist es?
3. Die Pause dauert eine _____ .
4. Wie viele _____ hat ein Tag?
5. Wie viele Minuten hat eine _____ .
6. Die _____ ist alt.
7. Um vier _____ gehe ich nach Hause.
8. Frau Kaiser arbeitet acht _____ .
9. Die Pause dauert von zwölf bis ein _____ .
10. Ich habe keine _____ .
11. Sie kommt um sieben _____ .
12. Sie hat eine _____ Zeit.

Aussprachetübung

/a/ kurz   Mann, Klasse, Lampe, antworten, lang, was, alt, Papier, Land, falsch, Kanne, machen, Saft, Stadt, Kaffee, Wasser, kalt, Apfel,

/a/ lang   Name, Mechaniker, Soldat, Tag, Tafel, ja, da, fragen, Abend, aber Dame, Glas, Sprache, arbeiten, nach

/au/   Auto, sauer, Hauptstadt, rauchen, auch, Frau, Haus, Pause, dauern, braun, grau, blau, Ausweis, auf, Aussprache.

Schriftliche Übungen

Sü 1   Was ist richtig,
        ein oder **eine**?

Das ist ...

1. *ein* Stück   7. _____ Zigarette   13. _____ Mann
2. _____ Firma   8. _____ Geldbeutel   14. _____ Dame
3. _____ Café   9. _____ Kännchen   15. _____ Herr
4. _____ Apfel   10. _____ Restaurant   16. _____ Heft
5. _____ Stadt   11. _____ Kollegin   17. _____ Stuhl
6. _____ Bild   12. _____ Brille   18. _____ Farbe

Antworten Sie mit nein!
(**kein** oder **keine**?)

Sü 2 | Ist das **eine** Tasche?   (Radio)
        | Nein, das ist **keine** Tasche. Das ist **ein** Radio.

1. Ist das ein Regenschirm?   (Feuerzeug)
2. Ist das eine Tasse?   (Glas)
3. Sind das Bücher?   (Hefte)
4. Ist das ein Apfel?   (Zitrone)
5. Sind das Frauen?   (Männer)
6. Ist das eine Brille?   (Zeitung)
7. Ist das ein Bleistift?   (Kuli)
8. Sind das Stühle?   (Tische)

Plural, bitte!

Sü 3 | Hier ist **das Buch.** → Hier sind **die Bücher.**
        | Das ist **ein Buch.** → Das sind **Bücher.**

1. Hier ist ein Student.   5. Dort ist eine Lampe.
2. Das ist eine Tasse.   6. Das Auto ist neu.
3. Der Apfel ist gut.   7. Ist dort ein Stuhl?
4. Ist eine Zitrone sauer?   8. Die Tasche ist groß.

Sü 4   Antworten Sie mit nein!
        (**kein, keine** oder **nicht**?)

1. Ist Ihr Name Müller?   6. Rauchen Sie?
2. Sind das Tische?   7. Sind das die Bücher?
3. Ist hier ein Café?   8. Ist dort eine Tür?
4. Sind wir in Amerika?   9. Gehen Sie jetzt?
5. Sind Sie zwanzig Jahre alt?   10. Sind das Hefte?

Sü 5   Was paßt hier, sein oder haben?

1. Er ___*ist*___ Amerikaner.
2. Ich _____ keine Zeit.
3. Der Mann _____ im Café.
4. Wo _____ die Leute?
5. Wer _____ die Dame dort?
6. Ich _____ Hunger.
7. _____ der Herr Durst?
8. Wann _____ Sie zu Hause?
9. Was _____ er von Beruf?
10. Wer _____ Hunger?

Sü 6   Ergänzen Sie! (was, wo, wer, usw.)

1. ___*Wie*___ ist Ihr Name?
2. _____ ist die Dame dort?
3. _____ Studenten sind hier?
4. _____ spät ist es?
5. _____ möchte Frau Kaiser?
6. _____ ist das Café?
7. _____ wissen Sie nicht?
8. _____ alt ist das Radio?
9. _____ ist das? (Peter)
10. _____ geht Fräulein Roth?
11. _____ kommt Frau Kaiser?
12. _____ geht es Ihnen?
13. _____ sind Sie von Beruf?
14. _____ ist der Herr? (aus Mainz)

Sü 7   Ergänzen Sie!

möchte oder möchten?

1. Wir _____ zwei Äpfel.
2. Ich _____ ein Glas Bier.
3. Der Student _____ Tee.
4. Die Dame _____ Kuchen.
5. Herr und Frau Kohl _____ Wein.

wissen oder weiß?

1. Ich _____ , was das ist.
2. Er _____ es auch.
3. _____ Sie, wieviel Uhr es ist?
4. _____ es die Studenten?
5. Wer _____ es?

Wortschatzübung: Was ist das?

Sü 8

> das Auto + der Schlüssel =
> der Autoschlüssel

1. das Auto + die Tür =
2. der Brief + das Papier =
3. der Kaffee + das Kännchen =
4. die Nacht + die Arbeit =
5. die Zigaretten + die Pause =
6. das Auto + der Mechaniker =
7. das Land + die Karte =
8. das Haus + die Frau =
9. die Uhr + die Zeit =
10. der Kaffee + die Pause =

Bilden Sie Sätze!

Sü 9

> morgens/er/Kaffee trinken
> Morgens trinkt er Kaffee.

1. mittags/sie/eine Pause machen
2. nachmittags/wir/Deutsch lernen
3. vormittags/er/kein Bier trinken
4. nachts/ich/zu Hause sein
5. abends/die Leute/nicht arbeiten
6. morgens/ich/keine Zigaretten/rauchen

Sü 10   Ergänzen Sie das Verb!

1. zeigen   ___*Zeigen*___ Sie bitte das Buch!
2. wissen   Ich ___*weiß*___ das nicht.
3. dauern   Wie lange ___*dauern*___ die Pause?
4. gehen   Er ___*geht*___ in die Kantine.
5. haben   Wer ___*hat*___ Hunger?
6. machen   Wann ___*machen*___ wir eine Pause?
7. sein   Die Studenten ___*sind*___ hier.
8. bringen   Er ___*bringt*___ die Zeitung.
9. beginnen   Wann ___*beginnt*___ der Unterricht?
10. haben   Frau Kaiser ___*hat*___ keine Zeit.
11. wissen   ___*Wissen*___ Sie, was das ist?
12. machen   Was ___*macht*___ er?
13. bestellen   Die Dame ___*bestellt*___ ein Glas Wein.

Sü 11   Persönliche Fragen

1. Wissen Sie, wie spät es ist?
2. Was trinken Sie gern?
3. Möchten Sie eine Tasse Kaffee?
4. Sind Sie jung oder alt?

5. Haben Sie ein Auto?
6. Haben Sie viel oder wenig Zeit?
7. Rauchen Sie?
8. Was tun Sie morgens?
9. Was bestellen Sie im Café?

Sü 12   Wieviel Uhr ist es?

1. _____ 2. _____ 3. _____ 4. _____

5. _____ 6. _____ 7. _____ 8. _____

Was ist richtig: der, das oder die?
Wie heißt der Plural?

1. _____ Amerikaner — die _____
2. _____ Stadt — die _____
3. _____ Bild — die _____
4. _____ Student — die _____
5. _____ Studentin — die _____
6. _____ Stuhl — die _____
7. _____ Buch — die _____
8. _____ Auto — die _____
9. _____ Tisch — die _____
10. _____ Farbe — die _____
11. _____ Polizist — die _____
12. _____ Sekretärin — die _____
13. _____ Apfel — die _____
14. _____ Dame — die _____
15. _____ Fenster — die _____
16. _____ Frage — die _____
17. _____ Frau — die _____
18. _____ Kugelschreiber — die _____
19. _____ Zahl — die _____
20. _____ Tasche — die _____

ITG C°

Wiederholung

Personalpronomen

Antworten Sie!

Wü 1

> Ist Frau Wilson Hausfrau?
> Ja, sie ist Hausfrau.
> (Nein, sie ist nicht Hausfrau.)

1. Ist Herr Ottman Mechaniker? Ja, *er ist*
2. Sind die Studenten hier? Ja, *sie sind hier*
3. Ist das Fenster groß? Nein, *es ist nicht gross*
4. Sind die Bücher neu? Ja, *sie sind neu*
5. Ist der Wein gut? Ja, *er ist gut*
6. Sind die Gläser voll? Nein, *sie sind nicht voll*
7. Ist die Milch heiß? Nein, *sie ist nicht heiß*
8. Sind Sie Student? Ja, *ich bin student*

Wü 2   Allgemeine Fragen   (general question)

1. Woher kommt ein Amerikaner?
2. Ist ein Heft dick oder dünn?
3. Wo liegt München?
4. Was ist sauer?
5. Wo ist die Lampe?
6. Ist heute Sonntag?
7. Wieviel ist dreizehn und vier?
8. Wieviel ist zwanzig weniger fünf?
9. Wie viele Studenten sind heute hier?
10. Was ist im Klassenzimmer?
11. Verstehen die Studenten Deutsch?
12. Wo arbeitet die Kellnerin?

Wü 3   Imperativ, bitte!

1. Don't work so much
2. Please answer in German.
3. Go home.
4. Repeat, please.
5. Don't smoke here.
6. Please come tomorrow.

WORTSCHATZ

Nomen

der Ausweis,-e	identification card
der Brief,-e	letter
der Gast,⸚e	guest
der Geldbeutel,-	wallet
der Kellner,-	waiter
der Kollege,-n,-n	colleague
der Kuchen,-	cake
der Ober,-	waiter
der Schlüssel,-	key
der Regenschirm,-e	umbrella
der Unterricht (no pl.)	lesson, instruction
das Essen,-	meal, food
das Geld,-er	money
das Feuerzeug,-e	lighter
das Kännchen,-	little pot
das Stück,-e	piece
das Viertel,-	quarter, 1/4 liter
das Wort,⸚er	word
die Brille,-n	glasses
die Flasche,-n	bottle
die Stunde,-n	hour
die Tageszeit,-en	time of the day
die Tasche,-n	purse, bag
die Tasse,-n	cup
die Zeit,-en	time
die Zeitung,-en	newspaper
die Zitrone,-n	lemon

Adjektive

leer	empty
naß	wet
voll	full
teuer	expensive

Verben

bestellen	to order
dauern	to last (duration)
haben	to have
machen	to make, do
möchte(n)	would like to
wissen	to know
zeigen	to show

Verschiedenes

allein	alone
arbeiten bei	to work for
bitte schön?	yes please?
bringen Sie mir...	bring me
dann	then
Durst/Hunger haben	to be thirsty/ hungry
fast	almost
Fräulein!	waitress!
es ist gleich Mittag.	It's just about noon.
Gott sei Dank!	Thank heaven!
Herr Ober!	Waiter!
immer	always
morgens	in the morning
nur	only
Pause machen	to take a break
um wieviel Uhr	at what time?
viel	much
viele	many
wann?	when
wie lange?	how long?
zu	too
zuviel	too much

Can you guess the meaning of these words?

Nomen

der Apfelkuchen	die Arbeit,-en
der Deutschunterricht	die Firma (pl. Firmen)
der Durst	die Kantine,-n
der Hunger	die Kellnerin,-nen
	die Minute,-n
das Büro,-s	die Pause,-n
das Café,-s	die Zigarette,-n
das Glas,⸚er	
das Radio,-s	
das Restaurant,-s	

die Tageszeiten

der Morgen,-	morgens
der Vormittag,-e	vormittags
der Mittag,-e	mittags
der Nachmittag,-e	nachmittags
der Abend,-e	abends
die Nacht,⸚e	nachts

Verben

bringen
beginnen

LEKTION 5

Im Schreibwarengeschäft

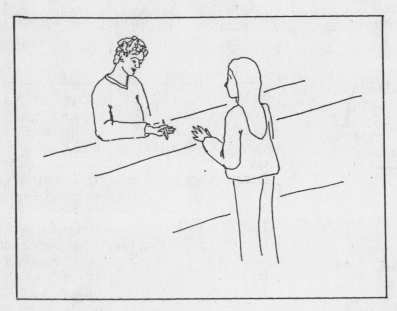

die Verkäuferin:

▲ Ich habe hier einen Kugelschreiber für sechs Mark.

▲ Doch, hier habe ich einen
für zwei Mark.

▲ Noch etwas, bitte?

ein Kunde:

● Ich möchte einen Kugel-
schreiber, bitte.

● Haben Sie keinen Kugel-
schreiber für zwei oder
drei Mark?

● Gut. Ich möchte den Ku-
gelschreiber für zwei Mark.

● Danke, das ist alles.

Variationen: Spielen Sie die Szenen!

(spielen: to play)

Die Dame braucht einen Regenschirm.
Die Verkäuferin zeigt einen Regenschirm.
Der Regenschirm kostet 50 Mark.
Der Regenschirm ist zu teuer.
Die Dame kauft den Regenschirm nicht.

Der Herr braucht einen Geldbeutel.
Die Verkäuferin zeigt einen Geldbeutel.
Der Geldbeutel kostet 20 Mark.
Der Herr möchte den Geldbeutel.
Er bezahlt den Geldbeutel.

Die Verkäuferin **verkauft** den Geldbeutel.
Der Kunde **kauft** den Geldbeutel.

Einführung

Nominativ		Akkusativ	
Das ist { der ... ein ... kein ...		Ich habe { den ... einen ... keinen ...	

Was ist das?
Wieviel kostet das?

Was { haben
möchten
brauchen
kaufen
bezahlen
suchen } Sie?

Das ist **ein** Geldbeutel.
Der Geldbeutel kostet 20 Mark.

Ich habe **keinen** Geldbeutel.
Ich brauche **einen** Geldbeutel.
Ich möchte **den** Geldbeutel.

Das ist **ein** Regenschirm.
Der Regenschirm kostet 50 Mark.

Sie hat **keinen** Regenschirm.
Sie möchte **einen** Regenschirm.
Sie braucht **den** Regenschirm.

Nominativ **AND** Akkusativ

Das ist Ich habe { das ... ein ... kein ...	SAME FOR BOTH DAS & DIE	Das ist Ich habe { die ... eine ... keine ...	

Das ist **ein** Buch.
Haben Sie **kein** Buch?
Möchten Sie **das** Buch?

Das ist **eine** Tasche.
Haben Sie **keine** Tasche?
Möchten Sie **die** Tasche?

Hier ist **ein** Feuerzeug.
Haben Sie **kein** Feuerzeug?
Brauchen Sie **das** Feuerzeug?

Das ist **eine** Landkarte.
Der Herr hat **keine** Landkarte.
Er braucht **die** Landkarte.

Hier sind Schlüssel.
Haben Sie **keine** Schlüssel?
Brauchen Sie **die** Schlüssel?

Wer ist das?
Wen kennen Sie?
Wer fragt wen?

Fragt der Herr die Dame oder
fragt die Dame den Herrn?

Wer ist das?
Wen sehen Sie hier?

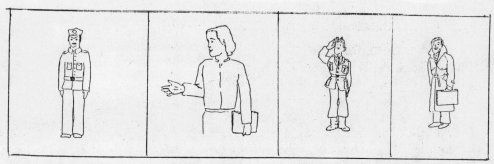

Das ist ...   ein Polizist   ein Student   ein Soldat   ein Herr
Wir sehen ...   einen Polizisten   einen Studenten   einen Soldaten   einen Herrn

Personal Pronomen

Nominativ: Wer oder was?	Akkusativ: Wen oder was?
Ich heiße Helga Braun.	Kennen Sie mich nicht?
Dort kommt Herr Sander.	Sehen Sie ihn?
Der Regenschirm kostet 50 Mark.	Kaufen Sie ihn!
Das ist die Verkäuferin.	Ich sehe sie.
Hier ist eine Zeitung.	Möchten Sie sie?
Das Buch liegt dort.	Brauchen Sie es?
Wir lernen Deutsch.	Verstehen Sie uns?
Hier sind die Studenten.	Wir kennen sie.
Sind Sie Frau Braun?	Ich kenne Sie, Frau Braun.

Preliminaries

CASE. A sentence is made up of words grammatically connected so as to convey meaning. Each word in a sentence performs a certain function. Case shows the function and relationship of a noun or a pronoun to other words in the sentence.

NOMINATIVE CASE. The subject of a sentence (= the doer of the action expressed by the verb) is always in the nominative case. Only nouns and pronouns can function as a subject.

Der Student fragt.	**The student** is asking.
Wir lernen Deutsch.	**We** are learning German.
Verstehen **Sie** das?	Do **you** understand that?
Dort kommt **der Lehrer**.	There comes **the teacher**.

ACCUSATIVE CASE. The term *accusative* is a convenient label to indicate that the noun or the pronoun is the direct receiver of the action in a sentence.

Nominative	Verb	Accusative
Der Student	fragt	den Lehrer.
The student	is asking	the teacher.
Ich	habe	einen Bleistift.
I	have	a pencil

In English it is the position of the noun within a sentence that indicates which noun is the subject and which is the direct object. A reversal in the position of the nouns causes a total change in meaning.

The teacher is asking **the student**.

The student is asking **the teacher**.

The different functions of subject and object are more obvious when the nouns are replaced by pronouns. Some English pronouns indicate their function not only by position but also by form.

The man is asking **the woman**.
He is asking **her**

The woman is asking **the man**.
She is asking **him**.

English personal pronouns:

Subject:	**I**	**you**	**he**	**it**	**she**	**we**	**you**	**they**
Object:	**me**	**you**	**him**	**it**	**her**	**us**	**you**	**them**

1 Accusative Case: The Direct Object

A Question words: **wen?** or **was?**

The accusative case answers the question **wen**? (whom) for persons or **was**? (what) for things.

> **Wen** fragt die Dame?
> Die Dame fragt **den** Mann. *der*
>
> **Was** hat der Student?
> Er hat **ein** Buch.

B Definite and indefinite articles

In German, the masculine singular articles have a different form when used in the accusative.

	Nominative	Accusative
Definate	der ⟶	den
Indefinate	ein ⟶	einen
"	kein ⟶	keinen

Thus German can show whether a noun is being used as a subject (= nominative) or as a direct object (= accusative) by using different forms of the definite and indefinite articles.

Study the following examples:

Nominative	Accusative
Dort kommt **der** Mechaniker.	Fragen Sie **den** Mechaniker!
Wie heißt **der** Mann?	Kennen Sie **den** Mann?
Das ist **ein** Bleistift.	Ich brauche **einen** Bleistift.
Wieviel kostet **der** Kuchen?	Wir möchten **den** Kuchen.
Das ist **kein** Schlüssel.	Er hat **keinen** Schlüssel.

In all other instances--neuter singular, feminine singular, and plural, all genders--the nominative and accusative forms are the same.

Nominative	Accusative
Dort ist **das** Bild.	Wir kaufen **das** Bild.
Wo ist **ein** Bild?	Sie möchte **ein** Bild.
Hier ist **kein** Bild.	Sie hat **kein** Bild.
Dort ist **die** Tasche.	Ich möchte **die** Tasche.
Wo ist **eine** Tasche?	Sie braucht **eine** Tasche.
Hier ist **keine** Tasche.	Wir haben **keine** Tasche.
Dort sind **die** Schlüssel.	Ich brauche **die** Schlüssel.
Wo sind Schlüssel?	Er hat Schlüssel.
Hier sind **keine** Schlüssel.	Ich habe **keine** Schlüssel.

C **Weak nouns**

In general, the nouns themselves do not change when used as direct objects. However, there are a few so-called weak nouns which add **-n** or **-en**. They are all masculine.

Here are some weak nouns:

Nominative	Accusative
Der Student heißt Peter.	Kennen Sie **den** Studenten?
Der Polizist ist Deutscher.	Fragen Sie **den** Polizisten.
Der Soldat ist dort.	Kennen Sie **den** Soldaten?
Der Herr bezahlt das Buch.	Verstehen Sie **den** Herrn?

The noun **Herr** also adds **-n** in the accusative when used with a proper name.

Dort kommt Herr Falke.	Kennen Sie Herrn Falke?
Herr Schmidt ist Polizist.	Fragen Sie Herrn Schmidt!

Note: Weak nouns are indicated in the **Wortschatz** as follows:

> der Student,-en,-en
>
> **-en** (accusative), **-en** (plural)
>
> der Herr,-n,-en
>
> **-n** (accusative), **-en** (plural)

D **Personal pronouns**

As in English, some German personal pronouns indicate by their form whether they are being used as subjects or direct objects.

Nominative and accusative

Subject: Nom.	I **ich**	he **er**	it **es**	she **sie**	we **wir**	they **sie**	you **Sie**
Object: Acc.	**mich** me	**ihn** him	**es** it	**sie** her	**uns** us	**sie** them	**Sie** you

Familiar forms

you du	you ihr
dich you	euch you

Notice the change in form:

der Mann

Ich bin hier.   **Er** fragt Sie.   **Wir** lernen Deutsch.

Verstehen Sie **mich**?   Verstehen Sie **ihn**?   Verstehen Sie **uns**?

The following pronouns do not change their form:

das Radio   die Tasche   die Äpfel
Es ist neu.   **Sie** ist nicht teuer.   **Sie** sind süß.

Kaufen Sie **es**!   Kaufen Sie **sie**!   Kaufen Sie **sie**!

2 Kennen and wissen (to know)

Note the difference in meaning between **kennen** and **wissen**. Both mean
to know in English.

kennen

means *to know* in the sense of *to be acquainted with* and is mostly used with
person and places. **Kennen** is always followed by a direct object.

Ich kenne den Herrn.	I know the gentleman.
Kennen Sie die Stadt?	Do you know the city?
Wir kennen das Restaurant.	We know the restaurant.

wissen

means *to know* something as a fact, to be informed or to be aware of something. **Wissen** is usually followed by a dependent clause, and only occasionally by a direct object.

Wissen Sie, was das ist?	Do you know what that is?
Ja, wir wissen es.	Yes, we know it.
Ich weiß, wo das Restaurant ist.	I know where the Restaurant is.
Wissen Sie es auch?	Do you know it too?

3 Doch as positive response to negative questions or statements.

Look at the following examples:

Haben Sie keinen Kugelschreiber?	Don't you have a pen?
Doch, ich habe einen Kugelschreiber.	Of course, I have a pen.
Ist der Kaffee nicht gut?	Isn't the coffee good?
Doch, er ist sehr gut.	Oh yes, it's very good.
Herr Falke kommt heute nicht.	Mr. Falke isn't coming today.
Doch.	But he is.

By using **doch**, the speaker contradicts the previous question or statement. German uses **doch** instead of **nicht as a positive** response to negative questions or statements.

Mündliche Übungen

Was brauchen (haben, möchten) Sie?

Mü 1
```
Dort ist der Stuhl.
Ich brauche den Stuhl.
```

Dort ist ...

1. der Bleistift	6. die Tasse	11. der Tisch
2. das Buch	7. das Radio	12. das Heft
3. die Tasche	8. der Ausweis	13. die Lampe
4. der Schlüssel	9. das Bild	14. das Glas
5. der Brief	10. der Kuli	15. der Apfel

Wen kennen (sehen, fragen) Sie?

Mü 2
```
Dort ist der Mann.
Wir kennen den Mann.
```

Dort ist ... **Vorsicht!**

1. der Mechaniker	6. die Sekretärin	11. der Student
2. die Frau	7. der Ober	12. der Soldat
3. der Mann	8. die Dame	13. der Polizist
4. die Verkäuferin	9. der Amerikaner	14. der Herr
5. der Lehrer	10. die Studentin	15. der Kunde

Was braucht (hat, kauft) der Student?

Mü 3
```
Hier ist ein Kugelschreiber.
Er braucht einen Kugelschreiber.
```

Hier ist ...

1. eine Tasche	4. ein Bild	7. ein Geldbeutel
2. ein Bleistift	5. eine Uhr	8. ein Ausweis
3. ein Buch	6. ein Heft	9. eine Landkarte

Was haben Sie nicht?

Mü 4
```
Haben Sie einen Bleistift?
Nein, ich habe keinen Bleistift:
```

Haben Sie ...?

1. ein Feuerzeug	5. einen Apfel	9. einen Regenschirm
2. einen Schlüssel	6. eine Tasse	10. eine Flasche
3. eine Brille	7. ein Radio	11. ein Heft
4. ein Glas	8. einen Kuli	12. eine Tasche

Was sehen Sie?
Wen sehen Sie?

Mü 5

> Hier ist **ein** Schlüssel.
> Ich sehe **einen** Schlüssel.
>
> Dort kommt **der** Ober.
> Ich sehe **den** Ober.

1. Hier ist ein Bleistift.
2. Das ist eine Uhr.
3. Dort kommt der Mechaniker.
4. Hier arbeitet die Sekretärin.
5. Hier liegt der Kugelschreiber.
6. Links ist eine Tür.

7. Dort wohnt der Mann.
8. Rechts ist ein Café.
9. Hier ist ein Regenschirm.
10. Dort ist der Mann.
11. Hier arbeitet der Polizist.
12. Dort kommt der Lehrer.

Fragen Sie mit **was, wer** oder **wen**!

Mü 6

> Wir fragen **den Herrn**.
> **Wen** fragen wir?

1. Die Dame braucht **einen Stuhl**.
2. **Wir** wohnen hier.
3. **Der Polizist** hat einen Ausweis.
4. Der Herr kennt **den Ober**.
5. Er findet **die Zeitung** nicht.
6. Sie hat **einen Regenschirm**.

7. Wir fragen **den Studenten**.
8. Der Herr raucht **Pfeife**.
9. **Die Dame** bezahlt das Buch.
10. **Wir** sehen **die Verkäuferin**.
11. **Der Geldbeutel** kostet 20 Mark.
12. Ich verstehe **die Frau** nicht.

Antworten Sie!

Mü 7

> Was kaufen Sie?
> Regenschirm: Ich kaufe **einen** Regenschirm.

1. **Was kaufen Sie?**

Tisch
Stuhl
Lampe
Heft

2. **Wen fragen Sie?**

Mann
Herr
Lehrerin
Polizist

3. **Was bezahlen Sie?**

Glas Bier
Viertel Wein
Apfel
Stück Kuchen

Plural, bitte!

Mü 8

> Er möchte den Apfel.
> Er möchte die Äpfel.

1. Wo ist der Stuhl?
2. Ich brauche den Kugelschreiber.
3. Kennen Sie den Mann?
4. Ich möchte das Bild.

5. Wer hat kein Buch?
6. Verstehen Sie die Frau?
7. Hier liegt der Schlüssel.
8. Wo ist die Zeitung?

Antworten Sie mit Akkusativpronomen!
(**ihn**, **es** oder **sie**)

Mü 9
| Fragt die Dame **den Herrn**? |
| Ja, die Dame fragt **ihn**. |

1. Bringt der Ober **den Wein**? *ihn*
2. Bezahlt der Herr **das Bier**? *es*
3. Versteht der Herr **die Dame**? *sie*
4. Kauft die Frau **die Zeitung**? *sie*

5. Haben die Leute **den Schlüssel**? *ihn*
6. Braucht der Student **die Bücher**? *sie*
7. Fragt die Verkäuferin **den Kunden**? *ihn*
8. Möchte der Kunde **den Geldbeutel**? *ihn*

Machen Sie die **Übung 9** noch einmal!
Antworten Sie nur mit Pronomen!

(noch einmal/once again)

Mü 10
| Fragt die Dame den Herrn? |
| Ja, **sie** fragt **ihn**. |

Antworten Sie mit **nein** oder **doch**!

Mü 11
| Haben Sie keinen Kugelschreiber? |
| **Nein**, ich habe **keinen** Kugelschreiber. |
| **Doch**, ich habe **einen** Kugelschreiber. |

1. Hat er kein Buch?
2. Ist Herr Müller nicht hier?
3. Kauft sie das Auto nicht?

4. Verstehen Sie mich nicht?
5. Haben Sie keine Zeit?
6. Trinken Sie nicht gern Bier?

Mü·12   Auf deutsch, bitte!

1. There comes the waiter.
2. Do you see him?
3. Ask the policeman.
4. Whom do you see?
5. Who has the books?
6. Do you know the policeman?
7. Yes, I know him.
8. I need a pencil.
9. Here it is.
10. Do you have an umbrella?

11. Do you know her?
12. He is buying a newspaper.
13. Does he understand me?
14. Please ask Mr. Falke.
15. When is he coming home?
16. Who is the man there?
17. Do you know him?
18. We are looking for a key.
19. What are you looking for?
20. She is writing a letter.

Deutsches Geld: Was bekommen Sie in Deutschland ...?

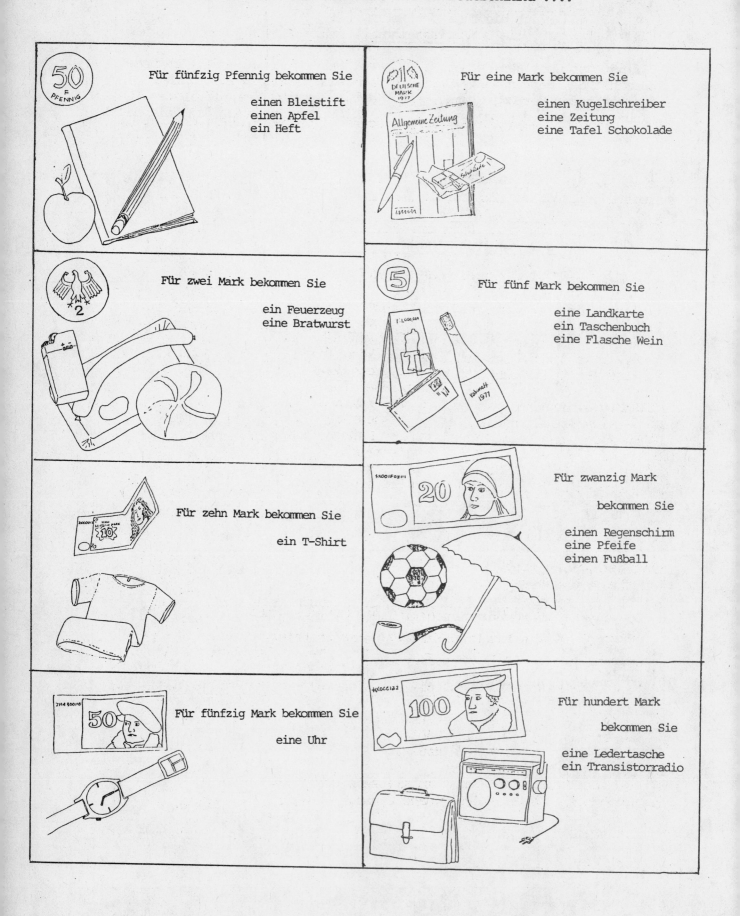

Für fünfzig Pfennig bekommen Sie

einen Bleistift
einen Apfel
ein Heft

Für eine Mark bekommen Sie

einen Kugelschreiber
eine Zeitung
eine Tafel Schokolade

Für zwei Mark bekommen Sie

ein Feuerzeug
eine Bratwurst

Für fünf Mark bekommen Sie

eine Landkarte
ein Taschenbuch
eine Flasche Wein

Für zehn Mark bekommen Sie

ein T-Shirt

Für zwanzig Mark

bekommen Sie

einen Regenschirm
eine Pfeife
einen Fußball

Für fünfzig Mark bekommen Sie

eine Uhr

Für hundert Mark

bekommen Sie

eine Ledertasche
ein Transistorradio

Ausspracheübung

/u/ kurz	Entschuldigung, Zeitung, Übung, Student, jung, unten, Bundesrepublik, Hunger, Unterricht, Stunde, zuviel, Kunde, Kundin, um
/u/ lang	Buch, gut, Beruf, Kugelschreiber, Uhr, tun, Fuß, Kuchen, suchen, Stuhl, du, zu, nur
/x/	Buch, Woche, Mittwoch, nach, Nacht, machen, Kuchen, auch, rauchen, doch, noch, brauchen, suchen, acht, achtzehn, achtzig, Sprache
/ch/	rechts, Mechaniker, gleich, möchte, Kännchen, Unterricht, nicht, ich, richtig, mich, Bücher

---

Schriftliche Übungen

Sü 1   Ergänzen Sie das Objekt!

1. Dort ist *der Polizist.*   Kennen Sie *den Polizisten* ?
2. Hier ist *Herr Sander.*   Fragen Sie *ihn* !
3. Wer ist *die Dame?*   Ich verstehe _____ nicht.
4. *Der Herr* raucht Pfeife.   Wir kennen _____ .
5. Hier ist *die Brille.*   Brauchen Sie _____ ?
6. Dort kommt *der Student.*   Fragen Sie _____ !
7. Hier ist *das Buch.*   Ich brauche _____ .
8. *Die Leute* wohnen hier.   Kennen Sie _____ ?
9. Wo liegt *der Ausweis?*   Der Mann braucht _____ .
10. Das ist *die Dame.*   Er fragt _____ .
11. *Der Mann* heißt Falke.   Wir kennen _____ .
12. Hier ist *der Geldbeutel.*   Sie möchte _____ .

Hier ist die Antwort.
Wie viele Fragen sind möglich?   (möglich/possible)

Sü 2

Frau Kaiser schreibt nachmittags Briefe.	
Was tut Frau Kaiser?	(Sie **schreibt.**)
Wer schreibt?	(**Frau Kaiser** schreibt.)
Was schreibt sie?	(Sie schreibt **Briefe.**)
Wann schreibt sie?	(Sie schreibt **nachmittags.**)

1. Der Herr bezahlt jetzt den Regenschirm.
2. Wir machen um 8 Uhr eine Pause.
3. Die Leute sind morgen zu Hause.
4. Ich frage die Dame heute.
5. Vier Studenten sind jetzt im Klassenzimmer.
6. Frau Kaiser geht um 4 Uhr nach Hause.

Sü 3   Plural, bitte!

1. Brauchen Sie **das Glas**?
2. **Der Bleistift** liegt dort.
3. Wer hat **die Zeitung**?
4. Ich kenne **den Herrn** nicht.
5. Dort kommt **der Mann**.
6. Haben Sie **den Brief**?

wer?
wen?

Sü 4   Ergänzen Sie das Pronomen!

1. (Buch)   Die Dame kauft   _es_
2. (Ober)   Wir kennen   _ihn_ .
3. (Bleistift)   Ich brauche   _ihn_ .
4. (Ausweis)   Haben Sie   _ihn_ ?
5. (Brille)   Wo ist   _sie_ ?
6. (Schlüssel)   Hier ist   _er_ .
7. (ich)   Verstehen Sie   _mich_ ?
8. (wir)   Versteht er   _uns_ ?
9. (er)   Fragen Sie   _ihn_ !
10. (Regenschirm) Wo ist   _er_ ?
11. (Regenschirm) Sehen Sie   _ihn_ ?
12. (Bild)   Kaufen Sie   _es_ !
13. (Tasche)   Er bezahlt   _sie_ .
14. (Kuli)   Ich habe   _ihn_ .
15. (Kuli)   Wo ist   _er_ ?

Sü 5   Wissen oder kennen?

1. _Wissen_ Sie, was das ist?
2. Ich _kenne_ die Stadt nicht.
3. Wer _weiß_, wie spät es ist?
4. _Wissen_ Sie es?
5. _Kennt_ die Dame den Herrn?
6. Ja, sie _kennt_ ihn.
7. Wir _kennen_ das Restaurant.
8. Er _weiß_, wo es ist.

Sü 6   Ergänzen Sie das Verb!

1. zeigen   Die Verkäuferin _zeigt_ ein Bild.
2. telefonieren Der Herr _____.
3. liegen   Wo _____ das Buch?
4. sehen   Wen _____ Sie hier?
5. arbeiten   Sie _____ im Büro.
6. rauchen   _____ Sie?
7. kosten   Wieviel _____ der Wein?
8. brauchen   Ich _____ einen Kugelschreiber.
9. kaufen   _____ Sie den Kuli.
10. bringen   Was _____ der Ober?
11. bezahlen   Wir _____ die Zeitungen.
12. finden   Ich _____ den Ausweis nicht.
13. bekommen   Was _____ Sie für 5 Mark?
14. haben   Er _____ keinen Bleistift.
15. verkaufen   Wir _____ das Auto nicht.

Sü 7   Persönliche Fragen

1. Kennen Sie einen Polizisten aus München?
2. Was kaufen Sie im Schreibwarengeschäft?
3. Um wieviel Uhr gehen Sie heute nach Hause?
4. Wo bekommen Sie einen Kugelschreiber?
5. Was bekommen Sie in Deutschland für 10 Mark?
6. Was trinken Sie gern?
7. Brauchen Sie Geld?
8. Haben Sie einen Ausweis?
9. Telefonieren Sie viel?
10. Schreiben Sie viele Briefe?
11. Spielen Sie Tennis (Fußball)?

WORTSCHATZ

Nomen

der Kunde,-n,-n	customer
der Verkäufer,-	salesman
das Leder,-	leather
das Schreibwaren-	stationary
geschäft,-e	supply store

Verben

bekommen	to get, receive
bezahlen	to pay
brauchen	to need
kaufen	to buy
kennen	to know
spielen	to play
suchen	to look for
verkaufen	to sell

Verschiedenes

alles	everything
deutsches Geld	German money
doch	yes, certainly
etwas	something
noch etwas ?	anything else?
Tennis spielen	to play tennis
wen?	whom?

Can you guess the meaning of these words?

Nomen

der Ball,¨e
   Fußball
   Tennisball
der Pfennig,-e

das Geschäft,-e
das Tennis (no pl.)
das T-Shirt,-s
das Transistorradio,-s

die Bratwurst,¨e
die Deutsche Mark (no pl.)
die Kundin,-nen
die Ledertasche,-n
die Mark (no pl.)
die Schokolade,-n
die Szene,-n
die Verkäuferin,-nen

Verben

kosten
sehen

LEKTION 6

Am Bahnhof

Frau Steiner:	Frau Heller:
▲ Grüß Gott, Frau Heller. Wie geht es Ihnen?	● Danke, gut. Und Ihnen?
▲ Na ja, es geht so. Sie fahren heute nach München, nicht wahr?	● Ja, mein Zug fährt in zwanzig Minuten.
▲ Nehmen Sie den Intercity?	● Ja, der Intercity fährt schnell und hält nicht so oft.
▲ Wie lange bleiben Sie denn in München?	● Ich weiß es noch nicht. Vielleicht bleibe ich eine Woche.
▲ Also, dann viel Spaß!	● Danke. Auf Wiedersehen! Es wird spät und der Zug wartet nicht.
▲ Auf Wiedersehen! Hier, vergessen Sie nicht den Regenschirm.	● Oh, danke.

Wortschatzerweiterung: Wie fährt Frau Heller?
                        Nimmt sie ein Taxi?

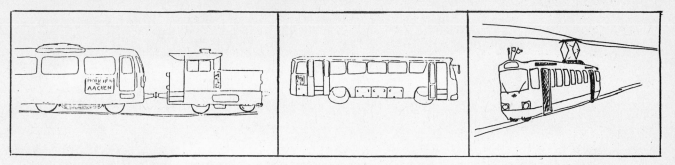

der Zug   der Bus   die Straßenbahn
Nimmt sie den Zug?   Nimmt sie den Bus?   Nimmt sie die Straßenbahn?

Fragen

1. Wohin fährt Frau Heller?
2. Wann fährt sie?
3. Nimmt sie den Zug?
4. Wie heißt der Zug?

5. Wie fährt der Intercity?
6. Hält er oft?
7. Wie lange bleibt Frau Heller in München?

Variationen

▲ Grüß Gott! Wie geht es Ihnen?
Guten Tag!
Guten Morgen!
Guten Abend!

● Es geht mir gut. Und Ihnen?
   ganz gut
   nicht schlecht
   nicht so gut

▲ Danke, es geht so.
Sie fahren nach München, nicht wahr?
         nach Berlin
         nach Nürnberg
         in die Stadt

● Ja, ich fahre heute nachmittag.
   heute morgen
   heute mittag
   heute abend

▲ Nehmen Sie den Intercity?
         den Zug
         den Bus
         ein Taxi?

● Ja, der Intercity hält nicht so oft.
   ist sehr bequem
   fährt schnell
   ist nicht so teuer

▲ Also, dann viel Spaß!

● Danke. Auf Wiedersehen!
   Es wird spät.

Einführung
Starke Verben im Präsens

Der Junge sieht den Mann.
Der Mann ist aus Amerika.
Er spricht Englisch.

Das Mädchen nimmt einen
Apfel. Der Junge ißt
eine Banane.

Der Herr liest die Zeitung.   Er trägt eine
Brille.

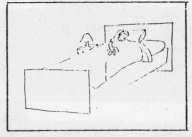
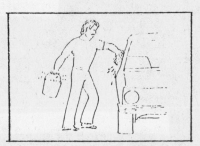

Es regnet. Der Junge
wird naß. Er läuft nach
Hause.

Das Kind liegt im Bett.
Es schläft.

Der Mann wäscht das Auto.
Er trägt einen Eimer.

Wortschatzerweiterung: Die Kleidung

Was trägt ein Mann?
Was trägt eine Frau?
Was tragen Kinder?

Und Sie? Was tragen Sie?

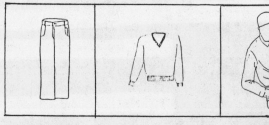

die Hose   der Pullover   das Hemd
die Jeans   der Pulli   die Krawatte

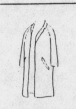

die Jacke   der Anzug   die Bluse   der Rock   der Mantel

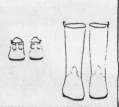

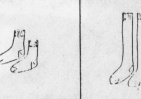

das Kleid   die Schuhe   die Handschuhe   die Socken   die Strümpfe
               die Stiefel

GRAMMATIK

1 Verbs with Stem Vowel Change in the Present Tense

German has some common verbs that change their stem vowel in the third person singular (er/es/sie) of the present tense.*

A Stem vowel change: e -- i or ie

	sprechen	essen	vergessen	nehmen	lesen	sehen	(= Infinitive)
	sprich-	iß-	vergiß-	nimm-	lies-	sieh-	(= changed stem)
ich	spreche	esse	vergesse	nehme	lese	sehe	
er/es/sie	spricht	ißt	vergißt	nimmt	liest	sieht	
wir sie Sie	sprechen	essen	vergessen	nehmen	lesen	sehen	

B Werden is irregular in the er/es/sie-form:

ich werde	wir werden
er/es/sie wird	sie werden
	Sie werden

C Stem vowel changes: a -- ä, au -- äu

	fahren	halten	schlafen	tragen	waschen	laufen
	fähr-	hält-	schläf-	träg-	wäsch-	läuf-
ich	fahre	halte	schlafe	trage	wasche	laufe
er/es/sie	fährt	hält	schläft	trägt	wäscht	läuft
wir sie Sie	fahren	halten	schlafen	tragen	waschen	laufen

Note: a. When a changed stem ends in -d or -t, the ending for the third person (er/es/sie) is not added.

Infinitive	halten
Changed stem	hält
er/es/sie	hält

b. When the stem of a verb ends in -ss and the following ending is -t, the -ss changes to -ß.

Infinitive	essen	vergessen
Stem	ess-	vergess
er/es/sie	ißt	vergißt

* The same stem vowel changes occur in the du-form. A detailed explanation will be given in Chapter 10.

Verbs which undergo a stem vowel change in the present tense are indicated in the **Wortschatz** as follows:

$$\begin{aligned}
\text{fahren (ä)} &= \text{fährt} \\
\text{essen (i)} &= \text{ißt} \\
\text{lesen (ie)} &= \text{liest} \\
\text{laufen (äu)} &= \text{läuft}
\end{aligned}$$

2 Coordinating Conjunctions: und, aber, denn, oder

Coordinating conjunctions connect phrases, clauses, sentences or simply words of equal importance. The German coordinating conjunctions are used like their English equivalents.

und (and)

> Er arbeitet in Heidelberg und wohnt in Mannheim.
> He works in Heidelberg and lives in Mannheim.
>
> Hier sind Kugelschreiber und Bleistifte.
> Here are pens and pencils.

aber (but)

> Er wohnt in Heidelberg, **aber** er arbeitet in Mannheim.
> He lives in Heidelberg but he works in Mannheim.

denn (because)

> Der Junge möchte ein Glas Milch, **denn** er hat Durst.
> The boy would like a glass of milk because he is thirsty.

oder (or)

> Fragt der Student **oder** antwortet er?
> Is the student asking or is he answering?
>
> Möchten Sie Wein oder Bier?
> Would you like wine or beer?

As in English, if the subject of both clauses is the same, it is not necessary to state it twice.

> Fragt oder antwortet der Student?
> Is the student asking or answering?
>
> Sie weiß es, aber sagt es nicht.
> She knows it but doesn't say it.

The subject has to be restated with **denn** (because).

> Er trägt eine Brille, **denn er** sieht nicht gut.
> He is wearing glasses because he doesn't see well.

3 Indicating directions with <u>nach</u>

Nach is used to express direction when going to a city, country or another continent.

Wir fahren **nach** München.   We are driving to Munich.
Ich gehe **nach** England.   I am going to England.

Remember that **nach Hause** is an idiomatic expression.

4 <u>Nicht wahr?</u>/<u>Nicht?</u> as Questions

Nicht wahr? (colloquially shortened to **nicht?**) is an abbreviation of
Ist das nicht wahr? *Isn't that true* and is used whenever confirmation
of the preceding sentence is expected. English usually repeats the verb:
doesn't she? isn't it? won't you? etc.

Sie fahren heute nach München, **nicht wahr?**
You are going to Munich today, aren't you?

Er kommt doch morgen, **nicht wahr?**
He is coming tomorrow, isn't he?

5 Flavoring Particles *

German has a number of words which apart from their literal meaning serve
to give special flavor to a sentence and indicate an attitude of the
speaker such as surprise or emphasis. Flavoring particles are characteristic of spoken German. They often cannot be directly translated since
their meaning depends on the context. But the "feel" of a language which
comes from experience will make the meaning and use of these little col-
loquialisms familiar.

Aber may express emphasis or indicate an unexpected situation:

Das ist **aber** teuer.   That's really expensive
Heute ist es **aber** sehr heiß.   It's really very hot today.
Aber was ist das?   But what is it?

Also may have the meaning of *thus, then, well then* or *so.*

Also, warum sind Sie hier?   Well then, why are you here?
Also, bis morgen.   Till tomorrow then.
Also, was machen wir jetzt?   So, and what are we doing now?

Denn is often used to make a question more emphatic or to show impatience
on the part of the speaker. **Denn** sometimes corresponds to English *well.*

Was machen Sie **denn** da?   What are you doing there?
Warum kommt er **denn** nicht?   But why isn't he coming?
Wohin gehen Sie **denn?**   Well, where are you going?

Ja may be used by a speaker to convey surprise, but **ja** may also indicate
that the fact expressed is already known.

Der Kaffee ist **ja** kalt!   Why! The coffee is cold!
Da ist sie **ja!**   Why! There she is!
Das Kleid is **ja** nicht neu.   (As you know) The dress is not
                                   new.

Other flavoring particles will be pointed out as they occur in the text.

_____
* Since flavoring particles only add nuances of meaning to a given statement, they are presented here solely for recognition.

Mündliche Übungen

Antworten Sie!

Mü 1

> Ich spreche Deutsch.
> Und die Dame? Die Dame spricht Deutsch.

1. Ich spreche Deutsch.
   Und der Herr?
       die Studenten?
       wir?
   Und Sie?

2. Wir sehen die Bilder.
   Und der Junge?
       das Mädchen?
       die Dame?
   Und Sie?

3. Die Damen lesen die Zeitung.
   Und der Mechaniker?
       die Studentin?
       die Kinder?
       Sie?

4. Wir nehmen den Zug.
   Und Frau Heller?
       der Mann?
       ich?
       Sie?

5. Ich esse einen Apfel.
   Und der Junge?
       das Mädchen?
       wir?
       Sie?

6. Es regnet. Wir werden naß.
   Und die Leute?
       der Regenschirm?
       das Auto?
       Sie?

7. Die Kinder schlafen.
   Und das Mädchen?
       der Junge?
       ich?
       Sie?

8. Wir waschen das Auto.
   Und der Mann?
       die Leute?
       Frau Steiner?
       Sie?

9. Ich trage einen Pullover.
   Und Herr Falke?
       Fräulein Walter?
       die Frau?
       Sie?

10. Die Autos fahren schnell.
    Und das Taxi?
        der Zug?
        die Straßenbahn?
        die Busse?

11. Die Busse halten oft.
    Und die Züge?
        der Bus?
        die Straßenbahn?
        der Intercity?

12. Die Kinder laufen schnell.
    Und der Student?
        die Leute?
        der Herr?
        Sie?

Singular, bitte!

Mü 2

> Die Kinder essen Kuchen.
> Das Kind ißt Kuchen.

1. Die Mädchen vergessen das Buch.
2. Die Damen nehmen die Straßenbahn.
3. Die Studenten sprechen hier Deutsch.
4. Die Kinder sehen das Bild nicht.
5. Die Züge halten in München.
6. Die Mädchen waschen das Auto.

7. Die Jungen lesen ein Buch.
8. Die Kinder laufen nach Hause.
9. Die Busse fahren langsam.
10. Die Autos werden naß.
11. Die Kinder schlafen nicht.
12. Die Männer tragen den Tisch.

Antworten Sie!

Mü 3

> Wir essen um 12 Uhr.
> Und der Lehrer?   Er ißt auch um 12 Uhr.

1. Wir nehmen das Geld.
2. Die Damen kennen die Stadt.
3. Die Kinder gehen nach Hause.
4. Wir sehen den Polizisten.
5. Die Leute nehmen ein Taxi.
6. Ich trage eine Brille.
7. Sie fragen die Männer.
8. Wir laufen nach Hause.
9. Ich lese ein Buch.
10. Wir lernen Deutsch.
11. Die Leute fahren nach Kiel.
12. Die Schuhe werden naß.
13. Wir schlafen nachts.
14. Die Leute warten hier.
15. Die Damen vergessen den Schirm.

Und Frau Kaiser?
   der Polizist?
   der Junge?
   die Frau?
   das Mädchen?
   der Student?
   die Dame?
   das Kind?
   der Herr?
   die Studentin?
   der Soldat?
   der Mantel?
   der Junge?
   die Sekretärin?
   der Herr?

Imperativ, bitte!

Mü 4

> nicht so schnell fahren
> Fahren Sie nicht so schnell!

1. nicht die Brille vergessen
2. schnell laufen
3. laut sprechen
4. hier warten

5. das Buch lesen
6. den Mantel nehmen
7. nicht so viel essen
8. dort halten.

Mü 5   Auf deutsch, bitte!

1. Does he speak German?
2. Where does the bus stop?
3. Do you see the pictures?
4. He doesn't see me.
5. I am taking the train.
6. Who is washing the car?
7. Is the child sleeping now?
8. The children are running.

9. I am getting wet.
10. What is he carrying?
11. He is wearing glasses.
12. What does she like to eat?
13. The student is reading a book.
14. Please speak German.
15. Don't forget the umbrella.
16. It is getting late.

Ein Interview

Hier ist Studio B in Stuttgart. Guten
Morgen, meine Damen und Herren. Sie hören
das Morgenmagazin mit Interviews und viel
Musik. Heute haben wir eine junge Dame
im Studio. Sie heißt Irene Martin. Sie
ist Amerikanerin und kommt aus Atlanta.
Sie wissen ja, Atlanta ist eine Großstadt
im U.S. Staat Georgia.

- Guten Morgen, Fräulein Martin. Schön, daß Sie hier sind.
  Wir haben viele Fragen. Also, warum sind Sie in Deutschland? Was tun Sie hier?

- Ich bin Krankenschwester und arbeite hier im Krankenhaus.
  Abends gehe ich zur Schule und lerne Deutsch.

- Wie lange sind Sie denn schon in Deutschland?

- Ich bin schon sieben Monate hier.

- Sieben Monate! Das ist aber nicht sehr lange. Und wie
  finden Sie das Leben hier in Deutschland?

- Ich finde das Leben hier ganz interessant, nur ein bißchen
  teuer.

- Was tun Sie abends? Sie sagen, Sie gehen zur Schule und
  lernen Deutsch. Gehen Sie auch manchmal ins Theater oder
  ins Kino?

- Ins Theater gehe ich nicht sehr oft. So viel Deutsch verstehe ich noch nicht, aber ich gehe manchmal ins Kino oder
  ins Konzert.

- Aha, Sie hören also gern Musik. Und was tun Sie sonst noch?

- Ach wissen Sie, wir arbeiten sehr viel im Krankenhaus, und
  ich habe nicht viel Freizeit. Aber ich schwimme gern, und
  ich spiele Tennis. Ich lese auch gern.

- Fräulein Martin, Sie sprechen ja schon sehr gut Deutsch. Verstehen Sie auch den Dialekt?

- Da habe ich ein Problem, denn so viele Leute sprechen hier
  Dialekt. Manchmal verstehe ich kein Wort.

- Das kommt noch. Nur Geduld, Fräulein Martin! ...

Machen Sie ein Interview!

Fragen und Aufgaben zum Text   (text related exercises)

---

1 Antworten Sie!

FRÄULEIN MARTIN

1. Wer ist heute im Studio?
SIE *AUS ATLANTA*
2. Woher kommt die junge Dame?
SIE IST EINE KRANKENSCHWESTER
3. Was ist sie von Beruf?
IM KRANKENHAUSE
4. Wo arbeitet sie?
SIE *NACH*
5. Wann geht sie zur Schule? *im der Abend*
6. Was lernt sie dort?
Sie lernt Deutsch

7. Wie lange ist sie schon in Deutschland?
Sie ist schon sieben Monate in Deu
8. Wie findet sie das Leben dort?
9. Versteht sie den Dialekt?
10. Was tut sie abends?
11. Hat sie viel Freizeit?
12. Spricht sie gut Deutsch?

Antworten Sie mit **ja** oder **nein!**

2
Geht Fräulein Martin schon nach Hause?
Ja, sie geht **schon** nach Hause.
Nein, sie geht **noch nicht** nach Hause.

1. Ist sie schon lange in Deutschland?
2. Kennen Sie Fräulein Martin schon?
3. Versteht sie schon gut Deutsch?
4. Hat sie schon viel Freizeit?
5. Arbeitet sie schon im Krankenhaus?
6. Versteht sie schon alles?
7. Geht sie schon ins Theater?
8. Lernt sie schon Deutsch?

3 Auf englisch, bitte!

1. Was machen Sie denn in Deutschland?
2. Manchmal verstehe ich kein Wort.
3. Wie finden Sie denn das Leben hier?
4. Das ist aber interessant!
5. Wie lange sind Sie denn schon hier?
6. Das ist aber nicht sehr lange.
7. So viel Deutsch verstehe ich noch nicht.
8. Also, warum sind Sie in Deutschland?
9. Sie sprechen ja schon sehr gut Deutsch.
10. Das ist also Fräulein Martin.
11. Was tun Sie sonst noch?
12. Aha, Sie hören also gern Musik.

Ausspracheübung

/in/ Studentin, Polizistin, Soldatin, Sekretärin, Lehrerin, Kollegin, Kundin, Mechanikerin, Amerikanerin, Verkäuferin

/en/ Studenten, Polizisten, Soldaten, Kollegen, Kunden

/r/ richtig, rechts, rauchen, rot, Republik, Regen, Regenschirm, Radio, Rock, regnen

/ng/ Junge, Englisch, bringen, Hunger
Verzeihung, Kleidung, Entschuldigung, Übung, Wiederholung, Zeitung, danke, trinken, krank, links, Krankenhaus

Schriftliche Übungen

Sü 1   Vollenden Sie die Sätze!   (complete the sentences)

1. Wir fahren nach München.
   Frau Heller *fährt nach München*   .

2. Die Leute waschen das Auto.
   Das Mädchen _____.

3. Ich trage einen Mantel.
   Die Dame _____.

4. Wir fragen auf deutsch.
   Die Studentin _____.

5. Wir haben Hunger.
   Der Junge _____.

6. Hier halten die Busse.
   Die Straßenbahn _____.

7. Ich brauche einen Regenschirm.
   Die Frau _____.

8. Die Kinder laufen nach Hause.
   Das Mädchen _____.

9. Schlafen die Kinder schon?
   _____ der Junge schon?

10. Warten Sie bitte hier.
    Die Dame _____.

11. Was lesen Sie gern?
    _____ er gern?

12. Wir sprechen Deutsch.
    Der Student _____.

13. Die Schuhe werden naß.
    Der Schirm _____.

14. Wir gehen nach Hause.
    Die Studentin _____.

15. Die Leute nehmen ein Taxi.
    Herr Ottman _____.

16. Was sehen die Kinder?
    _____ das Mädchen?

Spiel

Wie viele Wörter können Sie hier bilden?

Strumpf
Nacht
Sport
Abend
Winter
Sommer
Jeans
Haus
Morgen   -jacke
Sonntags-   -kleid
Männer   -mantel
Frauen   -hemd
                -hose
Kinder   -kleidung
Mädchen   -schuhe
Berufs-
Herren
Damen
Soldaten
Arbeits-
Baby
Straßen

Bilden Sie Fragen!

Sü 2 | Warum/Junge/Brille/tragen
        | Warum trägt der Junge die Brille?

1. Wen/Junge/sehen
2. Wohin/Leute/laufen
3. Wo/Kind/schlafen
4. Warum/Auto/naß/werden
5. Wann/Studentin/Zeitung/lesen
6. Wohin/Dame/heute/fahren

Sü 3   Vollenden Sie die Sätze!
Was paßt?

1. Er trinkt Bier, denn er hat _Durst_ .
2. Es regnet. Der Junge wird _____ .
3. Eine Zitrone ist immer _____ .
4. Wie spät ist es? Ich habe keine _____ .
5. Wie geht es Ihnen? Danke, gut. Und _____ ?
6. Sie sieht nicht gut. Sie braucht eine _____ .
7. Wir machen _____ 13 Uhr Pause.
8. Ich nehme einen Regenschirm, denn es _____ .
9. Sie arbeitet von neun bis zwölf. Das sind drei _____ .
10. Sie kommt aus Amerika. Sie ist also _____ .
11. Zwanzig _____ acht ist zwölf.
12. Nein, die Flasche ist nicht voll. Sie ist _____ .

Verbinden Sie die Sätze mit **aber, und, denn, oder**!
Was paßt?

Sü 4

> Er hat ein Problem. Er hört nicht gut.
> Er hat ein Problem, denn er hört nicht gut.

1. Frau Kaiser arbeitet in Mannheim. Sie wohnt in Heidelberg.
2. Möchten Sie Wein? Möchten Sie Bier?
3. Ich gehe jetzt nach Hause. Es ist spät.
4. Sie ist Sekretärin. Sie arbeitet im Büro.
5. Irene Martin geht zur Schule. Sie lernt Deutsch.
6. Essen Sie gern Äpfel? Möchten Sie eine Banane?

Sü 5   Vollenden Sie die Sätze!   (vollenden: to complete)

1. Wir machen jetzt eine Pause, denn ... _wir gehen nach hause_
2. Ich bin Amerikaner und ... _Ich möchte ein Bier_
3. Er raucht nicht, aber ... _er ißt viel_
4. Gehen Sie in die Stadt oder ... _bleiben Sie hier_
5. Sie ist sieben Monate in Deutschland und ... _Sie hat drei Jahr mal_
6. Trinken Sie gern Kaffee oder ... _Trinken Sie Wien_

Sü 6   Auf englisch, bitte!

1. Sie sprechen aber gut Deutsch!
2. Dort kommt ja Frau Heller!
3. Was machen Sie denn jetzt?
4. Sie hören also gern Musik.
5. Sie fahren nach München, nicht wahr?
6. Das ist aber interessant!

Sü 7   Persönliche Fragen

1. Warum sind Sie in Deutschland? (Was tun Sie hier?)
2. Wann gehen Sie zur Schule?
3. Was lernen Sie dort?
4. Wie lange sind Sie schon in Deutschland?
5. Wie finden Sie das Leben hier?
6. Finden Sie es billig oder teuer?
7. Gehen Sie oft ins Theater (ins Konzert, ins Kino)?
8. Hören Sie gern Musik?
9. Was tun Sie gern?
10. Haben Sie viel Freizeit?
11. Verstehen Sie schon den Dialekt?
12. Hören Sie manchmal Radio?

ZU DER = ZUR

WORTSCHATZ

Nomen

der Bahnhof, ⸚e	train station
der Anzug, ⸚e	suit
der Eimer, -	bucket
der Handschuh, -e	glove
der Junge, -n, -n	boy
der Mantel, ⸚	coat
der Monat, -e	month
der Rock, ⸚e	skirt
der Staat, -en	state
der Stiefel, -	boot
der Strumpf, ⸚e	stocking
der Zug, ⸚e	train

das Kind, -er	child
das Hemd, -en	shirt
das Kino, -s	movie theater
das Kleid, -er	dress
das Krankenhaus, ⸚er	hospital
das Leben, -	life
das Mädchen, -	girl

die Freizeit (no pl.)	leisure time
die Geduld (no pl.)	patience
die Hose, -n	trousers, pants
die Kleidung (no pl.)	clothing
die Krankenschwester, -n	nurse
die Krawatte, -n	tie
die Straßenbahn, -en	streetcar

Adjektive

bequem	comfortable
billig	cheap, inexpensive
interessant	interesting
schlecht	bad
schnell	fast, quick(ly)
schön	beautiful

Verben

bleiben	to remain
fahren (ä)	to drive, ride
halten (ä)	to stop
laufen (äu)	to run, walk (fast)
lesen (ie)	to read
nehmen (i)	to take
regnen	to rain
schlafen (ä)	to sleep
sprechen (i)	to speak
tragen (ä)	to wear, to carry
vergessen (i)	to forget
warten	to wait
werden (i)	to become, get, turn

Verschiedenes

ein bißchen	a little (bit)
das kommt noch!	it'll come (in due time)
ganz	quite
heute nachmittag	this afternoon
in die Stadt gehen/fahren	to go/drive downtown
der Intercity	German express train
manchmal	sometimes
meine Damen und Herren	ladies and gentlemen
nach (+city or country)	to
nicht wahr?/nicht?	isn't that so
noch nicht	not yet
vielleicht	perhaps
oft	often
schon	already
schön, daß...	nice that...
sonst	else, otherwise
sonst noch	else
was sonst noch?	what else?
sonst noch etwas?	anything else?
viel Spaß!	have fun!
warum?	why?
zur Schule gehen	to go to school

Can you guess the meaning of these words?

Nomen

der Bus, -se	das Bett, -en	die Banane, -n
der Dialekt, -e	das Interview, -s	die Bluse, -n
der Pullover, -	das Konzert, -e	die Jacke, -n
der Pulli, -s	das Problem, -e	die Jeans (pl.)
der Schuh, -e	das Studio, -s	die Schule, -n
	das Taxi, -s	die Socke, -n
	das Theater, -	die Musik (no pl.)

Verben

| essen (i) |
| hören To hear |
| sagen |
| sehen (ie) |
| schwimmen |
| waschen (ä) |

LEKTION 7

Paß- und Zollkontrolle

ein Tourist:

der Zollbeamte:

● Guten Tag! Deutsche Paß- und Zollkontrolle. Ihren Reisepaß, bitte!

▲ Meinen Reisepaß? Ich habe keinen Reisepaß, nur einen Ausweis.

● Dann Ihren Ausweis, bitte!

▲ Hier ist mein Ausweis.

● In Ordnung. Haben Sie etwas zu verzollen?

▲ Nein, nichts.

● Keine Zigaretten, keinen Kaffee, keinen Alkohol?

▲ Nein, nichts.

● Gut, danke.

Fragen

1. Was braucht ein Tourist?
2. Hat der Tourist einen Reisepaß?
3. Was fragt der Zollbeamte den Touristen?
4. Hat der Tourist etwas zu verzollen?
5. Ist sein Ausweis in Ordnung?

Variation: Verkehrskontrolle

P. = der Polizist
A. = ein Autofahrer

P. Guten Tag! Verkehrskontrolle.
Ihren Führerschein, bitte!

A. Bitte, hier ist mein Führerschein.

P. In Ordnung! Und jetzt noch Ihre
Autopapiere.

A. Meine Autopapiere? Einen Moment,
bitte. Ah, hier sind sie ja.

P. Danke, alles in Ordnung.

Einführung

Possessivpronomen: mein, sein, ihr, unser, ihr, Ihr

Nominativ		Akkusativ	

Das ist ...

ein mein	Kugelschreiber.	Ich habe	einen meinen	Kugelschreiber.
ein mein	Buch.	Ich lese	ein mein	Buch.
eine meine	Brille.	Ich trage	eine meine	Brille.

Das ist ...

ein sein	Brief.	Er liest	einen seinen	Brief.
ein sein	Feuerzeug.	Er hat	ein sein	Feuerzeug.
eine seine	Pfeife.	Er raucht	eine seine	Pfeife.

Das ist ...

ein ihr	Mantel.	Sie nimmt	einen ihren	Mantel.
ein ihr	Kleid.	Sie trägt	ein ihr	Kleid.
eine ihre	Tasche.	Sie hat	eine ihre	Tasche.

Das ist ...

ein unser	Volkswagen.	Wir haben	einen unseren	Volkswagen.
ein unser	Auto.	Wir parken	ein unser	Auto.
eine unsere	Garage.	Wir fahren in	eine unsere	Garage.

Das ist ...

ein ihr	Volkswagen.	Sie haben	einen ihren	Volkswagen.
ein ihr	Auto.	Sie parken	ein ihr	Auto.
eine ihre	Garage.	Sie fahren in	eine ihre	Garage.

Haben Sie einen Hund?
Wie heißt **Ihr** Hund?
Haben Sie ein Auto? Wo ist **Ihr** Auto?
Haben Sie eine Tasche? Wo ist **Ihre** Tasche?

Possessivpronomen im Plural: meine, seine, ihre, unsere, ihre, Ihre

| Das sind **meine** Schuhe. | Das sind **seine** Bücher. | Das sind **ihre** Schlüssel. |
| Ich trage **meine** Schuhe. | Er trägt **seine** Bücher. | Sie haben **ihre** Schlüssel. |

GRAMMATIK

Preliminaries

POSSESSIVE ADJECTIVES. As their name implies, possessive adjectives indicate possession. They precede the noun they modify: my coat, his family, their car. The meaning and use of possessive adjectives are the same in both English and German.

1 German Possessive Adjectives (Possessivpronomen)

A Notice the relationship between the personal pronoun and the corresponding possessive adjective.

SIGNA

Singular			Plural		
ich	**mein**	(my)	wir	**unser**	(our)
du	dein	(your)	ihr	euer	(your)
er	**sein**	(his)			
es	**sein**	(its)	sie	**ihr**	(their)
sie	**ihr**	(her)			
	Sie	**Ihr**	(your)		

The meaning of **ihr** (her), **ihr** (their) and **Ihr** (your) is usually clarified by the context. Also, **Ihr** (your) is always capitalized, just as the corresponding personal pronoun **Sie** (you) is.

B Endings

Possessive adjectives replace the article in front of a noun. They are often called **ein**-words because they take the same endings as the indefinite article **ein**. When modifying a plural noun, the possessive adjectives take the ending of **keine**.

Singular

	Masculine	Neuter	Feminine
Nom.	ein Das ist **mein** Mantel.	ein Das ist **mein** Buch.	eine Das ist **meine** Brille.
Acc.	einen Ich habe **meinen** Mantel.	ein Ich habe **mein** Buch.	eine Ich habe **meine** Brille.

Plural

	All Genders		
Nom.	keine Das sind **meine** Schuhe,	meine Bücher,	meine Schlüssel
Acc.	Ich habe **meine** Schuhe,	meine Bücher,	meine Schlüssel

Note that the ending of the possessive adjective is determined by the noun the possessive modifies.

Die Frau nimmt **ihren** Mantel.   The woman takes her coat.
Die Frau nimmt **ihr** Kleid.   The woman takes her dress.
Die Frau nimmt **ihre** Jacke.   The woman takes her jacket.

2 Possession with Proper Names

As in English, the possessive of German names is formed by adding **-s** to a proper name.   However, in German there is no apostrophe.

Erika ist Frau Lohnert**s** Schwester
Wir haben Claudia**s** Buch.
Wo ist Michael**s** Brille?

Mündliche Übungen

Ergänzen Sie das Possessivpronomen!

Mü 1

> ein Führerschein
> Das ist **mein** Führerschein.
> **Ich** habe **meinen** Führerschein.

my
mein/meine/meinen

h.is/its
sein/seine/seinen

her Their
ihr/ihre/ihren

die 1. eine Landkarte	*der* 1. ein Anzug	*die* 1. eine Bluse
das 2. ein Kleid	*die* 2. eine Krawatte	*das* 2. ein Kleid
der 3. ein Schlüssel	*das* 3. ein Hemd	*der* 3. ein Rock
das 4. ein Bild	*der* 4. ein Pullover	*die* 4. eine Tasche
die 5. eine Uhr	*die* 5. eine Pfeife	*das* 5. ein Auto
der 6. ein Stuhl	*der* 6. ein Mantel	*das* 6. ein Buch
die 7. eine Brille	*das* 7. ein Glas	*der* 7. ein Brief
das 8. ein Feuerzeug	*der* 8. ein Ausweis	*die* 8. eine Tasse

OUR
unser/unsere/unseren

her their your
ihr/ihre/ihren

das 1. ein Buch	*der* 1. ein Bleistift
die 2. eine Zeitung	*das* 2. ein Heft
die 3. eine Tasse	*der* 3. ein Kugelschreiber
der 4. ein Geldbeutel	*der* 4. ein Führerschein
der 5. ein Regenschirm	*der* 5. ein Brief
die 6. eine Flasche	*der* 6. ein Geldbeutel
das 7. ein Radio	*die* 7. eine Tasche
der 8. ein Reisepaß	*das* 8. ein Klassenzimmer

Mü 2

> Die Dame liest einen Brief.
> **Sie** liest **ihren** Brief.

1. Ich trage einen Pullover.
2. Der Mann wäscht ein Auto.
3. Die Studenten haben ein Buch.
4. Die Dame nimmt einen Mantel.
5. Der Herr trägt eine Jacke.
6. Die Frau braucht einen Ausweis.
7. Das Kind buchstabiert einen Namen.
8. Der Junge möchte eine Tasche.
9. Wir brauchen ein Heft.
10. Ich trage eine Brille.
11. Die Leute rufen einen Hund.
12. Der Student fragt eine Lehrerin.

Plural, bitte!

Mü 3

> Dort liegt sein Buch.
> Dort liegen seine Bücher.

1. Das ist mein Schuh.
2. Wo ist unser Stuhl?
3. Wer hat ihr Bild?
4. Das ist seine Zigarette.
5. Hat das Kind sein Heft?
6. Braucht er meinen Schlüssel?
7. Kennen Sie unseren Lehrer?
8. Der Junge sucht sein Heft.
9. Möchten Sie mein Buch?
10. Hat sie ihren Kugelschreiber?

Antworten Sie!

Mü 4

> Haben Sie meinen Schlüssel?
> Ja, ich habe Ihren Schlüssel.
> Nein, ich habe Ihren Schlüssel nicht.

1. Wie ist Ihr Name?
2. Wissen Sie meinen Namen?
3. Wo ist Ihr Ausweis?
4. Wer hat Ihren Bleistift?
5. Ist mein Name Müller?
6. Ist unsere Landkarte groß?
7. Wer hat meinen Kugelschreiber?
8. Sind Ihre Schuhe neu?
9. Ist Ihr Buch zu Hause?
10. Brauchen Sie meinen Regenschirm?
11. Sind das Ihre Schlüssel?
12. Vergessen Sie oft Ihre Brille?

Antworten Sie mit Personalpronomen!

Mü 5

> Braucht die Dame ihren Regenschirm?
> Ja, **sie** braucht **ihn**.
> (Nein, sie braucht ihn nicht)

1. Ißt der Junge seinen Apfel?
2. Sind Ihre Schuhe neu?
3. Hat der Mann seinen Ausweis?
4. Ruft die Dame den Polizisten?
5. Lesen die Kinder ihre Bücher?
6. Trägt der Herr seine Brille?
7. Braucht der Ober seinen Bleistift?
8. Kennen Sie meine Lehrerin?
9. Ruft der Junge seinen Hund?
10. Nimmt die Frau ihren Mantel?
11. Liest der Herr seinen Brief?
12. Waschen Sie mein Auto?

Mü 6   Auf deutsch, bitte!

1. My name is Keller.
2. What's your name?
3. This is my watch.
4. Do we need her umbrella?
5. There is her umbrella.
6. Their dog is at home.
7. Where is your passport?
8. This is our car.
9. Do you know his teacher?
10. I have their keys.
11. This is my skirt and my blouse.
12. Where is her coat?
13. Do you see her coat?
14. He is spelling his name.
15. The boy is calling his dog.
16. They are washing their car.
17. Here is my driver's license.
18. Do you see my driver's license?
19. Are these your letters?
20. We are reading our letter.

Wiederholung

Wü 1   Allgemeine Fragen

1. Was braucht ein Tourist?
2. Was braucht ein Autofahrer?
3. Wo arbeitet der Ober?
4. Wer spielt gern Tennis?
5. Was trägt ein Mann (eine Frau)?
6. Wer spricht hier immer Deutsch?
7. Wo liegt Garmisch?
8. Was braucht ein Student (nicht)?
9. Was kostet eine Flasche Wein?
10. Wieviel Uhr ist es jetzt?
11. Wie lange dauert unser Unterricht?
12. Wann beginnt er?
13. Wie lange machen wir Pause?
14. Wen rufen Sie im Restaurant?
15. Wieviel ist zwölf und neun?
16. Wieviel ist fünfzig weniger elf?

Meine Familie

Guten Tag! Mein Name ist Ingrid Lohnert. Kennen Sie mich noch? Ja. Aber meine Familie kennen Sie noch nicht. Hier sind einige Bilder.

Ich bin verheiratet, und das ist mein Mann. Er heißt Arno Lohnert. Wir haben zwei Kinder, einen Jungen und ein Mädchen. Unser Sohn heißt Thomas. Er ist fünf Jahre alt. Unsere Tochter heißt Stefanie. Sie ist erst ein Jahr alt. Sie ist noch ein Baby. Wir wohnen in Würzburg.

Hier sehen Sie meine Eltern. Meine Eltern sind die Großeltern von Thomas und Stefanie. Mein Vater und meine Mutter wohnen in Heilbronn. Sie besuchen uns oft.

Und das sind meine Geschwister. Ich habe zwei Brüder und eine Schwester. Hier sehen Sie meinen Bruder Karlheinz und seine Frau Renate. Der Junge ist ihr Sohn. Er heißt Michael. Ich bin seine Tante und mein Mann ist sein Onkel.

Hier sehen Sie meinen Bruder Horst. Er ist nicht verheiratet. Er ist ledig und hat eine Freundin. Meine Schwester Erika ist geschieden.

Jetzt kennen Sie meine Familie. Beschreiben Sie Ihre Familie!

Sind Sie verheiratet?
Wie heißt Ihr Mann (Ihre Frau)?
Haben Sie Kinder?
Wie heißen Ihre Kinder?
Wie alt sind sie?

Sind Sie ledig?
Wie heißt Ihr Vater (Ihre Mutter)?
Wo wohnen Ihre Eltern?
Haben Sie Geschwister?
Wie heißen sie?

Fragen und Aufgaben zum Text

1   Antworten Sie!

1. Ist Frau Lohnerts Familie groß oder klein?
2. Wie heißt ihr Mann?
3. Wie viele Kinder hat sie?
4. Wie alt sind ihre Kinder?
5. Wo wohnen ihre Eltern?
6. Wie viele Geschwister hat sie?
7. Wer ist ledig?
8. Wer ist geschieden?

2   Wortschatzübung

er	**sie**
der Großvater	*die Großmutter*
_____	die Tante
_____	die Mutter
der Bruder	_____
der Mann	_____
_____	das Mädchen
der Sohn	_____
der Freund	_____
_____	die Dame

Ausspracheübung

/a/ ≠ /ä/ Vater ≠ Väter, Mantel ≠ Mäntel, Glas ≠ Gläser, Ball ≠ Bälle,
Stadt ≠ Städte, Land ≠ Länder, Arzt ≠ Ärzte, Apfel ≠ Äpfel
halten ≠ hält, fahren ≠ fährt, tragen ≠ trägt, schlafen ≠ schläft

/o/ ≠ /ö/ Wort ≠ Wörter, Tochter ≠ Töchter, Sohn ≠ Söhne, Rock ≠ Röcke,
Zoll ≠ Zölle, schon ≠ schön

/u/ ≠ /ü/ Mutter ≠ Mütter, Bruder ≠ Brüder, Buch ≠ Bücher, Stuhl ≠ Stühle
Zug ≠ Züge, Strumpf ≠ Strümpfe, Anzug ≠ Anzüge

Schriftliche Übungen

Sü 1   Ergänzen Sie die Possessivpronomen!

1. **Die Dame** liest *ihr* Buch.
2. **Der Herr** raucht *seine* Pfeife.
3. **Der Student** braucht *seinen* Kugelschreiber.
4. **Die Studentin** fragt *seinen* Lehrer. *ihren*
5. **Wir** besuchen *unsere* Eltern.
6. **Die Kinder** rufen *ihre* Mutter.
7. **Der Junge** ißt *seinen* Apfel.
8. Lesen **Sie** *Ihre* Zeitung?
9. Wann bringt **er** *seine* Bilder?
10. **Der Mann** wäscht *seinen* Auto.
11. **Ich** besuche *meinen* Vater.
12. **Er** trägt *seine* Handschuhe.
13. **Die Leute** haben *ihre* Gläser.
14. **Die Sekretärin** liest *ihren* Brief.
15. **Wir** besuchen *ihre* Geschwister. *UNSERE*
16. **Die Frau** ruft *ihre* Kinder.

Sü 2   Ergänzen Sie!

1. my family   Kennen Sie *meine Familie* ?
2. our parents   Wir besuchen *unsere Eltern* .
3. my passport   Wo ist *mein Reisepaß* ?
4. their car   Die Leute waschen *ihr Auto* .
5. your teacher   Dort kommt *ihr Lehrer* .
6. your daughter   Ich kenne *ihre Tochter* sehr gut.
7. her son   Wie heißt *ihr Sohn* ?
8. their son   Kennen Sie *ihren Sohn* ?
9. my husband   Fragen Sie *meinen Mann* !
10. his wife   Wo ist *seine Frau* ?
11. her husband   Die Dame ruft *ihren Mann* .
12. his father   Wir besuchen *ihren Vater* . *SEIN*
13. our keys   Haben Sie *UNSEREN Schlüssel* ?
14. my purse   Das ist *meine Tasche* .
15. their children   *Ihre Kinder* sind zu Hause.
16. our firm   Kennen Sie *UNSERE FirmA* ?
17. her key   Sie findet *ihren Schlüssel* nicht.
18. your brother   Wann kommt *ihr Bruder* nach Hause?
19. his sister   *Ihre Swester* ist zwanzig Jahre alt.
20. my pencil   Wer hat *mein bliestift* ?

Sü 3   Vollenden Sie die Sätze!

1. Wir haben einen Jungen. Das ist *unser Sohn* .
2. Meine Mutter hat einen Bruder. Das ist *mein Onkel* .
3. Unsere Tante ist verheiratet. Ihr Mann ist *unser onkel* .
4. Ich bin verheiratet. *Mein Frau* heißt Ingrid.
5. Wir haben ein Mädchen. Das ist *unsere Tochter* .
6. Mein Bruder hat einen Sohn. Ich bin *SEIN Onkel* .
7. Mein Bruder und meine Schwester sind _____ .
8. Mein Bruder hat eine Tochter. Mein Mann ist _____ .
9. Unsere Eltern haben auch Eltern. Das sind _____ .

113

Wiederholung

Wü 1   Antworten Sie mit **nein**! (kein oder nicht?)

1. Ist Ihr Name Schmidt?
2. Schreiben Sie einen Brief?
3. Sind das Äpfel?
4. Ist eine Zitrone süß?
5. Machen wir jetzt eine Pause?
6. Kommen die Leute aus Stuttgart?
7. Möchten Sie meinen Kuli?
8. Kaufen Sie den Kugelschreiber?
9. Kennen Sie den Polizisten?
10. Suchen Sie Ihren Schlüssel?
11. Suchen Sie einen Schlüssel?
12. Hat die Dame ihren Regenschirm?
13. Braucht sie ihren Regenschirm?
14. Antwortet er auf englisch?
15. Gehen wir zu Fuß nach Hause?
16. Ist das eine Brille?

Wü 2   Antworten Sie nur mit Personalpronomen! (Nominativ und Akkusativ)

1. Suchen Sie Ihren Geldbeutel?
2. Gehen die Leute ins Theater?
3. Sind Herr und Frau Ottman hier?
4. Kennen Sie meine Schwester?
5. Möchten Sie mein Feuerzeug?
6. Kauft der Herr die Pfeife?
7. Sind Ihre Schuhe schwarz?
8. Kennen Sie meine Eltern?
9. Ruft das Kind seine Mutter?
10. Ist Fräulein Martin zu Hause?
11. Bringt der Ober den Wein?
12. Brauchen Sie das Papier?

Wü 3   Was ist richtig: wissen oder kennen?

1. Ich _weiß_ nicht, was das ist.
2. Was ist das? Ich _____ es nicht.
3. Sein Bruder heißt Thomas. _____ Sie ihn?
4. Wo ist der Bahnhof? Ich _____ es nicht.
5. Wir _____ nicht, was das ist.
6. _____ er das Restaurant?
7. Wieviel Uhr ist es? _____ Sie es?
8. _____ die Dame den Herrn?
9. Er _____ meine Schwester sehr gut.
10. Dort kommt Herr Falke. _____ Sie ihn?

Wü 4   Die Familie: Wer ist das?

1. Sie ist meine Mutter. Ich bin ihre _Tochter_.
2. Er ist mein Bruder. Ich bin seine _Bruder_.
3. Ich bin sein Sohn. Er ist mein _Vater_.
4. Sie sind meine Eltern. Ich bin ihr _Sohn_.
5. Sie ist meine Schwester. Ich bin ihr _Bruder_.
6. Sie ist meine Tante. Ihr Mann ist mein _Onkel_.

Wü 5   Possessivpronomen: Ergänzen Sie!

1. (our classroom)   *Unser Klassenzimmer* hat viele Fenster.
2. (my glass)   Wo ist _____?
3. (her father)   Kennen Sie _____
4. (his mother)   _____ kommt aus Berlin.
5. (your parents)   Wo wohnen _____?
6. (my lighter)   Hat er _____?
7. (his friend)   Er besucht _____.
8. (his keys)   Wir suchen _____.
9. (their car)   Sie fahren _____ in die Garage.
10. (her coat)   Sie braucht _____.
11. (my purse)   Wo ist _____.
12. (your children)   Wie heißen _____?
13. (our friends)   _____ sind Deutsche.
14. (their daughter)   _____ studiert in Göttingen.

Wü 6   Wortstellung: Schreiben Sie die Sätze noch einmal!

1. Wir machen jetzt eine Pause. Jetzt ...
2. Zwanzig Studenten sind hier. Hier ...
3. Ich weiß das nicht. Das ...
4. Wir arbeiten zwei Stunden. Zwei Stunden ...
5. Seine Schwester wohnt in Mannheim. In Mannheim ...
6. Er trinkt nicht gern Bier. Bier ...
7. Ich suche meinen Mantel. Meinen Mantel ...
8. Wir gehen am Wochenende ins Theater. Am Wochenende ...

Wü 7   Konjunktionen: Verbinden Sie die Sätze mit denn, und, aber, oder!

1. Ich gehe jetzt nach Hause. Es ist spät.
2. Wir fahren in die Stadt. Wir gehen ins Kino.
3. Möchten Sie Kaffee? Möchten Sie Tee?
4. Er kommt nicht. Er hat keine Zeit.
5. Sie wohnt in Darmstadt. Sie arbeitet in Frankfurt.
6. Morgens esse ich etwas. Ich trinke eine Tasse Kaffee.

Wü 8   Verben: Ergänzen Sie!

1. (schwimmen)   *Schwimmen* Sie gern?
2. (sein)   Er _____ nicht zu Hause.
3. (bleiben)   Wie lange _____ er hier?
4. (werden)   Es _____ kalt.
5. (bekommen)   Wann _____ sie Geld?
6. (vergessen)   Er _____ immer sein Buch.
7. (laufen)   Das Kind _____ schnell nach Hause.
8. (fragen)   _____ Sie den Polizisten!
9. (halten)   Wo _____ der Bus?
10. (lesen)   Er _____ die Zeitung.
11. (rufen)   Der Gast _____ den Ober.
12. (sitzen)   Wo _____ Herr Sander, bitte?

13. (nehmen)   Das Kind _____ einen Apfel.
14. (haben)   Frau Kaiser _____ keine Zeit.
15. (sehen)   Wen _____ der Junge?
16. (tragen)   Der Polizist _____ einen Mantel.
17. (essen)   Der Herr _____ im Restaurant.
18. (sprechen) Die Amerikanerin _____ Deutsch.
19. (waschen)   Die Sekretärin _____ ihr Auto.
20. (schlafen) _____ das Kind schon?

Wü 9 Ergänzen Sie sein oder haben!
Was paßt?

1. Er __*hat*__ ein Auto.
2. Das Auto _____ groß.
3. _____ Frau Braun zu Hause?
4. Wir _____ die Bücher nicht.
5. _____ Sie den Brief?

6. _____ das Ihre Handschuhe?
7. Wo _____ mein Schlüssel?
8. _____ Sie meinen Schlüssel?
9. Das _____ meine Geschwister.
10. Ich _____ zu Hause.

Wü 10 Was ist richtig: der, das oder die?
Wie heißt der Plural?

1. *die* Landkarte   -- die   *Landkarten*
2. *der* Brief   -- die   *Briefe*
3. *die* Zeitung   -- die   *Zeitungen*
4. *die* Verkäuferin -- die   *Verkäuferinnen*
5. *der* Schlüssel   -- die   *Schlüssel*
6. *das* Geschäft   -- die   *Geschäfte*
7. *das* Wort   -- die   *Wörter*
8. *die* Flasche   -- die   *Flaschen*
9. *der* Bleistift   -- die   *Bleistifte*
10. *die* Tasche   -- die   *Taschen*
11. *das* Hemd   -- die   *Hemden*
12. *der* Sohn   -- die   *Söhne*
13. *das* Heft   -- die   *Hefte*
14. *die* Hose   -- die   *Hosen*
15. *das* Kind   -- die   *Kinder*
16. *die* Schwester   -- die   *Schwestern*
17. *der* Bruder   -- die   *Brüder*
18. *die* Uhr   -- die   *Uhren*
19. *die* Tochter   -- die   *Töchter*
20. *die* Tür   -- die   *Türen*

WORTSCHATZ

Nomen

der Führerschein,-e	driver's license
der Hund,-e	dog
der Mann,⸚er	here: husband
der Reisepaß,⸚(ss)e	passport
der Verkehr(no pl.)	traffic
der Zoll,⸚e	customs
der Zollbeamte,-n	customs official, officer
die Eltern(pl.)	parents
die Frau,-en	here: wife
die Geschwister(pl.)	brothers and sisters
die Schwester,-n	sister
die Tante,-n	aunt
die Tochter,⸚	daughter

Verben

beschreiben	to describe
besuchen	to visit
rufen	to call
verzollen	to declare

Verschiedenes

einige	some, a few
einen Moment bitte!	one moment please
erst	only
geschieden	divorced
ledig	single
nichts	nothing
in Ordnung!	o.k., in order, all right
verheiratet	married

Can you guess the meaning of these words?

Nomen

der Alkohol
der Autofahrer,-
der Bruder,⸚
der Freund,-e
der Onkel,-
der Sohn,⸚e
der Tourist,-en,-en
der Vater,⸚

das Baby,-s

die Autopapiere (pl.)
die Familie,-n
die Freundin,-nen
die Garage,-n
die Großeltern (pl.)
die Kontrolle,-n
    Paßkontrolle
    Verkehrskontrolle
die Mutter,⸚

LEKTION 8

Haben Sie noch ein Zimmer frei?

Hotel Krone:

▲ Hotel Krone. Guten Tag!

▲ Für wann, bitte?

▲ Brauchen Sie ein Doppelzimmer oder ein Einzelzimmer?

▲ Wir haben noch ein Doppelzimmer frei, aber ohne Bad. Das Zimmer hat eine Dusche.

▲ Achtundfünfzig Mark. Das ist mit Frühstück.

▲ Für wen, bitte?

▲ Vielen Dank, Herr Kohl. Wir reservieren das Zimmer für Sie.

Herr Kohl:

● Kohl. Guten Tag! Haben Sie noch ein Zimmer frei?

● Für das Wochenende. Also, für Samstag und Sonntag.

● Ein Doppelzimmer mit Bad, bitte.

● Wieviel kostet es?

● Gut. Ich nehme das Zimmer. Reservieren Sie es bitte.

● Für Herrn und Frau Kohl. Wir kommen am Samstag nachmittag.

Fragen

1. Was tut Herr Kohl?
2. Was fragt er?
3. Braucht er ein Einzelzimmer?
4. Möchte er ein Zimmer mit oder ohne Dusche?
5. Für wann möchte er das Zimmer?
6. Wieviel kostet es?
7. Ist das mit oder ohne Frühstück?
8. Für wen reserviert das Hotel das Zimmer?
9. Wann kommt Herr Kohl?

Einführung

Präpositionen mit Akkusativ: durch, für, gegen, ohne, um

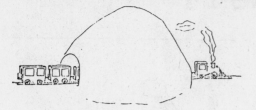

Der Zug fährt **durch den** Tunnel.
Das Kind sieht **durch das** Fenster.

Für wen ist der Brief?
Ist der Brief **für mich**?
Nein, er ist nicht **für Sie**.
Er ist **für einen Herrn**.

Rauchen ist ungesund.
Ich bin **gegen das** Rauchen.

Das Auto fährt **gegen einen** Baum.

Herr Kahl trägt immer einen Hut.
Hier sehen wir ihn **ohne seinen Hut**.

Die Leute sitzen **um den** Tisch.
Um wieviel Uhr kommt Herr Schmidt?
Er kommt um 6 Uhr.

Einführung

Imperfekt von sein und haben
Perfekt: Schwache Verben

Präsens: Jetzt/heute

Heute **ist** Donnerstag.

Ich **bin** zu Hause.

Ich **bin** müde.

Ich **bin** krank.

Ich **habe** Fieber.

Ich **habe** eine Erkältung.

Ich **habe** Kopfschmerzen.

Ich **suche** Aspirintabletten.

Ich **habe** keine Tabletten
zu Hause.

Ich **telefoniere.**

Meine Freundin kauft Tabletten
für mich.

Sie arbeitet bis vier Uhr.

Ich **warte** auf sie.

Abends **besucht sie** mich.

Sie sagt: "Hier sind die Tabletten."

Ich **frage:** "Was kosten sie?"

Sie antwortet: "Fünf Mark."

Die Tabletten kosten fünf Mark.

Ich **bezahle** die Tabletten.

Imperfekt: Vorher/gestern

Gestern **war** Mittwoch.

Ich **war** zu Hause.

Ich **war** müde.

Ich **war** krank.

Ich **hatte** Fieber.

Ich **hatte** eine Erkältung.

Ich **hatte** Kopfschmerzen.

Perfekt: Vorher/gestern

Ich **habe** Aspirintabletten **gesucht.**

Ich **habe** keine Tabletten zu Hause
gehabt.

Ich **habe telefoniert.**

Meine Freundin hat Tabletten für
mich **gekauft.**

Sie hat bis vier Uhr **gearbeitet.**

Ich **habe** auf sie **gewartet.**

Abends **hat sie** mich **besucht.**

Sie hat gesagt: "Hier sind die Tabletten."

Ich **habe gefragt:** "Was kosten sie?"

Sie hat geantwortet: "Fünf Mark."

Die Tabletten haben fünf Mark **gekostet.**

Ich **habe** die Tabletten **bezahlt.**

Vorsicht!

Sie bringt die Tabletten.

Ich **kenne** die Dame.

Ich **weiß** es nicht.

(caution)

Sie hat die Tabletten **gebracht.**

Ich **habe** die Dame **gekannt.**

Ich **habe** es nicht **gewußt.**

GRAMMATIK

Preliminaries

PRESENT PERFECT. In English and in German, the present perfect is a compound tense. It is formed with an auxiliary verb and the past participle of the verb. In most instances the auxiliary is **haben**.

		Auxiliary	Past Participle
English:	I	have	said
	he	has	asked
	we	have	worked
German:	ich	habe	gesagt
	er	hat	gefragt
	wir	haben	gearbeitet

Notice that the auxiliary verb agrees in person and number with the subject. The past participle remains the same.

WEAK VERBS. Just as English verbs are divided into regular and irregular verbs, German verbs are divided into weak and strong verbs. Weak verbs are those which form their past tenses regularly; that is, they use the stem of the infinitive and add a past tense marker. Compare English verbs such as walk/walked, answer/answered, etc.

Infinitive		lernen	to learn
Stem		lern-	learn
Present tense	er	lernt	he learns
Past participle		gelernt	learned
Present perfect	er	hat gelernt	he has learned

1 Present Perfect Tense of Weak Verbs

A Tense formation

The present perfect tense of most German verbs is made up of the present tense forms of

$$\boxed{\text{haben} \; + \; \text{Past Participle}}$$

B Past participles of weak verbs

The past participle of weak verbs is formed as follows:

Take an infinitive	**fragen**
find the stem	**frag-**
place the stem into the frame **ge-----t**	**gefragt**

Look at the following examples!

Infinitive	Stem	Past Participle	Present Perfect
kaufen	kauf-	gekauft	Ich habe die Schuhe gekauft.
wohnen	wohn-	gewohnt	Er hat in Augsburg gewohnt.
suchen	such-	gesucht	Sie hat ihr Buch gesucht.
hören	hör-	gehört	Wir haben Sie nicht gehört.
haben	hab-	gehabt	Sie haben keine Zeit gehabt.

If the infinitive stem ends in **-d** or **-t** or a combination of consonants as in **regnen/regn-**, the **-t** of the frame is expanded to -et.

Infinitive	Stem	Past Participle
antworten	antwort-	geantwort**et**
arbeiten	arbeit-	gearbeit**et**
warten	wart-	gewart**et**
regnen	regn-	geregn**et**

C Variation: **Weak participles without the ge- prefix**

Verbs which already have an inseparable prefix, that is, an unstressed prefix which remains permanently attached to the basic verb (**verzollen, besuchen**) do not take a **ge-**prefix in forming their past participles.

The following weak verbs with inseparable prefixes are familiar.

Infinitive	Present	Past Participle	Present Perfect
bestellen	er bestellt	bestellt	er hat bestellt
besuchen	er besucht	besucht	er hat besucht
bezahlen	er bezahlt	bezahlt	er hat bezahlt
verkaufen	er verkauft	verkauft	er hat verkauft
verzollen	er verzollt	verzollt	er hat verzollt
wiederholen	er wiederholt	wiederholt	er hat wiederholt

Since a past participle cannot have more than one unstressed prefix, verbs with the unstressed prefixes **be-, emp-, ent-, er-, ge-, ver-,** and **zer-,** form their past participle without the **ge-** prefix.

All verbs with the infinitive ending in **-ieren** are weak verbs. They also form their past participle without the **ge-** prefix.

Infinitive	Present	Past Participle	Present Perfect
buchstabieren	er buchstabiert	buchstabiert	Er hat buchstabiert.
telefonieren	er telefoniert	telefoniert	Er hat telefoniert.
studieren	er studiert	studiert	Er hat studiert.

D Irregular weak verbs

There is a small group of verbs that have a pattern of their own. Their past participle uses the frame **ge----t** of the weak verbs, but they change their stem.

Infinitive	Past Participle	Present Perfect
bringen	gebracht	Er hat die Zeitung gebracht.
kennen	gekannt	Ich habe die Dame gut gekannt.
wissen	gewußt	Sie hat es nicht gewußt.

E Word order

Observe the word order in the following sentences:

Er hat gestern ein Buch **gekauft.**	He bought a book yesterday.
Gestern **hat** er ein Buch **gekauft.**	Yesterday he bought a book.
Das Buch **hat** er gestern **gekauft.**	He bought a book yesterday.
Er **hat** das Buch nicht **gekauft.**	He didn't buy the book.
Was **hat** er **gekauft?**	What did he buy?
Wann **hat** er es **gekauft?**	When did he buy it?

Note that the conjugated auxiliary **haben** is in the normal verb position. The past participle is always the last element of the sentence.

2 Usage of Present Perfect

Unlike English, German uses the present perfect tense in normal conversation and informal writing to indicate that an action has occured in the past. In German, the present perfect is therefore often referred to as the *conversational past.*

German uses the present perfect with expressions such as **schon** (already) or **gerade** (just) where English would also use the present perfect.

Wir haben schon bestellt.	We have already ordered.
Haben Sie schon eine Pause gemacht?	Have you already taken a break?
Er hat mich schon gefragt.	He has already asked me.

However, German also uses the present perfect in situations where English must use the simple past tense.

Ich habe das Buch gebracht.	I brought the book.
Er hat mich gefragt.	He asked me.
Wann haben Sie das Auto verkauft?	When did you sell the car?
Haben Sie Ihre Eltern besucht?	Did you visit your parents?

As is true of the German present tense, the present perfect has no progressive and emphatic forms.

$$
\text{Er hat gearbeitet.} \left\{ \begin{array}{l} \text{He has worked.} \\ \text{He worked.} \\ \text{He was working.} \\ \text{He did work.} \end{array} \right.
$$

3 Simple Past Tense (Imperfekt) of <u>sein</u> and <u>haben</u>

It was noted that the German present perfect is the preferred past tense in the spoken language. However, this does not apply to **sein** and **haben**. Even the colloquial German prefers the simple past of **sein** and **haben** to express situations that are in the past.

sein (to be)	
ich war	I was
du warst	you were
er/es/sie war	he/it/she was
wir waren	we were
ihr wart	you were
sie waren	they were
Sie waren	you were

haben (to have)	
ich hatte	I had
du hattest	you had
er/es/sie hatte	he/it/she had
wir hatten	we had
ihr hattet	you had
sie hatten	they had
Sie hatten	you had

Look at the following examples.

Er war nicht zu Hause.	He wasn't home.
Die Kinder waren krank.	The children were sick.
Sie hatte ein Auto.	She had a car.
Wir hatten kein Geld.	We had no money.

4 Prepositions Followed by the Accusative

German prepositions function the same as English, except that in German the object of a preposition must be in a specific case.

These prepositions are always followed by the accusative:

für	for
durch	through
gegen	against
ohne	without
um	around

Look at the following examples:

Für wen sind die Blumen?	For whom are the flowers?
Wir gehen **durch den** Park.	We are walking through the park.
Ich bin **gegen das** Rauchen.	I am against smoking.
Er kommt **ohne seinen** Freund.	He is coming without his friend.
Wir sitzen **um den** Tisch.	We are sitting around the table.

Note: Colloquial German has the tendency to contract some prepositions with the following neuter definite article, but this is not mandatory.

durch das	= **durchs**	Das Kind läuft durchs Zimmer.
für das	= **fürs**	Ich brauche das fürs Auto.
um das	= **ums**	Gehen Sie ums Hotel!

Mündliche Übungen

Sagen Sie es im Imperfekt!

Mü 1

> Heute ist Dienstag.
> Gestern war Montag.

Heute ist ...

1. Montag
2. Freitag
3. Sonntag
4. Donnerstag
5. Samstag
6. Montag

Mü 2

> Ich habe keine Zeit.
> Ich hatte keine Zeit.

1. Er hat keine Zeit.
2. Ich bin nicht müde.
3. Wir haben Hunger.
4. Was ist das?
5. Ich habe kein Geld.
6. Sie hat Durst.
7. Wer ist das?
8. Die Kinder sind krank.

Antworten Sie im Perfekt!

Mü 3

> Wo haben Sie geparkt?   dort?
> Ich habe dort geparkt.

1. Wo haben die Kinder gespielt?	zu Hause?
2. Was hat der Junge gezählt?	sein Geld?
3. Was haben Sie hier gelernt?	Deutsch?
4. Wie lange hat die Dame gearbeitet?	eine Stunde?
5. Wann hat es geregnet.	gestern?
6. Wer hat auf deutsch geantwortet?	das Mädchen?
7. Wen hat das Kind gefragt?	seine Mutter?
8. Wieviel hat Ihre Uhr gekostet?	100 Mark?
9. Was hat er gesagt?	Guten Morgen?
10. Was haben Sie gekauft?	ein Buch?

Antworten Sie mit **nein**!

Mü 4

> Haben Sie Ihr Auto verkauft?
> Nein, ich habe mein Auto nicht verkauft.

1. Hat er das Wort wiederholt?	5. Haben Sie das Essen bezahlt?
2. Hat sie ihren Namen buchstabiert?	6. Hat er in Heidelberg studiert?
3. Haben Sie den Kuchen bestellt?	7. Haben die Leute ihr Haus verkauft?
4. Hat er seine Eltern besucht?	8. Haben Sie gerade telefoniert?

125

Hier ist die Antwort.
Fragen Sie **zweimal**!   (**zweimal**: twice)

MÜ 5
> Er hat **dort** geparkt.
> **Wo** hat er geparkt?
> Hat er dort geparkt?

1. Er hat **in Neu Ulm** gewohnt.
2. **Sie** hat in Deutschland studiert.
3. Ich habe **meinen Schlüssel** gesucht.
4. Sie hat **ihren Bruder** besucht.

5. **Sie** haben den Herrn gekannt.
6. Das Heft hat **eine Mark** gekostet.
7. **Sie** hat das nicht gewußt.
8. Das Kind hat **sein Bild** gezeigt.

Die **Frage** ist im **Präsens**.
Antworten Sie im Perfekt!

MÜ 6
> Warum fragen Sie den Lehrer nicht?
> Ich habe ihn schon gefragt.

1. Warum bestellen Sie nicht?
2. Warum antwortet der Junge nicht?
3. Warum zählt der Ober das Geld nicht?
4. Warum sagt er nicht "Auf Wiedersehen"?
5. Warum spielt er nicht Tennis?
6. Warum kauft sie das Kleid nicht?
7. Warum telefonieren Sie nicht?
8. Warum machen Sie keine Pause?
9. Warum bezahlt er das Buch nicht?
10. Warum bringt er das Essen nicht?

Im Perfekt, bitte!

MÜ 7
> Wir machen eine Pause.
> Wir haben eine Pause gemacht.

1. Er verkauft sein Auto.
2. Wir besuchen unsere Eltern.
3. Sie sucht ihre Brille.
4. Das weiß ich nicht.
5. Er buchstabiert seinen Namen.
6. Sie arbeitet heute nicht.
7. Das Kind hat Durst.
8. Er raucht eine Zigarette.
9. Ich frage den Polizisten.
10. Er braucht den Schlüssel nicht.

11. Regnet es?
12. Hören Sie das?
13. Kennen Sie die Dame dort?
14. Wiederholen Sie oft?
15. Bringen Sie die Zeitung?
16. Wie lange dauert der Unterricht?
17. Wieviel kostet der Mantel?
18. Was zeigt das Kind?
19. Wo wohnen Sie?
20. Wo lernen Sie Deutsch?

MÜ 8   Sagen Sie es auf deutsch! (Perfekt)

1. Where did you live?
2. She asked the waiter.
3. What did you say?
4. Were you taking a break?
5. We've learned very much.
6. Have you already ordered?

7. They bought a car.
8. The waitress brought the beer.
9. I spelled my name.
10. We didn't know that.
11. Did he know the people?
12. It was raining.
13. He hasn't had time.
14. I have had a problem.

MÜ 9   Im Imperfekt, bitte!

1. The children were sick.
2. Was that wrong?
3. He was sick.
4. Were you tired?

5. We had a problem.
6. He had a car.
7. I had a cold.
8. They had a problem.

Präpositionen mit Akkusativ

Für wen ist das?

MÜ 10
> Ist der Brief für die Dame?   (Herr)
> Nein, der Brief ist **für den Herrn.**

1. Ist der Brief für die Studentin?   (Student)
2. Sind die Bücher für den Jungen?   (Mädchen)
3. Ist das Buch für die Lehrerin?   (Lehrer)
4. Sind die Schlüssel für die Frau?   (Mann)
5. Ist die Zeitung für seine Schwester?   (Bruder)

ohne

MÜ 11
> Herr Kohl kommt nicht.
> Dann gehen wir **ohne Herrn Kohl.**
> Dann gehen wir **ohne ihn.**

1. Die Kinder kommen nicht.
2. Sein Bruder kommt nicht.
3. Seine Eltern kommen nicht.

4. Ihr Freund kommt nicht.
5. Frau Kohl kommt nicht.
6. Der Junge kommt nicht.

durch

MÜ 12
> der Mann/der Park
> Der Mann geht durch den Park.

1. die Leute/das Restaurant
2. die Kinder/das Zimmer
3. der Mann/die Garage

4. die Leute/ die Stadt
5. das Mädchen/der Bus
6. der Herr/das Krankenhaus

__um__

Was tun Sie?

Mü 13

| Vorsicht, der Stuhl! |
| Ich gehe um den Stuhl. |

Vorsicht, ...!
1. der Tisch   3. der Baum   5. der Eimer
2. die Lampe   4. die Tasche   6. das Auto

Der Kalender

Wissen Sie, was das ist? Natürlich
wissen Sie es. Das ist ein Kalender.
Die Wochentage kennen Sie ja schon.
Gestern war Mittwoch. Heute ist Donnerstag und morgen ist Freitag. Aber
wie heißen die Monate auf deutsch?

Die Monate heißen:

        der Januar
        der Februar
        der März
        der April
        der Mai
        der Juni
        der Juli
        der August
        der September
        der Oktober
        der November
        der Dezember

Ein Jahr hat zwölf Monate oder zweiundfünfzig Wochen. Wie viele Wochen
hat ein Monat? Ein Monat hat ungefähr vier Wochen. Wie viele Tage hat
ein Monat? Der März hat einunddreißig Tage, aber der April hat nur dreißig
Tage. Wie viele Tage hat der Februar?

Wann haben Sie Geburtstag? Haben Sie im Januar Geburtstag? Im November
oder vielleicht im Dezember? Wann machen Sie Urlaub? Machen Sie im Sommer
oder im Winter Urlaub?

Wie heißen die Jahreszeiten?   Wie ist das Wetter?

der Frühling	der Sommer	der Herbst	der Winter
der Regen	die Sonne	der Wind	der Schnee
Es regnet.	Die Sonne scheint.	Es ist windig.	Es schneit.
Es ist naß.	Es ist sonnig.	Es ist kühl.	Es ist kalt.

Sommerzeit -- Ferienzeit*-- Reisezeit

Wie verbringen die Deutschen ihren Urlaub?

Die Deutschen reisen gern. 1978 haben 24 Millionen Bundesbürger (von 61 Millionen) eine Urlaubsreise gemacht. Für viele ist der Urlaub so wichtig wie das Essen und die Kleidung.

Die Deutschen haben vier bis fünf Wochen Urlaub im Jahr. Die Schulferien beginnen im Juni. Dann rollen Millionen Autos durch die Bundesrepublik. Sie rollen von Norden nach Süden, denn im Süden scheint die Sonne.

Die Autobahn: Typisch für die Ferienzeit.

Viele Bundesbürger fahren im Sommer ins Ausland. Favorit ist Österreich, dann kommen Italien und Spanien. Die Reisebüros verkaufen auch viele Charterflüge in die USA, denn viele Deutsche fliegen im Urlaub nach New York oder Miami.

Aber nicht alle Bundesbürger verbringen ihren Urlaub im Ausland. Fast die Hälfte bleibt in Deutschland. Viele Deutsche verbringen ihren Urlaub in Bayern oder in Baden-Württemberg.

---

*Ferien is closely allied with schools and has the connotation *day(s) off*
summer recess is referred to as Schulferien. Urlaub more closely corresponds to the English *taking a vacation* (from work).

Fragen und Aufgaben zum Text

1 Antworten Sie!

1. Wie viele Tage hat eine Woche?
2. Wie heißen die Wochentage?
3. Ist heute Sonntag?
4. Wie viele Monate hat ein Jahr?
5. Wie heißen die Monate?
6. Wie viele Wochen hat ein Jahr?
7. Wie viele Tage hat ein Jahr?

8. Wie viele Stunden hat ein Tag?
9. Wie viele Minuten hat eine Stunde?
10. Wie viele Tage hat der Januar?
11. Wie heißen die Jahreszeiten?
12. Wann ist es immer kalt?
13. Wann regnet es oft?
14. Wann scheint oft die Sonne?

Ausspracheübung

/ei/ ein, nein, sein, klein, weiß, heiß, bei, gleich, Eimer, heißen, weiter, Bleistift, Freitag, Zeichen, Pfeife, Arbeit, Ausweis, allein

/ie/ wieder, hier, wieviel, Sie, die, zuviel, Brief, spielen, fliegen, Bier, Dienstag, Fieber, Papier

/eu/ neu, Beutel, teuer, deutsch, Freund, heute, neun, Feuerzeug, Leute
/äu/ Häuser, Verkäufer, Fräulein,

Schriftliche Übungen

Sü 1   Im Perfekt, bitte!

1. Es regnet.
2. Wissen Sie das?
3. Wer bezahlt das Essen?
4. Kennen Sie den Herrn?
5. Wir machen eine Pause.
6. Ich habe nicht viel Zeit.
7. Wir warten nur eine Stunde.
8. Warum antworten Sie nicht?
9. Der Ober bringt den Wein.
10. Die Kinder spielen im Park.
11. Er parkt immer am Bahnhof.
12. Sie besucht ihre Freundin.
13. Für wen kaufen Sie das Buch?
14. Warum zeigen Sie die Bilder nicht?
15. Wir reservieren das Zimmer für Sie.
16. Er fragt den Polizisten.
17. Verkauft sie ihr Auto?
18. Wo studiert er?
19. Sie bestellt eine Tasse Kaffee.
20. Er verbringt seinen Urlaub in Bayern.

***Sü 2   Ergänzen Sie ein Partizip!
Was paßt?

1. Der Tourist hat _gefragt_ : "Wo ist hier ein Café, bitte?"
2. Eine Dame hat _geantwortet_ : "Hier ist kein Café."
3. Wir haben "Grüß Gott!" _gesucht_ .
4. Das Kind hat Hunger und Durst _gehaben_ .
5. Sehen Sie das Auto? Wir haben es dort _gesehen_ .
6. Im Schreibwarengeschäft hat er Briefpapier _gekauft_ .
7. Der Ober hat das Essen _____ .
8. Um wieviel Uhr haben Sie eine Pause _gemacht_ ?
9. Warum ist der Junge so naß? Hat es _geregnet_ ?
10. Ich kenne ihn nicht, aber ich habe seine Frau _____ .
11. Er hat heute Tennis _gespielt_ .
12. Vier und zwei ist sechs. Haben Sie das _____ ?
13. Die Pause hat nicht lange _gemacht_ .
14. Haben Sie Radio _____ ?
15. Wieviel hat der Regenschirm _gekostet_ ?
16. Herr Sander hat immer nur Pfeife _geraucht_ .
17. Frau Kaiser hat bei Mercedes-Benz _gefahrt_ .
18. Meine Freundin war krank. Ich habe sie zu Hause _gepflegt_ .
19. Wie bitte? Was haben Sie _____ ?
20. War der Ober schon da? Haben Sie auch für mich _____ ?

Präpositionen mit Akkusativ

Sü 3   Was paßt: durch, für, gegen, ohne, um?

1. _Für_ wen haben Sie die Bücher gebracht?
2. Gehen Sie _____ die Tür, dann links!
3. Die Leute sitzen _____ den Tisch.
4. Herr Kohl kommt nicht. Gehen Sie _____ ihn!
5. Fahren Sie nicht _____ den Baum.
6. Haben Sie etwas _____ das Rauchen?
7. _____ wieviel Uhr kommen Sie?
8. Warum gehen Sie nicht _____ den Park?

Bilden Sie Sätze!

Sü 4 | Kinder/laufen/durch/Zimmer
Die Kinder laufen durch das Zimmer.

1. Die Schokolade/sein/für/Mädchen
2. Junge/laufen/durch/Park
3. Unterricht/beginnen/ohne/Lehrer
4. Ich/kommen/ohne/mein Freund
5. Bus/fahren/durch/Stadt·
6. Leute/sitzen/um/Tisch
7. Bücher/sein/für/Student
8. Auto/fahren/gegen/Haus

Sü 5   Persönliche Fragen

1. Wo haben Sie in Amerika gewohnt?
2. Was haben Sie in Deutschland gelernt?
3. Hatten Sie in Amerika ein Auto?
4. Haben Sie dort gearbeitet?
5. Haben Sie dort studiert?
6. Haben Sie schon in Europa Urlaub gemacht?
7. Wann haben Sie Urlaub gemacht?
8. Wann hatten Sie Geburtstag?
9. Haben Sie heute etwas gekauft?
10. Haben Sie schon nach Amerika telefoniert?
11. Waren Sie schon einmal sehr krank?
12. Hatten Sie im Winter auch eine Erkältung?

Spiel
Wie heißen die Nomen?

das Spiel

spielen
fragen
arbeiten
antworten
essen
reisen
baden
frühstücken
zählen
regnen
schneien
buchstabieren

WORTSCHATZ

Nomen

der Baum, ̈e	tree
der Bundesbürger,-	citizen of the FRG
der Flug, ̈e	flight
der Frühling,-e	spring
der Geburtstag,-e	birthday
der Herbst,-e	autumn
der Hut, ̈e	hat
der Schnee (no pl.)	snow
der Urlaub,-e	vacation
das Ausland (no pl.)	foreign country
das Doppelzimmer,-	double room
das Einzelzimmer,-	single room
das Österreich	Austria
das Frühstück	breakfast
das Reisebüro,-s	travel agency
die Autobahn,-en	turnpike
die Dusche,-n	shower
die Ferien (pl.)	vacation, holiday
die Hälfte,-n	half
die Jahreszeit,-en	season
die Kopfschmerzen (pl.)	headache
die Reise,-n	trip
die Tablette,-n	pill, tablet

Adjektive

gesund	healthy
krank	sick, ill
müde	tired
ungesund	unhealthy

Verben

fliegen	to fly
reisen	to travel
scheinen	to shine
schneien	to snow
sitzen	to be seated, to sit
verbringen	to spend (time)

Präpositionen mit Akkusativ

für	for
durch	through
um	around
gegen	against
ohne	without

Verschiedenes

alle	all
da	there
gestern	yesterday
im Januar	in January
im Urlaub	on vacation
natürlich	of course, naturally
ungefähr	about, approximately
Urlaub machen	to take a vacation
vielen Dank	many thanks
von...nach	from...to
vorher	before
Vorsicht!	caution.
warten auf (+acc.)	to wait for
was paßt?	what fits?
wie?	how?

Can you guess the meaning of these words?

Nomen

der Charterflug, ̈e	das Bad, ̈er	die Ferienzeit
der Favorit,-en	das Fieber (no pl.)	die Million,-en
der Kalender,-	das Hotel,-s	die Reisezeit
der Park,-s	das Jahr,-e	die Sommerzeit
der Regen	das Wetter	die Sonne
der Sommer,-	Baden-Württemberg	die Urlaubsreise,-n
der Tunnel,-	Bayern	die USA (pl.)
der Wind,-e	Italien	
der Winter,-	Spanien	

die Monate

der Januar
der Februar
der März
der April
der Mai
der Juni
der Juli
der August
der September
der Oktober
der November
der Dezember

Adjektive

kühl
sonnig
typisch
windig

Verben

reservieren
rollen

LEKTION 9

Wie war's im Urlaub?

Herr Langendorf:

▲ Ich habe Sie lange nicht gesehen. Waren Sie im Urlaub?

▲ Sie sind gefahren? Ist die
Reise nicht anstrengend gewesen?

▲ Und wie war das Essen in
Spanien?

▲ Haben Sie gleich einen Arzt
gefunden?

▲ Und wie lange sind Sie in
Spanien geblieben?

Herr Schöning:

● Ja, meine Frau und ich sind
nach Spanien gefahren.

● Ein bißchen. Es war sehr heiß,
aber die Reise hat trotzdem Spaß
gemacht. Rysa

● Na ja, da hatten wir ein Problem.
Meine Frau ist einmal krank geworden.

● Ja, wir sind in ein Krankenhaus
gegangen. Meine Frau hat dort
einige Medikamente bekommen.

● Nicht lange genug, nur vier Wochen.

Fragen

1. Wo waren Herr und Frau Schöning?
2. Was haben sie dort gemacht?
3. Sind sie gefahren oder geflogen?
4. Wie war die Reise?
5. Wie war das Wetter?
6. Wie war das Essen in Spanien?

7. Wer ist krank geworden?
8. Wohin sind die Leute gegangen?
9. Was hat Frau Schöning dort bekommen?
10. Wie lange sind Herr und Frau Schöning in Spanien geblieben?

Und Sie? Haben Sie schon Urlaub gemacht?
Wo und wie haben Sie Ihren Urlaub verbracht?

Einführung

Perfekt: Starke Verben

Präsens: Jetzt

Sie leben jetzt in Deutschland.
Was **tun Sie** hier?

  Arbeiten Sie hier?
  Studieren Sie hier?
  Lernen Sie hier Deutsch?

Hier **trinken Sie** vielleicht oft
Wein und Bier.

Hier **essen Sie** gern Schnitzel.

Sie sprechen oft Deutsch.

Hier **nehmen Sie** oft die Straßenbahn.

Sie schreiben viele Briefe.

Was **lesen Sie** hier?

Hier **sehen Sie** viele Touristen.

Sie tragen hier manchmal einen
Regenmantel.

Sie verstehen jetzt ein bißchen
Deutsch.

Perfekt: Vorher

Sie haben vorher in Amerika gelebt.
Was **haben Sie** in Amerika **getan**?

  Haben Sie dort auch gearbeitet?
  Haben Sie dort auch studiert?
  Haben Sie dort auch Deutsch gelernt?

Was **haben Sie** in Amerika **getrunken**?

Haben Sie in Amerika auch Schnitzel
gegessen?

Haben Sie dort auch Deutsch **gesprochen**?

Haben Sie in Amerika auch die Straßenbahn **genommen**?

Haben Sie zu Hause auch viele Briefe
geschrieben?

Was **haben Sie** in Amerika **gelesen**?

Haben Sie in Amerika auch viele Touristen
gesehen?

Haben Sie in Amerika auch so oft einen
Regenmantel **getragen**?

Haben Sie vorher schon Deutsch **verstanden**?

Das Perfekt mit sein.

Sie sind jetzt in Deutschland.

Woher **kommen Sie**?

Wie lange **bleiben Sie** in
Deutschland?

Sie gehen hier oft ins Kino.

Sie laufen viel.

Fahren Sie oft in Urlaub?

In Deutschland regnet es oft.
Werden Sie hier oft naß?
Werden Sie hier oft krank?

Wann **fliegen Sie** nach Amerika?

Wo **sind Sie** vorher **gewesen**?

Wann **sind Sie** nach Deutschland **gekommen**?

Ist Ihre Familie auch hier oder **ist sie** in
Amerika **geblieben**?

Sind Sie in Amerika auch oft ins Kino **gegangen**?

Sind Sie in Amerika auch viel **gelaufen**?

Sind Sie in Amerika auch oft in Urlaub **gefahren**?

Sind Sie schon oft naß **geworden**?
Sind Sie hier schon krank **geworden**?

Sind Sie im Sommer nach Amerika **geflogen**?

GRAMMATIK

Preliminaries

STRONG VERBS. The preceding chapter introduced the present perfect tense of weak verbs. Both English and German have some very common verbs that change their stem in the formation of the past tenses. English calls these stem-changing verbs irregular; German calls them strong. Compare English verbs such as eat/ate/eaten, go/went/gone.

	English	German
Infinitive	to speak	sprechen
Past Participle	spoken	gesprochen
Present Perfect	he has spoken	er hat gesprochen

Just as in English, in German it is impossible to tell whether a verb is weak (regular) or strong (irregular) by merely looking at the infinitive.

When trying to identify a strong verb, it may be helpful to remember its present tense forms. If a verb undergoes a stem change in the **er/es/sie** form of the present tense, it is a strong verb.

Infinitive	Present Tense	Past Participle
essen	er ißt	gegessen
lesen	er liest	gelesen
nehmen	er nimmt	genommen
laufen	er läuft	gelaufen

It may also be helpful to compare a verb to its English counterpart. If there is a closely related English verb the German verb will most probably be strong if the English cognate is strong.

Infinitive		Past Participle	
to go	**gehen**	gegangen	gone
to come	**kommen**	**gekommen**	come
to see	**sehen**	**gesehen**	seen
to begin	**beginnen**	begonnen	begun
to sleep	**schlafen**	geschlafen	slept
to fly	**fliegen**	geflogen	flown

It is, however, much safer to memorize the past participles of strong verbs as they occur.

1 Present Perfect Tense of Strong Verbs

A Past participles

The past participle of strong verbs is formed by placing the changed or unchanged stem of the verb into the frame **ge----en**.

Infinitive	Past Participle	Present Perfect
rufen	gerufen	Ich habe den Ober gerufen.
tragen	getragen	Er hat seine Tasche getragen.
finden	gefunden	Sie hat ihr Geld gefunden.
trinken	getrunken	Wir haben etwas getrunken.

B Variation: Strong participles without the ge- prefix

As is true of the past participles of weak verbs, those strong verbs which already have an inseparable prefix do not add **ge-** .

The following strong verbs with inseparable prefixes are familiar.

Infinitive	Present	Past Participle	Present Perfect
beginnen	er beginnt	begonnen	er hat begonnen
bekommen	er bekommt	bekommen	er hat bekommen
beschreiben	er beschreibt	beschrieben	er hat beschrieben
vergessen	er vergißt	vergessen	er hat vergessen

Note: The addition of a prefix has no effect on the formation of the past participle. If the base verb is strong, the prefixed verb is also strong: **kommen/gekommen, bekommen/bekommen, schreiben/ geschrieben, beschreiben/beschrieben.**

C The auxiliary: sein or haben?

As noted in the preceding chapter with weak verbs, most strong verbs use **haben** as the auxiliary to form the present perfect tense. There are, however, a few verbs that require

> **sein + Past Participle**

Two conditions must be fulfilled for the verb to use **sein** as the auxiliary:

1. The verb cannot take a direct object.
   (These verbs are called intransitive)

2. The verb expresses a change in position
   (motion) or condition.

The following familiar verbs fulfill both conditions:

fahren	Sie sind nach Aachen gefahren.	They drove to Aachen.
fliegen	Er ist nach Amerika geflogen	He flew to America.
gehen	Ich bin ins Theater gegangen.	I went to the theater.
kommen	Er ist sehr spät gekommen.	He came very late.
laufen	Das Kind ist nach Hause gelaufen.	The child ran home.
werden	Es ist dunkel geworden.	It's gotten dark.

Exceptions

bleiben	Wir sind zu Hause geblieben.	We've stayed at home.
sein	Er ist krank gewesen.	He has been sick.

Note: Fahren and fliegen may take a direct object. In those instances where the direct object is explicitly stated, the auxiliary will be haben.

no direct object   Er ist nach Aachen gefahren.
(He drove to Aachen.)

direct object   Er hat das Auto gefahren.
(He drove the car.)

2 Summary of Strong Verbs*

Infinitive	Present Tense er/es/sie	Past Participle	English equivalent
beginnen		begonnen	to begin
bekommen		bekommen	to receive
beschreiben		beschrieben	to describe
bleiben		ist geblieben	to stay, remain
essen	ißt	gegessen	to eat
fahren	fährt	ist gefahren	to drive
finden		gefunden	to find
fliegen		ist geflogen	to fly
gehen		ist gegangen	to go
halten	hält	gehalten	to stop
heißen		geheißen	to be named
kommen		ist gekommen	to come
laufen	läuft	ist gelaufen	to run, walk
lesen	liest	gelesen	to read
liegen		gelegen	to lie, be situated
nehmen	nimmt	genommen	to take
rufen		gerufen	to call
schlafen	schläft	geschlafen	to sleep
schreiben		geschrieben	to write
schwimmen		ist geschwommen	to swim
sehen	sieht	gesehen	to see
sein	ist	ist gewesen	to be
sitzen		gesessen	to be seated
sprechen	spricht	gesprochen	to speak
sterben	stirbt	ist gestorben	to die
tragen	trägt	getragen	to carry, wear
trinken		getrunken	to drink
tun		getan	to do
vergessen	vergißt	vergessen	to forget
verstehen		verstanden	to understand
waschen	wäscht	gewaschen	to wash
werden	wird	ist geworden	to become

* Since most verbs form their present perfect tense with **haben**, only the exceptions which take **sein** as the auxiliary are indicated.

Mündliche Übungen

Antworten Sie im Präsens!

MÜ 1
> Haben Sie die Zeitung schon gelesen?
> Nein, ich lese sie gerade.

1. Haben Sie das Buch schon gelesen?
2. Haben Sie den Brief schon geschrieben?
3. Haben die Kinder schon geschlafen?
4. Hat der Unterricht schon begonnen?
5. Haben Sie schon gegessen?
6. Hat er das Auto schon gewaschen?
7. Hat die Dame den Ober schon gerufen?
8. Hat der Bus schon gehalten?

MÜ 2
> Hat er hier gesessen?
> Er sitzt immer hier.

1. Hat der Lehrer Deutsch gesprochen?
2. Hat er seine Brille getragen?
3. Hat er den Bus genommen?
4. Haben die Kinder Milch getrunken?
5. Hat sie ihr Buch vergessen?
6. Hat der Schlüssel hier gelegen?

MÜ 3
> **Sind Sie** gestern zu Hause gewesen?
> Nein, aber **ich bin** heute zu Hause.

1. **Sind Sie** gestern ins Kino gegangen?
2. **Ist er** gestern nach Heilbronn gefahren?
3. **Sind Sie** gestern krank gewesen?
4. **Ist sie** gestern zu Hause geblieben?
5. **Ist es** gestern heiß geworden?
6. **Ist er** gestern nach Amerika geflogen?

Antworten Sie im Perfekt!

MÜ 4
> Was haben Sie im Restaurant getrunken?   (Kaffee)
> Ich habe im Restaurant Kaffee getrunken.

1. Was haben Sie im Cafe gegessen?   (Kuchen)
2. Wen haben Sie im Kino gesehen?   (Frau Braun)
3. Was haben Sie im Büro geschrieben?   (einen Brief)
4. Was haben Sie im Park gefunden?   (einen Schlüssel)
5. Was haben Sie zu Hause gelesen?   (ein Buch)
6. Wen haben Sie nicht verstanden?   (den Herrn)
7. Was haben Sie gestern bekommen?   (einen Brief)
8. Wie hat das Mädchen geheißen?   (Stefanie)

Mü 5

> Wohin ist das Kind gelaufen?
> Es ist nach Hause gelaufen.

(nach Hause)

1. Wohin ist der Junge gegangen?
2. Wohin ist Frau Heller gefahren?
3. Was ist kalt geworden?
4. Wo ist Frau Heller gewesen?
5. Wie lange ist sie dort geblieben?
6. Wer ist nach Hause gelaufen?
7. Wer ist nach Amerika geflogen?

(nach Hause)
(nach München)
(mein Kaffee)
(in München)
(eine Woche)
(die Kinder)
(Herr Ottman)

Hier ist die Antwort.
Fragen Sie!

Mü 6

> Er hat sein Buch vergessen.
> Hat er sein Buch vergessen?
> Was hat er vergessen?

1. Sie hat Herrn Falke gesehen.
2. Er hat dort gesessen.
3. Der Junge hat Peter geheißen.
4. Sie ist zu Hause gewesen.
5. Der Junge hat einen Apfel gegessen.
6. Sie hat ihren Schlüssel gefunden.
7. Frau Heller ist nach München gefahren.
8. Das Kind hat eine Stunde geschlafen.

Im Perfekt, bitte!

Mü 7

> Der Bus hält.
> Der Bus hat gehalten.

1. Er beginnt seine Arbeit.
2. Ich verstehe das.
3. Er trägt keine Brille.
4. Wir trinken Wein.
5. Er spricht Deutsch.
6. Er wäscht das Auto.
7. Sie vergißt ihr Buch.
8. Der Zug hält hier nicht.
9. Sie schlafen nicht.
10. Ich rufe den Ober.
11. Sie findet ihren Schlüssel nicht.
12. Warum versteht er das nicht?
13. Wann bekommen Sie Ihr Geld?
14. Das Kind sieht seine Mutter.
15. Wo sitzt Herr Sander?
16. Was tut der Junge?
17. Wie heißt der Junge?
18. Wo liegt das Buch?
19. Wir beschreiben ein Bild.
20. Was essen Sie im Restaurant?
21. Warum nehmen Sie das Geld nicht?
22. Wer liest die Zeitung?

Mü 8

> Er geht nach Hause.
> Er ist nach Hause gegangen.

1. Frau Heller fährt nach München.
2. Das Kind wird krank.
3. Frau Kaiser bleibt im Büro.
4. Wir gehen zu Fuß nach Hause.
5. Das Kind läuft durch den Park.
6. Herr Sander fliegt nach Amerika.
7. Die Leute kommen um 5 Uhr.
8. Ich bin zu Hause.

Wie viele Fragen sind hier möglich?

MÜ 9. Am Wochenende sind wir nach Garmisch gefahren.
        Wer ist nach Garmisch gefahren?   (Wir sind ...)
        Wann sind Sie gefahren?   (Am Wochenende ...)
        Wohin sind Sie gefahren?   (Nach Garmisch ...)

1. Meine Eltern sind gestern nach Nürnberg gefahren.
2. Sie haben dort ihre Freunde besucht.
3. Sie sind zwei Wochen in Nürnberg geblieben.
4. Unsere Freunde sind aus Amerika gekommen.
5. Unsere Freunde haben in Deutschland ein Auto gekauft.

Verbinden Sie die Sätze!
(und, oder, denn, aber)
because / but

MÜ 10
| Wir sind zu Hause geblieben./Wir haben viel gearbeitet. |
| Wir sind zu Hause geblieben und haben viel gearbeitet. |

1. Haben Sie das Buch gelesen?   5. Sucht sie ihren Schlüssel?
   Sind Sie in die Stadt gefahren?   Hat sie ihn schon gefunden?

2. Ich bin zu Hause geblieben.   6. Ich habe ein Taxi genommen.
   Ich hatte eine Erkältung.   Ich hatte nicht viel Zeit.

3. Er hat seinen Namen gesagt.   7. Ich habe ihn nicht gehört.
   Ich habe ihn nicht verstanden.   Er hat nicht laut genug gerufen.
                                         He had not loud enough called
4. Ich habe etwas gegessen.   8. Das Taxi hat mich gesehen.
   Ich habe Hunger gehabt.   Es hat nicht gehalten.

Starke und schwache Verben

Bilden Sie Sätze!
Was haben Sie gestern (nicht) getan?

MÜ 11
| Zeitung lesen |
| Ich habe gestern die Zeitung gelesen. |

1. Brief schreiben   8. Auto waschen   15. telefonieren
2. Deutsch lernen   9. nicht rauchen   16. Auto verkaufen
3. Freunde besuchen   10. Musik hören   17. in die Stadt fahren
4. ins Kino gehen   11. zu Hause bleiben   18. Schuhe kaufen
5. viel arbeiten   12. Deutsch sprechen   19. Schuhe bezahlen
6. Kaffee trinken   13. Fußball spielen   20. meine Arbeit machen
7. Kuchen essen   14. lange schlafen   21. mein Buch vergessen

142

MÜ 12   Auf deutsch, bitte!

1. When did he come home?
2. What did you do yesterday?
3. The child drank the milk.
4. We stayed at home.
5. She forgot her book.
6. Who wrote the letter?
7. The saleslady spoke German.
8. Did you read the newspaper?
9. Where did she go?
10. Where have you been?

11. She wasn't sick.
12. Who found the money?
13. They took a taxi.
14. Did he understand you?
15. We didn't eat enough.
16. She wore her coat.
17. She got the money.
18. They ran through the park.
19. The students went home.
20. We drove to Munich.

Drei Komponisten°: Wer war es? *   composers

1. Er war Komponist und Organist und hat von 1685 bis
1750*gelebt. Als° Kind hat er in Eisenach gewohnt.   as
Dort ist er auch zur Schule gegangen. Er war noch
nicht zehn Jahre alt, da sind seine Eltern gestorben.   died

   Unser Komponist war zweimal verheiratet. Seine
Familie war sehr groß. Er hatte fünf Töchter und elf
Söhne. Drei Söhne sind auch als Komponisten berühmt°   famous
geworden.

   1750 ist er in Leibzig gestorben. Er war 65 Jahre
alt und blind. Wissen Sie jetzt, wer es war? Er hat
die sechs Brandenburgischen Konzerte geschrieben. Auch
seine Kirchenmusik, seine Messen, Passionen und Fugen
sind heute weltberühmt°.   world famous

2. Er hat von 1756 bis 1791 gelebt. Er war Komponist,
Pianist und Violinist. Er war schon als Kind sehr berühmt. Sein Vater war sein Lehrer. Unser Komponist
hatte nur eine Schwester. Seine Schwester und er haben viele Konzertreisen durch Europa gemacht.

   Später hat er in Wien° gewohnt. Seine Frau Constan-   Vienna
ze war aus Mannheim. In Wien hatte er viele Probleme.
Seine Familie war sehr arm. Er hat zu viel gearbeitet
und ist krank geworden. In Wien ist er auch gestorben.
Er ist nur 35 Jahre alt geworden. Heute sind seine
Opern, Messen, Konzerte und Symphonien weltberühmt.
Wer war es?

---

*Die Lösung finden Sie auf Seite

1685 = sechzehnhundertfünfundachtzig
1750 = siebzehnhundertfünfzig

3. Auch er war Komponist und Pianist. Er hat von 1770 bis
1827 gelebt. Als Kind hat er in Bonn gelebt. Sein Leben
war nicht einfach° denn seine Eltern waren sehr arm. Im   simple,easy
Frühling 1787 ist er nach Wien gefahren. Dort hat er auch
Mozart besucht. Er hat viel von Mozart gelernt. Aber dann
ist seine Mutter krank geworden, und er ist wieder nach Hause gefahren.

1792 ist er wieder nach Wien gekommen, denn Wien war die
Musikstadt Europas. Er ist in Wien geblieben und ist dort
sehr berühmt geworden. Unser Komponist war nie° verheira-   never
tet.

Schon um 1800 haben seine Hörprobleme begonnen. 1818
war er ganz taub° Wissen Sie, wer es war? Der Komponist   deaf
ist 57 Jahre alt geworden. Er ist 1827 in Wien gestorben.
Seine Oper "Fidelio" und seine neun Symphonien sind weltberühmt.

Ausspracheübung

/sch/   Schuh, Schule, Schein, schön, schon, schwimmen, Schwester, schwach,
schlecht, Schlüssel, schlafen, schnell, schneien, schreiben
waschen, Flasche, waschen, Geschäft, Deutsch, Englisch

/st/   Stadt, Studio, Student, studieren, Stuhl, Stunde, Stift, Stück
Strumpf, Straße,

/sp/   spielen, Spaß, spät, Sport, sprechen, Sprache

Schriftliche Übungen

Sü 1   Im Perfekt, bitte!

1. Wann beginnt der Unterricht?
2. Wäscht er sein Auto?
3. Was tun Sie heute?
4. Die Kinder schlafen schon.
5. Er bleibt nicht zu Hause.
6. Wann kommt er nach Hause?
7. Die Dame ruft den Ober.
8. Wo liegt das Buch?
9. Ist Ihre Mutter nicht zu Hause?
10. Wohin fahren Sie?
11. Was trinken Sie?
12. Er spricht sehr schnell.
13. Das verstehe ich nicht.
14. Wohin laufen die Kinder?
15. Der Bus hält nicht.
16. Lesen Sie die Zeitung?
17. Finden Sie Ihren Bleistift nicht?
18. Er schreibt gerade einen Brief.
19. Der Junge wird krank.
20. Wie heißt das Mädchen?

Lösung der Aufgabe von Seite   -   : Drei Komponisten: Wer war's?
1. Johann Sebastian Bach - 2. Wolfgang Amadeus Mozart - Ludwig van Beethoven

144

Sü 2 Ergänzen Sie ein Partizip!
Was paßt?

1. Wir haben lange gewartet, aber er ist nicht _gekommen_.
2. Der Intercity ist schnell _____.
3. Er hat nicht oft _____.
4. Wir haben ein Taxi _____.
5. Das Buch ist interessant. Haben Sie es schon _____?
6. Der Unterricht hat um sieben Uhr _____.
7. Das Auto ist gegen ein Haus _____.
8. Es hat geregnet, und wir sind naß _____.
9. Sie hat ihren Schlüssel gesucht, aber sie hat ihn nicht _____.
10. Wir sind zu Fuß nach Hause _____.
11. Die Leute haben Dialekt _____.
12. Die Dame hat einen Rock und eine Bluse _____.
13. Gestern sind wir nicht zu Hause _____.
14. Ich bin sehr müde, denn ich habe nicht viel _____.
15. Die Leute haben um den Tisch _____.
16. Was haben Sie gesagt? Ich habe Sie nicht _____.
17. Gestern sind unsere Freunde aus Amerika _____.

Sü 3 Vollenden Sie die Sätze!

1. Ich habe Kaffee getrunken, aber _ich habe keinen Kuchen gegessen_.
2. Haben Sie mich verstanden oder ...
3. Wir sind ins Restaurant gegangen und ...
4. Er ist im Büro gewesen, aber ...
5. Haben Sie die Straßenbahn genommen oder ...
6. Er hatte kein Geld, denn ...
7. Sie ist nicht gekommen, denn ...

Sü 4 Im Perfekt, bitte!
Was haben Sie am Sonntag getan?

Am Sonntag schlafe ich bis 9 Uhr. Dann mache ich Frühstück. Ich esse etwas und trinke eine Tasse Kaffee. Ich lese auch die Zeitung, denn ich habe Zeit. Ich bleibe bis 10 Uhr zu Hause. Dann nehme ich den Bus und fahre in die Stadt. Im Bus schlafe ich noch ein bißchen.

Ich besuche meinen Onkel und meine Tante. Wir gehen in ein Restaurant. Viele Leute sind im Restaurant, aber wir finden noch einen Tisch. Mein Onkel ruft den Ober. Wir bestellen. Es dauert nicht lange, und der Ober bringt das Essen. Das Essen ist sehr gut. Mein Onkel und meine Tante bezahlen das Essen für mich.

Nachmittags gehen wir zu Fuß durch die Stadt. Das Wetter ist sehr schön. Es regnet nicht. Abends fahre ich wieder nach Hause.

Abends bin ich wieder nach Hause gefahren

Sü 5 Persönliche Fragen

1. Haben Sie heute im Restaurant gegessen?
2. Was haben Sie getrunken?
3. Wann sind Sie nach Deutschland gekommen?
4. Wo sind Sie vorher gewesen?
5. Wo sind Sie zur Schule gegangen?
6. Haben Sie heute einen Brief bekommen?
7. Haben Sie in Amerika auch Deutsch gesprochen?
8. Sind Sie in Deutschland schon krank gewesen?
9. Haben Sie hier schon einmal ein Taxi genommen?
10. Wo sind Sie heute morgen um 10 Uhr gewesen?

WORTSCHATZ

Nomen

der Arzt, ⁼e	physician
die Kirche, -n	church
die Welt, -en	world

Verben

leben	to live
sterben	to die
verbinden	to combine
(verbunden)	

Adjektive

anstrengend	strenuous
arm	poor
berühmt	famous
einfach	simple, easy
schwach	weak
stark	strong
taub	deaf

Verschiedenes

als	here: as
das macht Spaß	that's fun
eine Reise machen	to take a trip
genug	enough
in Urlaub fahren/ gehen	to go on vacation
nie	never
später	later
trotzdem	in spite of
wieder	again
zweimal	twice

Can you guess the meaning of these words?

Nomen

der Komponist, -en, -en die Ärztin, -nen
der Organist die Fuge, -n
der Pianist die Kirchenmusik (no pl.)
der Regenmantel, ⁼ die Konzertreise, -n
der Violinist die Messe, -n
  die Musikstadt
das Hörproblem, -e die Oper, -n
das Medikament, -e die Passion
  die Symphonie, -n

Adjektive

blind
weltberühmt

LEKTION 10

Einführung: Was machst du?/Was macht ihr?

Die Du-Form: So fragen Sie einen Freund oder eine Freundin.

Die Ihr-Form: So fragen Sie Ihre Freunde.

Verbformen

Wann **machst** du Urlaub?	Wann **macht** ihr Urlaub?
Wohin **gehst** du?	Wohin **geht** ihr?
Wo **arbeitest** du jetzt?	Wo **arbeitet** ihr jetzt?
Hast du viele Kollegen?	**Habt** ihr viele Kollegen?

Wann **bist** du nach Deutschland gekommen?	Wann **seid** ihr nach Deutschland gekommen?
Wo **warst** du vorher?	Wo **wart ihr** vorher?

Hattest du dort ein Auto?	**Hattet ihr** dort ein Auto?
Wo **hast** du Deutsch gelernt?	Wo **habt ihr** Deutsch gelernt?

Sprichst du oft Deutsch?	**Sprecht ihr** oft Deutsch?
Was **liest** du gern?	Was **lest ihr** gern?
Was **ißt** du gern?	Was **eßt ihr** gern?
Wohin **fährst** du am Wochenende?	Wohin **fahrt ihr** am Wochenende?
Nimmst du oft ein Taxi?	**Nehmt ihr** oft ein Taxi?

Es ist kalt.

Warum **trägst** du keinen Mantel?	Warum **tragt ihr** keinen Mantel?

Es wird spät.

Wirst du nicht müde?	**Werdet ihr** nicht müde?
Weißt du, wieviel Uhr es ist?	**Wißt ihr**, wieviel Uhr es ist?

Personalpronomen

Der Brief ist nicht für mich.
Er ist für **dich**.

Verstehst du mich?
Ja, ich verstehe **dich**.

Der Brief ist nicht für uns.
Er ist für **euch**.

Versteht ihr uns?
Ja, wir verstehen **euch**.

Possessivpronomen

Hier ist mein Schlüssel.
Wo ist **dein** Schlüssel?

Ich habe meinen Schlüssel.
Hast du **deinen** Schlüssel?

Hier ist unser Schlüssel.
Wo ist **euer** Schlüssel?

Wir haben unseren Schlüssel.
Habt ihr **euren** Schlüssel?

Der Imperativ (= die Bitte)   (request)

Haben Sie ein bißchen Phantasie?
Sie sehen hier drei Bilder.

1. Was sagt die Mutter?
   Sagt sie ...?

   Fahr langsam!
   Lauf nicht so schnell!
   Bleib hier!
   Schlaf noch ein bißchen!
   Geh jetzt ins Bett!

2. Was sagt die Dame?
   Sagt sie ...?

   Hier, nimm noch ein Stück Kuchen!
   Du bist zu dick. Iß nicht so viel!
   Sprich nicht so laut!
   Hier, lies die Zeitung!
   Vergiß nicht deinen Regenschirm!

3. Was sagt der Herr?
   Sagt er ...?

   Eßt mehr Obst!
   Seid vorsichtig!
   Geht zu Fuß nach Hause!
   Nehmt ein Taxi!
   Bleibt noch ein bißchen hier!

GRAMMATIK

1 The Familiar Forms of Address: du and ihr

As pointed out in Chapter 1, German has three equivalent forms for the English you: Sie/du/ihr. This chapter introduces the du- and ihr-forms.

A Personal verb endings

The endings for the du- and ihr- verb forms are as follows:

du -(e)st	ihr -(e)t
du gehst	ihr geht
du wohnst	ihr wohnt
du kommst	ihr kommt
du arbeitest	ihr arbeitet
du wartest	ihr wartet
du findest	ihr findet

As is true in the third person singular (er/es/sie), if a verb stem ends in -t or -d, an -e is inserted between the stem and the personal ending for ease of pronunciation.

Summary of personal endings (Present tense)

	gehen	arbeiten
ich	gehe	arbeite
du	gehst	arbeitest
er/es/sie	geht	arbeitet
wir	gehen	arbeiten
ihr	geht	arbeitet
sie	gehen	arbeiten
Sie	gehen	arbeiten

B Verbs with stem vowel change

Verbs which change their stem vowel in the third person singular have the same changed stem in the second person singular, the du-form. The ihr-form, however, is regular.

Infinitive	er/es/sie	du	ihr
sprechen	spricht	sprichst	sprecht
essen	ißt	ißt	eßt
nehmen	nimmt	nimmst	nehmt
lesen	liest	liest	lest
sehen	sieht	siehst	seht
fahren	fährt	fährst	fahrt
halten	hält	hältst	haltet
schlafen	schläft	schläfst	schlaft
tragen	trägt	trägst	tragt
laufen	läuft	läufst	lauft
wissen	weiß	weißt	wißt

Note: If the infinitive stem or changed stem ends in -s or -ß, the du-form adds only -t (**not** -st). As a result, the **du**-form is sometimes identical to the **er/es/sie**-form.

er/es/sie	ißt	vergißt	liest	reist
du	ißt	vergißt	liest	reist

If a changed verb stem ends in -t or -d, the usual -e is not added: **halten, hält-, du hältst,** but **ihr haltet.**

C Irregular forms

The verbs **sein, haben** and **werden** have irregular forms.

sein	du bist	ihr seid
haben	du hast	ihr habt
werden	du wirst	ihr werdet

2 The Imperative (Command form)

A The basic pattern

To give a command in the du-form simply means to use the stem of the infinitive. The **ihr**-form of the imperative is identical to its corresponding present tense form. The pronouns **du** and **ihr** are not expressed.

Infinitive	Imperative du-form		Present Tense	Imperative ihr-form
gehen	geh!		Geht ihr?	geht!
kommen	komm!		Kommt ihr?	kommt!
fahren	fahr!		Fahrt ihr?	fahrt!
laufen	lauf!		Lauft ihr?	lauft!
schlafen	schlaf!		Schlaft ihr?	schlaft!

Note: A German command is followed by an exclamation mark.

B Verb stems ending in -d or -t

If the stem of the infinitive ends in -d or -t, the du-form adds -e. For example:

arbeiten	**Arbeite** nicht so viel!
warten	**Warte** bitte hier!
antworten	**Antworte** auf deutsch!
halten	**Halte** hier, bitte!

C Verbs with stem vowel change e -- i or ie

Only if the verb undergoes a stem change from **e** to **i** or **ie**, does the **du**-form of the imperative use the changed stem. **The ihr-form is regular.**

Conjugated Verb	du-Imperative	ihr-Imperative
Sprichst du Deutsch?	**Sprich** Deutsch!	Sprecht!
Liest du die Zeitung?	**Lies** die Zeitung!	Lest!
Nimmst du ein Taxi?	**Nimm** ein Taxi!	Nehmt!
Ißt du einen Apfel?	**Iß** einen Apfel!	Eßt!

Note: The use of **werden** in the imperative is restricted to expressions such as **Werde nicht krank!** *Don't get sick.* Note that **werden** does not change the stem vowel when used in the imperative.

D Verbs with stem vowel change a -- ä and au -- äu

Verbs which change their stem vowel from **a** to **ä** or **au** to **äu** form their **du**-imperative with the infinitive stem. The imperative does not add an umlaut.

Infinitive	Imperative du-form	Imperative ihr-form	
fahren	fahr!	fahrt!	drive.
halten	halte!	haltet!	stop.
laufen	lauf!	lauft!	run.

E Irregular Imperative: sein

du-form	Sei	vorsichtig!	
ihr-form	Seid	vorsichtig!	} be careful.
Sie-form	Seien Sie	vorsichtig!	

F Wir-form imperative: Beginnen wir! (Let's begin.)

The **wir**-form of the imperative is identical to the corresponding question. It is used where English uses a phrase beginning with *let's.* The difference between question and imperative is made by intonation.

Question	Imperative	
Gehen wir?	Gehen wir!	Let's go.
Beginnen wir?	Beginnen wir!	Let's begin.
Machen wir eine Pause?	Machen wir eine Pause!	Let's take a break.

G Summary: Imperative

Basic pattern			Stem vowel change: e -- i (ie)		
du-form	Bleib	hier, Peter!	Sprich	laut, Peter!	
ihr-form	Bleibt	hier, Kinder!	Sprecht	laut, Kinder!	
Sie-form	Bleiben Sie	hier, Frau Lang!	Sprechen Sie	laut, Frau Lang!	

3 Summary of Personal Pronouns

Nominative	ich	du	er	es	sie	wir	**ihr**	sie	Sie
Accusative	mich	**dich**	ihn	es	sie	uns	**euch**	sie	Sie

Observe the five equivalent forms of English *you*.

Do you understand me?   Yes, I/we understand you.

Verstehen **Sie** mich?   Ja, ich verstehe **Sie.**
Verstehst **du** mich?   Ja, ich verstehe **dich.**
Versteht **ihr** mich?   Ja, wir verstehen **euch.**

4 Summary of Possessive Adjectives

Singular			Plural		
ich:	mein	my	wir:	unser	our
du:	**dein**	your	**ihr:**	**euer**	your
er:	sein	his			
es:	sein	its	sie:	ihr	their
sie:	ihr	her			
	Sie: Ihr	your			

Look at the following examples:

Das ist **dein** Schlüssel / **dein** Buch / **deine** Liste

Das ist **euer** Schlüssel. / **euer** Buch. / **eure** Liste.

Du hast **deinen** Schlüssel.   Ihr habt **euren** Schlüssel.

Note: When an ending is added to **euer**, the **e** preceding the **r** is usually dropped, as in the above examples.

5 Expressions of Quantity and Measurement

In contrast to English, German nouns expressing quantity, weight, measurement or number are usually in the singular.

Das Kleid kostet 100 **Mark.**
Ich möchte 2 **Kilo** Äpfel, bitte.
Sie kauft 10 **Pfund** Kartoffeln.
Ein Pfund hat 500 **Gramm.**
Wir brauchen 2 **Liter** Milch.
Die Zitronen kosten 30 **Pfennig das Stück.**
Die Trauben kosten 1,80 DM **das Pfund.**
Ein Kilometer hat 1 000 **Meter.**
Er hat dreißig **Dollar.**

6 Flavoring Particles: <u>mal</u> and <u>doch</u>

Mal is short for **einmal** (literally: once) and expresses a certain vagueness in a statement, command or request, thereby softening the message.

> Isolde, sieh **mal** die Trauben!
> Sag **mal**, wer war das?
> Besuchen Sie uns **mal**!

Mal is often used together with another flavoring particle: **doch**. Together they may be used for the purpose of persuading the listener to do something.

> Besuchen Sie uns **doch mal**!
> Frag **doch mal** die Verkäuferin!

Doch may be used to express emphasis or impatience.

> Ich bin **doch** nicht krank.
> Du weißt **doch**, ich habe jetzt keine Zeit.

Mündliche Übungen

Verbformen mit **du** und **ihr**

Fragen Sie zuerst einen Freund, dann Ihre Freunde!

Mü 1

> Machen Sie jetzt eine Pause?
> **Machst du** jetzt eine Pause?
> **Macht ihr** jetzt eine Pause?

1. Verstehen Sie mich?
2. Wohin gehen Sie?
3. Was tun Sie heute abend?
4. Wann besuchen Sie mich?
5. Finden Sie das Buch interessant?
6. Antworten Sie immer auf deutsch?
7. Arbeiten Sie am Samstag?
8. Wie lange warten Sie schon?

Mü 2

> Die Studentin spricht Englisch.
> **Sprichst du** auch Englisch?

1. Der Junge wird müde.
2. Er vergißt immer das Buch.
3. Das Mädchen sieht nicht gut.
4. Der Herr nimmt ein Taxi.
5. Die Dame ißt gern Apfelkuchen.
6. Peter fährt nach München.
7. Er liest die Zeitung.
8. Der Student spricht Deutsch.
9. Das Kind schläft nachmittags.
10. Sie trägt gern Pullover.

Mü 3

> Wann fahren Sie nach Hause?
> Claudia, wann **fährst du** nach Hause?
> Claudia und Peter, wann **fahrt ihr** nach Hause?

1. Was trinken Sie gern?
2. Lesen Sie immer die Zeitung?
3. Sehen Sie das Kind dort?
4. Nehmen Sie den Zug nach Köln?
5. Wissen Sie meinen Namen?
6. Hören Sie gern Musik?
7. Wann fahren Sie nach Hause?
8. Sprechen Sie auch Englisch?

Mü 4

Haben Sie Hunger?	Sind Sie dort gewesen?
Hast du Hunger?	**Bist du** dort gewesen?
Habt ihr Hunger?	**Seid ihr** dort gewesen?

1. Haben Sie jetzt Zeit?
2. Sind Sie krank?
3. Haben Sie das gesehen?
4. Sind Sie zu Hause geblieben?

5. Sind Sie müde?
6. Haben Sie Durst?
7. Sind Sie ins Kino gegangen?
8. Haben Sie das gewußt?

Mü 5

Wo waren Sie gestern?	Hatten Sie Durst?
Wo **warst du** gestern?	**Hattest du** Durst?
Wo **wart ihr** gestern?	**Hattet ihr** Durst?

1. Waren Sie im Kino?
2. Hatten Sie in Amerika ein Auto?
3. Wann waren Sie in Amerika?
4. Was hatten Sie?

5. Wann hatten Sie Urlaub?
6. Waren Sie krank?
7. Hatten Sie Hunger?
8. Warum waren Sie nicht hier?

Die Bitte ist im Imperativ.
Fragen Sie!

Mü 6

Bitte, **iß** nicht so schnell!	Bitte, **eßt** nicht so schnell!
Esse ich schnell?	**Essen wir** schnell?

Bitte, ...

1. lies nicht so langsam!
2. nimm nicht so viel Kuchen!
3. sprich nicht so laut!
4. vergiß nicht dein Buch!
5. sei nicht so laut!
6. trink nicht so viel!
7. rauch nicht so viel!
8. komm nicht immer zu spät!
9. lauf nicht so langsam!
10. schlaf nicht immer!
11. antworte nicht immer auf englisch!
12. arbeite nicht so viel!

Bitte, ...

1. lest nicht so langsam!
2. nehmt nicht so viel Kuchen!
3. sprecht nicht so laut!
4. vergeßt nicht euer Buch!
5. seid nicht so laut!
6. trinkt nicht so viel!
7. raucht nicht so viel!
8. kommt nicht immer zu spät!
9. lauft nicht so langsam!
10. schlaft nicht immer!
11. antwortet nicht immer auf englisch!
12. arbeitet nicht so viel!

Imperativ, bitte!

Mü 7

Ich lese den Brief später.
Bitte, **lies ihn** jetzt!

1. Ich wasche das Auto später.
2. Ich suche den Schlüssel später.
3. Ich rufe den Arzt später.
4. Ich nehme die Tabletten später.
5. Ich verkaufe das Auto später.

6. Ich mache die Arbeit später.
7. Ich bringe das Buch später.
8. Ich bezahle den Wein später.
9. Ich fahre später in die Stadt.
10. Ich gehe später nach Hause.

Possessivpronomen: dein/deine/deinen, euer/eure/euren

Hier ist die Antwort. **Fragen** Sie!

Mü 8

> Meine Freunde kommen später.
> Wann kommen **deine** Freunde?

1. Mein Bruder heißt Michael.
2. Meine Uhr hat hundert Mark gekostet.
3. Ich habe meinen Schlüssel im Café gefunden.
4. Ich wasche mein Auto morgen.
5. Meine Eltern kommen aus Berlin.
6. Ich habe meinen Freund gestern gefragt.
7. Meine Schwester wohnt in Mannheim.
8. Ich lese meinen Brief später.

Mü 9

> Unsere Freunde kommen später.
> Wann kommen **eure** Freunde?

1. Unsere Geschwister heißen Michael und Anne.
2. Unsere Familie ist in Amerika.
3. Wir haben unseren Regenschirm im Hotel vergessen.
4. Am Wochenende haben wir unsere Freunde besucht.
5. Gestern haben wir unseren Volkswagen gewaschen.
6. Unsere Tochter heißt Anne.

Personalpronomen

Für wen ist das?

Mü 10

> Ist der Kaffee für **mich** (**uns**)?
> Ja, der Kaffee ist für **dich** (**euch**).

1. Ist der Tee für uns?
2. Bestellst du das für mich?
3. Ist der Kuchen für mich?
4. Hast du das Geld für mich?
5. Bringt ihr die Äpfel für mich?
6. Sind die Bilder für uns?
7. Hast du einen Brief für uns?
8. Kaufst du das Buch für mich?

Auf deutsch, bitte!
(3 Formen)

Mü 11

> Do you have your umbrella?
> **Haben Sie** Ihren Regenschirm?
> **Hast du** deinen Regenschirm?
> **Habt ihr** euren Regenschirm?

1. Do you have your coat?
2. Why do you always forget your glasses?
3. Is this your glass?
4. When did you wash your car?
5. I bought the gloves for you.
6. When do you visit your parents?.
7. When do you take a break?
8. Are you coming or going?

MÜ 12

> Don't work so much.
> **Arbeiten Sie** nicht so viel!
> **Arbeite** nicht so viel!
> **Arbeitet** nicht so viel!

1. Please, read the letter.
2. Don't come home so late.
3. Speak louder, please.
4. Please, wait here.
5. Be careful.

6. Don't eat so much.
7. Sleep well.
8. Drive carefully.
9. Take the train.
10. Don't do that.

Vorbereitung auf das Lesen

der Einkaufswagen
einkaufen gehen

das Gemüse:

die Tomaten
der Salat
die Gurke
die Kartoffeln
die Zwiebeln

das Obst:

die Trauben
der Pfirsich

Im Supermarkt

Das sind Günther und Isolde Kaiser. Günther ist Ingenieur. Isolde
kennen Sie ja schon. Sie wohnen in Mannheim. Samstags gehen Günther
und Isolde immer einkaufen. Jetzt sind sie gerade im Supermarkt.
Hören wir, was sie sagen.

Isolde: Nimm bitte einen Einkaufswagen! Unsere Liste ist
          heute ziemlich° lang.   rather

Günther: Brauchen wir denn so viel?

Isolde: Vergiß nicht, wir haben Gäste! Heute abend kommen
          Helga und Bernd ...

Günther: Ach richtig! Und morgen kommen ja deine Eltern.
          Also dann. Beginnen wir. Wo hast du deine Ein-
          kaufsliste?

Isolde: Hier. Nimm die Liste! Zuerst° holen wir das Gemü-   first
          se. Wir brauchen ein Kilo Tomaten, dann Salat und
          eine Gurke. Kartoffeln und Zwiebeln haben wir noch
          genug zu Hause.

Günther: Und wie ist es mit Obst? Isolde, sieh mal die Trau-
          ben! Und hier die Pfirsiche! Sie sind gar nicht
          teuer ...

Isolde: Ich finde sie nicht gerade billig,° aber sie sind   cheap
          wirklich° schön. Wir nehmen ein Pfund Trauben und   really
          ein Kilo Pfirsiche. Übrigens° Zitronen brauchen wir   by the way
          auch.

Günther: Und vielleicht noch Äpfel für einen Apfelkuchen?
          Du weißt doch, dein Vater ißt deinen Apfelkuchen so
          gern.

Isolde: Ich glaube,° du ißt Apfelkuchen gern. Also gut, noch   believe
          zwei Kilo Äpfel.

Günther: Du bist ein Engel. Weißt du was? Wir backen den
          Kuchen zusammen.°   together

Isolde: Hoffentlich° vergißt du das nicht. So, und jetzt   hopefully
          brauchen wir noch Orangensaft, zwei Dosen Milch
          und ein Pfund Kaffee.

Günther: Und Wein. Ich glaube, drei Flaschen Weißwein sind
          genug.

Isolde: Ja, genug für mich! Aber was trinkst du heute abend?

Fragen und Aufgaben zum Text

1   Antworten Sie!

1. Was tun Günther und Isolde samstags?
2. Wie ist ihr Familienname?
3. Wo wohnen sie?
4. Wo sind sie gerade?
5. Wer nimmt den Einkaufswagen?
6. Was holen sie zuerst?
7. Was brauchen sie?
8. Was findet Günther nicht teuer?
9. Wie findet Isolde das Obst?
10. Wieviele Trauben kauft sie?
11. Was ißt Günther gern?
12. Wer backt den Kuchen?
13. Warum kaufen sie so viel?
14. Wer trinkt gern Wein?

Wie viele Wörter können Sie hier bilden?

Obst
Zwiebel
Gurken
Äpfel
Wasser
Kartoffel
Trauben
Wein
Fleisch
Wurst
Tomaten
Gemüse
Zitronen
Bier
Milch
Orangen

-kuchen
-suppe
-salat
-flasche
-saft

2   Ein bißchen Mathematik

1. Wieviel Pfund sind ein Kilo?
2. Wieviel Gramm sind ein Kilo?
3. Wieviel Gramm sind ein Pfund?

4. Ein Pfund Bananen kostet -,70 DM. Wieviel kostet das Kilo?

5. Ein Kilo Äpfel kostet 2,20 DM. Wieviel kostet das Pfund?

6. Fünf Pfund Kartoffeln kosten 2,50 DM. Wieviel kostet das Pfund?

7. Vier Zitronen kosten 1,- DM. Wieviel kostet das Stück?

8. Ein Kilo Zwiebel kostet 1,50 DM. Wieviel kosten zwei Kilo?

9. Ein Pfund Trauben kostet 1,80 DM. Wieviel kosten zwei Pfund?

3   Benutzen Sie das Wörterbuch und schreiben Sie eine Einkaufsliste!

FÜR IHREN EINKAUF

LEBENSMITTEL	GETRÄNKE	WURST/FLEISCH	OBST/GEMÜSE
_____	_____	_____	_____
_____	_____	_____	_____
_____	_____	_____	_____
_____	_____	_____	_____
_____	_____	_____	_____

Schriftliche Übungen

Sie/du/ihr: Verbformen und Pronomen

Ergänzen Sie!
Was paßt?

Sü 1

(haben)	Kinder, <u>habt</u> <u>ihr</u> Hunger?
	Peter, <u>hast</u> <u>du</u> Hunger?
	Herr Kaiser, <u>haben</u> <u>Sie</u> Hunger?

1. (haben)   Ich finde mein Buch nicht. <u>Hast</u> <u>du</u> es, Monika?
2. (sein)   Wann _____ _____ gekommen, Herr Schneider?
3. (warten)   Kinder, _____ bitte hier!
4. (wissen)   _____ _____, wieviel Uhr es ist, Michael?
5. (halten)   _____ bitte da drüben, Anne!
6. (sprechen)   Peter, _____ lauter!
7. (haben)   Erika, _____ _____ gestern gearbeitet?
8. (kommen)   Kinder, _____ nicht so spät nach Hause!
9. (lesen)   Günther, hier ist der Brief. _____ ihn, bitte!
10. (fahren)   _____ nicht so schnell, Sonja!
11. (sein)   _____ vorsichtig, Kinder!
12. (nehmen)   Walter, warum _____ _____ kein Taxi?
13. (kommen)   Mein Hund heißt Bello. _____, Bello!
14. (werden)   _____ _____ nicht müde, Thomas?
15. (machen)   Frau Kaiser, wann _____ _____ eine Pause?
16. (gehen)   Claudia, _____ _____ heute abend ins Kino?
17. (nehmen)   Günther und Isolde, warum _____ _____ kein Taxi?
18. (haben)   Was _____ _____ gesagt, Herr Sander?
19. (sein)   Michael, _____ bitte um 8 Uhr zu Hause!
20. (antworten) Peter, warum _____ _____ nicht?

Sü 2

Rauch nicht so viel! Das ist nicht gut für <u>dich</u>.
Kinder, wo sind eure Eltern?

1. Der Brief ist für <u>dich</u>, Peter!
2. Sprich bitte lauter! Ich höre _____ nicht, Isolde.
3. Anne und Michael, ist _____ Mutter nicht zu Hause?
4. Antwortet bitte auf deutsch! Ich verstehe _____ nicht, Kinder.
5. Thomas, gestern habe ich <u>deinen</u> Brief bekommen.
6. Habt ihr <u>euren</u> Regenschirm im Hotel vergessen?
7. Habt ihr einen Hund? Wie heißt <u>euren</u> Hund?
8. Peter, wie heißt <u>deine</u> Freundin?

*** Sü 3 Ergänzen Sie den Imperativ (Du-Form)!
        Was paßt?

Bitte ...

1. _Trag_____ einen Pullover! Es ist sehr kalt.
2. _____ den Kellner! Ich möchte noch ein Bier.
3. _____ nicht so laut! Die Kinder schlafen schon.
4. _____ doch zu Fuß!
5. _____ hier! Ich bleibe auch hier.
6. _____ deinen Regenschirm! Es regnet.
7. _____ heute abend! Peter kommt auch.
8. _____ vorsichtig! Die Straßen sind naß.
9. _____ den Intercity! Er hält nicht so oft.
10. _____ nicht so viel! Du hast genug getrunken.
11. _____ nicht so viel! Du hast genug geraucht.
12. _____ nicht so viel! Du bist dick genug.

Sü 4 Ergänzen Sie das Verb!(Du/ihr-Form)
       Was paßt?

1. Gute Nacht Kinder, _schlaft_ gut!
2. Wie _HEIBT_ du, mein Kind?
3. _Suchst_ du deine Brille? Hier ist sie.
4. Du _brauchst_ keinen Regenschirm. Es regnet nicht.
5. _Habt_ ihr Tennis gespielt?
6. Wann _Bist_ du gekommen?
7. Ihr arbeitet zu viel. _Macht_ jetzt eine Pause!
8. _Sprich_ bitte lauter! Ich verstehe dich nicht.
9. Ich habe euch etwas gefragt. Warum _Antwortet_ ihr nicht?
10. Warum _Rauchst_ du so viel? Zigaretten sind nicht gut für dich.

Sü 5 Hier ist die Antwort.
       Fragen Sie mit du oder ihr!

1. Ich komme aus Ohio.
2. Wir wohnen jetzt in Frankfurt.
3. Nein, ich bin nicht verheiratet.
4. Wir sind schon ein Jahr in Deutschland.
5. Ja, ich habe eine Freundin (einen Freund).
6. Ja, wir haben hier viele Freunde.
7. Wir finden das Leben hier interessant.
8. Ich mache immer im Sommer Ferien.
9. Gestern abend sind wir ins Kino gegangen.
10. Doch, ich habe dich verstanden.
11. Wir gehen samstags einkaufen.
12. Ich esse gern Apfelkuchen.

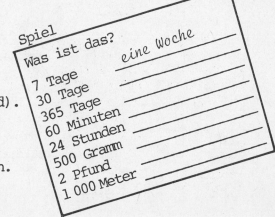

Spiel
Was ist das?

7 Tage   _eine Woche_____
30 Tage   _____
365 Tage   _____
60 Minuten   _____
24 Stunden   _____
500 Gramm   _____
2 Pfund   _____
1 000 Meter   _____

Wiederholung

WÜ 1   Antworten Sie nur mit Pronomen!

1. Hat die Studentin ihren Kugelschreiber gesucht?
2. Hat der Gast den Wein bestellt?
3. Haben die Leute die Stadt gesehen?
4. Hat Frau Lohnert ihre Mutter besucht?
5. Haben die Kinder ihren Vater verstanden?
6. Hat die Sekretärin den Brief geschrieben?
7. Hast du den Herrn gekannt?
8. Habt ihr die Kinder gefunden?
9. Hat der Herr den Geldbeutel gekauft?
10. Haben Sie das Buch gelesen?

WÜ 2   Wortstellung: Schreiben Sie die Sätze noch einmal!

1. Wir sind am Samstag im Kino gewesen. Am Samstag *sind wir im Kino gewesen*
2. Sie sind nur vier Wochen in Spanien geblieben. Nur vier Wochen *sind sie*
3. Es hat gestern geregnet. Gestern ...
4. Sie sind vorher in Amerika gewesen. Vorher ...
5. Er ist dort zur Schule gegangen. Dort ...
6. Er hat später in Wien gewohnt. Später ...
7. Helga und Bernd sind gestern abend gekommen. Gestern abend ...
8. Viele Deutsche fliegen im Urlaub nach Amerika. Im Urlaub ...
9. Viele Bundesbürger fahren im Sommer ins Ausland. Im Sommer ...
10. Die Schulferien beginnen im Juni. Im Juni ...

WÜ 3   Ergänzen Sie das Imperfekt von sein oder haben! Was paßt?

1. Wir ___*hatten*___ Hunger.
2. Gestern _____ es sehr kalt.
3. Meine Schwester ___*hatte*___ das Buch.
4. Wer ___*war*___ im Klassenzimmer?
5. Er ___*hatte*___ kein Auto.
6. Wo ___*waren*___ ihre Eltern?
7. Die Dame _____ kein Geld.
8. _____ die Kinder schon hier?
9. Ich _____ keine Zeit.
10. Wo _____ Sie gestern?
11. _____ Herr Sander zu Hause?
12. Die Leute _____ keinen Schlüssel.

Wü 4   Perfekt, bitte!   (Starke und schwache Verben)

1. Er fliegt nach Amerika.
2. Wir nehmen den Zug.
3. Haben Sie keine Zeit?
4. Ich warte auf den Zug.
5. Wann bezahlen Sie Ihre Bücher?
6. Der Unterricht beginnt um 9 Uhr.
7. Er sucht seinen Schlüssel.
8. Wir gehen zu Fuß nach Hause.
9. Es schneit.
10. Wo spielen Sie Tennis?
11. Die Dame telefoniert gerade.
12. Es wird kalt.
13. Er besucht seine Freunde.
14. Kennen Sie die Dame?
15. Regnet es?
16. Wir machen eine Reise.
17. Wo verbringen Sie Ihren Urlaub?
18. Das macht Spaß.
19. Er verkauft sein Auto.
20. Liest er die Zeitung?

Wü 5   Präpositionen: Wie sagt man das auf deutsch?

1. Don't go without your coat. It's too cold.
2. For whom did you buy this shirt? It is beautiful.
3. What do you have against this man?
4. Are you for me or against me?
5. These shoes are for the winter.
6. They are sitting around the table and drinking coffee.
7. Who is coming through the door? Is it his sister?
8. Why are you going downtown without your girlfriend?
9. Go through the park, then left.
10. Are the keys for him? No, they are for her.

Wü 6   Was ist richtig: der, das oder die?
Wie heißt der Plural?

1. _der_ Supermarkt -- die _Supermärkte_
2. _____ Arzt -- die _____
3. _____ Reise -- die _____
4. _____ Baum -- die _____
5. _____ Woche -- die _____
6. _____ Tag -- die _____
7. _____ Komponist -- die _____
8. _____ Getränk -- die _____
9. _____ Mann -- die _____
10. _____ Zimmer -- die _____
11. _____ Kilo -- die _____
12. _____ Liste -- die _____
13. _____ Monat -- die _____
14. _____ Kellnerin -- die _____
15. _____ Hotel -- die _____

ITG F

WORTSCHATZ

Nomen

der Einkauf, ⁇e	shopping, purchase
der Engel,-	angel
der Pfirsich,-e	peach
der Wagen,-	vehicle, car
das Gemüse (no pl.)	vegetable
das Getränk,-e	beverage
das Obst (no pl.)	fruit
die Bitte,-n	request
die Dose,-n	can
die Gurke,-n	cucumber, pickle
die Kartoffel,-n	potato
die Lebensmittel (pl.)	groceries
die Traube,-n	grapes
die Zwiebel,-n	onion

Adjektive

| vorsichtig | careful, cautious |

Verben

benutzen	to use
einkaufen	to shop
glauben	to believe, think
holen	to get, fetch

Verschiedenes

einkaufen gehen	to go shopping
gar nicht	not at all
hoffentlich	hopefully
übrigens	by the way
wie ist es mit...?	how about...?
wirklich	really, truly
ziemlich	rather
zuerst	at first, first of all
zusammen	together

Can you guess the meaning of these words?

Nomen

der Einkaufswagen,-
der Ingenieur,-e
der Orangensaft
der Salat,-e
der Supermarkt,⁇e

das Gramm,-
das Kilo (gramm),-
das Pfund,-
das Wörterbuch,⁇er

die Liste,-n
die Phantasie,-n
die Suppe,-n
die Tomate,-n

Verben

backen
  (gebacken)

LEKTION 11

Im Gasthaus

<table>
<tr><td>die Kellnerin:</td><td>ein Gast:</td></tr>
</table>

▲ Guten Tag! Was darf ich bringen?	● Ich möchte die Speisekarte, bitte.
▲ Bitte schön, hier ist die Speisekarte.	
▲ Wir haben heute Forellen. Ganz frisch ...	● Fräulein, was können Sie heute empfehlen?
	● Hm, Fisch! Gut, ich nehme Forelle blau mit Kartoffeln und Salat.
▲ Wollen Sie vorher eine Suppe?	● Nein, danke. Ich mag keine Suppe.
▲ Und was möchten Sie trinken?	● Ein Pils, bitte.

Fragen

1. Wer möchte die Speisekarte?
2. Wer soll die Speisekarte bringen?
3. Was kann die Kellnerin empfehlen?
4. Was möchte der Gast essen?
5. Was mag er nicht?
6. Was möchte der Gast trinken?

Einführung

Modalverben: wollen, können, sollen, möchte(n), müssen, dürfen

wollen

| ich/er/es/sie will, du willst | wir/sie/Sie wollen, ihr wollt |

"Ich habe Hunger. Ich will etwas essen. Willst du auch etwas essen?"

Was wollen die Leute im Restaurant tun?

Die Dame will im Restaurant essen.

Und Sie? Wollen Sie auch etwas essen?

können

| ich/er/es/sie kann, du kannst | wir/sie/Sie können, ihr könnt |

"Wo ist der Ober? Ich kann ihn nicht sehen. Kannst du den Ober sehen?"

Wen können die Leute nicht sehen?

Wen kann die Dame nicht sehen?

Und Sie? Können Sie den Ober sehen?

sollen

| ich/er/es/sie soll, du sollst | wir/sie/Sie sollen, ihr sollt |

"Soll ich den Ober rufen?"
"Ja, ruf ihn bitte! Er soll die Speisekarte bringen."

Was sollen wir essen?
Sollen wir auch eine Suppe bestellen?

Wer soll die Speisekarte bringen?

möchte(n)

| ich/er/es/sie möchte, du möchtest | wir/sie/Sie möchten, ihr möchtet |

"Ich möchte ein Schnitzel essen. Was möchtest du essen?"

Was möchten die Leute essen?

Möchte die Dame auch etwas trinken?

Und Sie? Möchten Sie auch etwas essen?

müssen

| ich/er/es/sie muß, du mußt | wir/sie/Sie müssen, ihr müßt |

"Ich muß jetzt gehen."
"Ja, aber zuerst mußt du deine Rechnung bezahlen."

Die Leute wollen gehen. Was müssen sie vorher tun?

Wer muß die Rechnung bezahlen?

Und Sie? Müssen Sie auch Ihre Rechnung bezahlen?

dürfen

| ich/er/es/sie darf, du darfst | wir/sie/Sie dürfen, ihr dürft |

"Ich darf hier nicht rauchen. Du darfst hier auch nicht rauchen."

Was dürfen die Leute hier nicht tun?

Darf der Herr hier rauchen?

Und Sie? Dürfen Sie hier rauchen?

Das unbestimmte Pronomen **man**

Was bedeuten die Verkehrszeichen?

1. Hier **darf man** nur 30 Kilometer pro Stunde fahren.

2. Hier **darf man** nicht überholen.

3. Hier **darf man** wieder überholen.

4. Hier **darf man** parken.

5. Hier **darf man** nicht parken.

6. Hier **darf man** nur halten.

7. Hier **muß man** langsam fahren.

8. Vorsicht Kinder! Hier **muß man** vorsichtig fahren.

9. Hier **muß man** geradeaus fahren.

Modalverben im Imperfekt
(Wiederholung: sein und haben)

Präsens: Jetzt/heute	**Imperfekt:** Vorher
Sie sind jetzt in Deutschland.	Waren Sie vorher in Amerika? Ja, vorher war ich in Amerika.
Haben Sie hier ein Auto?	Hatten Sie in Amerika ein Auto? Ja, ich hatte in Amerika ein Auto.
In Deutschland **müssen Sie** sehr vorsichtig fahren.	**Mußten Sie** in Amerika auch vorsichtig fahren? Ja, in Amerika **mußte ich** auch vorsichtig fahren.
Hier **darf man** schnell fahren.	**Durften Sie** in Amerika auch so schnell fahren? Nein, in Amerika **durfte ich** nicht so schnell fahren.
Man kann oft keinen Parkplatz finden.	**Konnten Sie** in Amerika immer einen Parkplatz finden? Nein, **ich konnte** nicht immer einen Parkplatz finden.
Ich habe gehört, **Sie wollen** einen Volkswagen kaufen.	**Wollten Sie** schon in Amerika einen Volkswagen kaufen? Ja, **ich wollte** schon in Amerika einen VW kaufen, aber ich hatte kein Geld.

GRAMMATIK

Preliminaries

MODAL AUXILIARIES. Both English and German have a group
of verbs called modal auxiliaries (modals). They
usually do not, by themselves, express an action or state.
Their function is to indicate the attitude of the speaker
toward the action expressed by the main verb.

Notice how in the following sentences the use of a different modal brings about a complete change of meaning.

Modal Auxiliary	Verb
We **can** (are able to)	go home.
We **must** (have to)	go home.
We **want to**	go home.
We **may** (are allowed to)	go home.
We **ought to** (are supposed to)	go home.

1 The German Modal Auxiliaries

A Their meaning

Modal	What the modal expresses	English equivalent
können	possibility/ability	can, to be able to
müssen	necessity	must, to have to
dürfen	permission	may, to be allowed to
wollen	desire/intention	to want to
sollen	imposed obligation in questions: suggestion	ought, shall (should), to be supposed to

B The present tense forms

The modals are irregular in the present tense. With the exception of
sollen, they have two stems: one for singular and one for plural.

	können	müssen	dürfen	wollen	sollen
ich, er/es/sie	kann	muß	darf	will	soll
du	kannst	mußt	darfst	willst	sollst
wir, sie, Sie	können	müssen	dürfen	wollen	sollen
ihr	könnt	müßt	dürft	wollt	sollt

Notice that the 1st and 3rd person singular do not add endings; that is, they use only the stem.

> Ich **kann** Sie nicht hören.
> Sie **will** später Tennis spielen.
> Er **muß** einen Brief schreiben.

C The past tense forms (Imperfekt)

In contrast to English, German modals can be used in all tenses. As is true of the verbs **sein** and **haben**, German uses the past tense of the modals (rather than the present perfect) to express events that are entirely in the past.

The past tense of modal auxiliaries is formed by adding past tense endings to the infinitive stem (sollen, wollen) or to a slightly changed stem (dürfen, können, müssen). The umlaut of the infinitive is dropped.

	können	**müssen**	**dürfen**	**wollen**	**sollen**
ich, er/es/sie	konnte	mußte	durfte	wollte	sollte
du	konntest	mußtest	durftest	wolltest	solltest
wir, sie, Sie	konnten	mußten	durften	wollten	sollten
ihr	konntet	mußtet	durftet	wolltet	solltet

D German sentences with modals

As in English, a German sentence with a modal has usually two verbal parts: a conjugated modal which indicates the attitude toward the action, and a dependent infinitive which expresses the action.

Look at the following examples:

	Conjugated Modal		Dependent Infinitive	
Ich	will	jetzt nach Hause	**gehen.**	I want to go home now.
Sie	konnte	mich nicht	**verstehen.**	She couldn't understand me.
Wir	müssen	die Rechnungen	**bezahlen.**	We have to pay the bills.

The modal is always in the second position of a sentence, the position that is usually held by the conjugated verb. The dependent infinitive must be at the end of the sentence. This is true for the present and the past tense.

Caution: In a sentence with a modal auxiliary, **German does not use** <u>zu</u> in front of the dependent infinitive.

Here are some more examples:

Statements and questions with question words

	Modal		Infinitive	
Wir	**wollen**	jetzt eine Pause	**machen.**	We want to take a break now.
Hier	**darfst**	du nicht	**rauchen.**	You may not smoke here.
Ich	**mußte**	gestern	**arbeiten.**	I had to work yesterday.
Was	**wollten**	Sie	**tun?**	What did you want to do?
Was	**sollen**	wir	**tun?**	What shall we do?

Simple questions

Since the modal is the conjugated verb, it follows that in simple questions it will stand in first position.

Modal		Infinitive	
Wollen	Sie jetzt eine Pause	**machen?**	Do you want to take a break?
Darf	ich hier	**rauchen?**	May I smoke here?
Mußtest	du gestern	**arbeiten?**	Did you have to work yesterday?

Placement of **nicht**

In a sentence with a modal, **nicht** is usually placed in front of the element to be negated.

If the action of the verb is to be negated, **nicht** stands in front of the infinitive:

Er kann das Bild **nicht** sehen.	He can't see the picture.
Müssen Sie heute **nicht** arbeiten?	Don't you have to work today?
Sie dürfen hier **nicht** rauchen.	You may not smoke here.

If an element other than the action is to be negated, **nicht** stands in front of that particular element:

Der Brief ist **nicht** für Sie.	The letter is not for you.
Er kann **nicht** gut sehen.	He can't see well.
Sie mußte **nicht** viel arbeiten.	She didn't have to work much.

E **Mögen** and **möchte** (n)

There is one more modal auxiliary: **mögen** (to like, to want)
Like the other modals, it has two stems:

mögen (to like, be fond of)

Singular		Plural	
ich	mag	wir	mögen
er/es/sie	mag	sie	mögen
		Sie	mögen
du	magst	ihr	mögt

However, the use of **mögen** differs from that of the other modals.

As a modal, **mögen** is most frequently used in negative sentences and may also have the meaning of *care to*.

Ich **mag** nicht Tennis spielen.	I don't care to play tennis.
Er **mag** heute nicht arbeiten.	He doesn't want to work today.

Used as the main verb in a sentence, **mögen** expresses a fondness or dislike for something or someone.

Ich **mag** keinen Kuchen.	I don't like cake.
Mögen Sie Apfelsaft?	Do you like apple juice?
Sie **mag** ihn.	She likes him.

The most frequently used forms of **mögen** are **möchte** (**singular**) and **möchten** (plural), which were introduced in Chapter 2. The **möchte**-forms are commonly used with a dependent infinitive.

The **möchte**-forms (would like)

ich **möchte**	gehen	wir **möchten**	gehen
er/es/sie **möchte**	gehen	sie **möchten**	gehen
		Sie **möchten**	gehen
du **möchtest**	gehen	ihr **möchtet**	gehen

Note that **ich möchte gehen** (I would like to go) is more polite than to say **ich will gehen** (I want to go). Also note that while the past tense of **mögen** exists as **mochte**, its use is rare.

F Negative use of **müssen** and **dürfen**

Notice that English *must* undergoes a change of meaning when used in a negative sentence.

Positive	You must do that.	Du mußt das tun.
Negative	You must not do that.	Du darfst das nicht tun.

The negative sentence has the meaning *you are not permitted to* or *you had better not*. Permission, however, is rendered by the German modal **dürfen**. Hence the English negative *must not* calls for the German **nicht dürfen**.

G Omission of the dependent infinitive

If the action of a sentence is clearly understood, the dependent infinitive is often omitted. This is especially true with verbs such as **haben, gehen, fahren, essen** and **trinken**.

Wollen Sie auch Suppe? Do you also want soup?	**haben** is omitted
Wir müssen jetzt nach Hause. We have to go home now.	**gehen**/fahren is omitted
Ich möchte ein Bier, bitte. I would like a beer, please.	**haben/trinken** is omitted
Sie kann Deutsch. She can speak German. (She knows German.)	**sprechen** is omitted

2 The Indefinite Pronoun <u>man</u>

In German, as in English, there are pronouns which do not point to a particular person, place or thing. Rather, they convey a general (indefinite) impression, as for example:

> **One** shouldn't do such things.
> **Anybody** home?
> **Some** have it and **some** don't.

The German indefinite pronoun **man** may correspond to English *one, they, we, you* or *people* in a general sense, depending on context. **Man** is always followed by a 3rd person singular verb form.

Wie **sagt man** das auf deutsch?	How does one say that in German?
Das **tut man** nicht.	One doesn't/You don't do that.
Hier **darf man** nicht rauchen.	You are not allowed to smoke here.

Mündliche Übungen

Modalverben im Präsens

Antworten Sie!

Mü 1
> Wir wollen hier Deutsch lernen.
> Und die Dame? Sie will hier Deutsch lernen.

1. Wir wollen hier Deutsch lernen.
   Und der Herr?
       die Studenten?
       das Mädchen?
       Herr Falke?
   Und Sie?

2. Wir können Deutsch sprechen.
   Und die Studentin?
       der Arzt?
       der Lehrer?
       die Dame?
   Und Sie?

3. Wir dürfen hier nicht rauchen.
   Und der Ingenieur?
       die Sekretärin?
       die Leute?
       Frau Kaiser?
   Und Sie?

4. Wir müssen viel arbeiten.
   Und die Verkäuferin?
       die Krankenschwester?
       die Männer?
       die Leute?
   Und Sie?

5. Wir möchten eine Pause machen.
   Und die Studenten?
       Herr Müller?
       Fräulein Walter?
       das Mädchen?
   Und Sie?

6. Wir sollen hier nur Deutsch sprechen.
   Und die Studentin?
       die Lehrerin?
       der Student?
       die Studenten?
   Und Sie?

Hier ist die Antwort.
Fragen Sie zuerst einen Freund, dann Ihren Lehrer (Ihre Lehrerin)!

Mü 2
> Ich muß jetzt nach Hause gehen.
> **Mußt du** jetzt nach Hause gehen?
> **Müssen Sie** jetzt nach Hause gehen?

1. Ich möchte ein Bier trinken.
2. Ich muß morgen arbeiten.
3. Ich darf hier nicht rauchen.

4. Ich kann das verstehen.
5. Ich will die Zeitung lesen.
6. Ich soll hier warten.

Fragen Sie Ihre Freunde!

Mü 3
> Wir müssen jetzt nach Hause gehen.
> **Müßt ihr** jetzt nach Hause gehen?

1. Wir wollen zu Fuß gehen.
2. Wir möchten Urlaub machen.
3. Wir können später kommen.

4. Wir sollen um 5 Uhr kommen.
5. Wir dürfen den Herrn besuchen.
6. Wir müssen heute einkaufen gehen.

Was sollen Sie im Klassenzimmer tun?
Was sollen Sie nicht tun?

Mü 4
> rauchen
> Ich soll hier nicht rauchen.
> (Wir sollen hier nicht rauchen.)

1. essen
2. schlafen
3. viel arbeiten
4. Deutsch sprechen
5. Englisch sprechen
6. laut sprechen
7. auf deutsch fragen
8. auf deutsch antworten
9. Deutsch lernen

Sie sind jetzt in Deutschland.
Wo müssen Sie Deutsch sprechen?

Mü 5
> im Restaurant
> Ich muß im Restaurant Deutsch sprechen.
> (Wir müssen im Restaurant Deutsch-sprechen.)

1. im Café
2. im Klassenzimmer
3. im Schreibwarengeschäft
4. im Supermarkt
5. im Krankenhaus
6. im Büro
7. im Hotel
8. im Reisebüro
9. hier

Was möchten Sie jetzt tun?

Mü 6
> nach Hause gehen
> Ich möchte jetzt nach Hause gehen.
> (Wir möchten jetzt nach Hause gehen.)

1. eine Pause machen
2. eine Zigarette rauchen
3. ein Buch lesen
4. Kaffee trinken
5. etwas essen
6. schlafen
7. Tennis spielen
8. einkaufen gehen
9. einen Brief schreiben

Mü 7   Antworten Sie!

1. Müssen Sie hier Deutsch sprechen?
2. Was wollen Sie hier lernen?
3. Dürfen Sie hier Englisch sprechen?
4. Was soll der Lehrer immer tun?
5. Wie sollen Sie hier sprechen?
6. Wann möchten Sie eine Pause machen?
7. Wann können Sie nach Hause gehen?
8. Können Sie den Lehrer immer verstehen?

mögen: Antworten Sie!

Mü 8
> Möchten Sie ein Stück Kuchen?
> Nein danke, ich mag jetzt keinen Kuchen.

Möchten Sie ...?

1. eine Tasse Kaffee
2. ein Glas Wein
3. eine Suppe
4. einen Salat
5. einen Apfel
6. ein Stück Schokolade

Das unbestimmte Pronomen **man**

Was kann man essen?
Was kann man trinken?

Mü 9

| Kaffee |
| Man kann **Kaffee** trinken. |
| Kaffee kann man **trinken**. |

1. Tee	4. Äpfel	7. Suppe	10. Limonade	13. Kartoffeln
2. Kuchen	5. Wein	8. Milch	11. Obst	14. Tomaten
3. Bier	6. Fisch	9. Salat	12. Wasser	15. Apfelsaft

Was kann man noch essen oder trinken?

Mü 10   Allgemeine Fragen

1. Was kann man im Supermarkt kaufen?
2. Was kann man im Reisebüro tun?
3. Was kann man im Restaurant tun?
4. Was kann man lesen?
5. Wo soll man nicht rauchen?
6. Was kann man schreiben?
7. Was kann man spielen?
8. Was kann man im Café tun?
9. Wo kann man schlafen?
10. Wo kann man Briefpapier kaufen?

Modalverben im Imperfekt

Im Imperfekt, bitte!

Mü 11

| Ich will nach Hause gehen. |
| Ich wollte nach Hause gehen. |

1. Wir wollen Sie besuchen.
2. Sie will etwas essen.
3. Wir dürfen dort nicht rauchen.
4. Man darf dort nicht parken.
5. Sie können keinen Urlaub machen.
6. Sie kann gut Deutsch sprechen.
7. Er soll später kommen.
8. Wir sollen hier warten.
9. Ich kann ihn nicht verstehen.
10. Man kann das Haus sehen.
11. Wir müssen zu Hause bleiben.
12. Ich muß mein Auto verkaufen.

Hier ist die Antwort.
Fragen Sie einen Freund, dann Ihre Freunde!

Mü 12

| Konnten Sie gestern nicht kommen? |
| Konntest du gestern nicht kommen? |
| Konntet ihr gestern nicht kommen? |

1. Wollten Sie noch eine Tasse Tee?
2. Mußten Sie gestern arbeiten?
3. Warum durften Sie den Herrn nicht besuchen?
4. Konnten Sie mich verstehen?
5. Wollten Sie nicht in die Stadt fahren?
6. Mußten Sie auch so lange warten?

174

MÜ 13   Antworten Sie!

1. Durften Sie in Amerika rechts überholen?
2. Mußten Sie dort auch vorsichtig fahren?
3. Mußten Sie oft einen Parkplatz suchen?
4. Wollten Sie schon in Amerika Deutsch lernen?
5. Konnten Sie in Amerika schon Deutsch sprechen?
6. Mußten Sie in Amerika auch arbeiten?

Wie kann man das auf deutsch sagen?

MÜ 14   Im Präsens, bitte!

1. We have to speak German.
2. Do you want to go home?
3. I must go home now.
4. We would like to eat something.
5. May one smoke here?
6. Shall I call the waiter?
7. She cannot sell her car.
8. May I ask you something?
9. I have to write a letter.
10. Would you like to wait here?
11. They want to learn German.
12. You can't park there.
13. Are you able to do that?
14. You are not supposed to do that.
15. He has to drive carefully.
16. Why must she stay home today?

MÜ 15   Im Imperfekt, bitte!

1. The children couldn't sleep.
2. Did you have to work?
3. She wasn't allowed to come.
4. We wanted to stay home.
5. Were you able to see him?
6. She wanted to study in Germany.
7. I had to go home.
8. I could not know that.

Aussprachübung

/w/   wie, was, wo, wer, wen, wann, wahr, Wind, Wetter, wenig, Woche,
Wasser, Westen, wissen, Wagen, wollen, Wort, warum
Zwiebel, zwei, zwanzig, schwach, schwer, Schwester, schwimmen, schwarz
Ausweis, Antwort, Mittwoch, Krawatte, etwas

/v/   voll, viel, vor, von, vorne, verstehen, verbringen, verheiratet, Verkehr
vielleicht, Vater,

/f/   fahren, Ferien, falsch, Fenster, Farbe, für, Fieber,
schlafen, oft, Bahnhof, Hausfrau, fragen, Freitag, Frühling, Frühstück

Kennen Sie die Symbole?
Was bedeuten sie?

Was darf/soll/kann man hier tun?
Was darf man hier nicht tun?

die Telefonzelle   telefonieren

die Tankstelle   tanken

der Fotoapparat   fotografieren

die Information
die Auskunft   Auskunft bekommen

das Rauchverbot   rauchen

das Hotel   ein Zimmer bekommen

der Golfplatz   Golf spielen

Schriftliche Übungen

Sü 1   Allgemeine Fragen
        Antworten Sie!

Was kann man ...?

1. lesen   3. hören   5. spielen   7. buchstabieren
2. rauchen   4. kaufen   6. bestellen 8. bezahlen

Sü 2   Ergänzen Sie!

Im Präsens, bitte!   Im Imperfekt, bitte!

können: 1. Er _kann_ gut Deutsch sprechen.   1. Ich _konnte_ nicht kommen.
müssen: 2. Ich _____ zu Hause bleiben   2. Was _____ er tun?
dürfen: 3. _____ man hier rauchen?   3. _____ man dort rauchen?
sollen: 4. _____ ich den Ober rufen?   4. Ich _____ ihn rufen.
wollen: 5. Was _____ Sie jetzt tun?   5. Wir _____ Sie besuchen.
können: 6. _____ du das Bild sehen?   6. Er _____ Tennis spielen.
müssen: 7. Ihr _____ mich verstehen.   7. _____ du heute arbeiten?
wollen: 8. Wir _____ eine Pause machen.   8. Was _____ ihr sagen?

Sie sind im Restaurant und der Kellner fragt Sie.
Was antworten Sie?

Sü 3
```
Was möchten Sie trinken?
   Ich möchte ...
   Wir möchten ...
```

1. Möchten Sie die Speisekarte?
2. Was darf ich bringen?
3. Können Sie die Speisekarte verstehen?
4. Wollen Sie auch eine Suppe?
5. Möchten Sie etwas essen?
6. Was wollen Sie trinken?

Silbenrätsel

Finden Sie zehn Berufe!

Se	käu	ni	Sol	nieur
ster	zist	fer	tin	Leh
ge	cha	Kell	re	kre
Po	Kran	Ver	tä	dat
schwe	ker	li	In	Ärz
rin	Me	ner	ken	rin

Hier ist die Antwort.
Fragen Sie **zweimal**!

Sü 4
```
Man darf hier nicht rauchen.
   Darf man hier rauchen?
   Was darf man hier nicht tun?
```

1. Die Kellnerin soll die Speisekarte bringen.
2. Ich kann nicht warten.
3. Das Kind soll schnell nach Hause laufen.
4. Frau Kohl muß ein Taxi nehmen.
5. Wir wollen jetzt unser Auto waschen.
6. Ich möchte Herrn Falke sprechen.

1. _Sekretärin_
2. _____
3. _____
4. _____
5. _____
6. _____
7. _____
8. _____
9. _____
10. _____

***Sü 5   Ergänzen Sie ein Verb.
           Was paßt?

1. Sprechen Sie bitte lauter. Ich kann Sie nicht *hören* .
2. Ich möchte die Speisekarte. Die Kellnerin soll sie _____ .
3. Wo ist meine Brille? Ich kann meine Brille nicht _____ .
4. Ohne Geld kann man nichts _____ .
5. Wir sind müde. Wir möchten nach Hause _____ .
6. Die Dame sucht ein Telefon. Sie möchte mal _____ .
7. Hier ist Ihre Rechnung. Sie müssen Ihre Rechnung _____ .
8. Sie brauchen keine Zigaretten. Sie dürfen hier nicht _____ .
9. Wir leben in Deutschland. Wir müssen hier Deutsch _____ .
10. Frau Kaiser kommt in 10 Minuten. Können Sie bitte _____ ?
11. Sie hat Hunger. Sie möchte etwas _____ .
12. Er hat Durst. Er möchte etwas _____ .
13. Was hat sie gesagt? Ich kann sie nicht _____ .
14. Hier ist Ihr Zimmer. Sie können hier _____ .
15. Der Herr sieht nicht gut. Er muß eine Brille _____ .
16. Er kann seine Schlüssel nicht finden. Er muß sie _____ .

Sü 6   Vollenden Sie die Sätze!

1. Wir konnten die Rechnung nicht bezahlen, **denn wir hatten kein Geld.**
2. Er hatte ein Feuerzeug und Zigaretten, aber ...
3. Ich konnte den Herrn nicht verstehen, denn ...
4. Das Kind mußte im Bett bleiben, denn ...
5. Ich wollte Sie besuchen, aber ...
6. Wollten Sie ins Kino gehen oder ...?

Sü 7   Im Imperfekt, bitte!

1. Er kann mich nicht verstehen.   5. Warum können Sie nicht kommen?
2. Sie will in Deutschland studieren.   6. Was willst du essen?
3. Wir müssen nach Fulda fahren.   7. Wer muß arbeiten
4. Man darf dort nicht parken.   8. Ich kann das nicht glauben.

Sü 8   Persönliche Fragen

1. Was mußten Sie heute tun?
2. Wo wollen Sie Ihren Urlaub verbringen?
3. Bis wann konnten Sie heute schlafen?
4. Können Sie ein Restaurant empfehlen?
5. Was möchten Sie jetzt tun?
6. Mußten Sie heute arbeiten?
7. Wo möchten Sie gern leben?
8. Müssen Sie oft Ihre Schlüssel suchen?
9. Können Sie Tennis spielen?
10. Wann möchten Sie Urlaub machen?

Spiel

Welche Verben passen hier?			
Brief	*schreiben*	*lesen*	*bekommen*
Name			
Zeit			
Bild			
Taxi			
Supermarkt			
Rechnung			
Haus			

WORTSCHATZ

Nomen

der Fotoapparat,-e	camera
der Platz,⁻e	place, square
der Weg,-e	way, path
die Forelle,-n	trout
die Haltestelle,-n	stop
die Rechnung,-en	bill, invoice
die Speisekarte,-n	menu
die Tankstelle,-n	gas, filling station

Verschiedenes

geradeaus	straight ahead
man	one, people
pro Stunde	per hour
verboten	forbidden, prohibited

Verben

bedeuten	to mean
dürfen	may, to be permitted
empfehlen (ie) (empfohlen)	to recommend
können	can, to be able to
mögen	to like, be fond of
müssen	must, to have to
sollen	to be supposed to, should
reiten (geritten)	to ride (a horse)
überholen	to pass
wandern	to hike
wollen	to want to

Can you guess the meaning of these words?

Nomen

der Fisch,-e
der Kilometer,-
der Parkplatz,⁻e
der Wanderweg,-e

das Golf(spiel)
das Parkhaus,⁻er
das Schnitzel,-
das Silbenrätsel,-
das Spiel,-e
das Symbol,-e
das Telefon,-e
das Verbot,-e
das Verkehrszeichen,-

die Information,-en
die Gastronomie

Verben

fotografieren
parken
tanken

Adjektive

frisch

LEKTION 12

Im Kaufhaus

eine Kundin:

▲ Entschuldigen Sie bitte! Wieviel kosten diese Blusen?

▲ Sind alle Blusen reduziert?

▲ Wieviel kostet dieser Pullover bitte?

▲ Den braunen.

▲ Dann möchte ich eine Bluse anprobieren. Die grüne, bitte.

▲ Vielleicht Größe 38 oder 40. Ich weiß es nicht genau.

die Verkäuferin:

● Jede Bluse 30 Mark. Sie sind gerade im Angebot.

● Ja, und auch einige Pullover.

● Welchen Pullover meinen Sie?

● Oh, der ist leider nicht reduziert. Er ist aber sehr preiswert. Nur 75 Mark.

● Welche Größe haben Sie, bitte?

● Hier, die grüne ist Größe 38, und die blaue ist Größe 40. Wollen Sie nicht beide Blusen anprobieren?

Fragen

1. Wieviel kosten die Blusen?
2. Warum sind sie so billig?
3. Sind alle Blusen reduziert?
4. Sind alle Pullover reduziert?

5. Welcher Pullover ist nicht reduziert?
6. Welche Bluse ist Größe 38?
7. Welche ist Größe 40?
8. Weiß die Dame ihre Größe?

Vorsicht! In Deutschland sind die Größen anders.

Kleidung:

Damen		Herren	
Deutschland	USA	Deutschland	USA
36	6-- 8		
38	8- 10	40	30
40	10- 12	50	40
42	12- 14	54	44
44	14- 16		
46	16- 18		
48	18- 20		
50	20- 22		

Einführung

Adjektivdeklination
Der-Wörter

Nominativ   Akkusativ
_____   _____

Hier sehen Sie zwei Pullover.

Der Pullover ist billig.
Das ist **der billige** Pullover.

Welcher Pullover ist billig?
 Dieser Pullover ist billig.
 (**Dieser** ist billig.)

Möchten Sie **den billigen Pullover**?

Welchen Pullover möchten Sie?
Möchten Sie **diesen billigen Pullover**?
(Möchten Sie diesen oder den anderen?)

Hier sind zwei Wörterbücher.

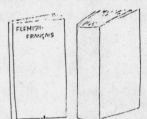

Das Wörterbuch rechts ist dick.
Das ist **das dicke Wörterbuch**.

Welches Wörterbuch ist dick?
 Dieses Wörterbuch ist dick.
 (**Dieses** ist dick.)

Brauchen Sie **das dicke Wörterbuch**?

Welches Wörterbuch brauchen Sie?
Brauchen Sie **dieses dicke Wörterbuch**?
(Brauchen Sie dieses oder das andere?)

Hier sind zwei Taschen.

Die Tasche rechts ist neu.
Rechts ist die neue Tasche.

Welche Tasche ist neu?
  Diese Tasche ist neu.
  (Diese ist neu.)

Möchten Sie die neue Tasche?

Welche Tasche möchten Sie?
Möchten Sie diese neue Tasche?
(Möchten Sie diese oder die andere?)

Hier sehen Sie viele Gläser.

Die Gläser hier sind voll.
Das sind die vollen Gläser.

Welche Gläser sind voll?
  Diese Gläser sind voll.

Möchten die Gäste die leeren Gläser?

Welche Gläser wollen sie?
Wollen sie diese vollen Gläser?
(Wollen sie diese oder die anderen?)

Das Datum

Der wievielte ist heute?

Der wievielte ist morgen?
Der wievielte war gestern?

Vorgestern war der dreißigste April.   (30. 4.)
Gestern war der erste Mai.   (1. 5.)
Heute ist der zweite Mai.   (2. 5.)
Morgen ist der dritte Mai.   (3. 5.)
Übermorgen ist der vierte Mai.   (4. 5.)

oder

Heute haben wir den zweiten Mai.   (2. 5.)
Morgen haben wir den dritten Mai.   (3. 5.)

GRAMMATIK

Preliminaries

PREDICATE ADJECTIVES. Until now, we have been only using adjectival constructions where the adjective was in a predicate position (predicate adjective), after such verbs as **sein, finden** and **werden**. A predicate adjective is a descriptive adjective which is separated by a verb from the noun or pronoun it modifies.

Das Haus ist **groß**.	The house is large.
Es ist nicht **klein**.	It is not small.
Ich finde das **schön**.	I find that beautiful.
Das Kind wird **krank**.	The child is getting sick.

As you can see, German predicate adjectives are used as their English counterparts; that is, they always keep their basic form, regardless of the gender, number or case of the noun or pronoun they modify.

ATTRIBUTIVE ADJECTIVES also describe nouns. However, they stand in front of the noun to which they attribute some quality or characteristics.

> the **beautiful old** house
> a **sick** child
> those **new brown** shoes

In contrast to English adjectives which keep the same form in all situations, German attributive adjectives must take endings to agree in gender, number and case with the noun following. These endings are determined by the presence or absence of a **der**-word or an **ein**-word.

Der-WORDS. The term **der**-words is a convenient label for a small group of words which take the same endings as the definite articles **der, das, die** to indicate the gender, number and case of the noun following.

1 The der-Words

A Common der-words

dieser	this
welcher?	which?
jeder (singular only)	each, every
alle (plural of jeder)	all
beide	both

Der-Words: Nominative and Accusative

	Masculine	Neuter	Feminine	Plural/All Genders
NOM.	der Mann dieser Mann welcher Mann jeder Mann	das Buch dieses Buch welches Buch jedes Buch	die Tasche diese Tasche welche Tasche jede Tasche	die Bücher diese Bücher welche Bücher alle Bücher beide Bücher
ACC.	den Mann diesen Mann welchen Mann jeden Mann			

Notice that the only change in endings from nominative to accusative occur in the **masculine singular.**

Nominative/masc.	Accusative/masc.
Der Mann heißt Sander.	Kennen Sie **den** Mann?
Dieser Stuhl ist noch frei.	Möchten Sie **diesen** Stuhl?
Jeder Tag hat 24 Stunden.	Sie arbeitet **jeden** Tag.
Welcher Pulli ist reduziert?	**Welchen** Pulli möchten Sie?

Neuter, feminine and plural remain the same.

Nominative & Accusative

Das ist ...
Ich lese ...

> dieses Buch
> diese Zeitung
> diese Bücher und Zeitungen.

B Alle, beide

Alle and **beide** occur in the plural only. **Alle** corresponds in English to *all, everybody, everyone* ; **beide** corresponds to *both*.

Alle Studenten sind hier.	All the students are here.
Beide Studenten sind hier.	Both students are here.

Alle is the plural of **jeder.** As in English, **alle** is used to point to a group of persons or things, whereas **jeder** refers to the individual person or thing in a given group.

C Der-words used as pronouns

Since by their endings, **der**-words clearly indicate which noun they modify, the noun itself is often omitted. Thus, if the reference within a context is clear, **der**-words may function as pronouns and may stand alone.

Sind alle Studenten hier?	Ja, **alle** sind hier.
Möchten Sie dieses Buch?	**Welches** meinen Sie?
Welchen Kuli nehmen Sie?	Ich nehme **diesen.**

2 Adjective Declension After der-Words

A Attributive adjectives following a definite article or a **der**-word have the ending **-e** or **-en**.

The adjective requires the ending **-e** in the

Nominative Singular/All Genders	Accusative Singular/Neuter and Feminine

Das ist } der **neue** Pullover.
das **neue** Hemd.
die **neue** Bluse.

Ich suche das **neue** Hemd.
Sie trägt die **neue** Bluse.

In all other instances the adjective ending is **-en**

Plural/All Genders/All Cases	Accusative Singular/Masculine

Hier sind ...
Wir kaufen ...

Ich trage **den neuen** Pullover

die **neuen** Pullover.
die **neuen** Hemden.
die **neuen** Blusen.

In the following declension table **dieser** stands representative for all **der**-words.

Singular

	Masculine	Neuter	Feminine
NOM. ACC.	dieser schöne Mantel diesen schönen Mantel	dieses blaue Kleid dieses blaue Kleid	diese alte Tasche diese alte Tasche

Plural/All Genders

NOM. ACC.	diese alten Mäntel, Kleider, Taschen diese alten Mäntel, Kleider, Taschen

B Irregularities

Some adjectives ending in **-el** or **-er** drop the **-e** before **-l** or **-r** when adding an adjective ending:

Die Nacht ist dunkel. die **dunkle** Nacht
Das Auto ist teuer. das **teure** Auto
Der Wein ist sauer. der **saure** Wein

When an adjective ending is added to **naß**, the ß changes to **ss** (see notes about written German in Chapter 1.).

Der Regenschirm ist naß.
der **nasse** Regenschirm

C   **Adjectives in a series**

Whether the noun is preceded by one or more than one adjective, the ending(s) will always be the same. Note that adjectives in a series are separated by a comma.

> der große, alte Baum
> die billigen, neuen Schuhe

3 Numbers Used as Adjectives

A   Cardinal numbers, that is, the numbers used in counting and indicating quantity (**eins, zwei, drei**, etc.), do not take endings.

B   Ordinal numbers indicate numerical position or order within a series (first, second, third, etc). In contrast to cardinal numbers, ordinal numbers are attributive adjectives and must take endings.

With a few exceptions, German ordinal numbers are composed of three elements:
1. the cardinal number
2. the suffix **-t** (from 2-19) or **-st** (from 20 upward)
3. the appropriate adjective ending

Look at some examples:

eins	der **erste**	the first
zwei	der zweite	second
drei	der **dritte**	third
vier	der vierte	fourth
fünf	der fünfte	fifth
sechs	der sechste	sixth
sieben	der **siebte**	seventh
acht	der **achte**	eighth
neun	der neunte	ninth
zehn	der zehnte	tenth
20	der zwanzig**ste**	
21	der einundzwanzig**ste**	
30	der dreißig**ste**	
100	der hundert**ste**	
1000	der tausend**ste**	

Ordinal numbers are used to express the date.

> **Der wievielte** ist heute?   What is the date today?
> Heute ist der **fünfte** April.   Today is the fifth of April.
>
> **Der wievielte** war gestern?
> Gestern war **der vierte** April.

To indicate that a numeral is to be read as an ordinal number, a period is placed after the number.

der 1. Oktober   **der erste** Oktober
der 20. März   **der zwanzigste** März
der 11. Januar   **der elfte** Januar

die 2. Woche im Februar   **die zweite** Woche ...
der 3. Sonntag im Mai   **der dritte** Sonntag ...
das 5. Jahr   **das fünfte** Jahr

4   Time Expressions in the Accusative

Time expressions without a preposition are in the accusative case:

Wir gehen **jeden Samstag** einkaufen.
Er ist **einen Monat** hier geblieben.
Wir sind **eine Woche** in Garmisch gewesen.

Mündliche Übungen

Adjektivdeklination: Nominativ und Akkusativ, Singular

Sagen Sie die Sätze noch einmal!

Mü 1
> Der Parkplatz ist groß.
> Das ist **der große** Parkplatz.

1. Die Bluse ist schön.
2. Das Kind ist klein.
3. Die Uhr ist teuer.
4. Der Bleistift ist gelb.
5. Der Regenschirm ist naß.

6. Die Liste ist lang.
7. Der Stuhl ist bequem.
8. Das Hemd ist weiß.
9. Die Tasche ist billig.
10. Der Pullover ist neu.

Was kaufen (tragen, haben) Sie?

Mü 2
> Der Anzug ist braun.
> Ich trage **den braunen** Anzug.

1. Der Mantel ist lang.
2. Der Pullover ist grün.
3. Der Kugelschreiber ist neu.

4. Der Rock ist kurz.
5. Der Ball ist bunt.
6. Der Kalender ist neu.

Wer/Was ist das?
Wen/Was sehen (kennen, besuchen, brauchen) Sie?

Mü 3

> Der Junge ist klein. (Das Mädchen ist klein.)
> Das ist **der kleine** Junge (**das kleine** Mädchen).
> Ich sehe **den kleinen** Jungen (**das kleine** Mädchen).

1. Der Bleistift ist lang.
2. Das Mädchen ist groß.
3. Die Dame ist alt.
4. Der Mann ist krank.
5. Die Verkäuferin ist jung.

6. Die Bluse ist blau.
7. Der Pullover ist warm.
8. Die Kellnerin ist jung.
9. Das Bild ist neu.
10. Der Mann ist blind.

Nominativ und Akkusativ, Plural

Wer ist das?
Was kauft (möchte, hat) der junge Mann?

Mü 4

> Die Schuhe sind teuer.
> Das sind **die teuren** Schuhe.
> Er kauft **die teuren** Schuhe.

1. Die Socken sind braun.
2. Die Handschuhe sind warm.
3. Die Jeans sind preiswert.

4. Die Hosen sind neu.
5. Die Schuhe sind billig.
6. Die Strümpfe sind dick.

Der-Wörter (Singular und Plural)

Nom.	der Mann			
	dieser Mann	das Buch	die Frau	die Männer, Bücher
Akk.	den Mann	dieses Buch	diese Frau	diese Männer, Bücher
	diesen Mann			

Fragen Sie!

Mü 5

Wo ist ...?

> Wo ist das neue Kleid.
> Meinen Sie **dieses neue** Kleid?

1. das schöne Hemd
2. der weiße Pulli
3. die bunte Bluse
4. der dunkle Mantel

5. die neuen Handschuhe
6. der lange Rock
7. die schwarzen Schuhe
8. die kurze Hose

Was brauchen (möchten, kaufen, nehmen) Sie?

Mü 6

> Dieser Mantel ist schön.
> Ich möchte **diesen schönen** Mantel.

1. Diese Schuhe sind billig.
2. Dieser Kalender ist neu.
3. Dieses Buch ist interessant.
4. Diese Strümpfe sind billig.
5. Dieser Bleistift ist gelb.

6. Dieses Gemüse ist frisch.
7. Diese Tomaten sind schön.
8. Dieser Salat ist grün.
9. Diese Flasche ist groß.
10. Dieser Stuhl ist bequem.

Zeigen und antworten Sie!

Mü 7	Welcher Pulli ist rot?	Welchen Pulli möchten Sie?
	Dieser ist rot.	Ich möchte **diesen**.

1. Welcher Bleistift ist lang?
   Welchen Bleistift möchten Sie?

2. Welche Tasche ist braun?
   Welche Tasche möchten Sie?

3. Welcher Schlüssel ist klein?
   Welchen Schlüssel haben Sie?

4. Welches Buch ist interessant?
   Welches Buch haben Sie gelesen?

5. Welche Schuhe sind neu?
   Welche Schuhe tragen Sie heute?

6. Welcher Regenschirm ist naß?
   Welchen Regenschirm nehmen Sie?

Hier ist die Antwort!
Fragen Sie!

Mü 8	Dieser Zug fährt nach Münster.
	Welcher Zug fährt nach Münster?

1. Dieser Bus fährt in die Stadt.
2. Diese Dame kommt aus Nürnberg.
3. Diese Blumen waren teuer.
4. Dieser Mann trägt eine Brille.
5. Diese Studenten lernen Deutsch.
6. Dieses Buch ist interessant.
7. Dieser Bleistift ist kurz.
8. Diese Frau heißt Braun.

Mü 9	Der Junge hat **den grünen Ball**.
	Welchen Ball hat der Junge?

1. Die Kellnerin bringt den Weißwein.
2. Der Kellner hat den großen Tisch reserviert.
3. Der Junge trägt die neuen Schuhe.
4. Der Mann hat das schöne Haus verkauft.
5. Die Kinder essen die grünen Äpfel.
6. Die Sekretärin hat das teure Kleid gekauft.

Mü 10	Sehen Sie **den jungen Mann** dort?
	Welchen jungen Mann?

1. Kennen Sie die junge Dame dort?
2. Brauchen Sie den roten Kugelschreiber?
3. Möchten Sie die schönen Bilder?
4. Haben Sie die schwarzen Schuhe gekauft?
5. Brauchen Sie den alten Regenschirm?
6. Suchen Sie die neuen Bücher?

Antworten Sie!

Mü 11	**Welches** Haus hat Fenster?
	Jedes Haus hat Fenster.

1. Welches Buch hat Seiten?
2. Welcher Gast muß seine Rechnung bezahlen?
3. Welche Sekretärin arbeitet im Büro?
4. Welches Kaufhaus verkauft Pullover?
5. Welches Kind spielt gern?
6. Welcher Student hat einen Ausweis?

MÜ 12

> Gehen Sie samstags einkaufen?
> Ja, ich gehe **jeden Samstag** einkaufen.
> (Ja, wir gehen **jeden Samstag** einkaufen.

1. Essen Sie sonntags zu Hause?
2. Trinken Sie morgens Kaffee?
3. Arbeiten Sie am Wochenende?

4. Machen Sie im Sommer Urlaub?
5. Fahren Sie im Winter nach Garmisch?
6. Gehen Sie abends nach Hause?

MÜ 13

> Wie oft besucht sie ihre Eltern? (Jedes Jahr?)
> Ja, sie besucht ihre Eltern **jedes Jahr.**

1. Wie oft spielen Sie Tennis?
2. Wie oft fahren Sie in die Stadt?
3. Wie lange ist er schon in Deutschland?
4. Wie oft gehen die Kinder in die Schule?
5. Wie lange wartet er schon?
6. Wann fahren Sie in Urlaub?
7. Wie lange bleiben Sie in München?
8. Wie oft bekommen Sie Geld?

(Jeden Abend?)
(Jede Woche?)
(Ein Jahr?)
(Jeden Montag?)
(Eine Stunde?)
(Diesen Sommer?)
(Einen Tag?)
(Jeden Monat?)

Der-Wörter nur im Plural

---

die **neuen** Wörter
alle **neuen** Wörter

die **leeren** Flaschen
beide **leeren** Flaschen

Antworten Sie!

MÜ 14

> Weiß er das neue Wort?
> Er weiß **alle neuen** Wörter.

1. Liest sie die neue Zeitung?
2. Braucht er das große Glas?
3. Kennt er die schöne Frau?

4. Reserviert er den freien Tisch?
5. Überholt er das kleine Auto?
6. Kennt er den deutschen Studenten?

Im Plural, bitte!

MÜ 15

> Er kennt jedes gute Restaurant.
> Er kennt **alle guten** Restaurants.

1. Sie kennt jede große Stadt in Deutschland.
2. Jeder rote Pullover kostet vierzig Mark.
3. Jede bunte Bluse ist reduziert.
4. Wir haben jeden guten Film gesehen.

Wie kann man das noch sagen?

MÜ 16

| Dieses Buch ist interessant und dieses auch. |
| **Beide** Bücher sind interessant. |

1. Diese Zeitung ist neu und diese auch.
2. Dieser Kugelschreiber ist schwarz und dieser auch.
3. Dieses Heft ist dünn und dieses auch.
4. Diese Uhr ist preiswert und diese auch.
5. Dieser Herr braucht Geld und dieser auch.
6. Dieses Kind ist vier Jahre alt und dieses auch.

MÜ 17   Allgemeine Fragen

1. Welcher Monat hat nur 28 Tage?
2. Welche Monate haben 30 Tage?
3. Welche haben 31 Tage?
4. Welches Datum haben wir heute?
5. Welches Datum hatten wir gestern?
6. Welche Jahreszeit haben wir jetzt?
7. Welche Getränke kann man im Restaurant bestellen?
8. Welche Lebensmittel kann man im Supermarkt kaufen?
9. Welche großen Städte liegen im Süden von Deutschland?
10. Welche liegen im Norden?
11. Welcher deutsche Komponist hat von 1685 bis 1750 gelebt?
12. Welches Jahr kommt nach 1984?
13. Welche Sprache spricht man in Österreich?

MÜ 18   Auf deutsch, bitte!

1. All small children like to play.
2. Each student has a book.
3. The children go to school every day.
4. Both little girls went home.
6. Which famous composers do you know?
7. Take the big bottle.
8. Who are these young men?
9. Do you want the small or the large glass?
10. Did you see the young lady? Which young lady?
11. Where is the small key? Which small key?
12. Which small key are you looking for?
13. The new shoes are very comfortable.
14. Have you read the German newspaper today?

Städte-Quiz: Welche deutschen Städte sind das?*

1. Die Stadt ist neunhundert Jahre alt und liegt in Bayern.
Man sagt, es ist die Stadt Albrecht Dürers, denn der berühm-
te Maler° hat hier gelebt und gearbeitet. Aber diese alte   painter
Stadt hat nicht nur einen berühmten Sohn. Martin Behaim hat
hier den ersten Globus konstruiert° (1492), und Peter Henlein   constructed
hat hier die erste Taschenuhr gebaut° (1510). Von hier ist   built
auch die erste deutsche Eisenbahn° nach Fürth gefahren.   train
    Diese interessante Stadt hat viele Sehenswürdigkeiten,°   attractions
wie zum Beispiel° die alten Stadtmauern,° das Germanische Na-   for example/town-walls
tionalmuseum, das alte Rathaus° und den großen Marktplatz.   city hall
Hier ist jedes Jahr vor Weihnachten° der berühmte Christkindl-   before Christmas
Markt. Welche deutsche Stadt ist das?

2. Diese alte Universitätsstadt kennen Sie sicher° auch. Sie   surely
liegt in Süddeutschland. Berühmt ist ihre Altstadt. Hier
kann man stundenlang durch die kleinen, engen° Straßen gehen.   narrow
Man kann die historischen Studentenlokale° besuchen und die   pubs
schönen, alten Häuser bewundern°. Von hier sieht man auch das   admire
berühmte Schloß.°   Schloß
    Jedes Jahr besuchen über° eine Million Touristen diese klei-   more than
ne, romantische Stadt und natürlich auch das große Schloß.
Wie heißt diese süddeutsche Stadt? Sicher wissen Sie es. Aber
was kann man dort noch sehen und tun?

3. Die letzte Stadt ist ein Wirtschaftszentrum.° Auch diese   trade/business center
Stadt hat einen weltberühmten Sohn, den Dichter° Johann Wolf-   writer
gang von Goethe. Sein Geburtshaus° ist heute ein Museum.   birthplace
    Auch diese sehr moderne Stadt hat viele Sehenswürdigkeiten.
Viele Touristen besuchen den alten Dom,° den Römer (das alte   cathedral
Rathaus), die historische Paulskirche° im Stadtzentrum oder den   church
großen, interessanten Zoo.
    Wissen Sie jetzt, welche deutsche Stadt das ist? Hier noch
eine kleine Hilfe: Die Stadt ist bekannt° durch den modernen,   well-known
internationalen Rhein-Main-Flughafen° und die weltberühmten   airport
heißen Würstchen haben den gleichen° Namen wie diese Stadt.   same

Schriftliche Übungen

Ergänzen Sie!

Sü 1
Was ist richtig:

welche, welches, welcher, welchen

1. _Welches_ Datum ist heute?
2. _____ Schlüssel brauchen Sie?
3. Durch _____ Stadt ist sie gefahren?
4. Für _____ Ingenieur ist der Brief?
5. Gegen _____ Baum ist er gefahren?
6. Um _____ Park laufen die Kinder?
7. _____ Buch lesen Sie gerade?
8. _____ Handschuhe möchten Sie?

Sü 2
Der Mann ist krank.
Der Arzt besucht **den kranken Mann.**

1. Der Pullover ist neu.
   Der neue Pullover ist sehr schön.

2. Dieses Buch ist interessant.
   Haben Sie _____ schon gelesen?

3. Die Socken sind braun.
   Der Herr kauft _____ .

4. Dieses Auto ist alt.
   _____ kaufe ich nicht.

5. Diese Liste ist lang.
   Nimm bitte _____ !

6. Dieser Regenschirm ist naß.
   Nehmen Sie _____ nicht!

7. Das Wort ist lang.
   Wie heißt _____ auf deutsch?

8. Dieser Komponist ist berühmt.
   Kennen Sie _____ ?

9. Die Stadt ist groß.
   Wo liegt _____ ?

10. Die Musik ist laut.
    Woher kommt _____ ?

Wortschatzübung

Wie heißt das Gegenteil?

voll	_leer_
billig	_____
kühl	_____
gut	_____
klein	_____
falsch	_____
dick	_____
neu	_____
langsam	_____
süß	_____
alt	_____
heiß	_____
lang	_____
stark	_____
jetzt	_____
zusammen	_____
etwas	_____
nie	_____
gestern	_____
wenig	_____
dort	_____
zu wenig	_____
unten	_____
links	_____
vorne	_____

Sie haben die Antwort nicht verstanden.
Fragen Sie!

Sü 3 | Der Januar hat einunddreißig Tage. (Januar = Monat)
Welcher Monat hat einundreißig Tage?

1. Morgen ist Montag.   (Montag = Tag)
2. Er möchte den Apfelkuchen.   (Apfelkuchen = Kuchen)
3. Der Mercedes ist sehr bequem.   (Mercedes = Auto)
4. Sie ißt gern Trauben.   (Trauben = Obst)
5. Bremen liegt im Norden von Deutschland.   (Bremen = Stadt)
6. Der Februar hat achtundzwanzig Tage.   (Februar = Monat)
7. Heute ist der erste Oktober.   (1. Oktober = Datum)
8. München hat das Kfz-Kennzeichen M.   (München = Stadt)
9. Apfelsaft hat keinen Alkohol.   (Apfelsaft = Getränk)
10. Mozart hat viele Opern geschrieben.   (Mozart = Komponist)

Im Plural, bitte!

Sü 4 | Wieviel hat die neue Tasche gekostet?
Wieviel haben die neuen Taschen gekostet?

1. Der blaue Pullover ist zu teuer.
2. Jede dunkle Jacke kostet vierzig Mark.
3. Welche berühmte Stadt meinen Sie?
4. Kennen Sie diesen jungen Mann?
5. Wo ist die leere Flasche?
6. Er hat den bequemen Stuhl gekauft.

Sü 5   Ergänzen Sie!

1. (the other students)   Kennst du _die anderen Studenten?_
2. (which thin books)   _____ meinen Sie?
3. (for this old gentleman)   Der Brief ist _____.
4. (the beautiful pictures)   Vergessen Sie nicht _____!
5. (this old brown sweater)   _____ trage ich sehr gern.
6. (all big German cities)   Er kennt _____.
7. (which empty bottles)   _____ suchen die Leute?
8. (each new passport)   _____ hat ein Bild.
9. (the right size)   Ich glaube, das ist _____.
10. (every month)   Hat _____ nur 28 Tage?
11. (this good old coat)   Er trägt _____ sehr gern.
12. (all new books)   Ich kann nicht _____ lesen.
13. (both brown purses)   Warum nehmen Sie nicht _____?
14. (the big dog)   _____ ist sehr alt.
15. (all small children)   _____ spielen gern.
16. (the wet umbrella)   Wo ist _____?
17. (the big old table)   _____ verkaufen wir nicht!
18. (this young lady)   _____ heißt Claudia.
19. (this young man)   Kennen Sie _____?
20. (the other chair)   Ist _____ noch frei?

Sü 6   Persönliche Fragen

1. Was lesen Sie jeden Tag?
2. Welche Sprache(n) sprechen Sie?
3. Welche deutschen Vornamen kennen Sie?
4. Welche Namen finden Sie schön
5. Müssen Sie jeden Tag arbeiten?
6. Welche berühmten Komponisten kennen Sie?
7. Welche Kleidergröße haben Sie?
8. Welche Schuhgröße?
9. Welche deutschen Städte haben Sie besucht?
10. Welche deutschen Maler kennen Sie?
11. Haben Sie dieses Jahr schon Urlaub gemacht?
12. Was tun Sie jeden Tag?

Wie viele Wörter können Sie hier bilden?

schnell
weiß
alt
schwarz
groß
klein
schmal
kurz
hoch
grün
kühl

-brot
-stadt
-zug
-film
-haus

Lösung der Aufgabe von Seite   : Welche deutschen Städte sind das?
1. Nürnberg, 2. Heidelberg, 3. Frankfurt am Main.

195

WORTSCHATZ

Nomen

der Dichter,-	writer, poet
der Dom,-e	cathedral
der Flughafen,"	airport
der Maler,-	painter
das Lokal,-e	restaurant, pub
das Rathaus,"er	city hall
das Schloß,"(ss)er	castle
das Würstchen,-	hot dog, frankfurter
die Altstadt,"e	old part of town
die Eisenbahn,-en	railroad, train
die Größe,-n	size
die Hilfe,-n	help, assistance
die Mauer,-n	wall
die Sehenswürdigkeit, -en	place worth seeing, tourist attraction
die Weihnachten,-	Christmas
die Wirtschaft (no pl.)	economy

Adjektive und Adverbien

ander-	other
anders	other, different
bekannt	well-known
bunt	multicolored
erst	first
eng	narrow
genau	exact(ly)
gleich	same
letzt-	last
preiswert	well priced, cheap
schmal	narrow
sicher	sure(ly)
stundenlang	for hours

Verben

anprobieren	to try on
bauen	to build
bewundern	to admire
meinen	to mean

Verschiedenes

beide	both
der wievielte ist heute?	What's the date today?
dieser	this, that
jeder	each, every
Entschuldigen Sie!	excuse me.
im Angebot sein	to be on sale, special offer
leider	unfortunately
übermorgen	day after tomorrw
vorgestern	day before yesterday
welcher	which
zum Beispiel	for example

Can you guess the meaning of these words?

Nomen

der Globus (pl. Globen)
der Markt,"e
der Marktplatz,"e
der Zoo,-s

das Angebot,-e
das Datum (pl. Daten)
das Geburtshaus
das Kaufhaus,"er
das Museum (pl. Museen)
das Stadtzentrum (pl. -zentren)
das Wirtschaftszentrum

die Stadtmauer,-n
die Straße,-n
die Taschenuhr,-en
die Universität,-en

Verben

konstruieren
reduzieren

Adjektive

international
historisch
modern
romantisch
süddeutsch

LEKTION 13

Mein heller Regenmantel ist weg!

Wo ist mein Mantel?
Mein Mantel ist weg!

● Was für ein Mantel war das?

▲ Ein heller Regenmantel.
Ich hatte einen hellen Regenmantel.

Variationen: Spielen Sie diese Szenen!

Wo ist mein Feuerzeug?
Mein Feuerzeug ist weg.

● Was für ein Feuerzeug war das?

▲ Ein kleines Feuerzeug aus Silber.
Ich hatte ein kleines Feuerzeug
aus Silber.

Wo ist meine Jacke?
Meine Jacke ist weg.

● Was für eine Jacke war das?

▲ Eine neue, braune Winterjacke.
Ich hatte eine neue, braune Winterjacke.

der		das		die	
Ausweis	amerikanisch	Heft	dünn	Tasche	braun
Schlüssel	klein	Wörterbuch	dick	Pfeife	teuer
Kugelschreiber	schwarz	Glas	voll	Uhr	neu
Bleistift	gelb	Hemd	weiß	Krawatte	blau

Einführung

Adjektivdeklination

Nominativ	Akkusativ

Was für ein Mantel (Pulli)
ist das?

Was für einen Mantel (Pulli)
suchen Sie?

Das ist ...
    ein brauner Mantel.
    ein weicher Pulli.

Ich suche ...
    einen braunen Mantel.
    einen weichen Pulli.

Möchten Sie **einen grünen**
Mantel?
    Nein, ich möchte **keinen**
grünen Mantel.

Was für ein Kleid (Hemd)
ist das?

Was für ein Kleid (Hemd)
brauchen Sie?

Das ist ...
    ein elegantes Kleid.
    ein schönes Hemd.

Ich brauche ...
    ein elegantes Kleid.
    ein schönes Hemd.

Möchten Sie **ein weißes** Hemd?
    Nein, ich möchte **kein**
weißes Hemd.

Was für eine Hose (Bluse)
ist das?

Was für eine Hose (Bluse)
tragen Sie heute?

Das ist ...
    eine sportliche Hose.
    eine dunkelblaue Bluse.

Ich trage ...
    eine sportliche Hose.
    eine dunkelblaue Bluse.

Tragen Sie **eine elegante** Hose?
    Nein, ich trage **keine ele-**
gante Hose.

Was können Sie hier kaufen (bestellen)?

Mantel Schick und sportlich Größe: 42 DM 185,--	Pullover Warm und weich Größe: 38 Farben: grün, hellblau DM 75,--	Anzug Sportlich, elegant Größe: 52 Farben: grau, braun DM 290,--
Bluse Attraktiv, kurz oder lang Größe: 36 Farbe: dunkelblau DM 35,--	Hose Bequem, preiswert Größe: 50 Farben: grau, blau, braun DM 86,--	Hemd Leicht, sportlich Alle Größen Viele Farben, bunt DM 22,--

Herr und Frau Kaiser waren einkaufen.

Diese neuen Sachen haben sie gekauft:

Hier sehen Sie Herrn Kaiser. Er trägt ...

einen neuen Pullover,

ein neues Hemd,

eine neue Hose.

seinen neuen Pullover,

sein neues Hemd,

seine neue Hose.

Aber sie haben **keine neuen** Schuhe gekauft.

Er hat auch keine neuen Socken.

Aber er hat **keine neuen** Schuhe. Er trägt **seine alten** Schuhe.

Und Sie? Was für einen Pullover (ein Hemd, eine Hose, usw.) tragen Sie heute?

GRAMMATIK

Preliminaries

EIN-WORDS. The term **ein**-words is a convenient label for a small group of words that take the same endings as the indefinite article **ein** and the plural of **kein** (=keine).

1 The ein-Words

The most common ein-words are **ein**, **kein** and the possessive adjectives **mein, dein, sein, ihr, unser, euer, ihr, Ihr.**

Review

	Masculine	Neuter	Feminine	Plural/All Genders
NOM.	**ein** Stuhl **kein** Stuhl **mein** Stuhl	**ein** Buch **kein** Buch **mein** Buch	**eine** Uhr **keine** Uhr **meine** Uhr	**keine** Bücher **meine** Uhren
ACC.	**einen** Stuhl **keinen** Stuhl **meinen** Stuhl			

Remember that in three instances (nominative/masculine and neuter, and accusative/neuter) the **ein**-words do not have an ending, and therefore do not indicate the gender, number and case of the noun following.

2 Adjective Declension After ein-Words

A The principal idea behind German adjective endings is that either the article (der- or ein-words) or the adjective itself has to indicate the gender, number and case of the noun following. Thus, in those instances where the ein-word does not have an ending, the adjective must assume the function of the definite article, namely to indicate by its ending the gender, number and case of the modified noun.

Again, there are only three instances where ein-words occur without endings:

Nominative/masculine   **ein** Stuhl
Nominative/neuter   **ein** Buch
Accusative/neuter   **ein** Buch

Note the shift in endings. The adjective will add the ending of the corresponding definite article.

	Masculine	Neuter
NOM.	der bequem**e** Stuhl ein bequem**er** Stuhl	das neu**e** Buch ein neu**es** Buch
ACC.		das neu**e** Buch ein neu**es** Buch

In all other instances, there is only one set of endings for adjectives preceded by **der-** or **ein-**words.

B Summary of adjective declension

	after **der**-words	after **ein**-words
Masc. Nom. Acc.	der groß**e** Wagen dieser groß**e** Wagen diesen groß**en** Wagen	ein groß**er** Wagen mein groß**er** Wagen mein**en** groß**en** Wagen
Neuter Nom. Acc.	das neu**e** Auto dieses neu**e** Auto	ein neu**es** Auto mein neu**es** Auto
Fem. Nom. Acc.	die braun**e** Tasche diese braun**e** Tasche	eine braun**e** Tasche meine braun**e** Tasche
Plural Nom. Acc.	die braun**en** Schuhe diese braun**en** Schuhe	keine braun**en** Schuhe meine braun**en** Schuhe

C Irregularities

The adjective **hoch** changes to **hoh-** when an ending is added:

> Der Schrank ist **hoch**.
> Das ist ein **hoher** Schrank.
> Wir haben einen **hohen** Schrank.

3 Was für ... ?

The interrogative expression **was für** has no literal equivalent in English. It means *what kind of* or simply *what*.

Was für ein Wagen ist das?	Das ist ein alter Wagen.
Was für einen Wagen haben Sie?	Ich habe einen alten Wagen.

Note: Was für ein/eine is an idiomatic expression in which **für**--usually an accusative preposition--is **not** followed by the accusative unless the sentence structure itself demands it.

4 The Use of aber and sondern

aber (but, however) can be used after a positive or a negative statement:

positive Er kommt, **aber** er kann nicht sehr lange bleiben.
He is coming, but he cannot stay very long.

negative Er ist nicht gekommen, aber seine Frau ist hier.
He didn't come, but his wife is here.

sondern (but, on the contrary) is only used to contradict a preceding negative statement.

> Er kommt **nicht** heute, **sondern** morgen.
> He is not coming today, but tomorrow.
>
> Diese Suppe ist **nicht** heiß, **sondern** kalt.
> This soup is not hot, but cold.

Like **aber, sondern** is a coordinating conjunction and does not affect word order.

5 Word Formation: Adjectives

Many German adjectives can be formed by compounding or by the addition of a prefix or a suffix to other parts of speech.

A Compounding

Two adjectives may be combined to form a new adjectival compound; in fact, the capacity of German to form new adjectives by compounding is virtually limitless.

Adjective + Adjective	Noun + Adjective
hell + blau = hellblau	der Preis + wert = preiswert
dunkel + blau = dunkelblau	das Wunder + schön = wunderschön
grün + blau = grünblau	das Haus + hoch = haushoch
	die Welt + berühmt = weltberühmt

When adjectives compound, the adjective ending is added to the last element.

der hellblaue Pullover das preiswerte Hemd
ein hellblauer Pullover ein preiswertes Hemd

B The prefix un-

Like the English prefixes *un-* and *non-*, the German prefix **un-** is used to negate the basic meaning of an adjective.

bequem	unbequem	gemütlich	ungemütlich
interessant	uninteressant	wirklich	unwirklich
modern	unmodern	verheiratet	unverheiratet

C The suffix -lich

Similar to the English suffixes *-ly* and *-y*, the German suffix **-lich** is added to nouns to form adjectives which suggest the quality of the original noun. Note that the stem vowel of the noun often takes an umlaut.

Vater	väterlich	(fatherly)
Mutter	mütterlich	(motherly)
Tag	täglich	(daily)
Natur	natürlich	(naturally)
Gott	göttlich	(godly)
Freund	freundlich	(friendly)
Sport	sportlich	(sporty)

Mündliche Übungen

Adjektivdeklination: Nominativ und Akkusativ/Singular

Maskulin

Das ist **der** neue Pullover.	Ich trage **den** neu**en** Pullover.
Das ist ein neu**er** Pullover.	Ich trage ein**en** neu**en** Pullover.

Was für ein Wagen ist das?

Mü 1
> Der Porsche ist schnell.
> Der Porsche ist **ein schneller** Wagen.

1. Der Mercedes ist bequem.
2. Der Volkswagen ist klein.
3. Der Opel ist preiswert.
4. Der Rolls Royce ist teuer.
5. Der BMW ist schön.
6. Der Fiat ist billig.

Was für einen Wagen möchten Sie?

Mü 2
> schnell
> Ich möchte **einen schnellen** Wagen.

1. billig
2. teuer
3. deutsch
4. amerikanisch
5. groß
6. klein
7. gut
8. alt
9. neu
10. schön
11. preiswert
12. blau

Antworten Sie mit **nein**!

Mü 3
> Ist das ein neuer Pullover?
> Nein, das ist **kein neuer** Pullover.
> Ich habe **keinen neuen** Pullover.

1. Ist das ein deutscher Ausweis?
2. Ist das ein gelber Bleistift?
3. Ist das ein bequemer Stuhl?
4. Ist das ein roter Kugelschreiber?
5. Ist das ein grauer Mantel?
6. Ist das ein neuer Kalender?

Neutrum

Das ist **das** neue Kleid.	Die Dame trägt das neue Kleid.
Das ist ein neu**es** Kleid.	Die Dame trägt ein neu**es** Kleid.

Was für ein Haus ist das?

Mü 4
> Das Krankenhaus ist groß.
> Das Krankenhaus ist **ein großes** Haus.

1. Das Gartenhaus ist alt.
2. Das Klubhaus ist klein.
3. Das Schulhaus ist groß.
4. Das Ferienhaus ist hübsch.
5. Das Wohnhaus ist modern.
6. Das Hochhaus ist hoch.

Was für ein Buch (Radio, Auto, usw.) ist das?
Was für ein Buch (Radio, Auto, usw.) brauchen Sie?

Mü 5
> Das Bett ist bequem.
>   Das ist **ein bequemes** Bett.
>   Ich brauche **ein bequemes** Bett.

1. Das Feuerzeug ist billig.	5. Das Auto ist alt.
2. Das Zimmer ist groß.	6. Das Telefon ist grau.
3. Das Radio ist neu.	7. Das Heft ist dünn.
4. Das Buch ist interessant.	8. Das Hemd ist bunt.

Was ist das **nicht**?
(das Gegenteil, bitte!)

Mü 6
> ein kleines Zimmer
> Das ist **kein großes** Zimmer.

1. ein altes Auto	4. ein leeres Glas	7. ein gutes Hotel
2. ein kurzes Kleid	5. ein dickes Buch	8. ein warmes Bier
3. ein teures Hemd	6. ein schnelles Auto	9. ein langes Wort

Feminin

Das ist **die** schöne Tasche.	Er kauft **die** schöne Tasche.
Das ist **eine** schöne Tasche.	Er kauft **eine** schöne Tasche.

Was für eine Stadt ist das?

Mü 7
> Berlin ist berühmt.
> Berlin ist **eine berühmte** Stadt.

1. Augsburg ist alt.	4. München ist berühmt.	7. Hamburg ist groß.
2. Frankfurt ist modern.	5. Heilbronn ist klein.	8. Berlin ist interessant.
3. Stuttgart ist teuer.	6. Würzburg ist schön.	9. Bonn ist wichtig.

Was haben (brauchen, möchten, kaufen, usw.) Sie **nicht**?

Mü 8
> Die Uhr ist teuer.
> Ich brauche **keine teure** Uhr.

1. Die Hose ist schwarz.	4. Die Krawatte ist bunt.	7. Die Lampe ist neu.
2. Die Brille ist stark.	5. Die Milch ist heiß.	8. Die Bluse ist alt.
3. Die Tasche ist braun.	6. Die Pfeife ist klein.	9. Die Dose ist leer.

	Nominativ	Akkusativ
Mask.	Das ist ein schöner Pullover.	Ich trage einen schönen Pullover.
Neut.	Das ist ein schönes Hemd.	Er trägt ein schönes Hemd.
Fem.	Das ist eine schöne Bluse.	Sie trägt eine schöne Bluse.

Was für ein/eine ... ist das?
Was für ein/eine/einen ... sehen (haben, kennen, tragen, usw.) Sie?

Mü 9

> Der Junge ist klein.
>   Das ist **ein kleiner** Junge.
>   Ich kenne **einen kleinen** Jungen.

1. Die Frau ist jung.	9. Der Zug ist langsam.
2. Der Kalender ist neu.	10. Das Buch ist dick.
3. Das Kind ist müde.	11. Der Stuhl ist bequem.
4. Die Pause ist lang.	12. Die Schule ist modern.
5. Das Heft ist dünn.	13. Der Tisch ist alt.
6. Die Flasche ist voll.	14. Die Tasche ist teuer.
7. Die Jacke ist billig.	15. Der Regenschirm ist naß.
8. Das Hemd ist weiß.	16. Der Pullover ist billig.

Erklären°Sie die Wörter!   (**erklären**: to explain)
Was ist das?

Mü 10

> Kleinstadt.
> Eine Kleinstadt ist **eine kleine** Stadt.

1. Großstadt	5. Hochhaus	9. Jungmädchen
2. Kleinkind	6. Schnellzug	10. Kurzwort
3. Kleinauto	7. Privathaus	11. Privatstraße
4. Niedrigpreis	8. Kleinfamilie	12. Rotwein

Possessivpronomen/Singular

	ein	**neuer** Mantel		**ein blaues** Hemd		**eine alte** Tasche	
Nom.	mein	neuer Mantel		mein blaues Hemd		meine alte Tasche	
Akk.	meinen	neuen Mantel		mein blaues Hemd		meine alte Tasche	

Was ist das?

Mü 11

> **Er** hat ein neues Auto.
> Das ist **sein neues** Auto.

1. **Sie** hat eine neue Uhr.	5. **Sie** haben ein rotes Telefon.
2. **Er** trägt ein schönes Hemd.	6. **Er** hat eine kranke Mutter.
3. **Ich** fahre einen alten Wagen.	7. **Ihr** habt ein berühmtes Bild.
4. **Wir** rufen einen großen Hund.	8. **Du** hast einen guten Freund.

Bilden Sie **einen** Satz!

Mü 12

> Hier ist mein Bleistift. Er ist gelb.
> Hier ist **mein gelber** Bleistift.

1. Sie sucht ihren Schlüssel. Er ist klein.
2. Das ist sein Feuerzeug. Es ist neu.
3. Seine Frau liegt im Bett. Sie ist krank.

4. Wer hat meinen Kugelschreiber? Er ist rot?
5. Kennen Sie seinen Onkel? Er ist berühmt.
6. Ist das dein Regenschirm? Er ist schwarz.
7. Wo ist unsere Zeitung? Sie ist neu.
8. Wer hat dein Buch? Es ist alt.

Possessivpronomen/Plural

	die neuen Schuhe
Nom.	Hier sind meine neu**en** Schuhe.
Akk.	Ich trage meine neu**en** Schuhe.

Was für Schuhe (Schlüssel, Bücher, usw.) sind das?

MÜ 13
> Seine Schuhe sind schwarz.
> Das sind **seine schwarzen Schuhe.**

1. Seine Socken sind braun.
2. Ihre Handschuhe sind schön.
3. Unsere Bilder sind neu.
4. Ihre Bücher sind alt.
5. Meine Strümpfe sind dünn.
6. Deine Hosen sind dunkel.

Was möchten Sie **nicht**?

MÜ 14
> Die Jeans sind alt.
> Ich möchte **keine alten** Jeans.

1. Die Äpfel sind sauer.
2. Die Schuhe sind teuer.
3. Die Tomaten sind grün.
4. Die Socken sind dünn.
5. Die Strümpfe sind dick.
6. Die Zeitungen sind alt.
7. Die Krawatten sind bunt.
8. Die Kartoffeln sind groß.

MÜ 15 Auf deutsch, bitte!

1. He doesn't need a new car.
2. Your dress is beautiful.
3. I don't see any red pens.
4. He doesn't want expensive shoes.
5. This is my old friend Peter.
6. Do you know a good doctor?
7. Where is my old raincoat?
8. He is looking for his small key.
9. What kind of books are you reading?
10. She needs a very elegant dress.
11. I can wear my old black shoes.
12. Where are the full bottles?
13. We don't have any full bottles.
14. This is a large city.
15. Is this purse very expensive?
16. We don't sell any expensive purses.

Wortschatzerweiterung: Das Wohnzimmer und die Möbel

Was für ein Wohnzimmer (ein Teppich, eine Couch, usw.) ist das?

Was für ein Wohnzimmer (einen Teppich, usw.) sehen wir hier?

Dieses Wohnzimmer ist nicht dunkel, sondern hell.
Der Teppich ist nicht schmutzig, sondern sauber.
Der Fernseher ist nicht alt, sondern neu.
Der Schrank ist nicht niedrig, sondern hoch.
Der Vorhang ist nicht kurz, sondern lang.
Das Sofa (die Couch) ist nicht schmal, sondern breit.

Der Couchtisch ist rund.
Die Stereoanlage ist modern.
Das Bild ist hübsch.

Wie finden Sie die Möbel?   Ich finde den.../das.../die... sehr schön.
Was für Möbel sind das?   Das ist ein hoher Schrank, usw.

Was für Möbel haben Sie?   Ich habe einen.../ein.../eine....

gemütlich   zu modern
schön hell   zu breit
bequem   zu schmal

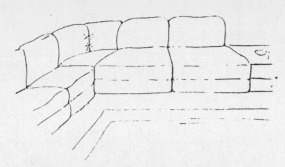

zu groß/zu klein für das Zimmer
nicht modern genug
nicht schlecht
schrecklich

toll
phantastisch
ziemlich klein
ganz gut

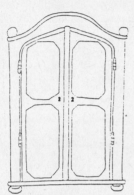

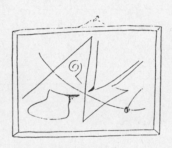

zu hoch
wunderbar
sehr schön

hübsch
ganz nett
nicht schlecht

Welche Möbel finden Sie ...?

praktisch/unpraktisch?
bequem/unbequem
gemütlich/ungemütlich
modern/unmodern

Schriftliche Übungen

Sü 1   Üben Sie!

er   **sie**

ein guter Arzt _eine gute Ärztin_

_____ eine deutsche Studentin

ein amerikanischer Soldat _____

_____ eine alte Dame

_____ eine kranke Frau

ein junger Vater _____

ein netter Kollege _____

_____ eine andere Kellnerin

mein alter Onkel _____

_____ meine gute Freundin

ein junger Mechaniker _____

_____ meine kleine Schwester

unser kranker Sohn _____

_____ eine neue Lehrerin

Sü 2   Erklären Sie! Wer/Was ist das?

1. Nürnberg
2. der Intercity
3. Albrecht Dürer
4. Johann Sebastian Bach
5. der Cadillac
6. der Rolls Royce
7. die Bundesrepublik
8. Berlin
9. Österreich
10. der Volkswagen

Antworten Sie mit **nein**!

Sü 3

> Hat er ein neues Auto? ➔ Nein, er hat **kein neues** Auto.
> Ist das Auto neu? ➔ Nein, es ist **nicht neu**.

1. Brauchen Sie ein neues Sofa?
2. Ist der Tisch frei?
3. Ist das ein bequemer Sessel?
4. War es gestern warm?
5. Möchten Sie eine andere Tasse?
6. Heißt das Mädchen Christine?
7. Haben Sie einen großen Fernseher?
8. Ist die Tasche groß?
9. Möchten Sie einen neuen Teppich?
10. War diese Antwort richtig?

Sü 4   Was tragen Sie?

Ich trage ...

1. (leicht) _einen leichten_ Pulli.
2. (hellblau) _____ Bluse.
3. (bunt) _____ Hemd.
4. (sportlich) _____ Mantel.
5. (dunkel) _____ Kleid.
6. (neu) _____ Brille.
7. (hell) _____ T-Shirt.
8. (bequem) _____ Hose.

Sü 5   Ergänzen Sie!

1. Der Schrank ist nicht hoch, sondern *niedrig* .
   Das ist *ein niedriger Schrank* .
   Sie sehen hier *einen niedrigen Schrank.*

2. Der Sessel ist nicht alt, sondern _____.
   Das ist _____.
   Wir haben _____.

3. Das Hemd ist nicht schmutzig, sondern _____.
   Das ist _____.
   Er trägt _____.

4. Die Bluse ist nicht hell, sondern _____.
   Das ist _____.
   Sie hat _____ getragen.

5. Der Vorhang ist nicht kurz, sondern _____.
   Das ist _____.
   Wir haben _____.

6. Das Sofa ist nicht schmal, sondern _____.
   Das ist _____.
   Sie haben _____ bestellt.

7. Die Stadt ist nicht groß, sondern _____.
   Das ist _____.
   Der Bus ist durch _____ gefahren.

8. Der Teppich ist nicht billig, sondern _____.
   Das ist _____.
   Sie haben _____ gekauft.

Sü 6   Welche Adjektive passen?

Dieses Wochenende haben Isolde und Günther Kaiser viele
Gäste. Warum? Das ist eine ___*gute*___ Frage. Bitte,
gehen wir ins Wohnzimmer, denn dort finden wir die Antwort.

    Sehen Sie? Hier ist alles _____ und _____.
Im Wohnzimmer liegt jetzt ein _____ Teppich. Früher hatten sie einen _____ (Teppich). Ist er nicht _____? Er war auch sehr _____. Hinten steht
ein _____ Schrank. Den _____ (Schrank) haben
sie verkauft. Und dort, sehen Sie den _____ Vorhang? Früher hatten sie einen _____ (Vorhang).
Das _____ Sofa, den _____ Tisch und die beiden
_____ Sessel haben sie auch gekauft. Ja, das war
nicht _____, und für ihre _____ Möbel haben
sie nicht viel bekommen. Nein, sie haben keinen _____
Fernseher. Der _____ (Fernseher) läuft noch ziemlich
gut.

braun
teuer
rund
modern
weiß
alt
neu
schön
kurz
lang
bequem
billig
gut

Sü 7   Ergänzen Sie!

1. my German friends   _Meine deutschen Freunde_ sprechen auch Englisch
2. a long letter   Sie haben _____ geschrieben.
3. the old lady   Heute besuchen wir _____.
4. which red carpet   _____ meinen Sie?
5. their long curtains   _____ sind sehr schön.
6. my black pen   Wo ist _____?
7. her black pen   Sie kann _____ nicht finden.
8. a little boy   Dort kommt _____.
9. the little boy   Wie heißt _____?
10. the little boy   Kennen Sie _____?
11. a nice picture   Wir haben _____ gekauft.
12. a good secretary   Sie ist _____.
13. each German student   _____ hat einen Ausweis.
14. the young American   _____ studiert in Deutschland.
15. his little sister   Wie heißt _____?
16. all blue shirts   _____ sind im Angebot.
17. their old friends   Wo wohnen _____?
18. his old aunt   Er hat _____ besucht.
19. a brown sweater   Sie hat _____ getragen.
20. the green sweater   _____ ist sehr preiswert gewesen.
21. the American tourists   _____ fahren morgen nach Berlin.
22. a very nice livingroom   Sie haben _____.

Spiel

Welche Adjektive passen hier?	
der Schnee	_weiß_
das Essen	_____
eine Tomate	_____
eine Gurke	_____
das Obst	_____
die Nacht	_____
das Baby	_____
der Ball	_____
eine Zitrone	_____
das Wasser	_____
die Jeans	_____
die Suppe	_____
das Schloß	_____

Spiel

Wer/Was ist das?	
Bruder und Schwester	_Geschwister_
Deutschland und Frankreich	_____
Wein und Bier	_____
Äpfel und Pfirsiche	_____
Sessel und Tisch	_____
Samstag und Sonntag	_____
Stuttgart und Bremen	_____
Picasso und Dürer	_____
Beethoven und Mozart	_____
Vater und Mutter	_____
Mäntel und Hosen	_____

Sü 8   Persönliche Fragen

1. Haben Sie ein Auto? Was für ein Auto haben Sie?
2. Was für einen Reisepaß haben Sie?
3. Was für eine Zeitung lesen Sie jeden Tag?
4. Haben Sie eine große oder eine kleine Familie?
5. Was für eine Wohnung (ein Zimmer) haben Sie?
6. Haben Sie einen deutschen Freund?
7. Kennen Sie einen berühmten deutschen Dichter? (Wie heißt er?)
8. Können Sie ein nettes Café empfehlen?

WORTSCHATZ

Nomen

der Fernseher,-	TV set
der Schrank,⁻e	cabinet, closet
der Sessel,-	easy chair
der Teppich,-e	rug, carpet
der Vorhang,⁻e	drapé, curtain
die Möbel (pl.)	furniture
die Sache,-n	thing, object
die Stereoanlage,-n	stereo set

Verben

| erklären | to explain |

Verschiedenes

aus Silber	(made) of silver
sondern	but, on the contrary
weg	here: gone

Adjektive

amerikanisch	American
bequem	comfortable
breit	wide
dunkel	dark
gemütlich	comfortable, pleasant
hell	light
hoch	high
hübsch	pretty
leicht	light, easy
nett	nice
niedrig	low
sauber	clean
schmutzig	dirty
schrecklich	terrible
toll	mad, crazy, wild
weich	soft
wunderbar	wonderful

Can you guess the meaning of these words?

Nomen

der Garten,⁻
der Couchtisch,-e

das Ferienhaus,⁻er
  Gartenhaus
  Hochhaus
  Klubhaus
  Wohnhaus
  Schulhaus
das Silber
das Sofa,-s
das Wohnzimmer,-

die Couch,-es

Adjektive

attraktiv
elegant
dunkelblau
hellblau
phantastisch
praktisch
rund
schick
sportlich

LEKTION 14

Der Stadtplan

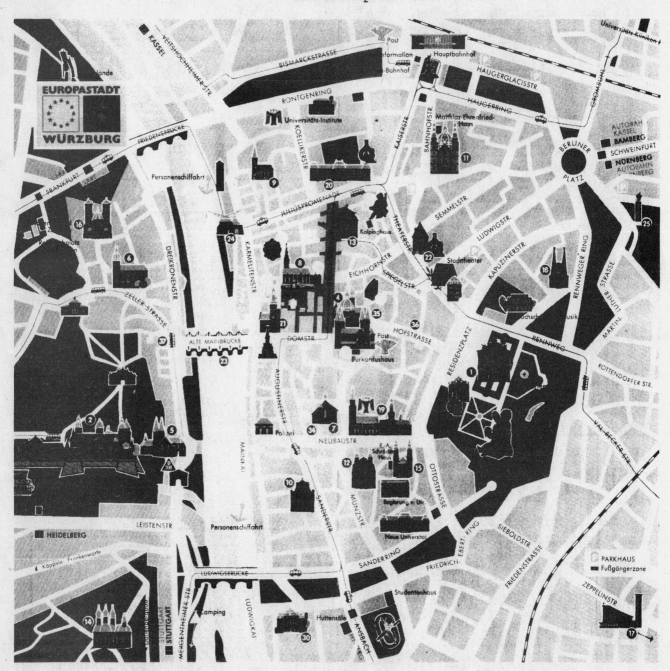

Studieren Sie den Stadtplan! Wo ist ...?

der Bahnhof
der Dom
der Marktplatz
der Fluß
(=der Main)
der Campingplatz
der Schloßpark

das Schloß
(=die Residenz)
das Theater
das Studentenhaus
das Münster
das Museum

die Jugendherberge
die Ludwigsbrücke
die Burg (die Festung)
die Universität
die Polizei
die Post
die Fußgängerzone

Wie kommt man zur Münzstraße?

Entschuldigen Sie bitte! Wie komme ich zur Münzstraße?

● Zur Münzstraße möchten Sie? Ja, sie ist nicht weit von der Ludwigsbrücke, irgendwo bei der Universität.

▲ Und wie kommt man zur Ludwigsbrücke oder zur Universität?

● Ja, das ist das Problem. Ich wohne erst seit einem Monat in Würzburg, und ich fahre immer mit der Straßenbahn in die Stadt.

▲ Danke schön.

▲ Entschuldigung! Zur Münzstraße, bitte!

● Tut mir leid. Ich bin auch nicht von hier, aber ich weiß, die Münzstraße ist irgendwo bei der Universität.

▲ Danke.

▲ Entschuldigen Sie bitte! Wie kommt man von hier zur Universität?

● Zur Universität? Fahren Sie geradeaus bis zur Ludwigsbrücke, dann gleich links. Das ist der Sander Ring. Nach der zweiten Querstraße ist links die Universität.

▲ Wissen Sie auch, wo die Münzstraße ist?

● Ja, die zweite Querstraße ist die Münzstraße.

▲ Vielen Dank.

Variationen: Studieren Sie den Stadtplan, dann spielen Sie die Szenen!

Ein Tourist sucht die Burg.
    Wie kommt man von der Domstraße zur Festung Marienberg?

Eine Dame sucht den Bahnhof.
    Wie kommt man vom Berliner Platz zum Bahnhof?

Ein Autofahrer sucht die Autobahn nach Frankfurt.
    Wie kommt man von der Kaiserstraße zur Autobahn Frankfurt?

Ein junger Mann sucht das Studentenhaus.
    Wie kommt man von der Ottostraße zum Studentenhaus?

Einführung

Präpositionen mit Dativ: **aus, gegenüber, zu, seit, mit, von, bei, nach**

Hier sehen Sie eine Kirche.
Viele Leute kommen gerade **aus der Kirche.**

Woher kommen die Leute?
    Kommen sie **aus dem** Bahnhof?
    Kommen sie **aus dem** Schloß?
    Kommen sie **aus der** Post?

Ein junger Mann steht **gegenüber der Kirche.**

Wo steht der junge Mann?
    Steht er **gegenüber dem** Marktplatz?
    Steht er **gegenüber dem** Studentenhaus?
    Steht er **gegenüber der** Jugendherberge?

Er sucht die Münzstraße. Er fragt eine Dame:
"Entschuldigen Sie! Wie komme ich **zur Münzstraße**?"

Wohin möchte der junge Mann?
    Möchte er **zum** Berliner Platz?
    Möchte er **zum** Rathaus?
    Möchte er **zur** Ottostraße?

Die Dame weiß nicht, wo die Münzstraße ist.
Sie wohnt erst **seit einem Monat** in Würzburg.

Seit wann wohnt die Dame in Würzburg?
    Wohnt sie **seit einem** Monat dort?
    Wohnt sie **seit einem** Jahr dort?
    Wohnt sie **seit einer** Woche dort?

Die Dame nimmt immer die Straßenbahn. Sie
fährt immer **mit der Straßenbahn.**

Womit fährt sie?
    Fährt sie **mit dem** Bus?
    Fährt sie **mit dem** Auto?
    Fährt sie **mit der** Straßenbahn?

Wortschatzerweiterung: Womit kann man fahren?
Womit kann man fliegen?

1. das Fahrrad   2. das Motorrad   3. das Moped

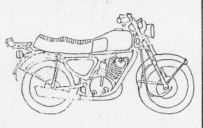

4. der Lastwagen (der LKW)

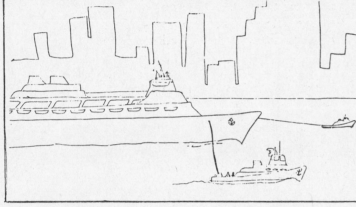
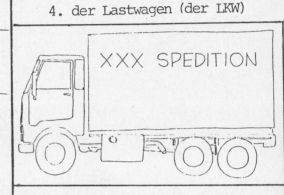

5. das Schiff   6. das Boot

7. das Flugzeug

Wissen Sie, wo die Münzstraße ist?
Studieren Sie den Stadtplan!

Ist sie weit vom Dom?
         weit vom Schloß?
         weit von der Universität?

Wo ist die Münzstraße?

Sie ist weit vom Dom und weit vom
Schloß. Aber sie ist nicht weit von
der Universität.

Die Münzstraße ist nicht weit von
der Universität. Sie ist gleich
bei der Universität.

Ist sie gleich beim Bahnhof?
         gleich beim Schloß?
         gleich bei der Universität?

Wo ist die Münzstraße?

Sie ist gleich bei der Universität.

Und wie heißt die Querstraße nach
der Universität?

Die Querstraße nach der Universität
heißt Ottostraße.

GRAMMATIK

Preliminaries

PREPOSITIONS and **CASE.** As was pointed out, German prepositions function the same as English, except that the object of a German preposition must be in a specific case.

You will remember that the prepositions **durch, für, gegen, ohne** and **um** are always followed by the accusative case.

Er geht durch den **Park.**	He is walking through the park.
Der Brief ist **für mich.**	The letter is for me.
Sie kommt ohne **ihren Mann.**	She is coming without her husband.

This chapter introduces prepositions which can only be followed by the dative case.

1 Prepositions Followed by the Dative Case

The following prepositions are always followed by the dative:

aus	out of, from
bei	with, near, at the place of
gegenüber	opposite, across from
mit	with, by (=by means of)
nach	after, to
seit	since, for (with expressions of time)
von	from, of
zu	to

2 Forms of the Dative Case

A   The definite and indefinite articles and, as a result, all **der-** and **ein-**words, take special endings when used in the dative case. Notice that the masculine and neuter endings are alike.

Dative Case: **der-** and **ein-**Words in the Singular

	Masculine	Neuter	Feminine
der-words	**dem** Mann diesem Mann welchem Mann	**dem** Auto diesem Auto welchem Auto	**der** Frau dieser Frau welcher Frau
ein-words	**einem** Mann keinem Mann meinem Mann	**einem** Auto keinem Auto meinem Auto	**einer** Frau keiner Frau meiner Frau

B The dative form of the interrogative pronoun **wer** (who) is **wem** (whom).

> **Mit wem** ist sie ins Kino gegangen?
> With whom did she go to the movies?
>
> **Von wem** ist dieser Brief?
> From whom is this letter?

C Weak Nouns

Generally, nouns do not take an ending in the dative singular and thus are identical to the nominative and accusative forms. However, those nouns which take the ending **-en** or **-n** in the accusative must take the same ending in the dative case.

Nominative	Accusative	Dative
Das ist ...	Ich sehe ...	Ich spreche mit ...
der Herr	den Herrn	dem Herrn
der Soldat	den Soldaten	dem Soldaten
der Polizist	den Polizisten	dem Polizisten
der Tourist	den Touristen	dem Touristen
der Student	den Studenten	dem Studenten
der Kollege	den Kollegen	dem Kollegen
der Kunde	den Kunden	dem Kunden
der Junge	den Jungen	dem Jungen

3 Meaning and Usage of Dative Prepositions

A Contractions

The prepositions **bei**, **von** and **zu** are often contracted with the definite article.

bei dem Arzt	(masc.)	=	**beim** Arzt
bei dem Kino	(neuter)	=	**beim** Kino
von dem Park	(masc.)	=	**vom** Park
von dem Museum	(neuter)	=	**vom** Museum
zu dem Bahnhof	(masc.)	=	**zum** Bahnhof
zu dem Hotel	(neuter)	=	**zum** Hotel
zu der Kirche	(fem.)	=	**zur** Kirche

B aus / von

1. **aus** (from, out of) is used with names of place or origin such as a city or country and/or to indicate location.

origin:	Ich komme aus Hamburg.	I come from Hamburg.
	Der Brief kommt **aus** Bremen.	The letter comes from Bremen.
location:	Sie kommt **aus der** Kirche.	She's coming out of the church.
	Er trinkt **aus einem** Glas.	He's drinking out of a glass.

2. **von** (from, of) is used with persons and when indicating *from one point to another.*

Von wem sprechen Sie?	Whom do you speak of?
Der Brief ist **von** Claudia.	The letter is from Claudia.
Er fährt **von** Kiel **nach** Bonn.	He's driving from Kiel to Bonn.

Contrast:

Der Zug kommt **aus** München.
Der Zug fährt **von** München **nach** Augsburg.

Der Brief ist **aus** München.
Der Brief ist **von** meinem Bruder.

C nach / zu

1. **nach** (to, toward) is used to refer to cities, towns, countries and continents. **Nach** (after) is also used to indicate time.

Wir fahren **nach** Berlin (Österreich, Amerika).	We are going to Berlin (Austria, America).
Es ist fünf Minuten **nach** drei.	It's five minutes after three.
Was machen Sie nach der Pause?	What are you doing after the break?

2. **zu** (to) is used when referring to places without a proper geographical name such as places within a city or town. **Zu** is also used with persons.

Wie komme ich **zum** Schloß?	How do I get to the castle?
Er fährt **zur** Universität.	He is driving to the university.
Sie geht **zu** ihrer Schwester.	She's going to her sister.

Contrast:

Wir fahren **nach** Hamburg.
Wir fahren **zum** Bahnhof.

3. **Idiomatic use**

nach:	Wir gehen nach Hause.	We are going home.
zu:	Wir sind zu Hause.	We are at home.
	Er geht zu Fuß.	He is walking
	zum Beispiel	for example
	zum Geburtstag	for one's birthday
	zum Essen	for dinner

D bei / mit

1. **bei** (at, with, in the sense of *at the house of*) expresses the idea of close proximity, nearness.

Sie wohnt **bei** ihrer Tante.	She is living at her aunt's place.
Er ist **beim** Arzt.	He is at the doctor's.
Offenbach liegt **bei** Frankfurt.	Offenbach is near Frankfurt.
Das Hotel ist **beim** Bahnhof.	The hotel is near the station.

2. <u>mit</u> *(with, by, by means of)*

Er spricht **mit dem** Kellner.　　　He is speaking with the waiter.
Sie kommt **mit ihrer** Mutter.　　　She is coming with her mother.
Ich komme **mit dem** Zug.　　　　I am coming by train.

Note: The preposition **bei** does not correspond to English *by*
Where English uses *by, by means of* to express means of
travel, German uses **mit** and the definite article: **mit dem**
Zug, mit der Straßenbahn.

E　<u>seit</u> *(since, for* in reference to time)

The preposition **seit** is used with expressions of time to express an
action or situation that started in the past but is continuing in the
present.

Seit wann wohnen Sie dort?　　Since when have you been living there?
Er ist **seit einem Jahr** in　　　He has been in Germany for one year.
Deutschland.
Seit dem Sommer ist sie bei uns.　She has been with us since summer.

Note: English uses the prepositions *since* and *for* with the present
perfect tense, whereas German uses **seit** with the present tense.

4　Wo-Compound: <u>Womit</u>?

When asking questions about things or ideas, German uses a compound consisting of **wo-** and a preposition. This chapter introduces **womit** (with
what).

Womit fahren Sie?　　　　Ich fahre **mit dem** Fahrrad.
Womit kann man schreiben?　Man kann **mit einem** Bleistift schreiben.

but:

Mit **wem** fahren Sie?　　　Ich fahre **mit meiner** Mutter.

5　Adjectives Derived from City Names

Adjectives derived from names of cities are formed by adding **-er** to
the proper name. They are not declined.

der Berlin**er** Platz　　　　Frankfurt**er** Würstchen
das Heidelberg**er** Schloß　　Nürnberger Bratwurst
die Würzburg**er** Straße　　　Stuttgarter Bier

6 The Impersonal Expression es gibt

Es gibt corresponds to English *there is, there are,* and is used when no attempt is made to bring an activity into relation with a specific subject; that is, it is used to state things in a general way.

Es gibt Pudding zum Nachtisch.	There is pudding for dessert.
Gibt es hier ein kleines Hotel?	Is there a small hotel here?

Note that **es gibt** is followed by the accusative and can be used with singular and plural nouns.

Gibt es dort einen Parkplatz?	Is there a place to park over there?
Gibt es dort Parkplätze?	Are there places to park over there?

Mündliche Übungen

Prepositions mit dem Dativ

aus
Woher kommen die Leute?

MÜ 1

> die Kirche: Sie kommen aus der Kirche.

1. die Stadt	4. das Haus	7. der Bahnhof
2. das Kino	5. die Post	8. das Restaurant
3. der Park	6. das Hotel	9. die Universität

Fragen Sie!

MÜ 2

> Frau Braun ist in die Stadt gegangen.
> Wann kommt sie aus der Stadt?

1. Das Mädchen ist ins Haus gegangen.
2. Die Dame ist in die Kirche gegangen.
3. Herr Sander ist in das Klassenzimmer gegangen.
4. Der Mann ist ins Hotel gegangen.
5. Die Sekretärin ist ins Büro gegangen.

gegenüber
Wo ist das?

MÜ 3

> Hotel — Bahnhof: Das Hotel ist gegenüber dem Bahnhof.

1. Hotel — Park	3. Park — Schloß	5. Post — Schule
2. Cafe — Theater	4. Geschäft — Kirche	6. Büro — Polizei

nach/zu

Wohin fahren Sie?

Mü 4

> das Schloß: Wir fahren zum Schloß.
> Berlin: Wir fahren nach Berlin.

1. der Marktplatz
2. Heidelberg
3. das Rathaus
4. die Kirche
5. die Münzstraße
6. Stuttgart
7. Garmisch
8. das Hotel
9. Nürnberg
10. die Universität
11. der Flughafen
12. die Post

Mü 5

> Er will seinen Bruder besuchen.
> Er fährt zu seinem Bruder.

1. Sie will ihre Mutter besuchen.
2. Er will seine Freundin besuchen.
3. Sie will meine Schwester besuchen.
4. Er will seine Tante besuchen.

seit

Seit wann sind die Leute in Deutschland?

Mü 6

> Die Dame ist im Sommer gekommen.
> Sie ist seit dem Sommer hier.

1. Der Soldat ist im Winter gekommen.
2. Meine Frau ist im Herbst gekommen.
3. Unsere Gäste sind diese Woche gekommen.
4. Unsere Eltern sind am Wochenende gekommen.

mit

Mit wem sprechen Sie Deutsch?

Mü 7

> der (ein, mein) Mann
> Ich spreche mit dem (einem, meinem) Mann Deutsch.

Diese Leute sprechen Deutsch:

1. der Lehrer
2. der Arzt
3. der Kellner
4. der Ingenieur
5. der Verkäufer
6. der Mechaniker

Vorsicht!
7. der Student
8. der Junge
9. der Herr
10. der Soldat
11. der Polizist

12. mein Freund
13. sein Bruder
14. ihr Mann
15. unser Onkel
16. mein Vater
17. ihr Sohn

Mit wem gehen Sie ins Kino?

Mü 8

> die (eine, meine) Frau
> Ich gehe mit der (einer, meiner) Frau ins Kino.

1. die Sekretärin
2. die Verkäuferin
3. die Studentin
4. die Dame
5. eine Kollegin
6. eine Freundin
7. eine Krankenschwester
8. eine Lehrerin
9. meine Mutter
10. seine Tante
11. ihre Schwester
12. unsere Mutter

Antworten Sie!

Mü 9

> Kommt sie ohne ihren Freund?
> Nein, sie kommt mit ihrem Freund.

1. Geht er ohne seine Frau ins Kino?
2. Ist das Kind ohne seinen Vater hier?
3. Kommst du mit deiner Freundin?
4. Fahren Sie mit Ihrem Mann nach Worms?

Womit fahren die Leute?

Mü 10

> Er nimmt den Zug.
> Er fährt mit dem Zug.

1. Sie nimmt den Intercity.
2. Er nimmt ein Taxi.
3. Wir nehmen den Bus.
4. Du nimmst die Straßenbahn.

Mü 11 Allgemeine Fragen

1. Womit kann man schreiben?
2. Womit kann man fahren?
3. Womit kann man fliegen?
4. Womit kann man etwas bezahlen?
5. Womit spielen die Kinder gern?
6. Womit können viele Leute besser sehen?

von (von dem = vom)
Sie haben nicht verstanden. Fragen Sie!

Mü 12

> Das Hemd ist sehr schön.
> Von welchem Hemd sprechen Sie?

1. Der Rock ist zu kurz.
2. Das Kleid ist neu.
3. Der Mantel ist teuer.
4. Der Anzug ist viel zu elegant.
5. Die Krawatte ist sehr bunt.
6. Die Hose ist ein bißchen zu lang.

Zum Geburtstag haben Sie viele Geschenke bekommen.
Von wem sind die Geschenke?

Mü 13

> Ein Kind hat das Bild gebracht.
> Das Bild ist von einem Kind.

1. Ein Mädchen hat den Kuchen gebracht.
2. Eine Freundin hat die Tasche gebracht.
3. Ein Freund hat die Flasche Wein gebracht.
4. Eine Dame hat die Bücher gebracht.
5. Seine Mutter hat die Blumen gebracht.

Antworten Sie!

Mü 14

> Sind die Blumen **für eine** Dame?
> Nein, sie sind **von einer** Dame.

1. Ist das Geld für seine Mutter?
2. Sind die Bilder für den Lehrer?
3. Ist die Tasche für seinen Vater?
4. Hat er das Buch für einen Kollegen gekauft?

bei (bei dem = beim)
Wo sind die Leute?

Mü 15

> Er ist zum Arzt gegangen.
> Er ist beim Arzt.

1. Sie ist zu ihrem Freund gegangen.
2. Er ist zu seiner Mutter gegangen.
3. Wir sind zu unserer Familie gegangen.
4. Ich bin zu einer Freundin gegangen.

Wo ist das?

Mü 16

> Die Haltestelle ist nicht weit vom Bahnhof.
> Sie ist gleich beim Bahnhof.

1. Das Geschäft ist nicht weit von der Universität.
2. Die Kirche ist nicht weit von der Haltestelle.
3. Das Café ist nicht weit vom Theater.
4. Der Bahnhof ist nicht weit von der Brücke.

nach

Ihre Freunde sind bei Ihnen.
Wann fahren Ihre Freunde wieder nach Hause?

Mü 17

> Sie bleiben eine Woche hier.
> Nach einer Woche fahren sie wieder nach Hause.

Sie bleiben ...

1. einen Monat
2. ein Jahr
3. eine Stunde
4. ein Vierteljahr
5. das Wochenende
6. einen Tag

Was machen die Leute dann? Fragen Sie!

Mü 18

> Wir essen jetzt.
> Was machen Sie nach dem Essen?

1. Wir machen jetzt eine Pause.
2. Wir machen im August Urlaub.
3. Wir haben jetzt Unterricht.
4. Wir gehen heute abend ins Kino.
5. Die Kinder gehen zur Schule.
6. Der Mann fährt zur Arbeit.

MÜ 19   Auf deutsch, bitte!

1. Here's a letter from your brother.
2. Are they driving to Munich?
3. Opposite the university is a large park.
4. He is drinking beer out of a wine glass.
5. She is living with an aunt.
6. Is she living at home?
7. Who is going to the airport?
8. What are we doing after the break?
9. Is he coming by bus or by train?
10. The restaurant is not far from the hotel.
11. From whom is this book?
12. We have been in Germany for one year.

Wortschatzübung

Wie heißt das Gegenteil?

heute	*gestern/morgen*
abends	_____
dort	_____
etwas	_____
nie	_____
mit	_____
nach	_____
oben	_____
links	_____
wenig	_____
krank	_____
gut	_____
teuer	_____
breit	_____
dick	_____
neu	_____
falsch	_____
weich	_____
hell	_____
lang	_____

Die Mahlzeiten

meals

Was gibt es zum Frühstück?

breakfast

Das deutsche Frühstück ist einfach.
Man trinkt Kaffee und ißt ein oder
zwei Brötchen mit Butter, Marmelade   rolls
oder Honig, aber auch Schwarzbrot,   honey
Käse oder ein weich-gekochtes Ei.   soft boiled egg
Kinder trinken Milch oder Kakao zum
Frühstück.

Viele Leute frühstücken um 10 oder
11 Uhr noch einmal. Sie essen dann
Brot mit Butter und Wurst oder Käse.   cold cuts/chees
Das ist dann das zweite Frühstück.

Was gibt es zum Mittagessen?

lunch

In Deutschland kommen die Kinder gewöhn-   usually
lich um ein Uhr von der Schule und essen
zu Hause. Das Mittagessen beginnt meistens mit einer Suppe. Dann gibt es
Fleisch oder Fisch mit Kartoffeln, Reis   meat
oder Nudeln und Gemüse oder Salat. Zum
Nachtisch gibt es vielleicht Pudding,
Eis oder Obst.

In Deutschland trinkt man kein Wasser und
keinen Kaffee zum Essen. Man trinkt Mine-
ralwasser oder ein Glas Bier. Kaffee
kann man nach dem Essen trinken.

Der Nachmittagskaffee

Nachmittags trinken viele Leute Kaffee
oder Tee. Man ißt auch etwas, vielleicht
ein Stück Kuchen oder Torte, aber auch
Brötchen mit Butter und Marmelade.

Was gibt es zum Abendessen?   dinner

Die letzte Mahlzeit ist das Abendessen.
Zu Hause gibt es meistens eine kalte Mahl-
zeit: Brot und Wurst, Fleisch, Käse oder
Eier und vielleicht Salat. Man trinkt
Tee oder Bier.

Fragen und Aufgaben zum Text

---

1 Antworten Sie!

1. Wie heißen die deutschen Mahlzeiten?
2. Wie heißt die erste Mahlzeit?
3. Wann gibt es Mittagessen?
4. Was trinkt man zum Frühstück?
5. Was ißt man?
6. Trinken Kinder auch Kaffee zum Frühstück?
7. Was trinken viele Leute zum Mittagessen?
8. Kommen die Kinder zum Mittagessen nach Hause?
9. Zu welcher Mahlzeit gibt es Kartoffeln und Gemüse?
10. Was gibt es zum Abendessen?
11. Wann ißt man einen Nachtisch?
12. Trinkt man in Deutschland Kaffee zum Essen?
13. Wann gibt es Kuchen oder Torte?
14. Womit beginnt das Mittagessen?

2 Die Mahlzeiten in Deutschland und in Ihrem Land. Vergleichen°Sie!   (compare)

Schriftliche Übungen

Präpositionen mit dem Dativ
Welche Präpositionen passen hier?

Sü 1   nach oder zu (zum, zur)

1. Wie komme ich ___*zur*___ Hauptstraße?
2. Er muß heute _____ Berlin fahren.
3. Ich gehe später _____ Arzt.
4. Der Zug fährt von Augsburg _____ München.
5. Er ist im Januar _____ Deutschland gekommen.
6. Sollen wir zu Fuß _____ Kirche gehen?

ITG H

Sü 2   aus oder von (vom)

1. Der Brief ist __von__ meiner Tante.
2. Ich habe einen Brief _____ Amerika bekommen.
3. Der Zug kommt _____ Hamburg.
4. _____ wem haben Sie das Auto gekauft?
5. Der Herr kommt _____ Florida.
6. Sie kommt gerade _____ der Kirche.

Sü 3   mit oder bei (beim)

1. Sie wohnt __bei__ ihrer Tante.
2. _____ wem ist er ins Kino gegangen?
3. Die Leute fahren _____ dem Zug.
4. Sie können _____ uns fahren.
5. Dachau liegt _____ München.
6. Er war _____ Arzt.

Sü 4   aus, bei, mit, nach, seit, von, zu

1. Ich fahre __mit__ meiner Frau nach Köln.
2. _____ wem ist der Brief?
3. Er kommt _____ dem Süden von Amerika.
4. Wir sind _____ einem Jahr in Deutschland.
5. Waren Sie schon _____ Ihrem Arzt?
6. Warum gehen Sie nicht _____ Ihrem Arzt?
7. Das Kino ist nicht weit _____ hier.
8. Fährt dieser Zug _____ Freiburg?
9. Sie wohnt _____ ihrer Mutter.
10. Wie kommt man _____ der Universität?
11. _____ dem Essen trinken wir eine Tasse Kaffee.
12. _____ einer Woche ist er wieder nach Hause gefahren.
13. Er ist schon _____ Montag krank.
14. Die Leute kommen gerade _____ der Kirche.
15. Es ist fünf Minuten _____ acht.
16. Er trinkt das Bier _____ der Flasche.

Sü 5   Ergänzen Sie!

1. (out of the house)   Er kommt gerade __aus dem Haus_____.
2. (of whom)   _____ sprechen Sie?
3. (with her friend)   Sie ist _____ ins Kino gegangen.
4. (from Kiel to Hamburg) Der Zug fährt _____.
5. (from my sister)   Ich habe das Buch _____ bekommen.
6. (opposite the hospital) _____ ist ein großer Park.
7. (after the concert)   _____ gehen wir in ein Restaurant.
8. (from Berlin)   Mein Freund kommt _____.
9. (to the church)   Wie komme ich _____?
10. (at the doctor's)   Waren Sie schon _____?
11. (for one week)   Er ist _____ hier.
12. (far from here)   Die Post ist nicht _____.
13. (from which lady)   _____ hast du das Geld bekommen?
14. (to my girlfriend)   Ich gehe jetzt _____.
15. (to which doctor)   _____ ist er gegangen?
16. (with her father)   Er wohnt _____.
17. (after seven o'clock) Es ist jetzt fünf Minuten _____.
18. (out of a wine glass) Warum trinkst du das Bier _____?
19. (since one hour)   Er ist _____ beim Arzt.
20. (near Frankfurt)   Offenbach liegt _____.

227

Wohin gehen/fahren Sie?

Sü 6 | Sie wollen einen Kugelschreiber und Papier kaufen.
Ich gehe zum Schreibwarengeschäft.

1. Sie müssen telefonieren, aber Sie haben kein Telefon zu Hause.
2. Sie wollen mit der Straßenbahn fahren.
3. Sie wollen mit dem Zug nach Frankfurt fahren.
4. Sie wollen nach Amerika fliegen.
5. Sie brauchen Brot, Gemüse und Obst.
6. Sie wollen tanken.
7. Sie wollen Ihre Telefonrechnung bezahlen.
8. Sie haben Deutschunterricht.

Wie kann man das noch sagen?

Sü 7 | Wir gehen ins Konzert und dann trinken wir ein Glas Wein.
Nach dem Konzert trinken wir ein Glas Wein.

1. Wir machen eine Pause und dann arbeiten wir wieder.
2. Er macht seine Arbeit und dann macht er eine Pause.
3. Sie geht ins Theater und dann besucht sie uns.
4. Wir gehen ins Kino und dann gehen wir nach Hause.

Sü 8   Persönliche Fragen

1. Gehen Sie oft zum Arzt?
2. Seit wann sind Sie in Deutschland?
3. Wo sind Sie zur Schule gegangen?
4. Von wem bekommen Sie viele Briefe?
5. Seit wann lernen Sie Deutsch?
6. Fahren Sie oft mit dem Zug?
7. Mit wem sprechen Sie Deutsch?
8. Mit wem fahren Sie dieses Jahr in Urlaub?
9. Mit wem gehen Sie oft ins Kino?
10. Trinken Sie Kaffee aus einem Glas?
11. Wie kommen Sie schnell nach Amerika?
12. Was machen Sie nach dem Unterricht?

Wortschatzübung

Adjektiv	Nomen
monatlich	der Monat
täglich	_____
stündlich	_____
wöchentlich	_____
mütterlich	_____
freundlich	_____
weihnachtlich	_____
wirtschaftlich	_____
ärztlich	_____
kindlich	_____
göttlich	_____
staatlich	_____
brieflich	_____

WORTSCHATZ

Nomen

der Fluß, ⸚(ss)e	river
der Fußgänger,-	pedestrian
der Käse,-	cheese
der Lastwagen,- (LKW,-s)	truck
der Nachtisch,-e	dessert
der Stadtplan, ⸚e	city map
das Boot,-e	boat
das Brot,-e	bread
das Brötchen,-	roll
das Ei,-er	egg
das Fahrrad, ⸚er	bicycle
das Flugzeug,-e	airplane
das Hallenbad, ⸚er	indoor swimming pool
das Moped,-s	motorized bicycle
das Motorrad, ⸚er	motorcycle
das Münster,-	cathedral
die Brücke,-n	bridge
die Burg,-en	castle
die Festung,-en	fortress
die Jugendherberge,-n	youth hostel
die Mahlzeit,-en	meal
die Polizei (no pl.)	police
die Post (no pl.)	post office
die Querstraße,-n	cross road
die Torte,-n	fancy layer cake
die Wurst (no pl.)	cold cuts, sausage

Verschiedenes

danke schön	thank you (very much)
es gibt	there is, there are
gewöhnlich	usually
gleich	just, right, directly
Haupt-	main (used as prefix)
irgendwo	somewhere, anywhere
meistens	mostly, most often
die Residenz	name of Würzburg castle
tut mir leid!	I am sorry
weich-gekocht	soft boiled
wem?	to whom, for whom
womit?	with what
zum Frühstück	for breakfast

Adjektive

weit	far

Verben

frühstücken	to (have) breakfast
vergleichen (verglichen)	to compare

Präpositionen mit Dativ

aus	out of, from
bei	with, near, at the place of
gegenüber	opposite, across from
mit	with, by (=by means of)
nach	after, to
seit	since, for (with expressions of time)
von	from, of
zu	to

Can you guess the meaning of these words?

Nomen

der Campingplatz, ⸚e	das Abendessen,-	die Butter
der Honig	das Mittagessen,-	die Fußgängerzone,-n
der Kakao	das Eis	die Hauptstraße,-n
der Nachmittagskaffee	das Schiff,-e	die Marmelade,-n
der Pudding	das Schwarzbrot	die Nudel,-n
der Reis	das Studentenhaus, ⸚er	
der Schloßpark		

LEKTION 15

Einführung

Situationen: Wem...?
Dativ: Das indirekte Objekt

Nominativ und Akkusativ	Dativ: Das indirekte Objekt

Bild 1

Wer zeigt die Blumen?
Die Verkäuferin zeigt die Blumen.

Wem zeigt die Verkäuferin die Blumen?
Sie zeigt **einem jungen Mann** die Blumen.
(Sie zeigt sie **einem jungen Mann**.)

Zeigt sie **dem** jungen Mann viele Blumen?
Ja, sie zeigt **ihm** viele Blumen.

Der junge Mann möchte die Blumen
kaufen. Er bezahlt sie.

Wem gibt er das Geld?
Er gibt **der Verkäuferin** das Geld.
(Er gibt es **der Verkäuferin**.)

Bild 2

Warum hat der junge Mann die Blu-
men gekauft?
Seine hübsche Freundin hat heute
Geburtstag.

Schenkt er **seiner hübschen Freundin** die
Blumen zum Geburtstag?
Ja, er schenkt **ihr** die Blumen zum Ge-
burtstag.

Er hat noch ein Geschenk für
seine Freundin.

Er hat **ihr** eine Schallplatte gekauft.
Er schenkt **ihr** die Schallplatte zum
Geburtstag.

Bild 3

Hier sehen wir den jungen Mann
und seine Freundin noch einmal.
Sie sind im Restaurant.

Der Kellner bringt **ihnen** gerade eine
Flasche Wein.

Spiel: **Logisch oder unlogisch?**

1 Welches Bild paßt zu welchem Satz?

2 Was ist logisch und was nicht?

	Die Verkäuferin zeigt den jungen Mann. Die Verkäuferin zeigt dem jungen Mann die Blumen.	
	Sie backt ihren Mann. Sie backt ihrem Mann einen Kuchen.	
	Der Kellner bringt die Dame. Der Kellner bringt der Dame eine Tasse Kaffee.	
	Ich schenke die Frau. Ich schenke der Frau Blumen	
	Sie kauft das Kind. Sie kauft dem Kind ein Eis.	

Grammatik

Preliminaries

The **INDIRECT OBJECT.** In addition to a direct object (accusative), a sentence may also have an indirect object which almost always indicates the person *for whom or to whom* something is done. As is true for the direct object, the indirect object may be a noun or a pronoun.

In English, the indirect object can be recognized in two ways:

It precedes the direct object.

> The young man showed **his friend** the car.
> He showed **him** the car.

> The woman bought **her daughter** a new purse.
> She bought **her** a new purse.

It can be expressed alternatively by a prepositional phrase introduced by *to or for,* in which instance the indirect object follows the direct object.

> The young man showed the car **to his friend.**
> He showed the car **to him.**

> The woman bought the purse **for her daughter.**
> She bought the purse **for her.**

Notice that the above sentences answer three questions.

Who showed/bought?	—— Subject	**the** man (he) / the woman (she)
What did they show/buy?	—— Direct Object	**the car** / the purse
To whom or **for whom** did they perform the action?	—— Indirect Object	**to his friend** (to him) / **for her** daughter (for her)

In German, the indirect object is said to be in the dative case.

1 Dative Case: The Indirect Object

In contrast to English, German **cannot** use word order or a preposition to indicate the indirect object. Instead, German uses special dative forms of the articles and personal pronouns.

A Singular nouns

The special dative forms for the definite and indefinite articles were introduced in the preceding chapter

Review: Dative Case of **der-** and **ein**-Words in the Singular

Masculine	Neuter	Feminine
dem Mann	**dem** Kind	**der** Mutter
dies**em** Mann	dies**em** Kind	dies**er** Mutter
ein**em** Mann	ein**em** Kind	ein**er** Mutter
kein**em** Mann	kein**em** Kind	kein**er** Mutter
dein**em** Mann	dein**em** Kind	dein**er** Mutter

Now look at the following examples:

	Dative	Accusative	
Sie zeigt	**dem Mann**	das Auto.	She shows the car to the man.
Er gibt	**dem Kind**	einen Apfel.	He gives an apple to the child.
Ich bringe	**der Frau**	die Blumen.	I am bringing the flowers to the woman.

B Adjective declension

At this point we can extend our former charts and include the dative endings:

Adjective Endings after der-Words

	Masculine	Neuter	Feminine
Nom.	der jung**e** Mann	das klein**e** Kind	die jung**e** Frau
Acc.	den jung**en** Mann	das klein**e** Kind	die jung**e** Frau
Dat.	dem jung**en** Mann	dem klein**en** Kind	der jung**en** Frau

Adjective Endings after ein-Words

	Masculine	Neuter	Feminine
Nom.	ein jung**er** Mann	ein klein**es** Kind	eine jung**e** Frau
Acc.	einen jung**en** Mann	ein klein**es** Kind	eine jung**e** Frau
Dat.	einem jung**en** Mann	einem klein**en** Kind	einer jung**en** Frau

As you can see from the above charts, in the dative case an adjective preceded by the definite article (der-words) or by the indefinite article (ein-words) ends in **-en**.

C Personal pronouns

Like nouns, personal pronouns can function as indirect objects:

> Ich gebe **der Studentin** das Buch.
> Ich gebe **ihr** das Buch.

Below are the personal pronouns for the dative case, along with a review of the nominative and the accusative pronouns.

Personal Pronouns: Nominative, Accusative, **Dative**

Nom.	ich	du	er	es	sie	wir	ihr	sie	Sie
Acc.	mich	dich	ihn	es	sie	uns	euch	sie	Sie
Dat.	**mir**	**dir**	**ihm**	**ihm**	**ihr**	**uns**	**euch**	**ihnen**	**Ihnen**

Note the similarity between the endings of the definite article and those of the personal pronouns:

```
Def. Article    dem Mann   dem Kind   der Frau
Pers.Pronoun    ihm ----   ihm ----   ihr ----
```

Caution: Since the forms of the articles and the personal pronouns show the difference between the direct and the indirect object, German **never** uses a prepositional phrase to introduce an indirect object.

Der Kellner erklärt **dem Touristen** die Speisekarte.　　(article + noun)
The waiter explains the menu to the tourist.

Der Kellner erklärt **ihm** die Speisekarte.　　(pers. pronoun)
The waiter explains the menu to him.

D　**Summary:** Definite and indefinite articles and personal pronouns

Definite Articles

	Masculine	Neuter	Feminine
Nom.	der Mann (er)	das Kind (es)	die Frau (sie)
Acc.	den Mann (ihn)	das Kind (es)	die Frau (sie)
Dat.	dem Mann (ihm)	dem Kind (ihm)	der Frau (ihr)

Indefinite Articles

	Masculine	Neuter	Feminine
Nom.	ein Mann	ein Kind	eine Frau
Acc.	einen Mann	ein Kind	eine Frau
Dat.	einem Mann	einem Kind	einer Frau

2　Order of Objects

A　Nouns: Dative before accusative

If both objects are nouns, the indirect object (=dative) will precede the direct object (=accusative).

	Dative	Accusative
Sie schreibt	ihrem Freund	einen Brief.
Geben Sie	der Dame	das Buch!
Wer zeigt	dem Herrn	die Stadt?
Er kauft	seinem Sohn	ein neues Auto.
Bringst du	deiner Mutter	den Wein?

B Pronoun before noun

If one of the two objects is a personal pronoun, the pronoun object comes before the noun object.

	Dat/Pronoun			Acc/Pronoun	
Geben Sie	**ihr**	das Buch!	Geben Sie	**es**	der Dame!
Wer zeigt	**ihm**	die Stadt?	Wer zeigt	**sie**	dem Herrn?
Er kauft	**ihm**	das Auto.	Er kauft	**es**	seinem Sohn.
Bringst du	**ihr**	den Wein?	Bringst du	**ihn**	deiner Mutter?

C Accusative pronoun before dative pronoun

If both objects are pronouns, the accusative pronoun will precede the dative pronoun.

	Accusative	Dative
Geben Sie	es	ihr!
Wer zeigt	sie	ihm?
Er kauft	es	ihm.
Bringst du	ihn	ihr?

A Note on Word Order

Since in German, the direct and the indirect object can clearly be distinguished by the different forms of the articles, word order is often used for emphasis. The part to be emphasized is usually placed at the beginning of a sentence. The verb, however, has to remain in second position.

Er	bringt	der Dame	heute	die Blumen.
Der Dame	bringt	er	heute	die Blumen.
Die Blumen	bringt	er	heute	der Dame.
Heute	bringt	er	der Dame	die Blumen.

Mündliche Übungen

Dativ: Das indirekte Objekt

Wem bringt der Kellner die Speisekarte?

Mü 1
> **Der Mann** und **die Frau** möchten die Speisekarte haben.
> Der Kellner bringt **dem** Mann und **der** Frau die Speisekarte.

Diese Leute möchten die Speisekarte haben:

1. der Gast	**Vorsicht!**	10. die Studentin
2. der Amerikaner	6. der Herr	11. die Dame
3. der Arzt	7. der Tourist	12. die Amerikanerin
4. der Ingenieur	8. der Polizist	13. die Sekretärin
5. der Verkäufer	9. der Student	14. die Verkäuferin

Wem zeigt die Verkäuferin den Mantel?

Mü 2
> **Ein Mann** und **eine Frau** sind im Geschäft.
> Sie zeigt **einem Mann** und **einer Frau** den Mantel.

Diese Leute sind im Geschäft:

1. ein Lehrer	**Vorsicht!**	8. eine Krankenschwester
2. ein Kellner	5. ein Kollege	9. eine Ärztin
3. ein Amerikaner	6. ein Soldat	10. eine Lehrerin
4. ein Freund	7. ein Kunde	11. eine Studentin

Wem schreiben Sie einen Brief?

Mü 3
> mein Freund: Ich schreibe **meinem Freund** einen Brief.

1. mein Vater	4. seine Tochter	7. seine Tante
2. seine Mutter	5. dein Onkel	8. meine Freundin
3. ihr Bruder	6. meine Schwester	9. ihr Sohn

Sie haben die Antwort nicht verstanden.
Fragen Sie!

Mü 4
> Er bringt **der alten Dame** Blumen.
> **Welcher Dame** bringt er Blumen?

1. Sie schreibt dem jungen Mann einen Brief.
2. Sie zeigt der alten Frau die Stadt.
3. Er gibt dem kleinen Jungen einen Apfel.
4. Sie schenkt dem netten Mädchen ein Buch.
5. Er bringt der neuen Sekretärin den Brief.
6. Sie erklärt dem alten Herrn die Speisekarte.

Adjektivdeklination

Mask.	dem/einem jungen Mann
Neutrum	dem/einem jungen Mädchen
Fem.	der/einer jungen Frau

Antworten Sie!

MÜ 5

> Bringt er **dem kranken Mann** die Blumen?
> Nein, er bringt **der kranken Frau** die Blumen.

1. Zeigt er **der netten Dame** das Schloß?
2. Geben Sie **dem alten Mann** das Geld?
3. Bringen Sie **der jungen Amerikanerin** den Stadtplan?
4. Empfiehlt er **seiner reichen Tante** das Hotel?
5. Haben sie **ihrem kleinen Bruder** einen Brief geschrieben?
6. Hat der Lehrer **dem netten Studenten** die Lektion erklärt?

Bilden Sie **einen** Satz!

MÜ 6

> Wir bringen der Dame Blumen. Sie ist krank.
> Wir bringen der kranken Dame Blumen.

1. Sie kauft **dem Jungen** einen Ball. Er ist **klein**.
2. Der Verkäufer zeigt **der Dame** ein Kleid. Sie ist **jung**.
3. Wir schenken **der Frau** Blumen. Sie ist **nett**.
4. Der Lehrer erklärt **der Studentin** die Lektion. Sie ist **neu**.
5. Er wohnt bei **seinem** Onkel. Er ist **alt**.
6. Sie spricht von **ihrer Mutter**. Sie ist **krank**.
7. Er ist mit **seiner Freundin** ins Kino gegangen. Sie ist **hübsch**.
8. Der Herr kommt gerade aus **dem Hotel**. Es ist **groß**.
9. Die Haltestelle ist gegenüber **dem Café**. Es ist **klein**.
10. Er spricht mit **der Kellnerin**. Sie ist **jung**.
11. Nach **dem Essen** war ich müde. Es war **gut**.
12. Wie komme ich **zum Krankenhaus**? Es ist **neu**.

Fragewörter

Fragen Sie mit **Wer, was, wem**!

MÜ 7

> Der Junge gibt seiner Mutter einen Apfel.
> **Wer** gibt seiner Mutter einen Apfel? (der Junge)
> **Was** gibt der Junge seiner Mutter? (einen Apfel)
> **Wem** gibt der Junge einen Apfel? (seiner Mutter)

1. Der Lehrer gibt dem Studenten die Bücher.
2. Der Student zeigt seinem Lehrer das neue Heft.
3. Fräulein Martin zeigt dem Polizisten ihren Führerschein.
4. Frau Kaiser kauft ihrem Mann eine Uhr.
5. Das Mädchen holt der alten Dame ein Glas Wasser.

Personalpronomen

Nom.	ich	du	er	es	sie	wir	ihr	sie	Sie
Akk.	mich	dich	ihn	es	sie	uns	euch	sie	Sie
Dat.	**mir**	**dir**	**ihm**	**ihm**	**ihr**	**uns**	**euch**	**ihnen**	**Ihnen**

Sie sind im Restaurant.
Wie können Sie das noch bestellen?

Mü 8

> Herr Ober, ich möchte eine Suppe.
> Herr Ober, bringen Sie **mir** bitte eine Suppe!
>
> Fräulein, wir möchten noch ein Bier.
> Fräulein, bringen Sie **uns** noch ein Bier, bitte!

1. Herr Ober, wir möchten die Speisekarte.
2. Fräulein, ich möchte auch einen Salat.
3. Fräulein, wir möchten ein Schnitzel mit Kartoffeln.
4. Herr Ober, wir möchten eine Flasche Wein.
5. Fräulein, ich möchte eine Tasse Kaffee.
6. Herr Ober, ich möchte ein Viertel Wein.

Antworten Sie!

Mü 9

> Sprechen Sie von mir? Ja, ich spreche von Ihnen.
> Sprichst du von mir? Ja, ich spreche von dir.

1. Kommst du mit mir?
2. Gehen Sie mit mir?
3. Kommen Sie zu mir?
4. Fahren Sie mit mir?
5. Bleibst du bei mir?
6. Hast du das von mir?

Fragen Sie!

Mü 10

> Wir haben die Kirche gesehen.
> Wer hat Ihnen die Kirche gezeigt?
> Wer hat euch die Kirche gezeigt?

1. Wir haben das Schloß gesehen.
2. Wir haben die Bilder gesehen.
3. Wir haben den Marktplatz gesehen.
4. Wir haben das alte Haus gesehen.
5. Wir haben den Dom gesehen.
6. Wir haben das Rathaus gesehen.

Mü 11   Antworten Sie mit **Sie, Ihnen** oder **euch**!

1. Kennst du uns?
2. Verstehen Sie uns?
3. Brauchst du uns?
4. Wohnen Sie bei uns?
5. Zeigen Sie uns die Kirche?
6. Suchen Sie uns?
7. Seht ihr uns?
8. Arbeiten Sie bei uns?
9. Fahrt ihr mit uns?
10. Schreibst du uns einen Brief?
11. Geht ihr mit uns?
12. Hören Sie uns?
13. Kommst du zu uns?
14. Bringen Sie uns die Speisekarte?
15. Wollt ihr uns besuchen?
16. Fragen Sie uns?

Wortstellung: Pronomen vor Nomen

Antworten Sie!

MÜ 12

> Haben Sie dem Studenten das Buch gegeben?
> Ja, ich habe **ihm** das Buch gegeben.
> Ja, ich habe **es** dem Studenten gegeben.

1. Zeigen Sie der Dame das Bild?
2. Bringt die Kellnerin dem Gast die Speisekarte?
3. Kauft Herr Kaiser seiner Frau diese Uhr?
4. Haben Sie dem Jungen das Geld gegeben?
5. Hat die Verkäuferin der Dame das Kleid gezeigt?
6. Hat der Kellner dem Touristen die Getränkekarte erklärt?

Akkusativpronomen vor Dativpronomen
Wem geben Sie das Geld?

MÜ 13

> Geben Sie es dem Herrn?
> Ja, ich gebe es ihm./Nein, ich gebe es ihm nicht.

Geben Sie es ...?

1. der Dame	4. Ihrer Kollegin	7. diesem Kellner
2. dem Kind	5. Ihrem Vater	8. dieser Verkäuferin
3. dem Herrn	6. Ihrem Freund	9. diesem Studenten

MÜ 14   Auf deutsch, bitte!

1. You can give the key to my girlfriend.
   You can give it to my girlfriend.
   You can give the key to her.

2. We sold our car to this gentleman.
   We sold our car to him.
   We sold it to this gentleman.

3. She has given her address to the policeman.
   She has given it to the policeman.
   She has given him her address.

4. Show the pictures to your friend.
   Show him the pictures.
   Show them to your friend.

5. Did you give the money to your sister?
   Did you give her the money?
   Did you give it to your sister?

6. The waiter brought the lady the menu.
   He brought her the menu.
   He brought it to the lady over there.

7. The teacher explains the lesson to the student.
   She explains it to the student.
   She explains the lesson to him.

Deutsch, *up to date*!

Erlauben Sie bitte? Ich möchte mit Ihnen einen *Test* machen.   permit
Verstehen Sie diese Wörter auch ohne Wörterbuch?

Natürlich haben Sie alle Wörter sofort verstanden, denn es sind
englische Wörter. Die deutsche Sprache hat sie integriert,
aber mit der deutschen Aussprache.

Anders ist es mit dem Amerikanismus. Nach dem Zweiten Weltkrieg sind sehr viele Wörter aus dem amerikanischen Englisch   World War
in die deutsche Sprache gekommen. Aber diese Wörter sind wie
Gäste, denn sie bleiben nicht lange. Heute sind sie ultramo-
dern und morgen sind sie vergessen.

Hier sind einige Beispiele aus der Werbung.   advertising

Die bundesdeutschen *Teenager* sind total amerikanisiert, klagen   complain
die Kritiker. Sie tragen *Jeans*, *Overalls* und *T-Shirts*. Abends
gehen sie in die *City*. Sie gehen zu *McDonald's*, essen einen
Hamburger, trinken *Coca Cola* oder einen *Milk-Shake* und sprechen
über *Rock-Festivals* und *Popstars*. Oder sie gehen ins Kino.
Vielleicht läuft dort gerade ein *Aktion-Film*. *Western* mit *Super-
stars* sind *out*.

Am *Weekend* gehen sie in die *Disco*, denn dort ist immer *Highlife*.
Disco-Sound und *Disco-Look* sind *in*. Die Musik ist *super*laut.
Trotzdem ist die *Kommunikation* zwischen *Boys* und *Girls* kein Problem.
Der *Disc Jockey* bringt seine *Gags* und *Slogans* und spielt die *Singles*.
Tophits und *Country Music* sind populär.

Auch in Deutschland bilden die *Teenager* eine Subkultur. Sie haben
ihre Gruppen. Die *Punks* sind extrem, oft destruktiv und gegen jede
Norm. Ihre Musik ist der *Punk-Rock*. Die *Teddy-Boys* hören gern die

Oldies. Sie sind *Elvis-Fans* und tragen den *Elvis-Look.* Nostalgie ist *in.* Die *Antis* suchen die Alternative, **ihren** *Way of Life.*

Die *Popper* sind gegen *Punk* und Politik. Sie lieben den Luxus, tragen Kashmir Pullover, *Designer Jeans, College Slippers* oder *Cowboy-*Stiefel. Ein *Blazer* oder eine *Flannel-Stretch* Hose sind viel zu ordinär für einen *Popper.* Die *Popper* sind *Snobs,* haben Talent für *Small-Talk,* besuchen viele *Partys.* Sie haben keine Zeit für *Hobbys* oder Sport, auch nicht für *Jogging.* Später möchten sie einen *Job* als *Manager, Marketing-* oder *Public Relations Experte.*

Aber man hat nicht nur *Slang* und *Slogans* aus der neuen Welt importiert, sondern auch Konflikte und Probleme. Ein Beispiel: Im Fernsehen läuft eine *Talk-Show. Live,* natürlich. Man spricht über die Jugend° und ihre Probleme: Die Generation von heute ist viel zu aggressiv. Sie kennt keine Ideale, nur Idole. Sie hat keine Disziplin, keine Motivation.-- Man verbalisiert. Man kritisiert. Man debattiert.-- Die *Teenager* lesen nur noch *Comic-Strip*-Hefte, *Donald Duck* und *Superman.* Es ist ein Skandal. Viele sind total *ausgeflippt.* Das kann man nicht akzeptieren!..

youth

Der *smarte* Moderator fragt die Experten im Studio: Ist das ein *Horrorbild,* ist das Realität oder ist das vielleicht noch ein *Understatement?* -- Die Experten sprechen von *Trends,* Tendenzen und *Tests.* -- Die Drogenszene ist international, sagen sie. Kritik ist hier nicht genug. Wir müssen *drive* in die Situation bringen. Die Probleme sind sehr komplex. Schon die Schulkinder wissen, was *Streß* ist. Die Kinder haben Schul*streß.* Ihre Eltern haben Arbeits*streß.* Dann der Materialismus, die Supermärkte und ihre *Psychotricks...*

Und die Drogenszene? fragt der Moderator. -- Wir müssen sie unterminieren. Wir müssen die *Dealer* finden. Die *Fixer* brauchen Hilfe. Sie brauchen intensive Therapie. Wir müssen sie für diese Therapie motivieren. Unsere Kollegen touren mit *Videorekorder,* Kassettenrekorder und Bildmaterial durch die Bundesrepublik. Sie offerieren ein Informationsprogramm für Schulen und Jugendorganisationen. Sie machen auch *Streetwork.* Aber sie brauchen mehr Kooperation...

Schriftliche Übungen

Wie viele Fragen kann man hier stellen?

Sü 1

Der Kellner empfiehlt dem Herrn den Wein.	
Wer empfiehlt den Wein?	(der Kellner)
Was empfiehlt der Kellner?	(den Wein)
Wem empfiehlt er den Wein?	(dem Herrn)

1. Die Mutter gibt dem kleinen Kind einen schönen Apfel.
2. Die junge Dame hat dem Herrn ihr altes Auto verkauft.
3. Der Kellner hat dem Touristen **die** Speisekarte erklärt.
4. Wir haben dem Verkäufer das Geld gegeben.
5. Frau Keller schreibt ihrer Schwester einen Brief.
6. Der junge Mann hat dem Polizisten seinen Ausweis gezeigt.

Sü 2   Ergänzen Sie!
         (Nominativ, Akkusativ, Dativ)

1. die Kellnerin   Geben Sie _der Kellnerin_____ die Zeitung!
2. unser Auto   Wir haben _____ verkauft.
3. der Herr   Können Sie _____ ein Hotel empfehlen?
4. eine Lampe   Frau Becker braucht _____.
5. seine Freundin   Er kauft _____ Blumen.
6. Ihr Sohn   Wie heißt _____?
7. Herr Becker   Bringen Sie _____ diese Bilder!
8. ein neuer Freund   Hat das Mädchen _____?
9. der Student   Die Lehrerin erklärt _____ die Lektion.
10. Herr Sander   Dort kommt _____.
11. das Mädchen   Zeigen Sie _____ das Schloß, bitte!
12. unsere Tochter   Sie hat _____ das Geld gegeben.
13. Fräulein Martin   Morgen besuchen wir _____.
14. der Brief   Haben Sie schon _____ geschrieben?
15. der Ingenieur   Haben Sie _____ den Brief gezeigt?
16. der Mann   Bringen Sie _____ ein sauberes Glas!
17. das kleine Kind   Sie holt _____ einen Apfel.
18. die junge Dame   _____ hat eine neue Bluse gekauft.
19. meine Freundin   Ich habe _____ meinen Mantel gezeigt.
20. welcher Herr   _____ haben Sie den Stadtplan gegeben?

Bilden Sie Sätze!

Sü 3 | Die Verkäuferin/zeigen/der Herr/ein Regenschirm
        | Die Verkäuferin zeigt dem Herrn einen Regenschirm.

1. Herr Becker/kaufen/sein Sohn/ein Fahrrad
2. Das Mädchen/bringen/die alte Dame/ein Stück Kuchen
3. Meine Mutter/schreiben/meine Tante/ein langer Brief
4. Der Kellner/erklären/der Tourist/die Speisekarte
5. Das Kind/beschreiben/seine Mutter/ein Bild
6. Der Verkäufer/empfehlen/der Herr und die Dame/ein neuer Fernseher

Sü 4   Ergänzen Sie die Personalpronomen!
         (Nominativ, Akkusativ, Dativ)

1. Herr Ober! Bringen Sie _mir_ bitte die Speisekarte!
2. Frau Müller, dieser Brief ist für _____.
3. Wo ist meine Brille? Ich kann _____ nicht finden.
4. Wo ist Frau Braun? Ich möchte _____ etwas zeigen.
5. Wir möchten einen guten Wein. Welchen können Sie _____ empfehlen?
6. Mein Freund hat Geburtstag. Was soll ich _____ schenken?
7. Möchtest du das Buch? Ich gebe _____ das Buch.
8. Schenkst du _____ das Buch zum Geburtstag?
9. Wie bitte? Ich kann _____ nicht verstehen.
10. Brauchen Sie den Kuli? Sie können _____ gern haben.
11. Claudia wollte die Bilder sehen. Er hat _____ die Bilder gezeigt.
12. Er möchte mein Auto kaufen. Vielleicht verkaufe ich _____ das Auto.
13. Meine Eltern sind in die Stadt gegangen. Mein Bruder ist mit _____ gegangen.
14. Meine Freundin wollte einen Mantel kaufen. Die Verkäuferin mußte _____ zehn Mäntel zeigen.
15. Herr Falke ist krank. Der Arzt ist gerade bei _____.
16. Mein Regenschirm ist weg. Haben Sie _____ genommen?
17. Der Brief liegt dort. Geben Sie _____ der Dame!
18. Sprechen Sie von Herrn und Frau Kaiser? Ja, wir sprechen von _____!
19. Die Dame möchte eine Tasse Tee. Bringen Sie _____ den Tee!
20. Ich kann dich nicht besuchen, aber ich schreibe _____ einen Brief.

SÜ 5 Persönliche Fragen

1. Wer bringt Ihnen im Restaurant die Speisekarte?
2. Wem geben Sie Trinkgeld?
3. Wem schenken Sie etwas zum Geburtstag?
4. Wem haben Sie einen Brief geschrieben?
5. Wem schenken Sie Blumen?
6. Wer verkauft Ihnen im Geschäft einen neuen Pullover?

Benutzen Sie das Wörterbuch!

Was kauft man ...?

beim Bäcker	*Brot, Brötchen, Kuchen*
auf der Post	
im Supermarkt	
in der Drogerie	
beim Metzger	
auf dem Markt	
in der Apotheke	
im Kaufhaus	
im Blumengeschäft	
am Kiosk	

Wortschatzübung

Wie heißt das Verb?

das Getränk	*trinken*
der Flug	
der Plan	
die Sprache	
die Übung	
der Rauch	
der Fußgänger	
das Frühstück	
die Erklärung	
die Hilfe	
der Student	
der Fotoapparat	

WORTSCHATZ

Nomen		Verben	
die Blume,-n	flower	erlauben	to permit
die Schallplatte,-n	record	schenken	to give (as a present)
die Werbung (no pl.)	advertising		
das Geschenk,-e	gift, present		

Verschiedenes

der Zweite Weltkrieg	the Second World War
sofort	immediate(ly)

Can you guess the meaning of these words?

Nomen

der Film,-e	das Fernsehen	die Gruppe,-n
der Sport (no pl.)	das Hobby,-s	die Jugend (no pl.)
		die Party,-s
		die Situation,-en

Adjektive

logisch

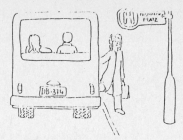

Sie fährt bis zum Bis-
marckplatz. Dort **steigt**
sie **aus**.

Sie ist bis zum Bismarck-
platz gefahren. Dort **ist**
sie **ausgestiegen**.

Zuerst geht sie zur Apotheke. Dort **holt** sie die
Medikamente **ab**.

Dann geht sie zum Super-
markt und **kauft ein**.

Zuerst ist sie zur Apotheke gegangen. Dort **hat** sie
die Medikamente **abgeholt**.

Dann ist sie zum Super-
markt gegangen und **hat**
eingekauft.

Um ein Uhr **kommt** sie wieder **zurück**.

Sie **bringt** ihrem Mann die
Medikamente **mit**.

Um ein Uhr **ist** sie wieder
zurückgekommen.

Sie **hat** ihrem Mann die Me-
dekamente **mitgebracht**.

Abends **sehen** Herr und Frau
Becker ein bißchen **fern**.

Frau Becker **will** einen
Film sehen. Der Film
fängt um 8 Uhr **an**.

Abends **haben** Herr und Frau
Becker ein bißchen **ferngese-**
hen.

Frau Becker **wollte** einen
Film sehen. Der Film **hat**
um 8 Uhr **angefangen**.

Mit Modalverben

Herr Becker **kann** nicht **aufstehen**, denn er ist krank.
Er **will weiterschlafen**.
Seine Frau **muß** den Arzt **anrufen**.
Der Arzt **soll vorbeikommen**.
Frau Becker **muß** die Medikamente **abholen**.
Sie **muß** am Bismarckplatz **aussteigen**.
Dort **kann** sie im Supermarkt **einkaufen**.
Abends **wollen** Herr und Frau Becker **fernsehen**.

GRAMMATIK

Preliminaries

A **VERB PREFIX** is a syllable or a word that is joined to the beginning of a verb. In German and in English, the addition of a prefix can modify or change the meaning of a verb considerably.

Here are some examples:

stehen	to stand	schreiben	to write
verstehen	to understand	**be**schreiben	to describe
kaufen	to buy	kommen	to come
verkaufen	to sell	**be**kommen	to receive, get

INSEPARABLE PREFIXES. The prefixes in the above examples are called inseparable prefixes because they are always written as part of the verb. An important characteristic of verbs with inseparable prefixes is that they do not add **ge-** in forming their past participle. Inseparable prefixes are not stressed.

	verkaufen	bekommen
Present	Er **verkauft** es.	Er **bekommt** es.
Pres. Perf.	Er hat es **verkauft**.	Er hat es **bekommen**.

SEPARABLE PREFIXES are usually adverbs or prepositions which have meaning by themselves. However, when an adverb or a preposition is used as a prefix, it combines with the the verb to form a new unit.

    ein·kaufen   (to go shopping)
    an·probieren   (to try on)

German verbs with separable prefixes can be compared to English verbs with particles:

Simple Verb	Verb + Particle	
to call	to call up	Please call me up.
to come	to come back	She is coming back tomorrow.
to bring	to bring along	Why don't you bring her along?
to write	to write down	He is writing everything down.
to go	to go away	We won't go away.

The difference is that in English the particle always follows the verb, whereas in German the particle (= separable prefix) may be prefixed to the verb or stand separately at the end of a clause.

1 Verbs with Separable Prefixes

A The infinitive

German verbs with separable prefixes consist of two elements: the prefix and the basic verb. The prefix always bears the main stress. The infinitive form of a verb with a separable prefix is written as one word:

abholen
aufschreiben
ausziehen
einsteigen
mitkommen

Look at the following examples:

Er muß seine Frau **abholen**.	He has to pick up his wife.
Ich wollte meine Schuhe **ausziehen**.	I wanted to take off my shoes.
Sie kann nicht **mitkommen**.	She can't come along.

Note: In the vocabularies of this text, verbs with a separable prefix will be indicated by a raised dot (·) between the prefix and the basic verb, as in **ab·holen**.

B The present tense

In the present tense, the prefix becomes separated from the verb and moves to the very end of the main clause.

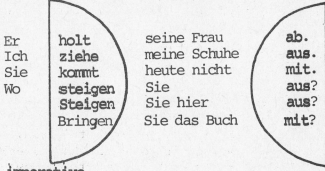

Er	holt	seine Frau	ab.
Ich	ziehe	meine Schuhe	aus.
Sie	kommt	heute nicht	mit.
Wo	steigen	Sie	aus?
	Steigen	Sie hier	aus?
	Bringen	Sie das Buch	mit?

C The imperative

In the imperative, the prefix is also separated from the verb and stands at the very end.

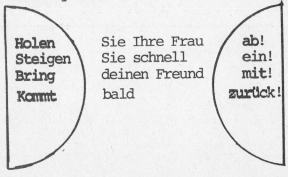

Holen	Sie Ihre Frau	ab!
Steigen	Sie schnell	ein!
Bring	deinen Freund	mit!
Kommt	bald	zurück!

D The present perfect

Verbs with separable prefixes use the **ge-**prefix to form their past participle. The **ge-** is inserted between the separable prefix and the stem.

Infinitive	Past Participle
anrufen	an**ge**rufen
abholen	ab**ge**holt
mitbringen	mit**ge**bracht

The addition of a separable prefix to a verb does not affect the formation of the past participle. The separable prefix is simply placed in front of the past participle of the basic verb: **gerufen/angerufen, geholt/abgeholt, gebracht/mitgebracht.**

The two elements (separable prefix and past participle) are written as one word and are placed at the very end of the sentence.

Er hat seine Frau	**angerufen.**
Warum sind Sie nicht	**mitgekommen?**
Sie hat ihre Schuhe	**ausgezogen.**
Habt ihr die Bücher	**mitgebracht?**
Er ist um 9 Uhr	**weggegangen.**

E The auxiliary: <u>sein</u> or <u>haben</u>

Since a verb tends to change its basic meaning when it adds a separable prefix, it can happen that the basic verb uses **haben** but the verb with the separable prefix uses **sein** as the auxiliary.

No motion/no change in condition		Motion/change in condition	
stehen	ich habe gestanden	aufstehen	ich bin aufgestanden
schlafen	ich habe geschlafen	einschlafen	ich bin eingeschlafen
wachen	ich habe gewacht	aufwachen	ich bin aufgewacht
		steigen	ich bin gestiegen
		einsteigen	er ist eingestiegen
		kommen	ich bin gekommen
		ankommen	er ist angekommen

2 Common Separable Prefixes

Separable prefixes are used to form many German verbs. The meaning of a verb with a separable prefix is most often a literal combination of the prefix and the basic verb.

Here are some common separable prefixes with their meanings:

Prefix	Meaning*	Separable Verb	Meaning
ab-	off, away	abfahren	to depart
		abholen	to pick up
an-	at, on	anfangen	to begin
		ankommen	to arrive
		anrufen	to call up
		anziehen	to put on
auf-	up	aufmachen	to open (up)
		aufschreiben	to write down
		aufstehen	to get up
		aufwachen	to wake up
aus-	out, off	aussehen	to look, appear
		aussteigen	to get out, off
		ausziehen	to take off (clothes)
durch-	through	durchfahren	to drive through
ein-	in	einladen	to invite
		einschlafen	to fall asleep
		einsteigen	to get in, climb in
mit-	along (to join in)	mitbringen	to bring along
		mitkommen	to come along
		mitnehmen	to take along
vorbei-	by, past	vorbeikommen	to come by
		vorbeigehen	to pass by
weg-	away	weggehen	to go away
		wegnehmen	to take away
weiter-	on (to continue)	weiterfahren	to drive on
		weiterschlafen	to continue to sleep
zurück-	back	zurückgehen	to go back
		zurückkommen	to come back

---

* Only their most common meanings are listed.

Mündliche Übungen

Antworten Sie!
Wie sehen die Leute/die Sachen aus?

Mü 1
> Der Mann ist krank.
> Er sieht krank aus.

1. Die Dame ist elegant.
2. Der Teppich ist schmutzig.
3. Die Lampe ist teuer.

4. Der junge Mann ist sportlich.
5. Das Mädchen ist hübsch.
6. Die Studentin ist müde.

Was ziehen Sie morgen an?

Mü 2

| der warme Pullover: Ich ziehe den warmen Pullover an. |

1. die helle Jacke
2. der leichte Mantel
3. der neue Rock
4. das bunte Hemd
5. das blaue Kleid
6. die dunkle Bluse

Hier ist die Antwort. Fragen Sie!

Mü 3

Ich stehe früh auf.
    Stehen Sie früh auf?/Stehst du früh auf?

1. Ich gehe abends immer weg.
2. Ich komme um 8 Uhr zurück.
3. Ich ziehe meinen Mantel an.
4. Ich bringe Blumen mit.
5. Ich kaufe heute nicht ein.
6. Ich wache morgens früh auf.

Was tun die Leute?

Mü 4

Der Junge muß seine Eltern anrufen.
Er ruft seine Eltern an.

1. Die Leute müssen in Heilbronn aussteigen.
2. Der Student muß die neuen Wörter aufschreiben.
3. Frau Becker soll die Medikamente abholen.
4. Der Arzt soll vorbeikommen.
5. Er möchte weiterschlafen.
6. Das Kind muß die Tür aufmachen.

Imperativ, bitte!

Mü 5

Soll ich mitkommen?
    Ja, kommen Sie bitte mit!
    Ja, komm bitte mit!

1. Soll ich mitlaufen?
2. Soll ich mitgehen?
3. Soll ich mitfahren?
4. Soll ich mitmachen?
5. Soll ich mitschreiben?
6. Soll ich mitsprechen?

Mü 6

Sollen wir ihn anrufen?
    Ja, rufen Sie ihn bitte an!
    Ja, ruft bitte an!

1. Sollen wir die Tür aufmachen?
2. Sollen wir die Arbeit anfangen?
3. Sollen wir das Fenster zumachen?
4. Sollen wir das Auto abholen?
5. Sollen wir das Essen vorbereiten?
6. Sollen wir hier aussteigen?

Antworten Sie mit einem Modalverb!
Was soll das Kind tun?

Mü 7   Die Mutter sagt: "Schlaf weiter!"
         Das Kind soll weiterschlafen.

Die Mutter sagt:

1. Steh auf!   3. Schlaf ein!   5. Steig ein!
2. Wach auf!   4. Komm zurück!   6. Steig aus!

Was können die Leute nicht tun?

Mü 8   Warum steigt er hier nicht aus?
         Er kann hier nicht aussteigen.

1. Warum macht sie das Fenster nicht zu?
2. Warum steht er heute nicht auf?
3. Warum kommt der Arzt nicht vorbei?
4. Warum schläft das Kind nicht ein?

Fragen Sie mit einem Modalverb!
(müssen, können, sollen, dürfen, wollen)

Mü 9   Sie ruft den Verkäufer an.
         Muß sie den Verkäufer anrufen?

1. Er macht das Buch zu.   4. Ich stehe heute früh auf.
2. Sie bringt ihre Tochter mit.   5. Er sieht jeden Abend fern.
3. Wir gehen um 7 Uhr weg.   6. Sie steigt in Garmisch aus.

Hier ist die Antwort.
Fragen Sie mit einem Fragewort!

Mü 10   Die Dame sieht sehr elegant aus.
          Wie sieht die Dame aus?/**Wer** sieht elegant aus?

1. Die Kinder wachen immer sehr früh auf.
2. Er zieht seine Schuhe aus.
3. Wir kaufen im Supermarkt ein.
4. Wir sollen unsere Bücher mitbringen.
5. Sie muß ihre Eltern anrufen.
6. Der Arzt kann nicht vorbeikommen.

Im Perfekt, bitte!

Mü 11   Er schläft weiter.
          Er hat weitergeschlafen.

1. Der Film fängt gerade an.   5. Herr Becker sieht krank aus.
2. Sie sehen abends fern.   6. Ich kaufe schnell ein.
3. Das Kind zieht seine Hose an. 7. Die Dame ruft ihren Mann an.
4. Der Lehrer macht die Tür zu.   8. Wir machen das Fenster auf.

MÜ 12 | Herr Becker wacht auf.
         | Herr Becker ist aufgewacht.

1. Mein Freund kommt um 5 Uhr vorbei.
2. Herr Becker steht nicht auf.
3. Er geht abends nicht weg.
4. Die Kinder schlafen wieder ein.
5. Wir gehen zu Fuß zurück.
6. Er kommt um 5 Uhr zurück.
7. Ich steige schnell ein.
8. Der Herr steigt in Köln aus.

MÜ 13 | Zieht sie ihre Jacke nicht aus?
         | Hat sie ihre Jacke nicht ausgezogen?

1. Warum kaufst du im Supermarkt ein?
2. Wer bringt die Bücher zurück?
3. Wo steigen Sie aus?
4. Wann holst du das Auto ab?
5. Schreibt ihr alles auf?
6. Schlafen die Kinder nicht ein?
7. Warum steht er nicht auf?
8. Wen ruft sie an?

Die Frage ist im Präsens.
Antworten Sie im Perfekt!

MÜ 14 | Wann ruft er seine Frau an?
         | Er hat sie schon angerufen.

1. Wann nimmt sie die Blumen mit?
2. Wann holt er das neue Auto ab?
3. Wann wachen die Kinder auf?
4. Wann kommt der Arzt vorbei?
5. Wann fängt der Unterricht an?
6. Wann stehen unsere Gäste auf?

Wortstellung
Sagen Sie die Sätze noch einmal!

MÜ 15 | Ich bringe die Bücher morgen zurück.   Morgen ...
         | Morgen bringe ich die Bücher zurück.

1. Er zieht heute keinen Mantel an. Heute ...
2. Das Fernsehprogramm fängt um 6 Uhr an. Um sechs Uhr ...
3. Sie müssen in Stuttgart umsteigen. In Stuttgart ...
4. Wir stehen jeden Tag um 7 Uhr auf. Jeden Tag ...
5. Ich rufe ihn später an. Später ...
6. Sie hat ihren Mantel ausgezogen. Ihren Mantel ...

MÜ 16   Auf deutsch, bitte!

1. When can you come back?
2. Please open the door.
3. Did you open the window?
4. She brought her children along.
5. When is he getting up?
6. They picked me up at home.
7. Please call them up.
8. I have to get up very early.
9. He can't close the door.
10. Mr. Becker looked sick.
11. She put her new coat on.
12. When are the children coming back?
13. We want to watch TV.
14. Did you write everything down?
15. She fell asleep.
16. The train arrived at 5 o'clock.

Frau Becker erwartet° Gäste.   expects

Frau Becker hat ihre Freundinnen zum Kaffee eingeladen,° denn   invited
heute ist ihr Geburtstag. Sie hat alles gut vorbereitet.°   prepared
Der Kaffeetisch mit den schönen Blumen von ihrem Mann sieht
wirklich hübsch aus. Da klingelt es. Das sind meine Gäste,   the bell rings
denkt Frau Becker und zieht schnell ihre Schürze° aus. Aber   apron
es sind nicht ihre Gäste. Es ist der Briefträger° mit einem   mailman
Telegramm. Frau Becker nimmt es und geht in die Wohnung zurück. Sie macht das Telegramm auf und liest:

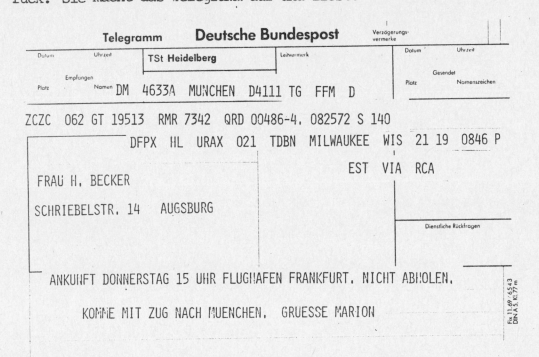

Marion ist Frau Beckers Schwester. Sie ist mit einem Amerikaner verheiratet und wohnt seit zehn Jahren mit ihrem Mann
und ihrer Tochter in Milwaukee. Frau Becker ist sehr überrascht,°   surprised
denn sie hat ihre Schwester erst am Samstag erwartet.

Mein Gott, denkt sie, heute ist ja schon Donnerstag! Ich kann
Marion ja gar nicht abholen. Meine Gäste können jeden Moment
kommen. Wieso kommt Marion schon heute? Warum fliegt sie
nicht nach München?

Schnell holt Frau Becker das Kursbuch und sucht den Fahrplan
Frankfurt-München. Sie denkt nach: Marion kommt um 15 Uhr in
Frankfurt an. Zuerst muß sie durch die Paßkontrolle gehen. Dann
muß sie ihr Gepäck abholen und durch den Zoll gehen. Das dauert
eine gute Stunde. Der nächste Zug nach München fährt um 16.27 Uhr
ab. Dieser Zug fährt durch. Sie muß also nicht umsteigen.° Marion   transfer
kommt dann um 21.05 Uhr in München an. Na ja, das ist kein großes
Problem.

Frau Becker ruft ihren Mann im Büro an und sagt ihm Bescheid.° Da   notifies
klingelt es wieder. Es sind ihre Gäste.

Am Abend fahren Herr und Frau Becker zum Bahnhof und holen Marion
ab.

Fragen und Aufgaben zum Text

1 Antworten Sie!

1. Wen erwartet Frau Becker zum Kaffee?
2. Warum hat sie ihre Freundinnen eingeladen?
3. Wie sieht der Kaffeetisch aus?
4. Was hat sie von ihrem Mann zum Geburtstag bekommen?
5. Wer klingelt?
6. Was bringt ihr der Briefträger?
7. Von wem ist das Telegramm?
8. Wer ist Marion?
9. Warum ist Frau Becker so überrascht?
10. Wann kommt Marion in Frankfurt an?
11. Was muß sie dort nach ihrer Ankunft tun?
12. Wann fährt der Zug nach München ab?
13. Warum muß Marion nicht umsteigen?
14. Warum ruft Frau Becker ihren Mann an?
15. Was tun Herr und Frau Becker am Abend?

2 Ergänzen Sie das Präfix!

1. Frau Becker lädt ihre Freundinnen _ein_ .
2. Sie bereitet alles _____ .
3. Es klingelt. Sie zieht ihre Schürze _____ .
4. Dann macht sie die Tür _____ .
5. Sie nimmt das Telegramm und macht die Tür wieder _____ .
6. Sie macht das Telegramm _____ .
7. Marion kommt schon am Donnerstag _____ .
8. Frau Becker denkt _____ .
9. Der Zug fährt um 16.27 Uhr _____ .
10. Dieser Zug fährt _____ .
11. Frau Becker ruft ihren Mann _____ .
12. Am Abend holen sie Marion _____ .

3 Fragen zur Einführung

1. Warum ist Herr Becker gestern nicht aufgestanden?
2. Wie hat er ausgesehen?
3. Wen hat seine Frau angerufen?
4. Wann ist Herr Becker wieder aufgewacht?
5. Wann ist der Arzt vorbeigekommen?
6. Was hat er aufgeschrieben?
7. Wo hat Frau Becker eingekauft?
8. Wo hat sie die Medikamente abgeholt?
9. Um wieviel Uhr ist sie nach Hause zurückgekommen?
10. Was hat sie ihrem Mann mitgebracht?

Schriftliche Übungen

Antworten Sie mit dem Gegenteil!

Sü 1 | Hat er seinen Mantel angezogen?
        | Nein, er hat ihn ausgezogen.

1. Ist der Zug gerade abgefahren?   3. Sind die Kinder eingeschlafen?
2. Hat sie das Fenster aufgemacht?   4. Ist der Mann hier ausgestiegen?

Bilden Sie Sätze im Präsens!

Sü 2 | abfahren/der Zug/Frankfurt/16.30 Uhr
        | Der Zug fährt um 16.30 Uhr in Frankfurt ab.

1. ankommen/der Zug/München/20.55 Uhr
2. durchfahren/der Zug/und/wir/nicht umsteigen müssen
3. aussteigen/wir/München
4. abholen/wir/unsere Freunde/München
5. mitbringen/ich/meine Mutter/ein Geschenk

Imperativ, bitte! (3 Formen)

Sü 3 | Schuhe ausziehen
        | Ziehen Sie die Schuhe aus!
        | Zieh die Schuhe aus!
        | Zieht die Schuhe aus!

1. schnell einsteigen   4. Arzt anrufen
2. nicht aufstehen   5. Tür zumachen
3. alles aufschreiben   6. Bücher mitbringen

Noch einmal ohne die Modalverben, bitte!

Sü 4 | Die Kinder können nicht einschlafen.
        | Die Kinder schlafen nicht ein.

1. Er will die Tür zumachen.   4. Was mußt du vorbereiten?
2. Sie möchte ihre Freunde einladen. 5. Sie will ihren Freund anrufen.
3. Wir sollen alles aufschreiben.   6. Du kannst jetzt anfangen.

Im Perfekt, bitte!

Sü 5 | Ich mache die Tür auf.
        | Ich habe die Tür aufgemacht.

1. Der Zug kommt an.   4. Sie ruft ihren Mann an.
2. Die Leute steigen ein.   5. Der Arzt kommt vorbei.
3. Der Zug fährt ab.   6. Sie zieht ihren Mantel an.

Sü 6   Persönliche Fragen

1. Um wieviel Uhr wachen Sie morgens auf?
2. Stehen Sie dann immer gleich auf?
3. Um wieviel Uhr sind Sie heute aufgestanden?
4. Müssen Sie auch sonntags früh aufstehen?
5. Wo kaufen Sie oft ein?
6. Können Sie in Deutschland auch sonntags einkaufen?
7. Laden Sie manchmal Ihre Freunde zum Essen ein?
8. Wen laden Sie zu Ihrer Geburtstagsparty ein?
9. Was bringen Ihre Gäste mit?
10. Sehen Sie oft fern?
11. Haben Sie gestern abend ferngesehen?
12. Wann hat das Fernsehprogramm angefangen?
13. Um wieviel Uhr fängt unser Unterricht an?
14. Was sollen Sie zum Unterricht mitbringen?
15. Rufen Sie oft Ihre Freunde an?

Spiel

Wie heißen die Verben?

die Ankunft	*ankommen*
die Abfahrt	
der Besuch	
die Beschreibung	
das Getränk	
die Fahrt	
der Gruß	
der Dank	
die Heirat	
der Fernseher	
der Koch	
die Empfehlung	
der Schlaf	
der Flug	

WORTSCHATZ

Nomen

der Bescheid,-e	information
der Besuch,-e	visit, visitors
der Briefträger,-	mailman
der Fahrplan,"e	time table
der Gruß,"e	greeting
das Gepäck (no pl.)	luggage, baggage
das Kursbuch,"er	railway guide
die Abfahrt,-en	departure
die Ankunft,"e	arrival
die Apotheke,-n	pharmacy
die Schürze,-n	apron
die Wohnung,-en	apartment, dwelling

Verschiedenes

Bescheid sagen (+ dat.)	to inform, notify someone
es klingelt	the bell is ringing
wieso?	why, how so?

Adjektive und Adverbien

blaß	pale
leise	soft(ly), low (voice)
nächst-	next

Can you guess the meaning of these words?

Nomen

das Telegramm,-e

Verben

an·probieren
ein·kaufen

Verschiedenes

Mein Gott!

Verben

ab·fahren (abgefahren)	to depart
ab·holen	to pick up
an·fangen (ä) (angefangen)	to begin, start
an·kommen (ist angekommen)	to arrive
an·rufen	to call up
an·ziehen (angezogen)	to dress, put clothes on
auf·machen	to open (up)
auf·schreiben (aufgeschrieben)	to write down, take notes
auf·stehen (ist aufgestanden)	to get up, rise
auf·wachen (ist aufgewacht)	to wake up
aus·sehen (ausgesehen)	to look, appear
aus·steigen (ist ausgestiegen)	to get off (vehicle)
aus·ziehen (ausgezogen)	to take clothes off
denken (gedacht)	to think
durch·fahren (ä) (ist durchgefahren)	to drive through
ein·laden (lädt ein) (eingeladen)	to invite
ein·schlafen (ä) (ist eingeschlafen)	to fall asleep
ein·steigen (ist eingestiegen)	to get in, board (vehicle)
erwarten	to expect
fern·sehen (ie) (ferngesehen)	to watch TV
klingeln	to ring
mit·bringen (mitgebracht)	to bring along
nach·denken (nachgedacht)	to think about
überraschen	to surprise
um·steigen (ist umgestiegen)	to transfer, change (vehicle)
vorbei·kommen (ist vorbeigekommen)	to pass, drop by
vor·bereiten	to prepare
weg·gehen (ist weggegangen)	to go away, leave
weiter·schlafen (ä)	to continue to sleep
zu·machen	to close
zurück·gehen (ist zurückgegangen)	to go back, return

ITG I

LEKTION 17

Einführung:

Situationen: Wem...?
Dativ Plural
Verben mit dem Dativ

1.

1. Marion ist in Frankfurt angekommen.
   Sie geht mit ihren Koffern durch den Zoll.

   Welche Koffer gehören Marion?
   Die zwei großen Koffer gehören ihr.
   Die Tasche gehört ihr nicht.

2.

2. Sie erreicht den 16.27 Zug nach München.
   Ihre Koffer sind sehr schwer. Sie braucht
   Hilfe.

   Der freundliche Herr im Abteil hilft ihr.
   Marion dankt ihm.

   Am Bahnhof in München warten Herr und Frau
   Becker. Sie begrüßen Marion herzlich.

   "Wie geht es deinem Mann und deinen
   Kindern?"

   "Meinem Mann und den Kindern geht es
   gut. Und wie geht es euch?"

   Sie sprechen von Freunden, Verwandten und
   Bekannten und fahren zusammen nach Hause.

   Frau Becker zeigt ihrer Schwester die Wohnung.

   Marion findet die Wohnung sehr gemütlich.
   Die Wohnung gefällt ihr sehr gut.

3.

3. Marion hat Frau Beckers Geburtstag nicht
   vergessen. Sie hat ihr ein Geschenk mitgebracht.

   Marion gratuliert ihrer Schwester zum
   Geburtstag und gibt ihr das Geschenk.

4.

4. Dann gibt es Abendessen.

   Das Essen schmeckt ihr sehr gut, aber
   sie kann nicht viel essen. Sie ist zu
   müde.

1 Dative Plural

Two changes occur in the dative plural:

The plural definite article **die** changes its form to **den**.
The plural form of the noun adds **-n**.

Look at the following examples:

Nominative and Accusative Plural	Dative Plural
die Männer	**den** Männern
die Söhne	**den** Söhnen
die Kinder	**den** Kindern
die Geschwister	**den** Geschwistern
die Leute	**den** Leuten

Exceptions   Plural nouns which already end in **-n** or **-s** do not add the dative plural ending **-n**.

Nominative and Accusative Plural	Dative Plural
die Damen	den Damen
die Herren	den Herren
die Autos	den Autos
die Hotels	den Hotels

2 Verbs Requiring the Dative Case

If a verb requires an object, it is usually in the accusative case. There are in German, however, some verbs which require dative objects. Memorize these verbs and learn to associate them with the dative case. They are limited in number and will be indicated in **the Wortschatz** of each chapter as they occur.

Among the verbs which **always** require a dative object are:

		literal meaning
antworten	to answer	to give an answer to
danken	to thank	to give thanks to
gehören	to belong	to belong to
gefallen	to please/to like	to be pleasing to
gratulieren	to congratulate	to offer congratulation to
helfen	to help	to give help to
schmecken	to taste	to taste(good/bad) to s.o.

Look at the following examples:

Das Bild gefällt mir.	I like the picture.
Der Polizist hilft dem Kind.	The policeman is helping the child.
Hat Ihnen das Essen geschmeckt?	Did you enjoy the meal?
Wem gehören diese Schlüssel?	To whom do these keys belong?

3 Expressions with the Dative

The dative case is often used to express emotions, opinions or physical conditions. These expressions have **es** as the subject of the sentence.

Here are some dative expressions:

Es tut mir leid.	I'm sorry.
Es tut mir weh.	It hurts (me).
Es ist mir egal.	It's all the same to me.
Es ist mir kalt.	I am cold.
Es ist mir heiß.	I am hot.
Es ist mir schlecht.	I am feeling sick.
Wie geht es Ihnen?	How are you?
Es geht mir gut.	I am fine.

In colloquial German the grammatical subject **es** is often omitted.

Tut mir leid.	Mir ist schlecht.
Mir ist heiß.	Mir ist kalt.

Mündliche Übungen

Dativ Plural

Mit wem sprechen Sie Deutsch?

Mü 1

> Die Männer sprechen Deutsch.
> Ich spreche mit **den Männern** Deutsch.

Diese Leute sprechen nur Deutsch:

1. die Frauen	4. die Verkäuferinnen	7. die Damen
2. die Gäste	5. die Studenten	8. die Kinder
3. die Leute	6. die Freunde	9. die Lehrer

Verben mit dem Dativ (Singular und Plural)

Wem gehören die Sachen?

Mü 2

> Die Dame hat einen Regenschirm.
> Der Regenschirm gehört **der Dame**. (Er gehört ihr.)

1. Der Herr hat einen Schlüssel.	4. Die Frau hat ein Auto.
2. Der Tourist hat einen Stadtplan.	5. Die Mädchen haben Taschen.
3. Die Studenten haben Bücher.	6. Die Jungen haben einen Fußball.

Wem hilft der Polizist?

Mü 3

> **Ein Junge** braucht Hilfe.
> Der Polizist hilft **einem Jungen.**

Diese Leute brauchen Hilfe:

1. ein Mann
2. meine Geschwister
3. eine Amerikanerin
4. seine Frau
5. ihr Bruder
6. ein Mädchen
7. unsere Eltern
8. deine Schwester
9. ein Tourist

Wem danken Sie?

Mü 4

> **Der Herr** hat Ihnen geholfen.
> Ich danke **dem Herrn.** (Ich danke **ihm.**)

Diese Leute haben Ihnen geholfen:

1. der Kellner
2. die Verkäuferin
3. die Kinder
4. der Polizist
5. die Sekretärin
6. die Mädchen

Wem gratulieren Sie zum Geburtstag?

Mü 5

> **Sein Bruder** hat Geburtstag.
> Ich gratuliere **seinem Bruder** zum Geburtstag.
> (Ich gratuliere **ihm.**)

Diese Leute haben Geburtstag:

1. ihre Mutter
2. meine Schwester
3. sein Vater
4. ihr Mann
5. eure Tante
6. dein Onkel

Wem gefällt unsere Stadt?

Mü 6

> **Die Touristen** finden unsere Stadt sehr schön.
> Unsere Stadt gefällt **den Touristen.**

Diese Leute finden unsere Stadt sehr schön.

1. die Amerikaner
2. jeder Tourist
3. unsere Gäste
4. die Männer
5. diese Frauen
6. alle Leute
7. meine Freunde
8. dieser Herr
9. beide Mädchen

Wem hat das Essen geschmeckt?

Mü 7

> **Der Gast** hat ein Schnitzel gegessen.
> Das Schnitzel hat **dem Gast** gut geschmeckt.

1. Das Mädchen hat eine Suppe gegessen.
2. Die Dame hat Salat gegessen.
3. Sein Vater hat Schinken gegessen.
4. Die Leute haben Käse gegessen.

Wem antworten Sie?

Mü 8
> Ihr Vater fragt.
> Ich antworte meinem Vater.

Diese Leute fragen Sie etwas:

1. die Lehrerin   3. die Kinder   5. Ihre Freundin
2. der Briefträger   4. seine Kollegin   6. Ihre Eltern

Adjektivdeklination

Bilden Sie einen Satz!

Mü 9
> Der Mantel gehört der Dame. Sie ist jung.
> Der Mantel gehört der jungen Dame.

1. Das Haus gehört den Leuten. Sie sind reich.
2. Das Eis schmeckt dem Kind. Es ist klein.
3. Der Herr hilft der Dame. Sie ist alt.
4. Die Bilder gehören dem Jungen. Er ist groß.
5. Der Lehrer antwortet der Studentin. Sie ist neu.

Personalpronomen

Antworten Sie mit Pronomen!

Mü 10
> Gehören die Handschuhe dem Herrn?
> Ja, die Handschuhe gehören ihm.
> (Nein, sie gehören ihm nicht.)

1. Gehört das Geld den Studenten?   6. Antwortet das Kind seinem Vater?
2. Hilft die Mutter dem Kind?   7. Hat den Touristen das Schloß gefallen?
3. Gefällt Ihren Gästen die Stadt?   8. Hat dem Herrn das Essen geschmeckt?
4. Hat der Herr der Dame geholfen?   9. Hat der Polizist dem Jungen geantwortet?
5. Hat Ihnen die Wohnung gefallen?   10. Hat dir der Apfel geschmeckt?

Wortstellung

Sagen Sie die Sätze noch einmal!
Beginnen Sie mit dem Dativ!

Mü 11
> Der blaue Pullover gefällt mir.
> Mir gefällt der blaue Pullover.

1. Das Essen schmeckt mir.
2. Die Bücher gehören den Studenten.
3. Wir haben den Kindern die Bilder gezeigt.
4. Er hat der alten Dame geholfen.
5. Sie hat diesem Herrn das Geld gegeben.
6. Wir haben ihm geholfen.

Wiederholung

Infinitive	Perfekt
fahren	*ist gefahren*
anfangen	
fliegen	
rufen	
essen	
einsteigen	
finden	
beginnen	
heißen	
denken	
sitzen	
halten	
schlafen	
bleiben	
verbringen	
laufen	
bekommen	
lesen	
tragen	
ankommen	
fernsehen	
beschreiben	

Mü 12   Auf deutsch, bitte!

1. Why don't you answer me?
2. Can you help them?
3. The pictures belong to the little girl.
4. To whom does the umbrella belong?
5. Whom did you help?
6. The tourists like the old town.
7. Do you like my new coat?
8. Please give the money to your friend.
9. Did you enjoy the food (meal)?
10. He likes the music.
11. She congratulated him.
12. Did you answer the policeman in German?

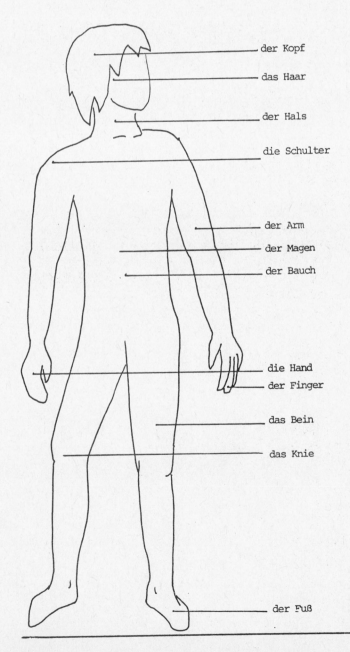

- der Kopf
- das Haar
- der Hals
- die Schulter
- der Arm
- der Magen
- der Bauch
- die Hand
- der Finger
- das Bein
- das Knie
- der Fuß

Wortschatzerweiterung: Die Körperteile

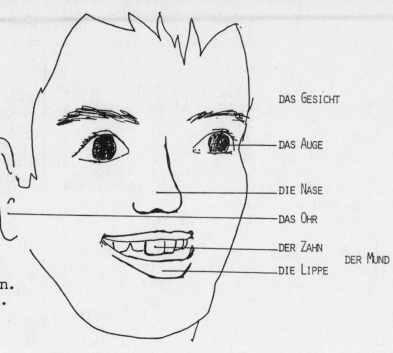

Ein Mensch hat zwei...

    Füße
    Beine
    Augen
    Ohren
    Lippen
    Hände
    Arme
    Schultern

DAS GESICHT
DAS AUGE
DIE NASE
DAS OHR
DER ZAHN
DER MUND
DIE LIPPE

Mit den Augen kann man sehen.
Mit den Zähnen kann man beißen.
Mit der Nase kann man riechen.

Redewendungen mit dem Dativ

___

Was für Schmerzen haben diese Leute?
Was tut ihnen weh?

Er hat Magenschmerzen.
Der Magen tut ihm weh.

Ihr ist (es) warm.
Sie schwitzt.

Tut mir leid, Herr Direktor!
Ich arbeite nur bis 5 Uhr.

Ihm ist (es) kalt.
Er friert.

Schriftliche Übungen

Sü 1 Ergänzen Sie die richtige Form! (Nominativ, Akkusativ, Dativ)

1. der alte Herr	Fragen Sie _den alten Herrn_ !
2. ihr kleiner Sohn	Sie hat _____ einen Ball gekauft.
3. die Kinder	Haben Sie _____ geholfen?
4. sein guter Freund	Er hat _____ einen Brief geschrieben.
5. die neue Sekretärin	_____ schreibt einen Brief.
6. der deutsche Polizist	Sie zeigt _____ ihren Führerschein.
7. die leise Musik	Hören Sie _____?
8. die kranke Frau	Der Arzt hat _____ geholfen.
9. der große Junge	Gefällt _____ das Geschenk?
10. die junge Kellnerin	Rufen Sie _____, bitte!
11. das Baby	Die Mutter gibt _____ den Tee.
12. Ihre Freundin	Hat _____ das Essen geschmeckt?
13. die netten Leute	Wir haben _____ besucht.
14. wer	_____ haben Sie geholfen?
15. wer	_____ haben Sie besucht?
16. wer	_____ hat das gesagt?
17. der neue Student	_____ heißt Peter.
18. seine Eltern	Haben Sie _____ ein Geschenk gebracht?
19. der junge Mann	Das Auto gehört _____.
20. seine Frau	Er hat _____ zum Geburtstag gratuliert.

Bilden Sie Sätze!

Sü 2
```
der Arzt/helfen/der kranke Junge
Der Arzt hilft dem kranken Jungen.
```

1. die neue Sekretärin/schreiben/ein langer Brief/ihr Freund
2. Deutschland/gefallen/die amerikanischen Touristen
3. Die Kundin/geben/die Verkäuferin/das Geld
4. Der Tourist/zeigen/der deutsche Polizist/sein Führerschein
5. Das Auto/gehören/die Familie Becker
6. Er/sehen/sein Bruder/mit/ein alter Herr

Sü 3 Vollenden Sie die Sätze!

1. Er geht zum Arzt, denn _er hat Schmerzen._
2. Er geht zum Zahnarzt, denn ...
3. Sie geht zum Ohrenarzt, denn ...
4. Ich gehe zum Augenarzt, denn ...

Sü 4   Persönliche Fragen

1. Wie geht es Ihnen heute?
2. Was gefällt Ihnen in Deutschland (nicht)?
3. Sie sind krank. Wer hilft Ihnen?
4. Was schmeckt Ihnen sehr gut?
5. Wem müssen Sie immer auf deutsch antworten?
6. Sie haben eine Erkältung. Was tut Ihnen weh?
7. Ist Ihnen oft kalt?
8. Wer gratuliert Ihnen zu Ihrem Geburtstag?
9. Mit welcher Hand schreiben Sie?
10. Sie haben Zahnschmerzen. Wohin gehen Sie?
11. Sie haben zuviel gegessen. Was tut Ihnen weh?
12. Haben Sie oft Kopfschmerzen?

Wortschatzübung

allgemein	speziell
Getränk	Kaffee, Tee, Wein
Mahlzeit	_____
Obst	_____
Verwandte(r)	_____
Monat	_____
Beruf	_____
Lebensmittel	_____
Wochentag	_____
Gemüse	_____
Fahrzeug	_____

WORTSCHATZ

Nomen

der Bauch,⸚e	stomach, belly
der Bekannte,-n	acquaintance
der Hals,⸚e	neck
der Koffer,-	suitcase
der Kopf,⸚e	head
der Körper,-	body
der Körperteil,-e	part of the body
der Magen,-	stomach
der Mensch,-en	man, human being
der Mund,⸚er	mouth
der Schmerz,-en	pain
der Verwandte,-n	relative
der Zahn,⸚e	tooth
das Abteil,-e	compartment
das Auge,-n	eye
das Bein,-e	leg
das Gesicht,-er	face
die Redewendung,-en	expression, idiom

Verben

antworten (+dat.)	to answer
begrüßen	to greet
beißen (gebissen)	to bite
danken (+dat.)	to thank
erreichen	to reach
frieren (gefroren)	to freeze
gefallen (+dat.) (gefallen)	to please, be pleased with
gehören (+dat.)	to belong to
gratulieren (+dat.)	to congratulate
helfen (+dat.) (geholfen)	to help
riechen (gerochen)	to smell
schmecken (+dat.)	to taste
schwitzen	to sweat, perspire

Adjektive

herzlich	cordial, affectionate
schwer	heavy, difficult

Can you guess the meaning of these words?

Nomen

der Arm,-e	das Haar,-e	die Bekannte,-n
der Finger,-	das Knie,-	die Hand,⸚e
der Fuß,⸚e	das Ohr,-en	die Lippe,-n
		die Nase,-n
		die Schulter,-n
		die Verwandte,-n

Adjektive

freundlich

LEKTION 18

Renate geht **ins** Kino.
Christine war schon **im** Kino.

Hast du heute abend etwas vor?

Noch nicht! Warum?

Ich gehe **ins** Kino. Kommst du mit?

Nein, heute nicht. Ich war gestern **im** Kino.

Schade! Vielleicht ein anderes Mal.

Variationen: Spielen Sie diese Szenen!

Hast du heute abend etwas vor?
      morgen abend
      später
      am Wochenende
      am Mittwoch

Noch nicht! Warum?

Ich gehe ins Kino. Kommst du mit?
      ins Konzert
      in die Stadt
      ins Theater
      ins Museum

Nein....

Schade! ...

Einführung

Präpositionen mit Akkusativ oder Dativ: **an, auf, hinter, in, neben, über, unter, vor, zwischen**

Die Verben **legen/liegen, stellen/stehen, hängen**

Akkusativ: wohin ...?

Dativ: wo ...?

Ich lege das Buch auf den Tisch.

Das Buch liegt auf dem Tisch.

Ich stelle die Flasche auf den Tisch.

Die Flasche steht auf dem Tisch.

Der Mann hängt das Bild **an die** Wand.
Er hängt es **über die** Couch.
Er hängt es **zwischen die** großen Bilder.
Die Dame legt einen Teppich **auf den** Fußboden.
Sie legt ihn **vor die** Couch.
Der Hund läuft **hinter die** Couch.
Der Junge stellt eine Lampe **neben den** Sessel.
Das Mädchen stellt den Käfig mit dem Goldhamster **in die** Ecke.

Der Goldhamster ist nicht mehr in seinem Käfig. **Wo ist er?**

Ist er **hinter dem** Bild?
Ist er **unter der** Couch?
Sitzt er **auf dem** Tisch?
Schläft er **zwischen den** Kissen?
Liegt er **am** Fenster?
Ist er **vor dem** Schrank?

Wo kann er nur sein?
Vielleicht ist er gar nicht mehr **im** Wohnzimmer.

WORTSCHATZERWEITERUNG: DAS HAUS

1. der Keller	4. das Wohnzimmer	8. die Dusche
2. der Flur	5. das Badezimmer	9. die Toilette
3. der Balkon	6. das Schlafzimmer	10. die Küche
	7. das Dach	11. die Terrasse
		12. die Treppe

GRAMMATIK

Review

The prepositions **aus, bei, gegenüber, mit, nach, seit, von zu** are always followed by the dative case:

> Er geht **zum** Arzt.
> Ich fahre **mit der** Straßenbahn.

The prepositions **für, durch, gegen, ohne, um** are always followed by the accusative.

> Er geht **durch den** Park.
> Sie kommt **ohne ihren** Mann.
> Sie kommt **ohne ihn**.

Remember that in both groups, it is the preposition which determines the case of the noun or pronoun following.

1 Prepositions with Accusative or Dative

A There are nine prepositions which may take either the accusative or the dative case:

an	at (the side of), on (for vertical surfaces)
auf	on, on top of (for horizontal surfaces)
hinter	behind, in back of
in	in, into, inside of
neben	beside, next to
über	over, above, across
unter	under, below, beneath
vor	before, in front of
zwischen	between

Some of these prepositions are contracted with the definite article:

Accusative	Dative
an das = ans	an dem = am
auf das = aufs	in dem = im
in das = ins	

B Wo and wohin

In order to determine which case follows these prepositions, it is essential to know the difference between **wo** and **wohin**, both meaning *where* in English.

1 Accusative: wohin ...? (motion)

The accusative is used when motion or direction toward a new location (place to which) is indicated and the prepositional phrase answers the question **wohin?** (where...to?).

Wohin geht sie?	Where is she going (to)?
Sie geht **ins** Wohnzimmer.	She is going into the living room.

2 Dative: wo ...? (position)

The dative is used when the prepositional phrase indicates a position or an action within a place (place in which) and answers the question **wo?** (where?). The action may be motion but it is motion with no change toward a new location.

Wo ist sie?	Where is she?
Sie ist **im** Wohnzimmer.	She is in the living room.
Sie arbeitet **im** Wohnzimmer.	She is working in the living room.

Er geht in das Haus.	**Er ist** in dem Haus.	**Er arbeitet** in dem Haus.
Accusative: wohin?	Dative: wo?	Dative: wo?
Motion toward a place	Location	Action within a place.

2 Meaning and Usage of Accusative/Dative Prepositions

A Space: motion or position

Accusative: wohin ...?	Dative: wo ...?

__an/auf__

Er hängt das Bild an die Wand.	**Das Bild hängt an der Wand.**
He's hanging the picture on the wall.	The picture is hanging on the **wall**.
Sie legt das Buch auf den Tisch.	**Das Buch liegt auf dem Tisch.**
She is putting the book on the table.	The book is (lying) on the table.

__vor/hinter__

Er fährt das Auto vor das Haus.	**Das Auto steht vor dem Haus.**
He is driving the car in front of the house.	The car is in front of the house.
Stell die Lampe hinter die Couch!	**Die Lampe steht hinter der Couch.**
Put the lamp behind the couch.	The lamp is behind the couch.

über/unter

Häng die Lampe über den Tisch! Hang the lamp above the table.	Die Lampe hängt über dem Tisch. The lamp is hanging over the table.
Legen Sie das Geld unter das Buch! Put the money under the book.	Das Geld liegt unter dem Buch. The money is under the book.

in

Er geht in den Supermarkt. He is going into the supermarket.	Er arbeitet im Supermarkt. He works in the supermarket.

neben

Legen Sie die Brille neben die Zeitung! Put the glasses next to the newspaper.	Die Brille liegt neben der Zeitung. The glasses are next to the newspaper.

zwischen

Stellen Sie die Lampe zwischen die Sessel! Put the lamp between the easy chairs.	Die Lampe steht zwischen den Sesseln. The lamp is between the easy chairs.

B Time expressions in the dative

In time expressions, the prepositions **an, in** and **vor** answer the question **wann** (when) and are always followed by the dative case.

Er ist **am Wochenende** gekommen. Mein Geburtstag ist **am 10. Mai.** **Am Samstag** gehe ich einkaufen.	He came on the weekend. My birthday is on the 10th of May. On Saturday I am going shopping.
Im Sommer ist es hier sehr heiß. Er kommt einmal **in der Woche.** **In einem Monat** machen wir Urlaub.	It is very hot here in summer. He comes once a week. In one month we will take a vacation.
Sie ist **vor einem Jahr** gekommen. Er hat **vor einer Stunde** angerufen. Sie ist **vor dem Essen** weggegangen.	She came one year ago. He called an hour ago. She left before dinner.

C Idiomatic use

When these prepositions (and many others) are linked with specific verbs, they form idiomatic expressions. In such idioms, the prepositions often lose their basic meanings and cannot be translated literally because English may use a different preposition.

Look at the following examples:

warten	Ich warte.	I am waiting.
warten auf (+ acc.)	Ich warte **auf** den Bus.	I am waiting for the bus.
denken	Er denkt.	He is thinking.
denken an (+ acc.)	Er denkt **an** seine Frau.	He is thinking of his wife.

Since there is no convenient rule to predict which preposition combines with a particular verb, the combination must be memorized as a unit. If a preposition with either dative or accusative is used, the case of the noun following must be memorized as well.

Note: Those prepositions which are always followed by the accusative and those always followed by the dative take the same case when they combine with verbs.

fahren **mit**	to go by
Ich fahre **mit dem** Bus.	I go by bus.
sprechen **von**	to speak of
Er spricht **von seinem** Freund.	He's speaking of his friend.
fragen **nach**	to ask about
Sie fragt **nach den** Leuten.	She's asking about the people.
bitten **um**	to ask for
Er bittet **um ein** Stück Kuchen.	He's asking for a piece of cake.

2 The verbs legen/liegen, stellen/stehen

The English verb *put* is used to indicate movement to a position and *be* is used to indicate the resulting position.

Put the book on the table.
The book is on the table.

German uses several pairs of verbs to express these meanings depending on the orientation of the object.

Look at the following examples:

legen = cause to move to a horizontal position (to put)
liegen = to be in a horizontal position (to be)

stellen = to cause to stand in a vertical position (to put)
stehen = to be standing in a vertical position (to be)

Compare:

Legen Sie das Buch auf den Tisch.	Das Buch **liegt** auf dem Tisch.
Put the book on the table.	The book is on the table.
Stellen Sie die Vase auf den Tisch.	Die Vase **steht** auf dem Tisch.
Put the vase on the table.	The vase is on the table.

The prepositional phrase following the verbs **legen** and **stellen** are in the accusative case. The prepositional phrase following the verbs **liegen** and **stehen** are in the dative case.

Mündliche Übungen

Präpositionen mit dem Akkusativ oder dem Dativ

auf

Wo liegen (stehen) die Sachen?

Mü 1
| Legen Sie das Buch auf den Tisch! |
| Es liegt schon auf dem Tisch. |

1. Legen Sie die Zeitung auf den Fernseher!
2. Stellen Sie die Tasse auf den Tisch!
3. Legen Sie die Brille auf die Zeitung!
4. Legen Sie den Mantel auf das Bett!
5. Legen Sie die Jacke auf die Couch!

Wohin haben Sie die Sachen gelegt (gestellt)?

Mü 2
| Liegt der Schlüssel auf der Tasche? |
| Ja, ich habe ihn auf die Tasche gelegt. |

1. Liegt meine Jacke auf der Couch?
2. Liegt das Geld auf dem Buch?
3. Steht der Stuhl auf dem Teppich?
4. Steht der Kuchen auf dem Tisch?
5. Liegt der Ball auf dem Boden?
6. Liegt die Brille auf der Zeitung?

an

Antworten Sie!

Mü 3
| Wohin kann man ein Bild hängen? (Wand) |
| Man kann ein Bild an die Wand hängen. |

Wohin kann man ...?

1. eine Uhr hängen? (Wand)
2. ein Wort schreiben? (Tafel)
3. Blumen stellen? (Fenster)
4. einen Mantel hängen? (Tür)
5. einen Stuhl stellen? (Tisch)
6. ein Fahrrad stellen? (Haus)

Fragen Sie! Wer hat das getan?

Mü 4
| Die Uhr hängt an der Wand. |
| Wer hat die Uhr an die Wand gehängt? |

1. Der Mantel hängt an der Tür.
2. Das Fahrrad steht an der Mauer.
3. Die Jacke hängt am Baum.
4. Die Blumen stehen am Fenster.
5. Die Stühle stehen am Tisch.
6. Das Bild hängt an der Wand.

vor/hinter
Fragen Sie! Wo darf man parken?

MÜ 5 | das Rathaus: Darf man vor dem Rathaus parken? |

1. das Hotel	4. der Supermarkt	7. das Café
2. die Kirche	5. das Kaufhaus	8. der Dom
3. der Bahnhof	6. die Polizei	9. die Tankstelle

Antworten Sie mit dem Gegenteil!

MÜ 6 | Steht das Auto **vor** dem Haus? Nein, es steht **hinter** dem Haus. |

1. Steht der Stuhl vor dem Tisch?
2. Liegt der Hund vor dem Baum?
3. Stellen Sie die Lampe vor die Couch?
4. Haben Sie hinter dem Rathaus geparkt?
5. Hängen Sie die Mäntel vor die Tür?
6. Ist der Garten vor dem Haus?

Antworten Sie mit **vor** oder **hinter**!

MÜ 7 | Wo findet man oft ein Telefon?   (die Post) Man findet oft ein Telefon vor der Post. |

1. Wo findet man oft eine Bushaltestelle?	(der Bahnhof)
2. Wohin stellt man einen Stuhl?	(der Tisch)
3. Wo sitzen die Studenten?	(der Lehrer)
4. Wo steht der Lehrer?	(die Tafel)
5. Wohin stellen Sie Ihre leeren Flaschen?	(die Tür)
6. Wo ist ein Garten?	(das Haus)
7. Wo parken Sie Ihr Auto?	(die Universität)

über/unter
Wohin hängen Sie das Bild?
Wo hängt es dann?

MÜ 8 | die Couch: Ich hänge das Bild über die Couch. Es hängt dann über der Couch. |

1. der Tisch	4. die Lampe	7. 7. die Tafel
2. das Bett	5. der Stuhl	8. 8. der Sessel
3. die Tür	6. das Radio	9. 9. der Fernseher

Wo liegen oder stehen die Sachen?

MÜ 9 | Schlüssel/Tasche Der Schlüssel liegt unter der Tasche. |

| 1. Tasche/Tisch | 3. Geld/Buch | 5. Brief/Zeitung |
| 2. Schuhe/Bett | 4. Teppich/Couch | 6. Bleistift/Stuhl |

in

Antworten Sie! Wohin ist er gegangen?

Mü 10 | Ist er im Geschäft?
Nein, er ist nicht ins Geschäft gegangen.

Ist er ...?

1. im Hotel
2. in der Garage
3. im Supermarkt
4. in der Schule

5. im Zimmer
6. im Park
7. im Büro
8. in der Kirche

9. im Kino
10. in der Stadt
11. im Haus
12. im Theater

Wo sind die Leute?

Mü 11 | Die Mutter wäscht das Kind.
Sie ist im Bad.

1. Die Leute studieren die Speisekarte.
2. Die Dame bestellt Kaffee und Kuchen.
3. Der Herr kauft Briefpapier und Bleistifte.
4. Die Dame steigt in den Zug nach Frankfurt ein.
5. Das Mädchen bezahlt eine Telefonrechnung.
6. Die Leute kaufen Milch, Gemüse und Brot.
7. Die Krankenschwester arbeitet.
8. Die Dame kauft Blumen.
9. Die Sekretärin telefoniert.
10. Der Herr kauft eine Hose und Socken.

neben

Wohin stellen Sie Ihre Tasche?
Wo steht sie dann?

Mü 12 | die Tür: Ich stelle meine Tasche neben die Tür.
Sie steht dann neben der Tür.

1. der Schrank
2. das Sofa
3. der Stuhl

4. die Stereoanlage
5. der Fernseher
6. die Couch

7. der Tisch
8. das Bett
9. das Auto

zwischen

Wo ist das?

Mü 13 | Kaufhaus — Blumengeschäft — Post
Das Blumengeschäft ist zwischen dem Kaufhaus und der Post.

1. Hauptstraße —— Parkplatz —— Marktplatz
2. Kino —— Telefonzelle —— Parkplatz
3. Universität —— Café —— Kirche
4. Theater —— Restaurant —— Parkhaus
5. Bahnhof —— Hotel —— Brücke
6. Hotel —— Tankstelle —— Krankenhaus

Bilden Sie Sätze!

MÜ 14 | in die Schule: Die Kinder gehen in die Schule.

1. auf den Tisch
2. unter dem Auto
3. in der Stadt
4. über die Couch
5. neben dem Kino

6. zwischen die Bücher
7. am Fenster
8. auf dem Stuhl
9. hinter die Tür
10. im Restaurant

11. vor das Haus
12. an die Tafel
13. in die Tasche
14. im Garten
15. vor dem Hotel

MÜ 15   Auf deutsch, bitte!

1. Did you put the shoes under the bed?
   They aren't under the bed.

2. The purse is next to the table.
   Who put the purse next to the table.

3. The nurse is going into the hospital.
   She is working in the hospital.

4. We are going behind the house.
   Our car is behind the house.

5. Put the glasses on the table.
   They are already on the table.

6. We are hanging the lamp over the table.
   The lamp above the table is very nice.

7. Why don't you drive the car in front of the house?
   Can one park in front of the house?

8. She put the lamp between the table and the chair.
   The lamp is now between the table and the chair.

9. She always writes the new words on the board.
   Can you read the words on the board?

Wortschatzübung

Wie heißt das Nomen?	
rechnen	*die Rechnung*
empfehlen	_____
beschreiben	_____
bestellen	_____
wohnen	_____
wiederholen	_____
üben	_____
meinen	_____
zählen	_____
verbinden	_____
benutzen	_____
bedeuten	_____
bewundern	_____
erklären	_____

Vorbereitung auf das Lesen: Die Bremer Stadtmusikanten

die Tiere:	Was sie tun:

 der Esel
"Graupferd"   iaen,schreien

 der Hund
"Packan"   bellen

 die Katze
"Bartputzer"   miauen

 der Hahn
"Rotkopf"   krähen

 die Trompete blasen

 die Harfe spielen

 die Trommel schlagen
trommeln

Die Bremer Stadtmusikanten°   musicians
Ein Märchen*   fairy tale

Hier ist der Esel. Er ist alt und müde. Er sitzt im Gras
neben der Straße. Er ist sehr traurig° Da kommt ein Hund.   sad
Der Hund heißt Packan. "Hallo, Graupferd", sagt Packan, der

Hund. "Wie geht's?" - "Gar
5   nicht gut, Packan!" sagt
             der Esel. "Ich bin alt und
             müde. Ich kann nicht mehr
             arbeiten. Mein Meister ist
             böse° Er will mich verkau-   mean
10   fen. Verkaufen für Leder
             und Hundefutter°!"   dog food
"Wohin gehst du, Graupferd?" fragt Packan. "Ich gehe nach
Bremen!" sagt der Esel. "Nach Bremen? in die große Stadt?"
fragt Packan, der Hund. "Ja", sagt Graupferd. "Ich habe
15   einen Bruder in Bremen. Mein Bruder ist bei der Stadtmusik
in Bremen. Er bläst die Trompete! Ich gehe auch nach Bremen. Ich will die Harfe spielen in der Stadtmusik in Bremen!" "Aber warum bist du so traurig, Packan?" fragt der
Esel. "Ich bin alt und müde", sagt der Hund. "Mein Herr

20   jagt° oft und ich bin langsam. Mein Herr   goes hunting
             will mich nicht mehr füttern° Er will mich
             totschlagen°!" "Totschlagen?" fragt der   beat to death
             Esel. "Komm mit mir nach Bremen! Zur Stadt-
             musik! Ich spiele die Harfe und du schlägst
25   die Trommel! Kannst du trommeln, Packan?"
             "O ja," sagt Packan, der Hund. "Ich kann
             sehr gut und laut trommeln. Ich komme mit
nach Bremen, Graupferd!"

Der Esel und der Hund gehen in den Wald° Der Esel ist müde   forest
30   und der Hund ist müde. Aber der Esel ist
nicht mehr traurig und der Hund ist auch
nicht mehr traurig. Der Esel und der Hund
gehen langsam durch den Wald und singen:
"Die Stadtmusik in Bremen, die spielt so
35   laut und schön! Wir sind zwei Musikanten,
die auch nach Bremen gehen!"

Der Esel und der Hund gehen durch den Wald. Da sitzt eine
Katze neben der Straße. Eine alte, müde, graue Katze. Sie
ist sehr traurig und weint.

40   "Hallo, alter Bartputzer!" sagt der Esel.
             "Warum weinst du?" fragt der Hund. "Ach",
             sagt die Katze. "Ich bin sehr alt, und ich
             habe keine Zähne. Ich fange keine Mäuse°   catch no more mice
             mehr. Meine Frau will mich nicht mehr füt-
45   tern. Sie will mich ins Wasser werfen°! Was trow
             soll ich tun?" "Kannst du singen?" fragt
             der Esel. "O ja!" sagt die Katze. "Ich kann

---

*Vocabulary limited to this reading selection is listed in the **Lesehilfe**
after the **Wortschatz** of this chapter. It is recognition vocabulary which
will not be used in the exercises.

sehr laut und hoch singen!" "Komm mit nach Bremen!" sagt
Graupferd, der Esel. "Nach Bremen, in die große Stadt?"
50 fragt die Katze. "Ja", sagt Packan. "Wir gehen nach Bremen, zur Stadtmusik. Graupferd spielt die Harfe, ich tromm-
le und du singst!"

"Gut", sagen alle drei. Wir
gehen nach Bremen zur Musik!"
55 Der Esel, der Hund und die
Katze gehen durch den Wald.
Sie singen: "Der Esel spielt
die Harfe, der Hund, er trom-
melt laut. Die Katze singt und jodelt, und
60 manchmal sie miaut!"

Es ist Mittag. Sie kommen zu einem Bauern-
hof°. Auf dem Zaun°, vor dem Bauernhof, sitzt   farm/fence
ein Hahn. Der Hahn kräht sehr laut! "Guten
Tag, Rotkopf", sagt der Esel. "Warum krähst
65 du so laut?" fragt die Katze.
"Ach", sagt der Hahn. "Morgen
ist Sonntag. Morgen kommt Besuch. Morgen will mir die
Köchin° den Kopf abschneiden°!   cook/cut off
70 Morgen will mich die Köchin kochen. In der
Suppe. Darum° krähe ich so laut."
"Komm mit, Rotkopf!" sagt der Esel.
"Wir gehen nach Bremen zur Stadtmusik!" sagt der Hund. "Du hast
75 eine gute Stimme°!" sagt die Kat-   voice
ze. "Komm mit nach Bremen zur
Stadtmusik! Graupferd spielt die
Harfe, Packan trommelt, und du
und ich singen laut und schön!"
80 "Oh, das ist gut", sagt der Hahn. "Ich komme auch nach Bremen,
zur Stadtmusik! Ich singe!" Und der Esel, der Hund, die Katze
und der Hahn marschieren weiter. Sie sind alt und müde. Aber
sie sind nicht mehr traurig!

Es ist Abend. Der Esel Graupferd,
85 der Hund Packan, Bartputzer, die
Katze und Rotkopf, der Hahn kommen
in einen Wald. "Wo schlafen wir?"
fragt der Esel.

"Unter dem Baum", sagt der Hund.
90 Aber es ist kalt, sehr kalt, und
sie können nicht schlafen.

Da ruft der Hahn: "Dort drüben ist
ein Haus!" "Ich sehe das Licht.
Das Haus ist nicht weit!" Wir gehen
95 zu dem Haus!" rufen die Vier.
"Dort ist es nicht kalt!" sagt der
Hund. "Und vielleicht bekomme ich
einen Knochen°!" "Ich habe großen   bone
Hunger!" "Und ich", sagt die Kat-
100 ze. "Vielleicht bekomme ich Milch!"
"Ja, wir gehen zu dem Haus!" rufen die Vier.

Der Esel, der Hund, die Katze
und der Hahn gehen zu dem Haus.
Es ist nicht weit. Das Haus ist
groß, sehr groß. Es ist ein Räu-
berhaus°! Der Esel geht zu dem   robbers'hideout
Fenster. "Was siehst du?" fragt
der Hund. "Was ich sehe?" sagt
der Esel. "Einen Tisch mit gutem
Essen und Trinken. Und die Räuber
sitzen und essen und trinken!"

105

110

"Was tun wir?" fragt der Hund.
"Wir machen Musik!" antwortet
der Esel. "Wir machen schöne,
115 laute Musik!" Der Esel steht
unter dem Fenster. Der Hund
steht auf dem Esel. Die Katze
steht auf dem Hund. Der Hahn
steht auf der Katze. "Eins...
120 zwei...drei...los!" ruft der
Esel. "I-a, I-a!" schreit der
Esel. "Wau, wau!" bellt der
Hund. "Miau, miau!" miaut die
Katze. "Kikeriki!" kräht der
125 Hahn. Die Musik ist so laut,
daß ein Fenster bricht°!...

breaks

und die Räuber? Die Räuber springen
schnell auf° und laufen in den Wald.   jump up
Sie laufen ganz tief in den Wald.
Der Esel, der Hund, die Katze und der
Hahn essen und trinken, trinken und
essen... "Gute Nacht", sagt der Esel.

130

"ich gehe jetzt schlafen!" Der
Esel legt sich in den Hof. Der
135 Hund legt sich hinter die Tür.
Die Katze legt sich neben den
warmen Ofen. Und der Hahn
fliegt auf den Balken.

"Gute Nacht!" rufen die Vier und schlafen bald. Es ist
Mitternacht. Die Räuber schlafen im Wald. Schlafen???
140 Nein, die Räuber schlafen nicht!
Im Wald ist es nicht warm, im Wald
ist es kalt. Und die Räuber haben
Hunger, sehr großen Hunger. "Pst!
145 Jaromir!" sagt der Räuberhauptmann,
"ich kann nicht schlafen! Ich friere
und habe Hunger!" - "Jaromir!" sagt
der Hauptmann, "es ist kein Licht
im Haus und es ist still. Geh leise
150 ins Haus und wir kommen bald nach!"
"Ja, Herr Hauptmann!" sagt Jaromir.
Der Räuber geht in das Haus. Es ist

sehr still. Es ist finster? Er will ein Licht anzünden?   dark/strike
Er nimmt ein Streichholz° und geht zu dem Ofen. Ah, da   match
155 ist noch etwas Feuer. Feuer? Nein, es sind Katzenaugen.

Die Katze springt auf! Sie kratzt den
Räuber in die Augen und beißt ihn in die
Hand. Sie kratzt den Räuber ganz furcht-
bar. Der Räuber schreit und läuft schnell
160 hinaus. Er kommt an die Tür. Hinter der
Tür liegt der Hund Packan. Er beißt den
Räuber ganz furchtbar tief in das Bein!
Der Räuber schreit und läuft in den Hof.
Der Esel springt auf und er kickt den Räu-
165 ber ganz furchtbar! Der Räuber schreit
"Hilfe! Hilfe!" Der Räuber läuft so schnell
er kann.

Der Hahn sitzt auf dem Balken. Er kräht dreimal laut:
"Kikeriki! Kikeriki! Kikeriki!"
170

Der Räuber läuft schnell in den Wald. Er läuft zu dem Hauptmann. Der Hauptmann fragt: "Jaromir! Was ist los? Du bist
ganz weiß. Warum schreist du so laut? Jaromir sagt: "Herr
Hauptmann, das ist furchtbar°!   frightening

175

In dem Haus sitzt eine Hexe, die hat
mir das Gesicht zerkratzt! Vor der Tür
steht ein Mann mit einem Messer, der hat
mich ins Bein gestochen! Im Hof liegt
ein Riese, der hat mich geschlagen. Und
180 auf dem Dach sitzt ein Richter, der   judge
ruft laut: "Bringt den Räu-
ber her!" Darum bin ich
gelaufen!" Der Hauptmann
sagt: "Es ist besser, wir ge-
185 hen nicht mehr in das Haus!"
"Ja", sagen die Räuber, "wir
gehen nicht mehr zurück."

Der Hund, der Esel, der Hahn und die Katze sagen: "Hier ist es
schön und gut. Das Haus ist warm, wir essen und trinken, wir
190 sind nicht mehr traurig und müde.
Wir gehen nicht nach Bremen zur
Stadtmusik, wir bleiben hier im
Räuberhaus! Wir machen hier Musik. Graupferd spielt die Harfe,
195 Packan trommelt, der Bartputzer
und der Rotkopf singen." Und alle singen: "Wir sind die Musikanten und sind im Räuberhaus.
Und kommen auch die Räuber, wir
200 treiben sie hinaus°!"   chase out

Marie G. Wiener
Text und Illustrationen mit freund-
licher Genehmigung von Scala

Schriftliche Übungen

Wo arbeiten diese Leute?

Sü 1

> der Kellner
> Die Kellner arbeitet in einem Gasthaus.

1. die Krankenschwester
2. die Blumenverkäuferin
3. der Lehrer

4. die Sekretärin
5. die Hausfrau
6. der Ober

Sü 2   Antworten Sie!

Wo ist (liegt, steht, hängt) gewöhnlich° ...?   (usually)

1. ein Bild
2. eine Telefonnummer
3. eine Landkarte

4. eine Garage
5. ein großes Kaufhaus
6. ein Klassenzimmer

Sü 3   Ergänzen Sie!

1. (in a bottle)   Der Wein ist *in einer Flasche*.
2. (beside his mother)   Das Kind steht _____.
3. (next to a young lady) Er hat _____ gestanden.
4. (on the chair)   Was liegt _____?
5. (behind the house)   Fahren Sie das Auto _____!
6. (into the room)   Das kleine Mädchen kommt gerade _____.
7. (in the office)   Die Sekretärin arbeitet _____.
8. (behind the door)   _____ stehen viele Flaschen.
9. (under the table)   Warum läuft der Hund _____?
10. (in the kitchen)   Frau Becker ist _____.
11. (on the table)   Liegt meine Brille _____?
12. (above the table)   Wir hängen die Lampe _____.

Sü 4   Ergänzen Sie das Personalpronomen!

1. Dort steht **Thomas.** Die Dame neben *ihm* ist seine Mutter.
2. Hier bin **ich.** Hinter _____ ist die Tür.
3. Das ist **Anne.** Neben _____ steht ihr Bruder.
4. **Der Lehrer** ist im Klassenzimmer. Vor _____ sitzen die Studenten.
5. **Die Sekretärin** arbeitet. Vor _____ steht das Telefon.
6. **Die Leute** kommen gerade durch die Tür. Hinter _____ kommt Frau Kaiser.
7. **Ich** sitze auf dem Stuhl. Über _____ hängt die Lampe.
8. Auf dem Bild sehen Sie **meine Eltern.** Ich stehe zwischen _____.
9. **Sie** sind im Klassenzimmer. Vor _____ ist die Tafel.
10. **Du** bist im Restaurant. Neben _____ sitzt eine junge Frau.

SÜ 5 Ergänzen Sie den Artikel!

Das ist ...

1.	_die_ Straße.	Ich gehe auf	_die_ Straße.	Ich bleibe auf	_der_ Straße.
2.	___ Kino.	Er geht in	___ Kino.	Er sitzt in	___ Kino.
3.	___ Baum.	Sie läuft unter ___ Baum.		Sie steht unter ___ Baum.	
4.	___ Hotel.	Er fährt hinter ___ Hotel.		Er parkt hinter ___ Hotel.	
5.	___ Bett	Ich gehe in ___ Bett.		Ich schlafe in ___ Bett.	
6.	___ Boden	Es fällt auf ___ Boden.		Es liegt auf ___ Boden.	
7.	___ Tür	Er geht an ___ Tür.		Er steht an ___ Tür.	
8.	___ Garten	Wir gehen in ___ Garten.		Wir arbeiten in ___ Garten.	
9.	___ Haus	Er geht in ___ Haus.		Er wohnt in ___ Haus.	
10.	___ Markt	Sie geht auf ___ Markt.		Er ist auf ___ Markt.	

SÜ 6 Was paßt?

Präpositionen und Artikel: Ergänzen Sie!

1. Entschuldigen Sie! Ist der Tisch _am_ Fenster noch frei?
2. Wir hängen das Bild _____ die Couch.
3. Sie hat _____ Januar Geburtstag.
4. Wie lange sind Sie schon _____ der Bundesrepublik?
5. Gibt es _____ jeder deutschen Stadt einen Flughafen?
6. _____ Sonntag besuchen wir Sie.
7. Sie ist _____ die Stadt gefahren.
8. Er ist _____ Kino.
9. Er wohnt _____ fünften Stock.
10. Stellen Sie die Flaschen _____ den Boden.
11. Ich stelle sie später _____ den Schrank.
12. Stellen Sie die Blumen _____ Fenster!

Fragen Sie mit **wo** oder **wohin**!

SÜ 7

> Sie legt das Buch auf den Tisch.
> **Wohin** legt sie das Buch?
>
> Das Buch liegt auf dem Tisch.
> **Wo** liegt das Buch?

1. Sie essen heute im Restaurant.
2. Er sitzt auf einem Stuhl.
3. Die Wörter stehen an der Tafel.
4. Die Brille ist in meiner Tasche.
5. Der Hund läuft hinter den Baum.
6. Die Leute gehen in ein Restaurant.
7. Der Kugelschreiber liegt im Schrank.
8. Sie stellt die Vase ans Fenster.
9. Der Stuhl steht vor dem Tisch.
10. Er geht über die Straße.

SÜ 8 Persönliche Fragen

1. Wer sitzt im Klassenzimmer neben Ihnen?
2. Steht der Lehrer vor oder hinter Ihnen?
3. Neben wem sitzen Sie?
4. Wohin legen Sie Ihre Bücher?
5. Wie viele Tassen Kaffee trinken Sie am Tag?
6. Was machen Sie am Wochenende?
7. Essen Sie oft im Restaurant?
8. An welchem Tag müssen Sie nicht arbeiten?
9. Gehen Sie oft ins Kino?
10. Wo arbeiten Sie?

286

WORTSCHATZ

Nomen

der Flur,-e	hall, corridor
der Fußboden,¨	floor
der Käfig,-e	cage
der Keller,-	basement
der Wald,¨er	woods, forest
das Dach,¨er	roof
das Erdgeschoß	ground floor
das Kissen,-	pillow
das Licht,-er	light
das Märchen,-	fairy tale
das Messer,-	knife
die Ecke,-n	corner
die Katze,-n	cat
die Küche,-n	kitchen
die Stimme,-n	voice
die Treppe,-n	staircase
die Wand,¨e	wall

Akk/Dativ Präpositionen

an	at, on (for vertical surfaces)
auf	on, on top of (for horizontal surfaces)
hinter	behind, in back of
in	in, into, inside of
neben	beside, next to
über	over, above
unter	under, below
vor	before, in front of
zwischen	between

Verben

hängen	to hang (transitive)
hängen (gehangen)	to hang (intransitive)
legen	to lay, put, place
liegen (gelegen)	to lie, be located
stehen (gestanden)	to stand
stellen	to put, place (upright)
vor·haben	to have planned
weinen	to cry
werfen (geworfen)	to throw

Adjektive

böse	mean, angry
furchtbar	terrible, frightful
tief	deep
traurig	sad

Verschiedenes

bald	soon
darum	therefore
dort drüben	over there
das Mal	the time, times
ein anderes Mal	another time
Schade!	that's a pity, too bad
der erste Stock	(German) second floor
Was ist los?	what's the matter?

Can your guess the meaning of these words?

Nomen

der Balkon,-s	das Badezimmer,-
der Boden,¨	das Eßzimmer,-
der Goldhamster,-	das Gras,¨er
der Koch,¨e	das Feuer,-
	das Schlafzimmer,-

die Köchin,-nen	
die Terrasse,-n	
die Toilette,-n	

Verben

kochen	
singen	
(gesungen)	

LESEHILFE

ab·schneiden	to cut off	ein Licht anzünden	to strike a light
(abgeschnitten)		marschieren	to march
auf·springen	to jump up	die Maus, ̈e	mouse
(aufgesprungen)		der Meister, -	master
der Balken, -	beam, rafter	miauen	to meow
der Bauernhof, ̈e	farm	der Musikant, -en, -en	musician
bellen	to bark	Musik machen	to play music
blasen	to blow	die Mitternacht	midnight
(geblasen)		nach·kommen	to follow
brechen	to break	der Ofen	stove
(gebrochen)		der Räuber, -	robber
der Esel, -	donkey	das Räuberhaus	robbers' hideout
fangen	to catch	der Richter, -	judge
(gefangen)		der Riese, -n	giant
finster	dark, gloomy	schlagen	to beat
füttern	to feed	(geschlagen)	
der Hahn, ̈e	rooster	schreien	to scream
die Harfe, -n	harp	(geschrien)	
der Hauptmann, ̈er	leader	die Stadtmusik	town band
her·bringen	to fetch	stechen	to stab
die Hexe, -n	witch	(gestochen)	
hinaus·treiben	to chase out	das Streichholz, ̈er	match
(hinausgetrieben)		tot·schlagen	to beat to death
der Hof, ̈e	yard	die Trommel, -n	drum
das Hundefutter	dog food	trommeln	to drum
jagen	to hunt, chase	die Trompete, -n	trumpet
jodeln	to yodel	der Zaun, ̈e	fence
der Knochen, -	bone	zerkratzen	to scratch up
krähen	to crow		
kratzen	to scratch		
sich legen	to lie down		

Scope and Sequence Chart
PART TWO (Lektion 19-33)

WORTSCHATZERWEITERUNG	KULTUR/LESESTÜCKE
Feminine Nouns Derived from Adjectives (Suffix **-e**)	Junge Menschen in Deutschland: Fahrschüler
Participles used as Adjectives	Das Schulsystem in der Bundesrepublik
	Flohmärkte in der Bundesrepublik
Lernen Sie Ihr Auto kennen! Noun Suffix **-er** (**-erin**)	Andere Länder, andere Sitten, andere Gesten
Infinitives as Nouns	Fahren Frauen besser oder schlechter als Männer?
Noun Suffix **-ung**	Etwas für Touristen: Die Deutsche Alpenstraße
	Die Deutschen
	So etwas passiert nicht jedem! Psycho-Spiel: Kennen Sie sich?
	Die Brüder Grimm
Diminutive Suffixes **-chen** and **-lein**	Aus der Märchenwelt der Brüder Grimm: Rotkäppchen

	DIALOG/EINFÜHRUNG	GRAMMATIK
LEKTION 29 Seite 450	Informationen über die Bundesrepublik Österreich und die Schweiz	Relative Pronouns and Relative Claus(es) (Accusative and Dative)
LEKTION 30 Seite 464	Zweimal Deutschland: Die Bundesrepublik und die DDR Vor einigen Jahren ...	Relative Pronouns **dessen** and **deren** (Genitive) Perfect Tenses of Modals *Modals without Dependent Infiniti(ve)*
LEKTION 31 Seite 479	Der Lottomillionär Was würden **Sie** tun, wenn Sie eine Million hätten?	Subjunctive II (Present Time) **Würde** + Infinitive Construction
LEKTION 32 Seite 498	Energie sparen Wir hätten schon früher Energie sparen sollen	Subjunctive II (Past Time) *Omission of* **wenn** *in Conditional Sentences*
LEKTION 33 Seite 509	Ein Unfall ist passiert. Die Polizei wird gerufen.	The Passive

WORTSCHATZERWEITERUNG	KULTUR/LESESTÜCKE
	Menschen in Deutschland: Berlin und zurück
	Frau -- Hausfrau Mann -- Hausmann?
	Energie sparen - die beste Energiequelle Tips zum Energiesparen
	Menschen in Deutschland: Glück auf, Kumpel!

LEKTION 19

DIALOG: Frag Vati, ob er mit dir spielen kann!

LESESTÜCK: Junge Menschen in Deutschland: Fahrschüler

GRAMMATIK:

Subordinating Conjunctions
and Dependent Word Order
Position of Dependent Clauses
Use of **denn** and **weil**
Feminine Nouns Derived from Adjectives
(Suffix -e)

Frag Vati, ob er mit dir spielen kann!

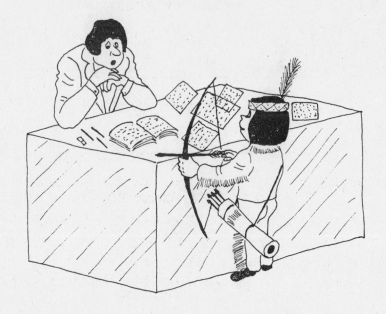

- Vati!

- Ja? Was willst du denn?

- Vati! Ich will, daß du mit mir spielst!

- Ich kann jetzt nicht mit dir spielen.

- Warum nicht?

- Ich kann jetzt nicht, weil ich keine Zeit habe.

- Warum hast du keine Zeit?

- Weil ich arbeiten muß.

- Warum mußt du arbeiten, Vati?

- Weil ich Geld verdienen muß.

- Vati! Warum mußt du Geld verdienen?

- Weil wir ohne Geld nichts kaufen können.
  Du willst doch essen, wenn du Hunger hast.

- Vati!

- Was willst du denn jetzt?

- Vati! Wenn ich keinen Hunger habe, kannst
  du dann mit mir spielen?

EINFÜHRUNG: NEBENSÄTZE

Hauptsatz	Hauptsatz und Nebensatz
Was will das Kind?	Es will, **daß** der Vater mit ihm **spielt.**
Was sagt der Vater?	Er sagt, **daß** er keine Zeit **hat.**
Der Vater muß arbeiten. Versteht das Kind, daß der Vater arbeiten muß?	Nein, das Kind versteht nicht, **daß** der Vater **arbeiten muß.**
Warum hat der Vater keine Zeit für das Kind?	Er hat keine Zeit für das Kind, **weil** er **arbeiten** muß.
Warum muß er arbeiten?	Er muß arbeiten, **weil** er Geld **verdienen muß.**
Warum muß er Geld verdienen?	Er muß Geld verdienen, **weil** man ohne Geld nichts **kaufen kann.**
Wann spielt der Vater mit dem Kind?	Er spielt mit dem Kind, **wenn** er Zeit **hat.**
Wann hat er Zeit?	Er hat Zeit, **wenn** er nicht **arbeiten muß.**
Wann will das Kind essen?	Es will essen, **wenn** es Hunger **hat.**
Hat das Kind jetzt Hunger? Wissen wir das?	Nein, wir wissen nicht, **ob** das Kind jetzt Hunger **hat.**
Was hat das Kind den Vater gefragt?	Das Kind hat den Vater gefragt, **ob** er mit ihm **spielen kann.**
Wir wissen, daß der Vater keine Zeit für das Kind hatte. Hat das Kind dann allein gespielt?	Wir wissen nicht, ob das Kind dann allein gespielt hat.

GRAMMATIK

A SUBORDINATING CONJUNCTIONS AND DEPENDENT WORD ORDER

1 REVIEW

Up to this point we have used only simple and compound sentences. Here is a review.

a. Simple sentences

A simple sentence contains one complete thought. It usually consists of at least a verb (predicate) and its subject.

Wir essen.   *We are eating.*
Wir haben Suppe gegessen. *We ate soup.*

Even a very long sentence may be simple as long as it contains one subject (singular or plural) and one predicate verb only.

Gestern morgen sind Peter und ich mit dem Auto nach Mainz gefahren.
Yesterday morning Peter and I went by car to Mainz.

The distinctive trait of a German simple sentence is that the conjugated verb is always the second element in the sentence.

b. Simple sentences linked by coordinating conjunctions

You will recall that two simple sentences may be linked by a coordinating conjunction to form a compound sentence. The parts of the newly formed compound sentence are called *clauses*. Clauses connected by a coordinating conjunction are of equal rank. The coordinating conjunction does not affect the word order of either one; that is, the conjugated verb is always the second element.

Look at the following examples.

Er geht auf den Markt, und sie bleibt zu Hause.
He is going to the market and she stays at home.

Gehen Sie ins Kino, oder bleiben Sie zu Hause?
Are you going to the movies or are you staying at home?

Ich möchte eine Tasse Tee, denn ich habe Durst.
I would like a cup of tea because I am thirsty.

Er hat einen neuen Mantel, aber er trägt ihn nicht.
He has a new coat but he doesn't wear it.

2 SUBORDINATING CONJUNCTIONS

Two statements may be linked together with a subordinating conjunction.
As the name suggests, a subordinating conjunction is one that connects
a subordinate element to the main element of the sentence.

Look at the following example.

Main clause	Subordinate (dependent) clause
Ich gehe nach Hause,	weil ich müde bin.
I am going home	*because I am tired.*

The main clause is a simple sentence and can stand alone.

> Ich gehe nach Hause.
> *I am going home.*

Notice that the subordinate clause, before the addition of a subordinating conjunction, was a simple sentence and could also stand alone.

> Ich bin müde.
> *I am tired.*

The addition of the subordinating conjunction makes the clause incomplete
in meaning and dependent upon the main clause for completion.

> ..., weil ich müde bin.
> *... because I am tired.*

The choice of the subordinating conjunction affects the meaning of the
clause. This chapter introduces the following conjunctions:

daß (*that*) is used as in English after verbs of saying, telling
and knowing.

> Ich weiß, daß er müde ist.
> *I know   that he is tired.*

wenn (*if, when, whenever*) is used with the present tense and/or
to indicate future actions or events.

> Er geht nach Hause, wenn er müde ist.
> *He is going home   when he is tired.*

weil (*because, since*) answers the question **warum** and indicates
a reason or cause (why something is done).

> Er geht nach Hause, weil er müde ist.
> *He is going home   because he is tired.*

ob (*whether, if* in the sense of *whether*) is used when changing
a question into a subordinate clause.

> Fragen Sie ihn, ob er müde ist.
> *Ask him   whether he is tired.*

3 DEPENDENT WORD ORDER

In contrast to English, German clauses introduced by a subordinating
conjunction show their dependence upon the main clause by their
word order. Subordinate (dependent) clauses have what is called
dependent word order, that is, the conjugated verb stands at the
very end of the clause.

a. Present Tense

Ich weiß, daß ein Jahr zwölf Monate hat.
I know that a year has twelve months.

Wissen Sie, ob sie ins Kino geht?
Do you know whether she is going to the movies?

b. Modal Auxiliaries

Er kann nicht kommen, weil er arbeiten muß.
He cannot come because he has to work.

Er kann nicht kommen, wenn er arbeiten muß.
He cannot come if he has to work.

c. Separable Prefix Verbs

The prefix remains attached to the verb. The complete and conjugated
verb form stands at the very end of the dependent clause.

Ich rufe dich an, wenn meine Frau zurückkommt.
I'll call you when my wife returns.

Wir wissen nicht, ob sie uns abholt.
We don't know whether she will pick us up.

d. Present Perfect

Weiß er, daß seine Mutter angerufen hat?
Does he know that his mother called?

Ich habe Hunger, weil ich nichts gegessen habe.
I am hungry because I haven't eaten anything.

4 POSITION OF DEPENDENT CLAUSES

As in English, it is possible in German for the dependent clause to precede the main clause. The difference is that the verb must always stand
at the very end of the dependent clause.

Wenn es regnet, ...
Weil er nicht gekommen ist, ...

The dependent clause is now considered as the first element of the sentence and must be immediately followed by the conjugated verb in order
to comply with the **verb second in main clauses** rule.

The result is a **verb, verb** construction.

Dependent Clause	Main Clause
Wenn es **regnet,**	**bleiben** wir zu Hause.
If it is raining	*we'll stay at home.*
Weil es geregnet **hat, sind** wir zu Hause geblieben.	
Because it rained	*we stayed at home.*

NOTE   The dependent clause, whether preceding or following the main
clause, is always separated by a comma.

5   WHEN TO USE <u>denn</u> and <u>weil</u>

a. **denn** (*as, since, for, because, the reason being that ...*) is a coordinating conjunction and does not affect word order. It is used
to explain the preceding statement.

> Er fährt sehr vorsichtig, denn die Straßen sind naß.
> *He is driving very carefully since the streets are wet.*

b. **weil** (*because, since*) is a subordinating conjunction and does affect
word order. It is used to explain the reason for a given condition
or why something is done.

> Die Straßen sind naß, weil es geregnet hat.
> *The streets are wet because it has rained.*

6   COMMON SUBORDINATING CONJUNCTIONS

Although this chapter practices only the subordinating conjunctions
daß, weil, wenn, ob there are, of course, many others. Frequently
used subordinating conjunctions include the following:

als	*when, as*
bevor	*before*
bis	*until*
damit	*so that*
nachdem	*after*
obwohl	*although*
so daß	*so that*
während	*while*

Most of these subordinating conjunctions are used in German as they are
in English. Those which pose special problems will be pointed out and
practiced as they occur in the chapters.

B THE SUBSTITUTION ES

Like in English, **es** (*it*) is often used in German as a substitute for a dependent clause.

Compare the following sentences:

Ich weiß es.	*I know it.*
Was wissen Sie?	*What do you know?*
Ich weiß, daß er kein Geld hat.	*I know that he has no money.*

As you can see, the simple sentence uses **es** as a direct object to replace the entire dependent clause **daß er kein Geld hat.**

C WORTSCHATZERWEITERUNG: NOUNS DERIVED FROM ADJECTIVES

German, like English, has various suffixes which can be used to change adjectives into nouns.

1 THE SUFFIX -e

Many German adjectives can be changed into feminine nouns by adding the suffix **-e**. These newly formed nouns add an Umlaut when possible. They may

a. correspond in meaning to English nouns ending in *-ness*:

schwer	die Schwere	*heaviness*
blaß	die Blässe	*paleness*
leer	die Leere	*emptincss*
kühl	die Kühle	*cool(ness)*
rot	die Röte	*redness*
gut	die Güte	*goodness, good quality*
kurz	die Kürze	*shortness*
frisch	die Frische	*freshness*
schwach	die Schwäche	*weakness*
naß	die Nässe	*wetness*
voll	die Völle	*fullness*
eng	die Enge	*narrowness*
still	die Stille	*quiet(ness)*
groß	die Größe	*greatness*
nahe	die Nähe	*nearness*

b. correspond in meaning to English nouns ending in *-th*:

tief	die Tiefe	*depth*
lang	die Länge	*length*
weit	die Weite	*width*
hoch	die Höhe	*height*
stark	die Stärke	*strength*
warm	die Wärme	*warmth*
breit	die Breite	*breadth*

MÜNDLICHE ÜBUNGEN

daß

Was wissen wir?

MÜ 1
> Das Kind ruft seinen Vater.
> Wir wissen, daß das Kind seinen Vater ruft.

1. Das Kind hat viele Fragen.
2. Der Vater antwortet dem Kind.
3. Der Vater hat keine Zeit.
4. Er arbeitet viel.
5. Er verdient Geld.
6. Er spielt nicht mit dem Kind.

MÜ 2
> Das Kind will mit dem Vater spielen.
> Wir wissen, daß das Kind mit dem Vater spielen will.

1. Das Kind will nicht allein spielen.
2. Der Vater soll mit ihm spielen.
3. Das Kind kann ihn nicht verstehen.
4. Er muß Geld verdienen.
5. Er will arbeiten.
6. Er muß Geduld haben.

Was haben wir über Herrn Becker gelesen?

MÜ 3
> Er steht jeden Morgen um 7 Uhr auf.
> Wir haben gelesen, daß er jeden Morgen um 7 Uhr aufsteht.

1. Er sieht krank aus.
2. Er steht nicht auf.
3. Er schläft weiter.
4. Um 9 Uhr wacht er wieder auf.
5. Er schläft bald wieder ein.
6. Am Abend sieht er fern.

Was hat Frau Becker getan?
Was glauben (denken, wissen) Sie?

MÜ 4
> Hat Frau Becker den Arzt angerufen?
> Ich glaube, daß Frau Becker den Arzt angerufen hat.

1. Hat Frau Becker ihren Mantel angezogen?
2. Ist sie zur Bushaltestelle gegangen?
3. Hat sie den Bus in die Stadt genommen?
4. Ist sie am Bismarckplatz ausgestiegen?
5. Hat sie im Supermarkt eingekauft?
6. Hat sie ihrem Mann die Medikamente mitgebracht?

MÜ 5   Vollenden Sie die Sätze!

1. Haben Sie gewußt, daß *Herr Schneider im Krankenhaus ist?*
2. Ich habe in der Zeitung gelesen, daß ...
3. Mein Freund weiß, daß ...
4. Es tut mir leid, daß ...
5. Ich glaube nicht, daß ...
6. Haben Sie gesagt, daß ...
7. Ist es wahr, daß ...
8. Wir haben gehört, daß ...
9. Können Sie verstehen, daß ...
10. Warum sagen Sie nicht, daß ...

----

weil

Warum kann der Vater nicht mit dem Kind spielen?

MÜ 6
> Muß er arbeiten?
> Er kann nicht mit ihm spielen, weil er arbeiten muß.

1. Muß er Geld verdienen?   4. Möchte er die Zeitung lesen?
2. Hat er keine Zeit?   5. Will er fernsehen?
3. Ist er müde?   6. Telefoniert er gerade?

Sagen Sie die Sätze noch einmal mit *weil*!

MÜ 7
> Ich kann nicht kommen, denn ich muß arbeiten.
> Ich kann nicht kommen, *weil ich arbeiten muß.*

1. Er kann das nicht lesen, denn er hat seine Brille vergessen.
2. Ich brauche das Geld, denn ich muß meine Telefonrechnung bezahlen.
3. Wir gehen in die Stadt, denn ich will einen neuen Mantel kaufen.
4. Heute gehe ich früh ins Bett, denn ich bin müde.
5. Der alte Mann versteht Sie nicht, denn Sie sprechen zu leise.
6. Sie hat uns eingeladen, denn heute ist ihr Geburtstag.

MÜ 8   Vollenden Sie die Sätze!

1. Sie mußte den Arzt rufen, weil *ihr Mann krank war.*
2. Wir lernen Deutsch, weil ...
3. Er hat die Rechnung nicht bezahlt, weil ...
4. Ich habe ihm eine Schallplatte geschenkt, weil ...
5. Wir haben die Dame im Krankenhaus besucht, weil ...
6. Das Essen schmeckt mir nicht, weil ...
7. Er hat uns das Hotel nur empfohlen, weil ...
8. Haben Sie das getan, weil ...

__wenn__

Was tun Sie, wenn Sie krank sind?

MÜ 9
Bleiben Sie zu Hause?
Wenn ich krank bin, bleibe ich zu Hause.

1. Schlafen Sie viel?
2. Bleiben Sie im Bett?
3. Nehmen Sie Medikamente?

4. Rufen Sie den Arzt?
5. Gehen Sie ins Krankenhaus?
6. Trinken Sie viel Tee?

Verbinden Sie die Sätze mit _wenn!_

MÜ 10
Ich habe Durst. Ich trinke etwas.
Wenn ich Durst habe, trinke ich etwas.

1. Es regnet. Ich nehme einen Regenschirm mit.
2. Die Sonne scheint. Wir gehen spazieren.
3. Ich habe Hunger. Ich esse etwas.
4. Es ist kalt. Er muß einen Mantel anziehen.
5. Ich gehe einkaufen. Ich brauche Geld.
6. Wir besuchen unsere Freunde. Wir bringen Blumen mit.

Wann braucht man diese Dinge?

MÜ 11
eine Brille
Man braucht eine Brille, wenn man nicht gut sehen kann.

Wann braucht man ...?

1. ein Feuerzeug
2. Geld
3. Autopapiere
4. ein Glas

5. einen Fernseher
6. eine Speisekarte
7. einen warmen Mantel
8. einen Stadtplan

9. ein Telefon
10. einen Einkaufswagen
11. einen Reisepaß
12. Aspirintabletten

MÜ 12   Vollenden Sie die Sätze!

1. Wenn man kein Geld hat, _kann man nichts kaufen._
2. Wenn ich ein Wort nicht weiß, ...
3. Wenn wir Zeit haben, ...
4. Wenn man krank ist, ...
5. Wenn ich Geburtstag habe, ...
6. Wenn Sie nach München kommen, ...
7. Wenn ich am Wochenende nichts vorhabe, ...
8. Wenn man kein Auto hat, ...

ob
___

Zurück zur Familie Becker und dem kleinen Kind aus dem Dialog
Was wissen wir nicht?

MÜ 13

> War Herr Becker sehr krank?
> Wir wissen nicht, ob Herr Becker sehr krank war.

1. Ist Herr Becker oft krank?   4. Fährt sie oft in die Stadt?
2. Sieht er oft fern?   5. Nimmt sie immer den Bus?
3. Kennt Frau Becker den Arzt?   6. Hat sie einen Führerschein?

Was möchten Sie gern wissen?

MÜ 14

> Hat das Kind Geschwister?
> Ich möchte gern wissen, ob das Kind Geschwister hat.

1. Ist das Kind ein Junge oder ein Mädchen?   4. Verdient der Vater viel Geld?
2. Spielt der Vater manchmal mit dem Kind?   5. Arbeitet die Mutter auch?
3. Hat der Vater das Kind verstanden?   6. Hat das Kind geweint?

MÜ 15   Vollenden Sie die Sätze!

1. Ich möchte gern wissen, ob *sie heute oder morgen Geburtstag hat.*
2. Fragen Sie Herrn Kohl, ob ... !
3. Können Sie mir sagen, ob ... ?
4. Weißt du, ob ... ?
5. Er hat nicht gesagt, ob ...
6. Ich kann Ihnen leider nicht sagen, ob ...

MÜ 16   Auf deutsch, bitte!

1. Do you know whether it is raining?   6. We don't know whether we can stop by.
2. I heard that he was very sick.   7. I believe that he went downtown.
3. **Ask him when** you see him.   8. I am here because I want to be here.
4. I can only help you if I have time.   9. I don't think that she is home.
5. Did she say whether she sold her   10. He needs the money because he wants
    car?   to buy a new coat.

WORTSCHATZÜBUNG

Wie heißt das Nomen?

1. breit	*die Breite*	7. still	_____
2. groß	_____	8. stark	_____
3. naß	_____	9. kalt	_____
4. gut	_____	10. tief	_____
5. frisch	_____	11. schwer	_____
6. hoch	_____	12. weit	_____

JUNGE MENSCHEN IN DEUTSCHLAND: FAHRSCHÜLER

Cornelia Bausen ist siebzehn Jahre alt und wohnt in der kleinen
Gemeinde° Grenderich bei Cochem an der Mosel. Wenn sie morgens   *community*
das Haus verläßt°, weiß sie manchmal nicht,   *leaves*
        - ob sie der Vater abends von der Schule abholen kann,
        - ob sie nach Hause trampen° muß,   *hitchhike*
        - ob sie überhaupt° am Abend nach Hause kommt.   *at all*

Cornelia Bausen ist Fahrschülerin. Eine von rund einer Million
in der Bundesrepublik. Man nennt° diese Kinder und Jugendli-   *calls*
chen° *Fahrschüler*, weil sie oft Stunden mit dem Fahrrad, mit   *adolescents*
der Bahn oder mit dem Bus fahren müssen, bis° sie ihre Schule   *until*
erreichen. Nicht selten sind Fahrschüler siebzig Stunden in
der Woche unterwegs°, denn Schulbusse gibt es in der Bundesre-   *on the way*
publik nicht.
     Cornelia Bausen besucht das Gymnasium°in der Stadt Cochem.   *secondary school*
Der letzte Bus von Cochem nach Grenderich fährt um 13.10 Uhr.   *(high school)*
Wenn Cornelia diesen Bus nicht erreicht, kann sie nur hoffen,
daß ihr Vater sie abholt. Zum Glück° arbeitet ihr Vater in   *fortunately*
Cochem.
     Der Vater muß Cornelia oft abholen, denn dreimal in der Wo-
che endet ihr Unterricht erst um 16.30 Uhr. Wenn ihr Vater sie
nach dem Unterricht nicht abholen kann, muß Cornelia trampen.
An diesen Tagen weiß sie dann nie, ob sie heil° nach Hause kommt. *safe(ly)*
     Fahrschüler, wie Cornelia, haben manchmal ein gefährliches°,   *dangerous*
immer aber ein hartes Leben. Bei Eis und Schnee, bei Nässe und
Kälte sind sie mit dem Fahrrad oder zu Fuß unterwegs, oder warten
auf Bahnhöfen und an Bushaltestellen. Viele beginnen dann schon
im Zug oder im Bus mit ihren Hausaufgaben, weil sie zu Hause
noch etwas Freizeit haben wollen.
     Stadtkinder haben diese Probleme nicht, denn sie können sofort
nach dem Unterricht mit dem Bus oder mit der Straßenbahn nach Hause fahren. Wenn aber die Kinder und Jugendlichen aus den kleinen
Gemeinden die Realschule oder das Gymnasium besuchen wollen, müssen sie in die nächste Stadt reisen.
     In Cochem-Zell hat man 695 Schüler nach ihrem Schulweg gefragt.
Ihre Antworten haben gezeigt,
       - daß 128 Schüler morgens schon in der Zeit von
         6.00 Uhr bis 6.30 Uhr auf dem Weg zur Schule sind;

       - daß 62 Schüler erst in der Zeit von 14.15 Uhr bis
         14.45 Uhr von der Schule nach Hause kommen;

       - daß 100 Schüler täglich zwischen acht und achtein-
         halb Stunden unterwegs sind, fast 30 Schüler sogar°   *even*
         neun Stunden;

       - daß 56 Schüler Wartezeiten bis zu dreieinhalb Stun-
         den auf Bahnhöfen verbringen.

Sie alle verbringen in der Woche 50 bis 70 Stunden für den Schul-
weg, für die Schule und Hausaufgaben.
     Der lange Schulweg kostet jedoch° nicht nur Zeit, sondern auch *however*
Geld. Cornelia Bausen, zum Beispiel, kauft keine Monatskarte für
den Bus, weil ihr Vater sie oft abends abholen muß. Cornelia: "Darum bezahle ich täglich 3,20 Mark für die Busfahrkarte. Wenn ich nachmittags Unterricht habe, esse ich in einer Kantine für 3,50 DM zu Mit-

tag. Und nach der Schule um 16.30 Uhr gehe ich irgendwo in ein
Café, trinke eine Tasse Tee oder esse eine heiße Suppe. Das
sind noch einmal drei Mark."

Cornelia muß ins Café. Wie soll sie auch sonst die Zeit von
16.30 Uhr bis 18.45 Uhr verbringen? Erst um diese Zeit hat Va-
ter Bausen Feierabend° und kann seine Tochter abholen. Cornelia: *quits work*
"Ein Schultag kostet meine Eltern im Durchschnitt 10 Mark."

Nach einem Artikel in *Bunte*

ROLLENSPIEL

Ein Student spielt den Reporter. Er hat die Fragen vorbereitet.
Eine Studentin spielt die Schülerin Cornelia Bausen.

1. *Reporter:*   Wie alt bist du?
   Cornelia: _____

2. *Reporter:*   Wo wohnst du?
   Cornelia: _____

3. *Reporter:*   Was für eine Schule besuchst du?
   Cornelia: _____

4. *Reporter:*   In welcher Stadt ist deine Schule?
   Cornelia: _____

5. *Reporter:*   Wann mußt du morgens das Haus verlassen, wenn du zur
                 Schule gehst?
   Cornelia: _____

6. *Reporter:*   Um wieviel Uhr fährt der letzte Bus von Cochem nach
                 Grenderich?
   Cornelia: _____

7. *Reporter:*   Warum mußt du manchmal nach Hause trampen?
   Cornelia: _____

8. *Reporter:*   Wer holt dich ab, wenn du deinen Bus nicht erreichst?
   Cornelia: _____

9. *Reporter:*   Wo arbeitet dein Vater?
   Cornelia: _____

10. *Reporter:* Wann hat er Feierabend?
    Cornelia: _____

11. *Reporter:* Wohin gehst du nach der Schule, wenn du auf deinen
                 Vater warten mußt?
    Cornelia: _____

12. *Reporter:* Was machst du im Café?
    Cornelia: _____

13. *Reporter:* Wie oft muß dein Vater dich von der Schule abholen?
    Cornelia: _____

SCHRIFTLICHE ÜBUNGEN

Verbinden Sie die Sätze mit *daß*!
(Vorsicht! **Der Nebensatz steht ohne** *es*.)

SÜ 1
Ich weiß *es*.   Der Zug fährt schon um 17.30 Uhr ab.
Ich weiß, daß der Zug schon um 17.30 Uhr abfährt.

1. Haben Sie *es* gewußt?   Es gibt in der Bundesrepublik keine Schulbusse.
2. Ich glaube *es*.   Der Film fängt schon um acht Uhr an.
3. Haben Sie *es* gehört?   Frau Kaiser arbeitet jetzt bei Daimler-Benz.
4. Wer hat *es* gesagt?   Er trinkt zu viel Alkohol.
5. Es tut mir leid.   Unser Hund hat Sie gebissen.
6. Es ist schade.   Sie können nicht bei uns vorbeikommen.

Bilden Sie Sätze mit *wenn*!
Wann braucht man diese Dinge?

SÜ 2
ein Wörterbuch
Man braucht ein Wörterbuch, wenn man ein Wort nicht weiß.

Wann braucht man ...?

1. einen Koffer   4. einen Fotoapparat   7. ein Messer
2. Medikamente   5. einen Regenschirm   8. einen Führerschein
3. einen Eimer   6. eine Tasse   9. einen Fahrplan

Machen Sie aus dem Fragesatz einen Nebensatz mit *ob*!

SÜ 3
Ich möchte *es* wissen.   Hat er schon gegessen?
Ich möchte wissen, ob er schon gegessen hat.

1. Ich weiß *es* nicht.   Kommt er heute früh oder spät nach Hause?
2. Wir haben Renate gefragt.   Will sie mit uns ins Kino gehen?
3. Er will *es* wissen.   Hat meine Mutter angerufen?
4. Ich kann *es* nicht sagen.   Gibt es hier ein nettes Café?
5. Frag den Briefträger!   Hat er einen Brief für mich?

Verbinden Sie die Sätze mit *weil*!

SÜ 4
Viele Leute verbringen ihren Urlaub im Süden.
Dort scheint die Sonne.
Viele Leute verbringen ihren Urlaub im Süden, weil dort die Sonne scheint.

1. Ich mußte dem Polizisten meinen Führerschein zeigen.
   Ich bin zu schnell gefahren.

2. Ich bin zu schnell gefahren.
   Ich wollte ein Auto überholen.

3. Der Kuchen hat mir nicht geschmeckt.
   Er war zu süß.

4. Er hat sein Auto falsch geparkt.
   Er konnte keinen anderen Parkplatz finden.

5. Sie wollte nichts essen.
   Sie hatte keinen Hunger.

6. Ich habe meine Eltern angerufen.
   Ich hatte ihnen keinen Brief geschrieben.

SÜ 5   Vollenden Sie die Sätze!

1. Er ist ins Bett gegangen, weil *er morgen sehr früh aufstehen muß.*
2. Können Sie mir sagen, ob ...
3. Es ist nett von Ihnen, daß ...
4. Ich kann Sie morgen nicht besuchen, weil ...
5. Wissen Sie, ob ...?
6. Ich esse etwas, wenn ...
7. Es ist schade, daß ...
8. Wenn es schneit, ...

SÜ 6   Persönliche Fragen
        Antworten Sie mit Nebensätzen!

1. Warum lernen Sie Deutsch?
2. Was wissen Sie über Deutschland?
3. Was tun Sie, wenn Sie viel Zeit haben?
4. Wann ziehen Sie einen warmen Pullover an?
5. Wann müssen Sie zum Arzt gehen?
6. Arbeiten Sie, wenn Sie krank sind?
7. Wann fahren Sie mit dem Bus?
8. Warum gefällt Ihnen Deutschland?
9. Wann ist es Ihnen kalt?
10. Warum frühstücken Sie morgens?
11. Warum rauchen Sie (nicht)?

WORTSCHATZÜBUNG

Diese Nomen kommen von Adjektiven.
Wie heißt das Adjektiv?

die Nässe	*naß*
die Größe	_____
die Kälte	_____
die Frische	_____
die Hitze	_____
die Breite	_____
die Länge	_____
die Enge	_____
die Völle	_____
die Stille	_____
die Säure	_____
die Leere	_____
die Blässe	_____
die Tiefe	_____
die Schwere	_____
die Güte	_____
die Röte	_____
die Kürze	_____
die Weite	_____
die Höhe	_____
die Schwäche	_____
die Stärke	_____
die Wärme	_____

WORTSCHATZ

Nomen

der Durchschnitt,-e	*average*
der Feierabend,-e	*quitting time*
der Jugendliche,-n	*adolescent, youth*
das Glück (no pl.)	*luck, good fortune happiness*
das Gymnasium,-ien	*prep school for the university (grades 5-13)*
die Gemeinde,-n	*community*
die Hauptschule,-n	*compulsory school (grades 5-9)*
die Realschule,-n	*prep school for careers in industry or business*

Verschiedenes

im Durchschnitt	*on the average*
Feierabend haben	*to quit, leave work*
jedoch	*however, but*
sogar	*even, and what is more*
zum Glück	*fortunately, luckily*
überhaupt	*at all,*
unterwegs	*on the way, en route*

Verben

besuchen	*to attend*
nennen (genannt)	*to name, call*
trampen	*to hitchhike*
verdienen	*to earn*
verlassen (verlassen)	*to leave*

Adjektive

gefährlich	*dangerous*
heil	*safe*

Konjunktionen

bis	*until*
daß	*that*
ob	*whether, if*
weil	*because*
wenn	*if, when, whenever*

Can you guess the meaning of these words?

Nomen	Verben	Adjektive
der Reporter,-	enden	selten
die Kälte	hoffen	täglich
die Nässe		

RÄTSEL

Sie sehen hier immer eine Gruppe mit drei Wörtern. Ein Wort paßt nicht zu den anderen zwei. Welches?

1. Kopfende, Fußende, Legende
2. Damenmode, Herbstmode, Kommode
3. Filmende, Straßenende, Dividende
4. Puma, Lama, Mama
5. Fahrrad, Dreirad, Kamerad
6. Türkei, Mongolei, Frühstücksei
7. Wassereimer, Milcheimer, Mannheimer
8. Polin, Griechin, Vaselin
9. Vitamin, Histamin, Kamin
10. Afganistan, Pakistan, Scharlatan
11. Harmonie, Sinfonie, Männerknie
12. Schnellzug, Ferienzug, Schlafanzug

LEKTION 20

DIALOG: Können Sie mir sagen, wo die Hauptpost ist?

LESESTÜCK: Das deutsche Schulsystem

GRAMMATIK:

Question Words Functionong as
Subordinating Conjunctions
   Indirect Questions and Statements
   Use of wenn and wann
   Participles used as Adjectives

Können Sie mir sagen, wo die Hauptpost ist?

Ein Tourist:	Ein Fußgänger:
Bitte, können Sie mir sagen, wo die Hauptpost ist?	
	Zur Hauptpost wollen Sie? Ich weiß nicht, wie ich Ihnen das erklären soll ...
Die Hauptpost muß hier in der Nähe sein.	
	Moment mal! Wissen Sie, wo der Bismarckplatz ist?
Nein, leider nicht.	
	Das ist der große Platz, wo so viele Geschäfte sind. Wissen Sie, welchen Platz ich meine?
Meinen Sie den Platz, wo die Hauptstraße beginnt?	
	Ja, und wo die meisten Straßenbahnen halten.
Dann weiß ich, wo das ist.	
	Gut, dann gehen Sie hier weiter bis zum Bismarkplatz! Am Bismarckplatz sehen Sie dann das Kaufhaus Horten. Die Hauptpost ist gleich neben dem Kaufhaus.
Vielen Dank!	
	Bitte sehr!

FRAGEN: Wissen Sie,

        ... wer die Hauptpost sucht?
        ... warum der Tourist die Hauptpost sucht?
        ... wen der Tourist fragt?
        ... wie der Platz heißt, wo die Hauptstraße beginnt?
        ... wie das Kaufhaus neben der Hauptpost heißt?

EINFÜHRUNG I: NEBENSÄTZE MIT FRAGEWÖRTERN

In der letzten Lektion haben Sie die Schülerin Cornelia Bausen kennen-gelernt.

Fragen mit Fragewörtern (*Direkte Fragen*)	Nebensätze mit Fragewörtern (*Indirekte Fragen und Antworten*)
Wie alt ist Cornelia?	Wissen Sie, **wie alt Cornelia ist**?
Wo wohnt sie?	Der Reporter hat Cornelia gefragt, **wo sie wohnt**.
Was für eine Schule besucht sie?	Cornelia hat ihm gesagt, **was für eine Schule sie besucht**.
In welcher Stadt ist ihre Schule?	Er wollte wissen, **in welcher Stadt ihre Schule ist**.
Wann muß sie morgens das Haus verlassen, wenn sie zur Schule geht?	Fragen Sie Cornelia, **wann sie morgens das Haus verlassen muß**, wenn sie zur Schule geht!
Um wieviel Uhr fährt der letzte Bus von Cochem nach Grenderich?	Warum fragen Sie nicht Cornelia, **um wieviel Uhr der letzte** Bus von Cochem nach Grenderich **fährt**?
Warum muß Cornelia manchmal nach Hause trampen?	Ich habe vergessen, **warum Cornelia manchmal nach Hause trampen muß**.
Wer holt sie ab, wenn sie ihren Bus nicht erreicht?	Hat Cornelia gesagt, **wer sie abholt**, wenn sie ihren Bus nicht erreicht?
Wo arbeitet ihr Vater?	Wissen Sie, **wo ihr Vater arbeitet**?
Wann hat er Feierabend?	Ich habe gelesen, **wann er Feierabend hat**, aber ich habe es vergessen.
Wohin geht Cornelia, wenn sie auf ihren Vater warten muß?	Hat der Reporter Cornelia gefragt, **wohin sie geht**, wenn sie auf ihren Vater warten muß?
Was macht sie im Café?	Ich weiß nicht, **was sie im Café macht**.
Wie oft muß ihr Vater sie abends abholen?	Ich möchte gern wissen, **wie oft ihr Vater sie abends abholen muß**.
Wie viele Stunden in der Woche ist Cornelia unterwegs?	Sie hat nicht gesagt, **wie viele Stunden sie in der Woche unterwegs ist**.

EINFÜHRUNG II: PARTIZIPIEN ALS ADJEKTIVE

PARTIZIP PRÄSENS   PARTIZIP PERFEKT

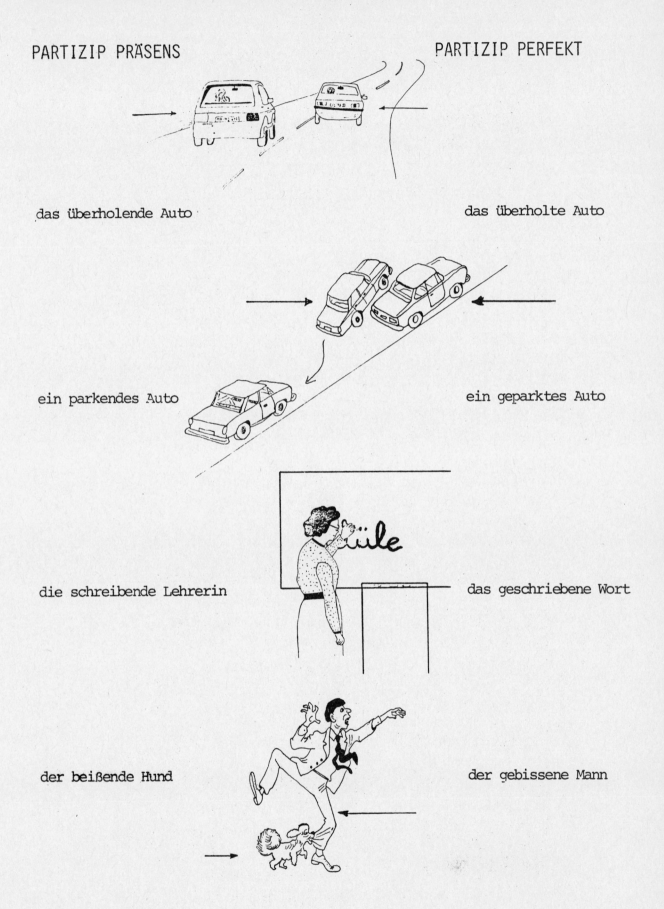

das überholende Auto   das überholte Auto

ein parkendes Auto   ein geparktes Auto

die schreibende Lehrerin   das geschriebene Wort

der beißende Hund   der gebissene Mann

GRAMMATIK

A INDIRECT QUESTIONS AND STATEMENTS

In German, as in English, questions introduced by question words
such as

Wie alt sind Sie?	*How old are you?*
Wo arbeitet er?	*Where does he work?*
Was ist das?	*What is this?*
Wieviel Uhr ist es?	*What time is it?*

can be changed to indirect questions, that is, questions preceded by
an introductory clause.

Direct Question:	Wo ist die Hauptstraße?
Indirect Question	Können Sie mir sagen, wo die Hauptstraße ist?

Direct Question:	Wieviel Uhr ist es?
Indirect Question:	Wissen Sie, wieviel Uhr es ist?

By the same token, a question word may also introduce an indirect statement.

Direct Question:	Was ist das?
Indirect Statement:	Wir wissen, was das ist.

Direct Question:	Wann sind Sie angekommen?
Indirect Statement:	Er hat mich gefragt, wann ich angekommen bin.

B QUESTION WORDS FUNCTIONING AS SUBORDINATING CONJUNCTIONS

When questions or statements begin with an introductory clause

Können Sie mir sagen, ...?	*Can you tell me ...?*
Hat er gesagt, ...?	*Did he say ...?*
Ich habe nicht gewußt, ...	*I didn't know ....*

the question word functions as the joining element between main and dependent clause and behaves exactly like a subordinating conjunction.
The verb moves to the very end of the sentence.

..., wann er nach Hause kommt?	*when he is coming home?*
..., warum er arbeiten muß?	*why he has to work?*
..., wer das war.	*who that was.*

Again, the clauses are separated by a comma.

C WHEN TO USE wenn and wann

Wenn and wann are both translated as *when*. As you recall, **wenn** is a subordinating conjunction and has the meaning of *if* in the sense of *provided that* when referring to present or future time.

> Der Vater spielt mit dem Kind, **wenn** er Zeit hat.
> *The father plays with the child if he has time.*

Wenn may also have the meaning of *when* or *whenever* in the sense of *at the time when, always when.*

> Sie ruft mich an, **wenn** sie Probleme hat.
> *She calls me when(ever) she has problems.*

> Wenn er nach Deutschland kommt, besucht er dich.
> *When he comes to Germany he'll visit you.*

Wann is a question word and has the meaning of *when, at what time.*

> Wann hat er angerufen?
> *When did he call?*

Since question words function as subordinating conjunctions, **wann** is used in indirect questions and statements and must also be rendered with *when* but it can always be replaced by the phrase *at what time.*

> Wissen Sie, **wann** er angerufen hat?
> *Do you know when (at what time) he called?*

Remember **wann** must be used when the dependent clause is derived from a question.

> Wann kommt sie nach Hause?
> Können Sie mir sagen, **wann** sie nach Hause kommt?
> Weißt du, **wann** sie nach Hause gekommen ist?
> Ich weiß nicht, **wann** sie nach Hause kommen muß.

D WORTSCHATZERWEITERUNG: PARTICIPLES USED AS ADJECTIVES

German, like English, increases the number of adjectives by using participles of verbs as adjectives.

1 PAST PARTICIPLES

The formation of past participles was discussed in Chapters 9 and 10. When using a past participle as an adjective, the appropriate adjective ending must be added.

PAST PARTICIPLE Wer hat das Auto **gestohlen.**
Who stole the car?

ADJECTIVE Wem gehört das **gestohlene** Auto?
To whom does the stolen car belong?

Look at some more examples:

ein falsch geparktes Auto	*an illegally parked car*
mit einem gebrauchten Auto	*with a used car*
ein gewaschener Pullover	*a washed sweater*
die unbezahlte Rechnung	*the unpaid bill*
die bestellten Bücher	*the ordered books*

2 PRESENT PARTICIPLES

German, like English, uses present participles as adjectives. English forms the present participle by adding -*ing* to the basic verb:

to wait	*waiting*	*the waiting people*
to sing	*singing*	*a singing child*
to come	*coming*	*the coming week*
to hang	*hanging*	*a hanging lamp*

German forms the present participle by adding **-d** to the infinitive form of the verb:

warten	wartend	die wartenden Leute
singen	singend	ein singendes Kind
kommen	kommend	die kommende Woche
hängen	hängend	eine hängende Lampe

In English, present participles are commonly used as predicate adjectives (*The people are waiting.*). In German, however, present participles are used mainly as attributive adjectives as shown in the examples above.

NOTE: The use of participles as adjectives is much more common in German than in English and many times there is no literal English equivalent for constructions involving a present or a past participle. You may have to convert the participle used as an attributive adjective into a relative clause in English.

Wir essen das mitgebrachte Brot.
We are eating the bread that we brought along.

Hier kommen die erwarteten Gäste.
Here come the guests we were expecting.

Das überholende Auto ist sehr schnell gefahren.
The car which was passing drove very fast.

MÜNDLICHE FRAGEN

NEBENSÄTZE MIT FRAGEWÖRTERN

Touristen haben immer viele Fragen.
Was wollen Touristen meistens wissen?

MÜ 1
| Wo ist ein nettes Café? |
| Sie wollen wissen, wo ein nettes Café ist. |

1. Welche Straßenbahn fährt in die Stadt?
2. Welcher Bus fährt zum Bahnhof?
3. Wie oft fahren die Busse?
4. Wie lange fahren die Straßenbahnen?
5. Wo ist die nächste Post?
6. Was für Sehenswürdigkeiten gibt es hier?
7. Wo kann man gut und preiswert essen?
8. Wieviel kostet eine Mahlzeit in einem guten Restaurant?
9. Wieviel kostet ein Zimmer in einem einfachen Hotel?
10. Wie kommt man zum Schloß?
11. Wann gibt es im Hotel Abendessen?
12. Was kann man hier sehen und tun?

Sie sind Tourist und haben viele Fragen.
Nehmen Sie die Fragen von MÜ 1 und bilden Sie indirekte Fragen!

MÜ 2
| Wo ist ein nettes Café? |
| Können Sie mir sagen, wo ein nettes Café ist? |

. . . .

Antworten Sie mit einer Frage!

MÜ 3
| Wie alt sind Sie? |
| Warum wollen Sie wissen, wie alt ich bin? |

1. Was sind Sie von Beruf?
2. Wo arbeiten Sie?
3. Wie heißen Sie?
4. Woher kommen Sie?
5. Was tun Sie hier?
6. Wo lernen Sie Deutsch?
7. Welche deutschen Städte kennen Sie?
8. Wo sind Sie zur Schule gegangen?
9. Wann sind Sie nach Deutschland gekommen?
10. Welche Schuhgröße haben Sie?

Was möchten Sie wissen?

MÜ 4
| Für wen sind diese Blumen? |
| Ich möchte wissen, für wen diese Blumen sind. |

1. Durch welche Straße ist der Bus gefahren?
2. Mit welcher Straßenbahn ist er gefahren?

3. Von wem ist der Brief?
4. Für wen haben Sie die Blumen gekauft?
5. An welchen Tagen arbeitet er nicht?
6. Zu wem ist der Herr gegangen?
7. Auf welchen Bus wartet die alte Frau?
8. In welchem Hotel wohnen die Touristen?
9. Bei welcher Firma arbeitet Herr Becker?
10. Mit welchem Kuli kann ich schreiben?

Was fragen Sie **wen**?

MÜ 5
> Was fragen Sie einen Polizisten?
> Ich frage einen Polizisten, wie man zum Bahnhof kommt.

Was fragen Sie ...?

1. eine Kellnerin
2. eine Ärztin
3. einen Lehrer
4. einen Busfahrer
5. eine Verkäuferin
6. einen Briefträger
7. einen Mechaniker
8. eine Krankenschwester
9. eine Sekretärin

Wiederholung: Indirekte Fragen mit *ob*

Was hat er gefragt?

MÜ 6
> Ist der Bahnhof weit von hier?
> Er hat gefragt, ob der Bahnhof weit von hier ist.

1. Haben Sie vor oder hinter dem Hotel geparkt?
2. Gehen wir heute abend ins Kino?
3. Hat das Essen gut geschmeckt?
4. Haben die Leute einen Stadtplan?
5. Brauchen Sie einen Kugelschreiber?
6. War der Briefträger schon da?
7. Möchten Sie eine Tasse Kaffee?
8. Ist der Zug schon angekommen?
9. Können Sie ein gutes Hotel empfehlen?
10. Gibt es hier ein nettes Café?

PARTIZIPIEN ALS ADJEKTIVE

MÜ 7   Benutzen Sie das Partizip Perfekt als Adjektiv!

Er hat ...   Hier ist/sind ...

1. den Mann beschrieben.   _____
2. das Auto verkauft.   _____
3. das Buch bestellt.   _____
4. den Pullover gewaschen.   _____
5. den Fisch gebacken.   _____
6. den Brief geschrieben.   _____
7. den Geldbeutel gefunden.   _____
8. den Mantel getragen.   _____
9. den Namen genannt.   _____
10. die Prüfung bestanden.   _____

11. das Auto geparkt. _____
12. die Zigaretten verzollt. _____
13. die Rechnung bezahlt. _____
14. den Herrn gesucht. _____
15. den Tisch reserviert. _____
16. das Auto überholt. _____

MÜ 8   Benutzen Sie das Partizip Präsens als Adjektiv!

1. Der Zug fährt.   *der fahrende* Zug
2. Die Kinder schlafen. _____
3. Der Bus hält. _____
4. Das Mädchen singt. _____
5. Die Kinder spielen. _____
6. Die Dame lacht. _____
7. Der Wagen rollt. _____
8. Das Auto überholt. _____
9. Die Leute warten. _____
10. Die Frau weint. _____
11. Die Menschen arbeiten. _____
12. Die Tiere leben. _____
13. Der Mann raucht. _____
14. Der Motor läuft. _____
15. Das Wochenende kommt. _____

MÜ 9   Auf deutsch, bitte!

1. an unpaid bill
2. the written letter
3. the coming week
4. a good looking man
5. the baked fish
6. a biting dog
7. a barking dog
8. the described woman
9. the much admired pictures
10. the sleeping children
11. the recommended hotel
12. the working people
13. the explained words
14. an expected guest
15. a hanging lamp
16. an invited guest

DAS SCHULSYSTEM IN DER BUNDESREPUBLIK

In der Bundesrepublik Deutschland muß jedes Kind mindestens°   *at least*
neun Jahre zur Schule gehen. Der Unterricht ist kostenlos.°   *free of charge*
Das Schulsystem ist nicht einheitlich.° Es gibt Unterschie-   *uniform*
de° zwischen den Bundesländern. Auch die Ferien sind nicht   *differences*
gleich.

Im wesentlichen° sieht das Schulsystem in der Bundesrepublik   *essentially*
so aus:

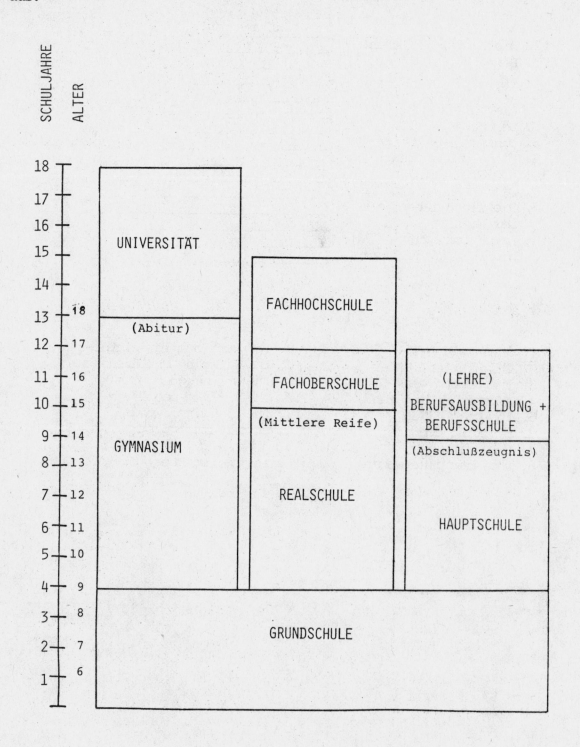

DIE GRUNDSCHULE

Die Kinder beginnen ihre Schul-
zeit, wenn sie sechs Jahre alt
sind. Zu ihrem ersten Schultag
bekommen sie von ihren Eltern
eine große Tüte° mit Obst und Süßigkeiten. Mit dieser Tüte im
Arm gehen die Kinder dann zur
Schule. Die Tüte soll ihren er-
sten Schultag versüßen°   *sweeten*

Alle Kinder gehen gemeinsam° in die Grundschule. Dort bleiben   *together*
sie vier Jahre. Auch die kleinen Gemeinden haben eine Grundschule. Der Unterricht dauert gewöhnlich von 8 bis 13 Uhr für die
großen Jungen und Mädchen, und für die kleinen nur von 8 bis 10
oder 11 Uhr. Zum Mittagessen sind die Kinder wieder zu Hause.

Nach der vierten Klasse wechseln° die Kinder die Schule. Sie   *change*
können zwischen drei Schultypen wählen°: Hauptschule, Realschu-   *choose*
le oder Gymnasium. Meistens entscheiden° die Schüler, Eltern   *decide*
und Lehrer gemeinsam, in welche Schule ein Schüler überwechseln
kann und soll.

DIE HAUPTSCHULE   (die Volksschule)

Die meisten Schüler besuchen von der fünften bis zur neunten
Klasse die Hauptschule. Hier ist ein Stundenplan:

STUNDENPLAN

Hauptschule Kl. 9

Zeit	Montag	Dienstag	Mittwoch	Donnerstag	Freitag	Samstag
8.00- 8.45	Mathematik	Biologie	Sport	Werken (Jungen)	Englisch	Arbeitsge-
8.45- 9.30	Mathematik	Biologie	Sport	Werken (Jungen)	Englisch	meinschaft[2)]
9.45-10.30	Religion	Geschichte	Deutsch		Sozialkunde	Physik/Chemie
10.30-11.15	Erdkunde	Deutsch	Sozialkunde	Hauswirt-	Sozialkunde	Physik/Chemie
11.30-12.15	Wahl-Pflicht-	Sozialkunde	Mathematik	schaft	Mathematik	
12.15-13.00	Kurs [1)]	Sozialkunde	Englisch	(Mädchen)	Deutsch	

Nach der 9. Klasse bekommen die Hauptschüler ein Abschlußzeugnis.
Mit diesem Abschlußzeugnis können sie ihre Berufsausbildung (die   *certificate*
Lehre)° beginnen, zum Beispiel als Facharbeiter, Handwerker oder   *apprenticeship*
Kaufmann° Die Berufsausbildung dauert drei bis dreieinhalb Jahre.   *skilled worker*
Neben der praktischen Berufsausbildung in einem Betrieb° müssen   *craftsman*
die Jugendlichen an einem Tag in der Woche die Berufsschule besu-   *administrator*
chen. Die Berufsschule bereitet sie theoretisch auf ihren Beruf   *business*
vor.

Stundenpläne aus *Schule und Ausbildung*, Inter Nationes, Bonn

ITG L

DIE REALSCHULE (die Mittelschule)

Andere Schüler wechseln zur Realschule über. Neben Englisch und
Französisch können Realschüler auch Schreibmaschinenschreiben°   *typing*
und Stenographie lernen. Im wesentlichen ist der Unterricht in
der Realschule ähnlich° wie im Gymnasium. Hier ist ein Stunden-   *similar*
plan:

Realschule Kl. 9	STUNDENPLAN					
Zeit	Montag	Dienstag	Mittwoch	Donnerstag	Freitag	Samstag
7.55- 8.40	Deutsch	Deutsch	Französisch	Englisch	Maschinenschr.	Deutsch
8.45- 9.30	Französisch	Englisch	Englisch	Mathematik	Französisch	Physik
9.45-10.30	Englisch	Geschichte	Mathematik	Gemeinschaftsk.	Deutsch	Biologie
10.35-11.20	Mathematik	Sport (Mädchen)	Mathematik	Hauswirt-	Stenographie[1]	Physik
11.30-12.10	Kunst	Werken (Jungen)	Textil (Mädchen)	schaft (Mädchen)	Geschichte	Erdkunde
12.10-12.50	Kunst	Biologie	Sport (Jungen)		Erdkunde	

[1] wahlfrei

Die Realschule endet nach der 10. Klasse mit der sogenannten
Mittleren Reife. Realschüler können einen kaufmännischen Beruf
wählen, zu einer Bank oder in die Verwaltung° gehen. Sie können   *administration*
aber auch zu einem Gymnasium überwechseln.

DAS GYMNASIUM (die Oberschule)

Wer später einmal eine deutsche Universität besuchen will, muß
normalerweise das Gymnasium besuchen und das Abitur bestehen°.   *pass*
Das Abitur (das Abi) ist die Reifeprüfung nach der 13. Klasse.

Wer nach der vierten Klasse Grundschule zu einem Gymnasium überwechseln will, hat die Wahl zwischen vier Schultypen. Es gibt
das altsprachliche oder humanistische Gymnasium, das neusprach-
liche Gymnasium, das mathematisch-naturwissenschaftliche und das
wirtschaftswissenschaftliche Gymnasium. Der Stundenplan in einem Gymnasium sieht ungefähr so aus:

Gymnasium Kl. 9	STUNDENPLAN					
Zeit	Montag	Dienstag	Mittwoch	Donnerstag	Freitag	Samstag
8.00- 8.45	Geschichte	Englisch	Latein[1]	Englisch	Geschichte	Mathematik
8.55- 9.40	Deutsch	Deutsch	Latein[1]	Mathematik	Englisch	Latein[1]
9.45-10.30	Englisch	Latein[1]	Physik	Deutsch	Sozialkunde	Physik
10.45-11.30	Mathematik	Mathematik	Kunst	Deutsch	Biologie	Chemie
11.35-12.20	Sport	Erdkunde	Kunst	Chemie	Religion	Musik
12.30-13.15	Sport	Religion				

[1] oder Französisch

Seit 1969/70 gibt es in den meisten Bundesländern neben den anderen
einen neuen Schultyp: die Gesamtschule. In der Gesamtschule sind
Grund-, Haupt-, Realschule und das Gymnasium unter einem Dach.

ROLLENSPIEL

Spieler: ein amerikanischer Student und eine deutsche Lehrerin.
Der Amerikaner möchte in Deutschland studieren. Er möchte wissen,
wie das deutsche Schulsystem aussieht. Die deutsche Lehrerin kennt
das Schulsystem und gibt Auskunft.

1. *Amerikaner*: Ich möchte gern wissen, wie lange man in der Bundesrepublik
   zur Schule gehen muß. Wie viele Jahre?

   Lehrerin: _____

2. *Amerikaner*: Können Sie mir sagen, was für Schulen es in der Bundesrepublik gibt?

   Lehrerin: _____

3. *Amerikaner*: Ich verstehe nicht. Was ist die Grundschule?

   Lehrerin: _____

4. *Amerikaner*: Warum wechseln die Schüler nach der vierten Klasse die Schule?

   Lehrerin: _____

5. *Amerikaner*: Können Sie mir die Hauptschule erklären?

   Lehrerin: _____

6. *Amerikaner*: Was können die Jugendlichen mit dem Hauptschulabschluß tun?
   Was für Berufe können Sie lernen?

   Lehrerin: _____

7. *Amerikaner*: Was ist der Unterschied zwischen der Realschule und dem Gymnasium?

   Lehrerin: _____

8. *Amerikaner*: Mit was für einem Schulabschluß kann man in der Bundesrepublik
   an einer Universität studieren?

   Lehrerin: _____

9. *Amerikaner*: Ist die Gesamtschule ähnlich wie die amerikanische Schule?

   Lehrerin: _____

10. *Amerikaner*: Was für Fächer haben die Schüler in der Hauptschule, in der
    Realschule und im Gymnasium?

    Lehrerin: _____

11. *Lehrerin*: Vielleicht können Sie mir jetzt das amerikanische Schulsystem
    erklären?

    Amerikaner: _____

    _____

SCHRIFTLICHE ÜBUNGEN

Ergänzen Sie!
SÜ 1   Welches Fragewort paßt hier?

1. Können Sie mir sagen, _wie lange_ der Herr schon wartet?
2. Weißt du, _____ Augsburg liegt?
3. Hat er gesagt, _____ sein neuer Mantel gekostet hat?
4. Ich möchte wissen, _____ er gern trinkt.
5. Wissen Sie, in _____ Gymnasium das Mädchen geht?
6. Sagen Sie mir bitte, _____ er gegangen ist! Zum Bahnhof?
7. Wissen Sie, _____ Cornelia morgens das Haus verlassen muß?
8. Darf ich fragen, _____ alt Sie sind?
9. Haben die Leute gesagt, _____ Kinder sie haben?
10. Wir haben gelesen, _____ Fahrschüler so lange unterwegs sind.
11. Wir wissen, _____ der Unterricht dauert.
12. Wissen Sie, _____ ein Stundenplan aussieht?

Was wollten die Leute wissen?

Wann fängt der Film an?
SÜ 2   -   Sie wollten wissen, wann der Film anfängt.

1. Wem gehört der Schlüssel?   4. Was für ein Auto ist das?
2. Wieviel Uhr ist es?   5. Wie kommt man zur Hauptstraße?
3. Warum darf man hier nicht parken? 6. Wie lange dauert die Berufsausbildung?

SÜ 3   Bilden Sie indirekte Fragen und Antworten!

1. Wo ist die Hauptpost?
   Er hat den Polizisten gefragt, _wo die Hauptpost ist._

2. Wie sieht das deutsche Schulsystem aus?
   Wir haben gelernt, _____.

3. Wann fährt der nächste Zug nach Freiburg?
   Am Bahnhof habe ich gefragt, _____.

4. Woher kommen die Leute?
   Wissen Sie, _____?

5. Wie viele Schultypen gibt es in der Bundesrepublik?
   Wir haben gelesen, _____.

6. In welche Schule geht Ihre Tochter?
   Darf ich fragen, _____?

7. Wie lange bleiben Sie in Deutschland?
   Alle fragen mich, _____.

8. Warum müssen die Kinder die Schule wechseln?
   Ich verstehe nicht, _____.

SÜ 4   Vollenden Sie die Sätze!

1. Wissen Sie, woher _die Leute kommen?_
2. Er hat nicht gesagt, warum _____ .
3. Können Sie mir sagen, wo _____ ?
4. Sie hat mich gefragt, wie lange _____ .
5. Darf ich Sie fragen, wie _____ ?
6. Ich weiß leider nicht, was _____ .
7. Hat er dich gefragt, wem _____ ?
8. Wollen Sie wissen, was für ein _____ ?
9. Ich kann Ihnen nicht sagen, wann _____ .
10. Fragen Sie Herrn Falke, wieviel _____ !

SÜ 5   Setzen Sie die Verben als Adjektive ein! (Partizip Perfekt)

1. backen   Mögen Sie diesen _gebackenen_ Fisch?
2. empfehlen   Das _____ Hotel war sehr preiswert.
3. reservieren   Können Sie uns bitte den _____ Tisch zeigen?
4. bestehen   Wir gratulieren Ihnen zu der _____ Prüfung.
5. zählen   Das _____ Geld liegt auf dem Tisch.
6. erwarten   Die _____ Gäste sind nicht gekommen.
7. suchen   Der _____ Mann steht da drüben.
8. reduzieren   Wieviel kosten die _____ Blusen?
9. teilen   Deutschland ist ein _____ Land.
10. verdienen   Was machen Sie mit dem _____ Geld?
11. einladen   Sind alle _____ Gäste gekommen?
12. mitbringen   Wir essen jetzt unser _____ Obst.

SÜ 6   Setzen Sie die Verben als Adjektive ein! (Partizip Präsens)

1. kommen   In der _kommenden_ Woche fliegen wir nach Amerika.
2. fahren   Aus einem _____ Zug soll man nicht aussteigen.
3. weinen   Wie heißt das _____ Kind?
4. entscheiden   Die _____ Frage ist, wann er ankommt.
5. schmecken   Orangensaft ist ein gut _____ Getränk.
6. vorbeifahren   Der Mann sah das _____ Auto nicht.
7. abfahren   Der _____ Zug mußte noch einmal halten.
8. wechseln   Das _____ Wetter macht mich krank.

SÜ 7   Bilden Sie indirekte persönliche Fragen!

1. Name: _Darf ich Sie fragen, wie Sie heißen?_
2. Datum: _Können Sie mir sagen, welches Datum wir heute haben?_
3. Adresse: _____
4. Wohnung: _____
5. Familie: _____
6. Auto: _____
7. Beruf: _____
8. Geburtstag: _____

WORTSCHATZ

Nomen		Verben	
der Unterschied,-e	*difference*	bestehen	*to pass (exam)*
das Abitur,-e	*final high school examination*	(bestanden)	
		entscheiden	*to decide*
die Grundschule,-	*primary school (grades 1-4)*	(entschieden)	
		wählen	*to choose, select*
die Nähe	*vicinity, closeness*	wechseln	*to change*
die Prüfung,-en	*examination*		
die Süßigkeit,-en	*sweets, candy*		
die Wahl,-en	*choice*		

Adjektive

ähnlich	*similar*
einheitlich	*uniform*
gemeinsam	*common*
kostenlos	*free of charge*
wesentlich	*essential*

Verschiedenes

die meisten (+ plural noun)	*most of the (noun)*
mindestens	*at least*
Moment mal!	*one moment*
normalerweise	*normally, under normal circumstances*
im wesentlichen	*essentially*

Can you guess the meaning of these words?

Nomen	Verben	Adjektive
der Typ,-en	über.wechseln	praktisch
das System,-e	prüfen	theoretisch
die Bank,-en	versüßen	

ZUSATZVOKABULAR*

das Abschlußzeugnis,-se	*certificate of completion*
altsprachlich	*classical (languages)*
die Ausbildung,-en	*education, training*
die Berufsausbildung	*vocational training*
die Berufsschule	*vocational school*
der Betrieb,-e	*enterprise, business*
das Fach,"er	*subject (school), specialty*
der Facharbeiter,-	*skilled worker*
die Fachschule,-n	*technical (vocational) school*
das Französisch	*French*
die Gesamtschule,-n	*nearest equivalent to American high school*
das Griechisch	*Greek*
der Handwerker,-	*craftsman*
humanistisch	*humanistic, classical*
der Kaufmann,"er	*business administrator*
kaufmännisch	*commercial, business-(prefix)*
das Latein	*Latin*
die Lehre	*apprenticeship*
mathematisch	*mathematical*

* Vocabulary listed under this heading may be considered recognition vocabulary.
Zusatzvokabular is usually restricted to the reading selection and will not
occur in the exercises.

die Mittlere Reife — *completion diploma of Realschule*
die Naturwissenschaft,-en — *natural science*
   naturwissenschaftlich — *scientific*
   neusprachlich — *modern languages*
die Reife — *maturity*
die Schreibmaschine,-n — *typewriter*
die Stenographie — *stenography, shorthand*
der Stundenplan,ⁿe — *class schedule*
die Tüte,-n — *bag,*
die Verwaltung,-en — *administration*
die Wirtschaftswissenschaft,-en — *economics*
   wirtschaftswissenschaftlich — *economic*
die Wissenschaft — *science*

RÄTSEL

Die sechs jungen Damen auf dem Bild haben einen Beruf.
Frage: Was sind sie von Beruf und wo arbeiten sie?

BERUF

1 _____
2 _____
3 _____
4 _____
5 _____
6 _____

ARBEITSPLATZ

1 _____
2 _____
3 _____
4 _____
5 _____
6 _____

LEKTION 21

LESESTÜCK: Auf dem Flohmarkt

LESESTÜCK: Flohmärkte in der Bundesrepublik

GRAMMATIK:

Unpreceded Adjective Endings
Adjectives Used as Nouns
Adjectives after viele, mehrere, einige, andere

EINFÜHRUNG: ADJEKTIVDEKLINATION / ADJEKTIVE ALS NOMEN

AUF DEM FLOHMARKT

Lieben Sie **das Altmodische, das Nostalgische** und **das Originelle.** Wenn
Sie die Sachen von früher schön finden, dann ist ein Flohmarkt genau
das Richtige für Sie. Manchmal findet man dort ganz phantastische Sachen und wunderschönen alten Kitsch. Aber Geduld und Zeit müssen Sie
mitbringen. Und natürlich Geld.

Auf einem Flohmarkt gibt es zum Beispiel ...

interessante alte Bücher, Landkarten und **Schallplatten,**

alte Betten, Schränke und **Bilder** aus Großmutters Schlaf-
zimmer,

schöne Spiegel aus **gutem Glas,**

altmodische Kleider, bunte Blusen und **lange Röcke,**

gebrauchte Hosen, Hemden und **Schuhe,**

sogar **alte Dosen** und **leere Flaschen**

und **tausend andere verrückte Sachen.**

Auf einem Flohmarkt gibt es auch ...

altes Geschirr (alte Teller, Tassen, Gläser, usw.),

preiswertes altes Silber (Messer, Gabeln, Löffel, usw.),

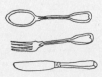

gebrauchtes Spielzeug für **kleine** und **große Kinder** (**alte
Puppen, Eisenbahnen,** usw.),

schönen alten Schmuck.

Sie finden sicher **etwas Originelles.** Es muß ja **nichts Teu-
res** sein. Sogar essen und trinken können Sie dort. Natürlich nichts **Besonderes.** Auf einem Flohmarkt finden Sie
vielleicht einen Stand ... ...

mit heißen Würstchen,

mit belegten Broten oder **Brötchen,**

mit kaltem Bier oder **anderen Getränken.**

Was für Leute trifft man auf einem Flohmarkt?

Ein Flohmarkt ist immer eine Attraktion. Man trifft dort vor allem **viele
junge Leute** und Sammler. Sie tauschen, kaufen und verkaufen. Man sieht auch
viele ältere Leute. Die älteren Leute kaufen vielleicht **nichts Verrücktes,**
aber auch sie finden einen Flohmarkt interessant.

Und Sie? Waren Sie schon einmal auf einem deutschen Flohmarkt?
Was haben Sie dort gesehen? Was haben Sie dort gekauft?

GRAMMATIK

A UNPRECEDED ADJECTIVES

Adjective-noun combinations are most often preceded by **der-** or **ein-** words. Sometimes, however, they are not.

Look at the following examples:

Singular: Das ist gutes Essen.   This is good food.
            Armes kleines Mädchen!   Poor little girl.
            Haben Sie neuen Wein?   Do you have new wine?
            Der Spiegel ist aus gutem Glas.   The mirror is made of
                                                  good glass.

Plural: Er kennt viele nette Leute.   He knows many nice people.
            Ich habe zwei gute Freunde.   I have two good friends.

1 ADJECTIVE ENDINGS

You will recall that the principal idea behind German adjective endings is that either the article (the **der-** or **ein-**word) or the adjective itself has to indicate the gender, number and case of the noun following. Thus, in those instances where no **der-** or **ein-**word is present, the adjective must assume the function of the definite article, namely to indicate by its ending the gender, number and case of the modified noun.

Note in the chart below that the endings of the unpreceded adjectives (singular and plural) are identical to the endings of the **der-**words.

		Singular	
		Endings of **der-**Words	Endings of Unpreceded Adjectives
NOM.	Masc.	dies er gute Wein	gut er Wein
	Neut.	dies es kalte Bier	kalt es Bier
	Fem.	dies e frische Milch.	frisch e Milch
ACC.	Masc.	dies en guten Wein	gut en Wein
	Neut.	dies es kalte Bier	kalt es Bier
	Fem.	dies e frische Milch	frisch e Milch
DAT.	Masc.	dies em guten Wein	gut em Wein
	Neut.	dies em kalten Bier	kalt em Bier
	Fem.	dies er frischen Milch	frisch er Milch

Plural/All Genders	
Endings of **der**-Words	Endings of Unpreceded Adjectives
NOM. dies e netten Leute	nett e Leute
ACC. dies e netten Leute	nett e Leute
DAT. dies en netten Leuten	nett en Leuten

2 VIELE, MEHRERE, EINIGE, ANDERE

Indefinite numerical words such as viele (*many*), mehrere (*several*) einige (*some*), and andere (*other*) suggest an indefinite quantity and occur in the plural only. They are treated like adjectives and must take endings.

Er kennt **viele hübsche** Mädchen.	He knows many pretty girls.
Sie hat **mehrere gute** Freunde.	She has several good friends.
Wir haben **einige schöne** Sachen gekauft.	We bought a few nice things.
Dort sind **andere leere** Flaschen.	There are other empty bottles.
Ich habe ein Buch **mit vielen schönen** Bildern.	I have a book with many beautiful pictures.
Er ist **mit einigen neuen** Kollegen in ein Restaurant gegangen.	He went with a few new colleagues to a restaurant.

REMEMBER: After **alle**, **beide** and **keine** the adjective always takes the ending –en

> Er kennt **alle hübschen** Mädchen.
> Ich brauche **beide leeren** Flaschen.
> Haben Sie **keine neuen** Schuhe?

3 ADJECTIVES AFTER NUMBERS

You will recall that numbers used in counting function as adjectives but they do not take endings. Plural adjectives used after numbers are considered unpreceded unless there is a **der**-word in front of the number.

Compare:

Unpreceded	**Preceded by der-words**
zwei **neue** Häuser	**die** zwei **neuen** Häuser
drei **leere** Flaschen	**diese** drei **leeren** Flaschen
mit zwei **großen** Türen	mit **den** zwei **großen** Türen

4 ADJECTIVES IN A SERIES

All adjectives preceding the same noun must take the same ending.

        viele schöne alte Kirchen
        mit vielen schönen bunten Bildern
        zwei interessante neue Bücher

Adjectives in a series may be separated by a comma if the comma could be replaced by **und**. Thus **interessante, neue Bücher** are books which are both interesting and new, whereas **interessante neue Bücher** are interesting books which happen to be new.

B ADJECTIVES USED AS NOUNS

In German and in English, adjectives can be used as nouns.

Look at the following examples.

        Kennen Sie **die deutschen Leute**? *Do you know the German people?*
        Kennen Sie **die Deutschen**?   *Do you know the Germans?*

        Wir besuchen **die kranken Leute**. *We are visiting the sick people.*
        Wir besuchen **die Kranken**.   *We are visiting the sick.*

        Er hilft **den armen Leuten**.   *He is helping the poor people.*
        Er hilft **den Armen**.   *He is helping the poor.*

In the above examples, the adjectives were first used to modify the the noun **Leute**, then the adjectives were used as plural nouns.

Adjectival nouns are much more common in German than in English, and, unlike English, they can be used in the singular as masculine, neuter and feminine nouns. When used as nouns, adjectives are capitalized but take the same endings as they do when functioning as attibutive adjectives.

1 MASCULINE AND FEMININE ADJECTIVAL NOUNS

Masculine and feminine adjectival nouns, both singular and plural refer to people possessing the quality indicated by the adjective.

a. when used with **der**-words

	Masculine	Feminine	Plural
NOM.	der Kranke	die Kranke	die Kranken
ACC.	den Kranken	die Kranke	die Kranken
DAT.	dem Kranken	der Kranken	den Kranken

b. when used with **ein**-words

	Masculine	Feminine	Plural
NOM.	ein Kranker	eine Kranke	keine Kranken
ACC.	einen Kranken	eine Kranke	keine Kranken
Dat.	einem Kranken	einer Kranken	keinen Kranken

Frequently used adjectival nouns include the following:

der Alte	*old man*
der Arme	*poor man*
der Bekannte	*acquaintance, friend*
der Deutsche	*German*
der Fremde	*stranger, tourist*
der Kleine	*small man, boy*
der Tote	*dead man*
der Reiche	*rich man*
der Verletzte	*injured man*
der Verwandte	*relative*

2 NEUTER ADJECTIVAL NOUNS

Neuter adjectival nouns usually refer to qualities, characteristics or things:

> Das ist genau **das Richtige** für ihn.
> *This is exactly the right thing for him.*

> Sie liebt **das Altmodische**.
> *She loves old-fashioned things.*

Adjectives following **etwas, nichts, viel, wenig,** as in English *something interesting* or *nothing important*, are capitalized*and take the endings of neuter unpreceded adjectives.

Notice that the words **etwas, nichts, viel, wenig** do not change.

> Suchen Sie etwas Interessantes?
> *Are you looking for something interesting?*

> Das ist nichts Neues.
> *That's nothing new.*

NOTE: Adjectives following **alles** take endings as if preceded by a der-word:

> Alles Gute!   *All the best.*

---

*Exception: ander- and möglich as for example in etwas **anderes**, etwas mögliches, alles andere, alles mögliche, etc.

MÜNDLICHE ÜBUNGEN

ADJEKTIVDEKLINATION: <u>Nominativ und Akkusativ</u>

a) Was ist das?
   Was kann man auf einem Flohmarkt
   kaufen?

b) Was ist das?
   Was kann man auf einem Wochenmarkt oder in einem Supermarkt kaufen?

MÜ 1

> Der Schmuck ist modern.
> Das ist *moderner Schmuck*.
> Man kann dort *modernen Schmuck*
> kaufen.

1. Der Kitsch ist wunderschön.
2. Das Glas ist billig.
3. Die Kleidung ist altmodisch.
4. Das Geschirr ist gebraucht.
5. Das Spielzeug ist alt.

1. Die Milch ist frisch.
2. Der Käse ist weich oder hart.
3. Das Gemüse ist schön.
4. Das Obst ist preiswert.
5. Der Tee ist schwarz oder grün.
6. Der Honig ist süß.
7. Das Bier ist hell oder dunkel.
8. Der Salat ist grün.
9. Die Wurst ist gut.
10. Das Brot ist lang oder rund.

MÜ 2

> Die Bücher sind alt.
> Das sind *alte Bücher*.
> Man kann dort *alte Bücher*
> kaufen.

1. Die Bilder sind hübsch.
2. Die Schallplatten sind toll.
3. Die Sachen sind verrückt.
4. Die Möbel sind gebraucht.
5. Die Flaschen sind leer.

1. Die Tomaten sind rot.
2. Die Kartoffeln sind neu oder alt.
3. Die Bananen sind gelb.
4. Die Eier sind frisch.
5. Die Äpfel sind süß oder sauer.
6. Die Brötchen sind weich.
7. Die Trauben sind süß.
8. Die Gurken sind billig.
9. Die Pfirsiche sind schön.
10. Die Lebensmittel sind preiswert.

Was für Leute trifft man auf einem Flohmarkt (auf einem Wochenmarkt)?

MÜ 3

> jung und älter
> Man trifft dort junge und ältere Leute.

1. reich und arm
2. groß und klein
3. einfach und elegant

4. freundlich und unfreundlich
5. verheiratet und ledig
6. interessant und uninteressant

Was ist das?
Erklären Sie die Wörter mit Adjektiven!

MÜ 4

> Rotwein
> Das ist roter Wein.

1. Weißwein
2. Falschgeld
3. Schwarzbrot

4. Dunkelbier
5. Sauerfleisch
6. Frischmilch

7. Starkbier
8. Weichkäse
9. Altpapier

einige

Wie viele Leute kennen Sie?

MÜ 5
> Kennen Sie nur einen deutschen Polizisten?
> Nein, ich kenne einige deutsche Polizisten.

Kennen Sie ...?

1. nur einen amerikanischen Studenten.
2. nur einen freundlichen Kellner.
3. nur eine nette Verkäuferin
4. nur ein kleines Kind
5. nur eine deutsche Hausfrau
6. nur einen guten Arzt

mehrere

Wie gut kennen Sie ihre Stadt?

MÜ 6
> Gibt es dort nur eine moderne Schule?
> Nein, es gibt mehrere moderne Schulen.

Gibt es dort ...?

1. nur eine große Tankstelle
2. nur ein nettes Café
3. nur ein gutes Restaurant
4. nur ein elegantes Geschäft
5. nur ein preiswertes Hotel
6. nur eine breite Straße

nach Zahlen

Wie viele ... möchten (brauchen, nehmen, usw.) Sie?
Antworten Sie mit einer Zahl!

MÜ 7
> Möchten Sie alle kleinen Kissen?
> Nein, ich möchte nur *drei kleine Kissen.*

1. Brauchen Sie alle neuen Kalender?
2. Nehmen Sie alle großen Äpfel?
3. Haben Sie alle leeren Flaschen?
4. Kennen Sie alle deutschen Märchen?
5. Brauchen Sie alle sauberen Gläser?
6. Möchten Sie alle langen Bleistifte?

viele

Was wissen Sie über Deutschland?

MÜ 8
> Gibt es dort nur ein berühmtes Schloß?
> Nein, es gibt viele (einige, mehrere) berühmte Schlösser.

Gibt es in Deutschland ...?

1. nur eine alte Festung
2. nur einen großen Flughafen
3. nur einen alten Marktplatz
4. nur einen interessanten Zoo
5. nur eine romantische Kleinstadt
6. nur ein modernes Krankenhaus
7. nur ein wichtiges Wirtschaftszentrum
8. nur eine historische Stadtmauer

Dativ

Was für ein Land ist Deutschland?

MÜ 9 | In Deutschland gibt es teure und billige Geschäfte.
Deutschland ist ein Land mit teuren und billigen Geschäften.

In Deutschland gibt es ...

1. moderne und alte Städte
2. breite und enge Straßen
3. große und kleine Hotels
4. neue und alte Universitäten

5. romantische Schlösser
6. schöne, alte Kirchen
7. historische Rathäuser
8. interessante Sehenswürdigkeiten

Was ist das?

MÜ 10 | Das Haus hat viele große Fenster.
Das ist ein Haus mit vielen großen Fenstern.

1. In dem Buch sind viele schöne Bilder.
2. In der Straße sind einige elegante Geschäfte.
3. Die Stadt hat viele große Parkplätze.
4. In dem Park sind viele hohe Bäume.
5. Der Brief hat mehrere lange Seiten.
6. In dem Garten sind viele schöne Blumen.

ADJEKTIVE ALS NOMEN

Machen Sie aus dem Adjektiv ein Nomen!

MÜ 11 | Ein tauber Mensch kann nicht hören.
Ein Tauber kann nicht hören.

1. Ein blinder Mensch kann nicht sehen.
2. Der neue Student spricht gut Deutsch.
3. Wir haben der kranken Frau Blumen gebracht.
4. Viele fremde Leute besuchen unsere Stadt.
5. Sie hat mit dem kleinen dicken Herrn gesprochen.
6. Ein gesunder Mensch braucht keinen Arzt.
7. Dem kleinen Jungen tut das Bein weh.
8. Die jungen Leute können das nicht verstehen.
9. Wer ist der alte Mann da drüben?
10. Peter ist ein stiller Mensch.
11. Er ist mit einer deutschen Frau verheiratet.

nach *etwas, nichts, viel, wenig*

MÜ 12 | Grüner Salat ist gesund.
Grüner Salat ist *etwas Gesundes.*

1. Schwarzbrot ist gut.
2. Eis ist kalt.

3. Nachtisch ist süß.
4. Rauchen ist ungesund.

Was hat er gesagt?

MÜ 13 | War es wichtig?
Nein, er hat *nichts (wenig) Wichtiges* gesagt.

War es ...?

1. neu	3. interessant	5. gut	7. verboten
2. richtig	4. falsch	6. schlecht	8. bekannt

MÜ 14   Auf deutsch, bitte!

1. This restaurant is nothing special.
2. There are many other restaurants in this town.
3. Poor little girl!
4. He sells used cars.
5. Does he like to drink cold beer?
6. She is wearing old fashioned clothes.
7. Would you like green or black tea?
8. I bought something simple.
9. That's nothing new.
10. We need new dishes.
11. What are you doing, young man?
12. Wear a dress. Something light.
13. This is good meat.
14. At the flea market you can buy many crazy things.
15. I buy fresh vegetables at the market.
16. Do you know these strangers?
17. Many small animals sleep in the winter.
18. I need some new books.

WORTSCHATZÜBUNG: Adjektive als Nomen

1. fremd	der ___Fremde___
2. selten	etwas ___Seltenes___
3. reich	von den ___Reichen___
4. gut	etwas _____
5. originell	nichts _____
6. üblich	das _____
7. deutsch	die _____ (pl.)
8. krank	für den _____
9. arm	die _____ (pl.)
10. alt	mit der _____
11. falsch	etwas _____
12. bekannt	meine _____ (pl.)
13. verwandt	zu seinen _____
14. privat	nichts _____
15. tot	der _____
16. genau	etwas _____
17. richtig	das _____
18. böse	etwas _____

Wie heißt das Gegenteil?

schwach	
leer	*stark*
lang	_____
hell	_____
billig	_____
langsam	_____
arm	_____
naß	_____
alt	_____
dünn	_____
falsch	_____
leise	_____
krank	_____
gut	_____
breit	_____
heiß	_____
niedrig	_____
groß	_____
früh	_____
schnell	_____
weich	_____
sauber	_____
sauer	_____

FLOHMÄRKTE IN DER BUNDESREPUBLIK

Auch in der Bundesrepublik ist das Alte und Originelle
wieder schick. Noch vor einigen Jahren war die Mentalität anders. Man wollte keine alten Möbel im Wohnzimmer haben. Auch Großmutters gutes Geschirr war altmodisch und uninteressant. Heute tut es vielen Leuten
leid, daß sie die alten Sachen weggeworfen haben. Jetzt
gehen sie auf den Flohmarkt und kaufen die gleichen alten Sachen von anderen Leuten. Vielleicht ist Nostalgie
ein gutes Wort für diese Mentalität.

Es gibt in vielen deutschen Städten Flohmärkte, wie zum
Beispiel in ...

Berlin

In Berlin hat man aus dem alten U-Bahnhof Nollendorfplatz
einen originellen Flohmarkt gemacht. Dort verkaufen die
Händler° in alten U-Bahnwagen nicht nur alten Trödel°,   *merchants/junk*
sondern auch teure Antiquitäten. Hier gibt es fast al-
les: Antik-Shop und Kleiderboutique, Mini-Kino, Poster
Shop, Stände mit wertvollen alten Münzen°, mit teurem   *coins*
Schmuck und... und... und. Der Berliner Flohmarkt ist
ein wahres Einkaufszentrum und eine interessante Sehens-
würdigkeit für jeden Berlinbesucher.

Frankfurt am Main

Seit einigen Jahren gibt es auch in Frankfurt einen interessanten Flohmarkt. Er findet jeden Samstag am Sach-
senhausener Ufer statt°. Jeder Händler und Private darf   *takes place*
dort kaufen und verkaufen, was er will. Nur der Verkauf
von Waffen° und lebenden Tieren ist nicht erlaubt. Man   *weapons*
findet die üblichen Gebrauchtwaren°, Kunst- und Kitsch- *usual used goods*
gegenstände°: alte Lampen in vielen Variationen, große   *objects*
und kleine Uhren, alte Spiegel, alte Bilder, altes Geschirr. Sammler kaufen, verkaufen und tauschen alte Münzen, Puppen, Schallplatten und Postkarten. Auch die Kinder warten hier mit großer Geduld auf Käufer.

Stuttgart

Rund um das Rathaus in der Stuttgarter Altstadt gibt es
seit einigen Jahren zweimal im Jahr einen großen Flohmarkt.
An einem Samstag im April und an einem Samstag im Herbst
sind dann Marktplatz, Schillerplatz und Karlsplatz voll
von Ständen mit allem möglichen Kleinkram°und Trödel.   *small junk*
Auf dem Stuttgarter Flohmarkt sieht man besonders viele
alte Puppen und Uhren. Natürlich gibt es auch hier
die üblichen gebrauchten Sachen. Man findet alles, vom
Mickymaus-Heft zum Suppenteller, vom alten Grammophon zu
erotischen Postkarten. Grundschüler wollen ihr altes
Spielzeug verkaufen, und Sammler diskutieren mit Händlern.

    Auf dem Stuttgarter Flohmarkt sind 150 000 Besucher an
einem Tag nichts Besonderes. Wer also etwas Interessantes
und Preiswertes finden will, muß morgens sehr früh aufstehen.

München

Was man heute Flohmarkt nennt, kennt man in München schon
seit mehreren Jahrhunderten. Es ist die sogenannte Auer-
Dult. Sie findet dreimal im Jahr statt: im Frühjahr°, im   *spring*
Sommer und im Herbst. Wenn man einen Münchner fragt, seit
wann es die Dult gibt, weiß er kaum° eine Antwort. Für   *hardly*
die Münchner gehört die Dult zu ihrer Stadt wie die Frauen-
kirche oder das Oktoberfest.

    Weil dieser Markt in München-Au stattfindet, nennt man
ihn die Auer-Dult. Wer hier etwas kaufen will, muß handeln°.   *bargain*
Man soll immer zuerst nach den Preisen von anderen Antiquitäten fragen: "Und was kostet der große, runde Tisch da
drüben? ... Und dieser Bauernschrank? ... Wenn man zu großes
Interesse zeigt, wird der Preis zu hoch!

    Früher konnte man auf der Auer Dult noch billige Anti-
quitäten kaufen. Vor Jahren hat sogar ein Käufer in einem
alten Sofa eine teure Taschenuhr und zwei wertvolle Bilder
gefunden. Kein Wunder, daß dann alle Leute alte Sofas kaufen wollten.   Doch es gibt sie immer noch, die wertvollen
alten Bücher und Münzen und ... und ... und ... Man muß nur
suchen und ein bißchen Glück haben.

    Auch auf der Auer-Dult gibt es die üblichen Gebrauchtwa-
ren. Junge Mädchen entdecken° lange Kleider und Röcke, wie   *discover*
ihre Großmutter sie getragen haben. Da gibt es Regenschirme
nicht aus zweiter, sondern aus zehnter Hand, Tassen mit Vornamen, sogar Glasaugen und viele andere verrückte Sachen.
Und natürlich gibt es auch ein großes Bierzelt°. Das Ganze   *tent*
ist wie ein kleines Oktoberfest.

Nürnberg.

In der historischen Altstadt von Nürnberg ist an drei Samsta-
gen im Jahr Trempelmarkt. Das Wort "Trempel" bedeutet in
Nürnberg soviel wie Trödel. Auch der Nürnberger Trempelmarkt
ist nichts anderes als ein Flohmarkt. Nur ist es hier leider
so, daß die Verkäufer schon am Freitagnachmittag auf ihren
Plätzen sind, und die Händler schon in der Nacht zum Samstag
kaufen können. Wenn dann am frühen Samstagmorgen die Besucher
kommen, sind viele schöne Dinge schon verkauft. Und weil die
Stadt Nürnberg sehr viel Werbung für ihren Trempelmarkt macht,
ist er zu einer großen Touristenattraktion geworden. Die Besucher kommen nicht nur aus ganz Deutschland, sondern auch
vielen anderen Ländern Europas, und der Markt ist total überfüllt. Trotzdem, ob man etwas Schönes dort findet oder nicht:
der Nürnberger Trempelmarkt ist einen Besuch wert.

SCHRIFTLICHE ÜBUNGEN

SÜ 1   Ergänzen Sie!

1. andere Länder   In _anderen Ländern_ ist es auch schön.
2. lange Hälse   Welche Tiere haben _____?
3. einige Jahre   Vor _____ war ich in Hamburg.
4. neuer Wein   Im Herbst gibt es _____.
5. viele deutsche Städte   In _____ gibt es einen Flohmarkt.
6. nächstes Wochenende   Was haben Sie am _____ vor?
7. kurze Zeit   Nach _____ ist er zurückgekommen.
8. kleine Kinder   Das ist nichts für _____.
9. gute Geschäfte   Frisches Obst bekommt man nur in _____.
10. alte Stadtmauern   Nürnberg ist eine Stadt mit _____.
11. schlechtes Wetter   Bei _____ bleiben wir zu Hause.
12. drei frische Eier   Man kann diesen Kuchen nur mit _____ backen.
13. kaltes Wasser   Schwimmen Sie gern in _____?
14. alle guten Bücher   Das steht in _____.
15. alte Münzen   Auf dem Flohmarkt gibt es einen Stand mit _____.
16. teure Antiquitäten   In München kann man _____ kaufen.
17. alte Waffen   Der Verkauf von _____ ist nicht erlaubt.
18. viele andere Dinge   Wir haben Puppen, Uhren und _____ gesehen.

SÜ 2   Ergänzen Sie das Adjektiv!

1. schwarz   Ich möchte _schwarzen_ Kaffee, bitte.
2. gut   _____ Wein muß nicht teuer sein.
3. neu   Trinken Sie gern _____ Wein?
4. dunkel   Er trinkt gern _____ Bier.
5. gut   Ich liebe _____ Essen.
6. alt   Auf dem Flohmarkt gibt es _____ Spielzeug.
7. arm   _____ Kind!
8. kalt   Essen Sie gern _____ Fleisch?
9. grün   Kommt _____ Tee aus China?
10. schön   Sie haben sehr _____ Geschirr.
11. grün   Möchten Sie auch _____ Salat?
12. frisch   _____ Obst ist gesund.

SÜ 3   Ergänzen Sie!

1. (something new)   Haben Sie _etwas Neues_ gehört?
2. (nothing new)   Nein, ich habe _____ gehört.
3. (something special)   Das ist _____.
4. (nothing cheap)   Er kauft _____.
5. (something else)   Wissen Sie noch _____?
6. (something very important) Sie hat _____ gesagt.
7. (nothing else)   Haben Sie _____?
8. (something cold)   Ich möchte _____ trinken.

WIEDERHOLUNG

Adjektivdeklination

WÜ 1   Ergänzen Sie!

1. (the new houses)   _Die neuen Häuser_____ gefallen mir sehr gut.
2. (a beautiful house)   Dort ist _____;
3. (the beautiful house)   Wem gehört _____?
4. (many beautiful houses)   In dieser Straße sind _____.
5. (new houses)   Mit _____ hat man keine Probleme.
6. (a large garden)   Hinter dem Haus ist _____.
7. (the large garden)   Waren Sie schon einmal in _____?
8. (a large garden)   Haben Sie auch _____?
9. (our large garden)   Möchten Sie _____ sehen?
10. (a large garden)   Die Leute haben ein Haus mit _____.
11. (the young girl)   Und wer ist _____ da drüben?
12. (which young girl)   _____ meinen Sie?
13. (many young girls)   Hier sind so _____.
14. (the dark glasses)   Ich meine das Mädchen mit _____.
15. (long black hair)   Hat das Mädchen _____?
16. (the long black hair)   Ja, ich meine das Mädchen mit _____.
17. (this young girl)   Kennen Sie _____?
18. (no young girl)   Das ist _____.
19. (a young man)   Das ist _____.
20. (this young man)   Und _____ ist mein Sohn.

PARTIZIPIEN ALS ADJEKTIVE

WÜ 2   Auf deutsch, bitte!

1. all explained words
2. the passing cars
3. cooked food
4. the reduced goods
5. no expected guest
6. the described people
7. with the departing train
8. for the invited guest

NEBENSÄTZE

Warum bleibt Herr Becker zu Hause?

WÜ 3
> Hat er eine Erkältung?
> Er bleibt zu Hause, weil er eine Erkältung hat.

1. Ist er krank?
2. Muß er im Bett bleiben?
3. Tut ihm alles weh?
4. Hat er Kopfschmerzen?
5. Geht es ihm schlecht?
6. Kann er nicht aufstehen?

WÜ 4   Antworten Sie!

1. Wann essen Sie etwas?
2. Wann schlafen Sie ein?
3. Wann brauchen Sie Geld?
4. Wann kaufen Sie ein?
5. Wann fahren Sie mit dem Bus?
6. Wann gehen Sie zu Fuß?

WORTSCHATZ

Nomen

der Gegenstand,⸚e	item, object
der Löffel,-	spoon
der Schmuck (no pl.)	jewelry
der Spiegel,-	mirror
der Teller,-	plate
das Frühjahr,-e	spring
das Geschirr (no pl.)	dishes
das Jahrhundert,-e	century
das Spielzeug,-e	toy
das Ufer,-	(river) bank
die Gabel,-n	fork
die Kunst,⸚e	art
die Ware,-n	goods

Verschiedenes

aus zweiter Hand	second hand
belegtes Brot oder Brötchen	sandwich
kaum	hardly
vor allem	above all
kein Wunder	no wonder

Verben

entdecken	to discover
gebrauchen	to use
statt·finden	to take place
tauschen	to exchange
treffen (getroffen)	to meet

Adjektive

altmodisch	old-fashioned
früher	earlier
originell	unique
überfüllt	overcrowded
üblich	usual
verrückt	crazy
wertvoll	valuable

Can you guess the meaning of these words?

Nomen	Verben	Adjektive
der Besucher,-	diskutieren	erotisch
der Flohmarkt,⸚e	sammeln	nostalgisch
der Käufer,-	weg·werfen	privat
der Verkauf,⸚e	(weggeworfen)	total
das Ding,-e		wert
das Grammophon,-e		wunderschön
das Interesse,-n		
die Antiquität,-en		
die Attraktion,-en		
die Mentalität,-en		
die Nostalgie (no pl.)		
die Postkarte,-n		

ZUSATZVOKABULAR

handeln	to bargain	der Stand,⸚e	stand, stall
der Händler,-	merchant	der Trödel (no pl.)	junk
der Kitsch	junk	die Waffe,-n	weapon
der Kleinkram	small junk	das Zelt,-e	tent
die Münze,-n	coin		
die Puppe,-n	doll		
der Sammler,-	collector		

LEKTION 22

LESESTÜCK: Andere Länder, andere Sitten, andere Gesten

WORTSCHATZERWEITERUNG: Lernen Sie Ihr Auto kennen!

GRAMMATIK:

Directional Adverbs **hin** and **her**
Future Tense
Constructions with **lassen**
   Noun Suffix -er

D. Word Formation: The Noun Suffix **-er**

EINFÜHRUNG I: HIN und HER

Bitte **kommen** Sie **herein**!

Gehen Sie sofort **hinein**!
Der Chef wartet auf Sie.

Bitte **kommen** Sie **herauf**!
Die Männer **gehen** die Treppen
hinauf.

Kommen Sie bitte **herunter**!
Der Mann **geht** die Treppe
hinunter.

EINFÜHRUNG II: DAS FUTUR

Heute	In zwanzig oder dreißig Jahren
	Wie **wird** die Welt wohl dann **aussehen**? Wie **werden** unsere Kinder **leben**?
Heute leben 4 363 Millionen Menschen auf der Erde.	Wahrscheinlich **werden** dann 5 000 Millionen Menschen auf der Erde **leben**.
Heute geht es uns sehr gut.	Wie **wird** es uns dann **gehen**?
Wir haben noch genug Öl.	**Werden** wir auch dann noch genug Öl **haben**?
Wir brauchen das Öl.	Vielleicht **werden** wir dann nicht mehr so viel Öl **brauchen**.
Es gibt nicht viele Alternativen zum Öl.	Es **wird** sicher mehr Alternativen zum Öl **geben**.
Unsere Autos fahren mit Benzin-Motoren.	Unsere Autos **werden** vielleicht mit Elektro-Motoren **fahren**.
Das Benzin ist teuer, aber wir können es bezahlen.	Vielleicht **werden** wir es dann nicht mehr **bezahlen können**.
Wir können zur Tankstelle fahren und dort tanken.	Vielleicht **werden** wir dann nicht mehr so einfach an der Tankstelle **tanken können**.
	Was glauben Sie? Was **wird** in zwanzig oder dreißig Jahren **sein**?

EINFÜHRUNG III: LASSEN + INFINITIV

Eine Autopanne

Mein Auto ist kaputt. Ich **lasse** es **stehen** und gehe zum nächsten Telefon.

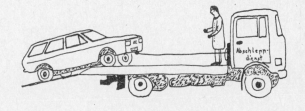

Ich kann das Auto nicht selbst abschleppen. Der Abschlepp-Dienst kommt und schleppt es ab. Ich **lasse** das Auto **abschleppen**.

Ich kann mein Auto nicht selbst
reparieren. Ein Mechaniker muß
es reparieren. Ich **lasse** mein
Auto **reparieren**.

Ich brauche auch einen neuen Reifen.
Der Mechaniker wechselt den Reifen für
mich. Ich **lasse** den Reifen **wechseln**.

Und Sie? Wenn Ihr Auto kaputt ist, reparieren Sie es
selbst, oder lassen Sie es reparieren?

WORTSCHATZERWEITERUNG: LERNEN SIE IHR AUTO KENNEN!

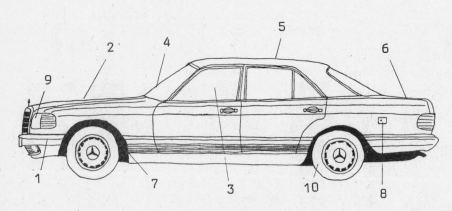

1. die Stoßstange
2. die Motorhaube
3. die Scheibe
4. die Windschutzscheibe
5. das Dach
6. der Kofferraum
7. der Kotflügel
8. der Benzintank
9. der Scheinwerfer
10. der Reifen

11. das Lenkrad
12. das Gaspedal
13. die Hupe
14. die Gangschaltung
15. die Handbremse
16. die Kupplung
17. die Bremse

GRAMMATIK

A   HIN and HER

Hin and **her** are directional adverbs indicating motion or direction.
Hin indicates motion away from the speaker or the speaker's position.
towards some object or person, **her** expresses motion toward the speaker.

Kommen Sie her!   Speaker   Gehen Sie hin!

1   WITH ADVERBS OF PLACE

Since **hin** does not express a specific goal and since **her** does not express
a specific point of origin, they frequently form compounds with adverbs
of place such as **hier, da, dort**.

Away from the speaker	Toward the speaker
Legen Sie das Buch **dorthin**!	Bringen Sie das Buch **hierher**!
Gehen Sie bitte **dorthin**!	Kommen Sie bitte **hierher**!

2   USED AS SEPARABLE PREFIXES

Hin and **her** are frequently added to verbs as separable prefixes to show
direction:

sich hin·setzen	Er setzt sich hin.	*He is sitting down.*
sich hin·legen	Hat sie sich hingelegt?	*Did she lay down?*
her·kommen	Er ist sofort hergekommen.	*He came (over) immediately*
hin·gehen	Ich mußte zu ihm hingehen.	*I had to go to him.*
her·bringen	Er hat das Buch hergebracht.	*He brought the book over.*

3   COMBINED WITH PREPOSITIONS

Hin and **her** may also be combined with prepositions, again to act as
directional indicators toward or away from the speaker. Such compounds
may

a.   replace a prepositional phrase

Gehen Sie **in das Zimmer**!	Gehen Sie **hinein**!
Er kommt **aus dem Haus**.	Er kommt **heraus**.
Sie geht **aus dem Zimmer**.	Sie geht **hinaus**.

b.   be added to verbs.

hinein·gehen	Gehen Sie in das Zimmer hinein!
herunter·kommen	Er kommt die Treppe herunter.
hinauf·gehen	Sie geht die Treppe hinauf.

B FUTURE TENSE

1 FORMATION: **werden** + Infinitive

Similar to English, German forms the future tense with an auxiliary
and the main verb. The difference is that English uses *will* or *shall*
as the auxiliary whereas German uses the conjugated forms of **werden***
and an infinitive.

	werden		Infinitive	
ich	**werde**	es	**tun**	*I shall do it*
du	**wirst**	es	**tun**	*you will do it*
er/es/sie	**wird**	es	**tun**	*he/it/she will do it*
wir	**werden**	es	**tun**	*we will do it*
ihr	**werdet**	es	**tun**	*you will do it*
sie	**werden**	es	**tun**	*they will do it*
Sie	**werden**	es	**tun**	*you will do it*

2 FUTURE TENSE OF MODALS

As with other verbs, the future tense of modals is composed of the
present tense of **werden** and an infinitive.

Present Tense	Er **kann** nicht kommen.
Future Tense	Er **wird** nicht kommen **können**.

In the present tense sentence **Er kann nicht kommen**, the conjugated
verb is the modal **kann**. Its dependent infinitive **kommen** stands at
the end of the sentence.

In the future tense sentence **Er wird nicht kommen können**, the modal
kann is replaced by the future auxiliary **wird**. The infinitive of
kann, that is, **können** moves to the very end of the sentence, behind
the dependent infinitive **kommen**. The result is a double infinitive
construction.

Sie wird zu Hause **bleiben wollen**.	*She will want to stay at home.*
Werden Sie auch **kommen können**?	*Will you be able to come too?*
Wirst du **arbeiten müssen**?	*Will you have to work?*

3 WORD ORDER

a. In a simple sentence the infinitive is in final position:

> Werdet ihr uns **anrufen**?
> Ich werde ihm Bescheid **sagen**.
> Er wird nicht genug Geld **haben**.

b. In a sentence with a modal auxiliary the modal is in final position:

> Werdet ihr uns anrufen **können**?
> Ich werde ihm Bescheid sagen **müssen**.

---

*Do not confuse **werden**, the auxiliary to form the future tense, with the modal
wollen (**ich will**) which expresses willingness or desire to do something.

c.   In a dependent clause, the auxiliary **werden** is in final position:

> Ich weiß nicht, ob er anrufen **wird**.
> Habt ihr gesagt, daß ihr auch kommen **werdet**?

4   FUTURE TENSE TO EXPRESS FUTURE TIME

As you already know, German generally uses the present tense if it is
clear from the context that the events or actions will take place in
the future. This is especially true when an expression of time which
indicates future is present.

Wir kommen morgen.	*We'll come tomorrow.*
Was machen Sie heute abend?	*What are you doing tonight?*
Er rasiert sich später.	*He'll shave later.*

However, if future time is not indicated by a time expression, the
future tense should be used to avoid confusion.

Wir werden euch schreiben.	*We'll write to you.*
Wird er dich anrufen?	*Will he call you?*
Was werden Sie machen?	*What will you do?*

5   FUTURE TENSE TO EXPRESS PROBABILITY

The future tense is very often used to express probability in present
time, that is, a guess or a hunch of the speaker. Such probability
statements are made more forceful by the use of adverbs such as **wohl**
(*probably*), **vielleicht** (*perhaps*), **wahrscheinlich** (*most likely*) or **sicher**
(*surely*).

Er wird es wohl wissen.	*He'll probably know it.*
Vielleicht werde ich ihn besuchen.	*Perhaps I will visit him.*
Sie werden wahrscheinlich kommen.	*They will most likely come.*
Du wirst mir sicher helfen.	*You will surely help me.*

C   CONSTRUCTIONS WITH <u>lassen</u>

Lassen is one of the most frequently used verbs in German and occurs in
a variety of constructions. Like the modal auxiliaries, **lassen** can be
used alone or with a dependent infinitive.

Here are the three basic meanings of **lassen**:

a. **lassen** = *to leave (behind)*

Laßt eure Bücher hier!	*Leave your books here.*
Sie hat ihren Geldbeutel zu Hause **gelassen**.	*She left her wallet at home.*
Er **läßt** seinen Mantel im Auto.	*He's leaving his coat in the car.*

b. **lassen** = *to let or to permit*

    Lassen Sie mich mal sehen!   *Let me see.*
    Laß ihn nicht so lange warten! *Don't let him wait so long.*
    Er **wird** sie gehen **lassen**.   *He will let her go.*

c. lassen = *to have something done or cause something to be done*

    Er **läßt** sein Auto **reparieren**. *He's having his car repaired.*
    Ich **lasse** den Reifen **wechseln**. *I'm having the tire changed.*
    Er **wird** den Reifen **wechseln** *He will have the tire changed.*
      lassen.

As you can see from the above examples, **lassen** behaves like a modal
auxiliary, that is, **lassen** with a dependent infinitive forms the
future tense with a double infinitive construction.

        Ich werde das Auto **stehen lassen**.
        Er wird sein Auto **waschen lassen**.

NOTE: Sometimes there is no literal English equivalent for the third
use of **lassen** (*to have something done*). Here **lassen** indicates
that the subject of the sentence does not perform the
action described by the dependent infinitive but is making or
having someone else perform it.

D WORD FORMATION: THE NOUN SUFFIX **-er**

Many German verbs can be changed into nouns by adding the suffix **-er**
to the verb stem. These newly formed nouns denote the person or the
tool that performs the action implied by the verb.

The German noun suffix -er usually corresponds to the English suffixes
-er or *or*.

Verb	Agent Noun	
arbeiten	der Arbeiter	*worker*
lesen	der Leser	*reader*
fahren	der Fahrer	*driver*
sprechen	der Sprecher	*speaker*
prüfen	der Prüfer	*examiner*

The noun may undergo a vowel change from **a** to **ä**:

anfangen	der Anfänger	*beginner*
backen	der Bäcker	*baker*
kaufen	der Käufer	*buyer*
verkaufen	der Verkäufer	*seller*

If the noun denotes a person, the suffix **-in** is added to the suffix **-er**
to form the corresponding feminine noun:

finden	der Finder	die Finderin	*finder*
helfen	der Helfer	die Helferin	*helper*

MÜNDLICHE ÜBUNGEN

MÜ 1
      hin oder her?
      Was ist richtig?

1. Wir fahren nach Frankfurt. Wir fahren mit dem Auto dort*hin* .
2. Wo____ gehen Sie morgen?
3. Ich brauche mein Gepäck. Bringen Sie es mir bitte ____ !
4. Stellen Sie das Gepäck bitte hier____ !
5. Legen Sie den Teppich dort____ !
6. Warum hängen Sie das Bild nicht hier____ ?
7. Wo____ kommen Sie?
8. Sie gehen zum Supermarkt. Laufen oder fahren Sie dort____ ?
9. Warum kommt sie nicht ____ ?
10. Warum gehen Sie nicht ____ ?

Was tun Sie?

MÜ 2
| Kommen Sie bitte herunter! |
| Ich gehe hinunter. |

Jemand° sagt: *(somebody)*

1. Kommen Sie bitte herein!   3. Kommen Sie bitte herauf!
2. Kommen Sie bitte herüber!   4. Kommen Sie bitte heraus!

Im Perfekt, bitte!

MÜ 3
| Ich gehe hinein. |
| Ich bin hineingegangen. |

1. Der Hund läuft zu mir her.   4. Sie schwimmt hin.
2. Die Leute kommen gerade heraus. 5. Er kommt die Treppen herauf.
3. Ich gehe hinaus.   6. Wir gehen die Treppen hinauf.

Bilden Sie das Futur!

MÜ 4
| Wir nehmen den Zug. |
| Wir werden den Zug nehmen. |

1. Sie verläßt die Stadt.   5. Er geht die Treppen hinauf.
2. Er besteht die Prüfung.   6. Sie bringt das Buch zurück.
3. Sie verdienen viel Geld.   7. Ich rufe Sie an.
4. Er trifft seinen Freund.   8. Das Konzert findet statt.

(Lektion 22)

MÜ 5
> Wie lange bleiben Sie in Deutschland?
> Wie lange werden Sie in Deutschland bleiben?

1. Wann besuchen Sie uns?
2. Wohin geht er?
3. Wo verbringen Sie Ihren Urlaub?
4. Was tun die Leute?

5. Versteht er das?
6. Kommt sie auch?
7. Seid ihr zu Hause?
8. Rufst du mich an?

Antworten Sie mit einer Vermutung°!   (speculation)

MÜ 6
> Wohin geht er?   (nach Hause)
> Er wird nach Hause gehen.

1. Wann macht er Urlaub?   (im Sommer)
2. Wo ist Claudia?   (im Büro)
3. Was liest das Mädchen?   (ein Buch)
4. Was ist sie von Beruf?   (Sekretärin)
5. Wohin geht er?   (zum Arzt)
6. Wen sieht das Kind?   (seine Mutter)

Machen Sie Ihre Vermutung deutlicher!
(wohl, sicher, vielleicht, wahrscheinlich)

MÜ 7
> Kommt Cornelia heil nach Hause?
> Sie wird sicher heil nach Hause kommen.

1. Holt ihr Vater sie von der Schule ab?
2. Lernt sie in der Schule Englisch?
3. Ist sie abends sehr müde?

4. Erreicht sie ihren Bus?
5. Geht sie manchmal ins Café?
6. Braucht sie viel Geld?

> Warum hilft sie ihm nicht?
> Sie wird ihm nicht helfen können.

1. Warum spricht er nicht Deutsch?
2. Warum wechselt er nicht den Reifen?
3. Warum kommt sie nicht vorbei?
4. Warum fährt er nicht zurück?

5. Warum ruft sie jetzt nicht an?
6. Warum spielt er nicht Tennis?
7. Warum machen sie keinen Urlaub?
8. Warum warten die Leute nicht?

Was lassen die Leute tun?

> Er trägt sein Gepäck nicht selbst.
> Er läßt sein Gepäck tragen.

1. Sie macht ihre Paßbilder nicht selbst.
2. Die Leute bauen ihr Haus nicht selbst.
3. Er repariert sein Auto nicht selbst.

4. Sie backt die Kuchen nicht selbst.
5. Wir waschen unser Auto nicht selbst.
6. Er schreibt den Brief nicht selbst.

ANDERE LÄNDER, ANDERE SITTEN; ANDERE GESTEN

customs

Geschlossene Türen

Sie stehen vor einer geschlossenen° *closed*
Bürotür. Gehen Sie noch nicht hinein!
Sie müssen erst anklopfen° und warten, *knock*
bis jemand "herein" sagt.
    Auch in Privatwohnungen sind die
Türen oft geschlossen, und fast jede
Tür hat ein Schloß° mit einem Schlüs- *lock*
sel. Warum? Die Deutschen nehmen ih-
re private Sphäre sehr ernst°. *seriously*

Der Stammtisch

In den meisten deutschen Gasthäusern
ist ein besonderer Tisch für die Stammgäste reserviert: der Stammtisch. Die
Stammgäste kommen am frühen Abend oder
nach dem Abendessen. Sie sitzen dann
für einige Stunden an ihrem Stammtisch,
trinken Bier oder Wein, sprechen über
Politik und das Wetter oder spielen Karten.

Blumen für die Gastgeberin°

hostess

Sie sind bei einer deutschen Familie zum
Essen eingeladen. Vergessen Sie nicht
die Blumen! In Deutschland bringt man
der Gastgeberin Blumen mit. Wenn man wenige Blumen kauft, wählt man eine ungera- *uneven*
de Zahl. Aber bitte keine roten Rosen!
Sind Kinder in der Familie, dann können
sie ihnen gern Süßigkeiten mitbringen.
    Die Familie wird Ihren Besuch sehr
ernst nehmen. Alles wird vorbereitet sein.
Gehen Sie nicht zu früh hin, aber auch
nicht viel zu spät. Man wird mit dem Essen auf Sie warten, denn in Deutschland
trinkt man keine Cocktails vor dem Essen.

Wie ist es in Ihrem Land?
Welche anderen deutschen Sitten kennen Sie?

Kennen Sie diese typisch deutschen Gesten? Was bedeuten sie?
Für jede Geste ist nur eine Antwort richtig.

☒ Ich muß nachdenken.   ☐ Meine Schultern tun weh.

☐ Du bist verrückt.   ☐ Haben Sie auch so große Hände?

☐ Das verstehe ich nicht.   ☐ Woher soll ich das wissen?

☐ Ich habe kein Geld.   ☐ Schön, daß Sie gekommen sind.

☐ Das sind meine neuen Hosen. ☐ Darf ich Ihren Koffer tragen?

☐ Wo ist mein Feuerzeug?   ☐ Sie tragen einen schönen Anzug.

☐ Guten Tag! Wie geht es Ihnen?   ☐ Nein danke. Ich trinke keinen Alkohol.

☐ Was ich jetzt sage, ist wichtig.   ☐ Sie sind ein guter Gastgeber.

☐ Es ist jetzt genau 14 Uhr.   ☐ Was ist in den Flaschen?

SCHRIFTLICHE ÜBUNGEN

Ergänzen Sie!

SÜ 1   Was ist richtig?

1. Wir sind hier unten. Kommen Sie bitte zu uns _____ ! (hinunter/herunter)
2. Sein Büro ist hier. Gehen Sie nur _____ ! (hinein/herein)
3. Wer ist da? Kommen Sie bitte _____ .(hinein/herein)
4. Machen Sie das Fenster auf und sehen Sie _____ ! (hinaus/heraus)
5. Er ist oben. Gehen Sie nur _____ ! (hinauf/herauf)
6. Der Briefträger kommt gerade zu uns _____ .(hinauf/herauf)
7. Schön, daß Sie gekommen sind. Kommen Sie bitte _____ ! (hinein/herein)
8. Die Leute waren im Kino. Sie kommen gerade _____ . (hinaus/heraus)

Im Futur, bitte!

SÜ 2
> Im Urlaub fahre ich in den Süden.
> Im Urlaub werde ich in den Süden fahren.

1. Ich treffe meine Freunde in der Stadt.
2. Sie verbringen ihren Urlaub im Süden.
3. Wie lange bleiben Sie hier?
4. Er geht zu Fuß nach Hause.
5. Ich rufe euch vielleicht an.
6. Nehmen Sie Ihren Reisepaß mit?
7. Wir gratulieren ihm zum Geburtstag.
8. Du brauchst einen warmen Pullover.

SÜ 3
> Sie muß auf den Bus warten.
> Sie wird auf den Bus warten müssen.

1. Sie will ihren Bus erreichen.
2. Er kann kein Deutsch verstehen.
3. Man darf hier nicht rauchen.
4. Du mußt das Auto überholen.
5. Wir müssen in Heilbronn umsteigen.
6. Ich kann euch nicht abholen.

WORTSCHATZÜBUNG

Wie heißt das Gegenteil?

finden _____
vergessen _____
kaufen _____
kommen _____
abfahren _____
aufwachen _____
einsteigen _____
fragen _____
anziehen _____
sitzen _____
geben _____
aufmachen _____
bitten _____
enden _____
liegen _____
schließen _____

SÜ 4   Wie sagt man das auf englisch?

1. Sie läßt ihr Auto reparieren.
2. Wo lassen Sie Ihre Paßbilder machen?
3. Lassen Sie das Auto stehen!
4. Lassen Sie uns bitte nicht warten!
5. Wir lassen den Wagen abschleppen.
6. Laß mich das machen.
7. Lassen Sie mich bitte durchgehen!
8. Lassen Sie mich mal sehen!
9. Wo hast du dein Buch gelassen?
10. Sie lassen ein Haus bauen.

SÜ 5   Vollenden Sie die Sätze mit *lassen + Infinitiv*

1. Wenn meine Uhr kaputt ist, *lasse ich sie reparieren.*
2. Wenn ich das Gepäck nicht tragen kann, ...
3. Wenn er die Kinder nicht fotografieren kann, ...
4. Wenn ich das Kleid nicht selbst waschen kann, ...
5. Wenn wir den Arzt nicht holen können, ...

WORTSCHATZÜBUNG

Wie nennt man die Person?		
prüfen	der	*Prüfer*
fahren	die	*Fahrerin*
anfangen	die	_____
helfen	der	_____
essen	der	_____
entdecken	der	_____
kaufen	die	_____
bewundern	der	_____
rauchen	der	_____
arbeiten	die	_____
verdienen	der	_____
wählen	die	_____
verkaufen	die	_____
abholen	der	_____
schreiben	die	_____
backen	der	_____
bestellen	der	_____
besuchen	die	_____
laufen	der	_____
kennen	der	_____
hören	die	_____
schlafen	die	_____
schwimmen	die	_____
denken	der	_____
lesen	die	_____

WORTSCHATZ

Nomen		Verben	
der Abschlepp-Dienst	*wrecker-service*	ab·schleppen	*to tow away*
der Reifen	*tire*	an·klopfen	*to knock*
		kennen·lernen	*to get to know*
das Benzin (no pl.)	*gasoline*	lassen	*to leave, to let,*
das Schloß,ᵘ(ss)er	*lock*	(gelassen)	*to have something done*
die Erde (no pl.)	*Earth (planet)*	schließen	*to close*
die Gastgeberin,-nen	*hostess*	(geschlossen)	
die Sitte,-n	*custom*		
die Vermutung,-en	*speculation, guess, hunch*		

Verschiedenes

		Adjektive	
bevor (sub. conj.)	*before*	ernst	*serious*
jemand	*somebody*	kaputt	*broken (down), out of order*
nicht mehr	*no longer*	ungerade	*uneven*
selbst	*-self (see p.)*		
Stamm-	*prefix: regular*		

Can you guess the meaning of these words?

Nomen	Verben	Adjektive
das Öl	reparieren	universal
die Alternative,-n		
die Geste,-n		
die Rose,-n		
die Sphäre,-n		

LEKTION 23

LESESTÜCK: Fahren Frauen besser oder schlechter
als Männer?

GRAMMATIK:

Comparison of Predicate Adjectives and
Adverbs
Expressions of Comparison

Infinitives as Nouns

EINFÜHRUNG: POSITIV - KOMPARATIV - SUPERLATIV

Wir vergleichen.

Hier sehen wir zwei Autos.

  Fährt das kleine Auto **so schnell wie** das große?
  Fährt das kleine Auto **so gut wie** das große?

  Welches Auto fährt **schneller**?
  Welches Auto fährt **besser**?

  Fährt das kleine Auto **schneller** oder **langsamer als** das große?
  Fährt das kleine Auto **besser** oder **schlechter als** das große?

  Welches Auto fährt **am schnellsten**?
  Welches fährt **am besten**?

Kennen Sie diese drei hohen Berge?

Die Zugspitze   Der Montblanc   Der Mount Everest
(2 962 Meter)   (4 807 Meter)   (8 848 Meter)

ist hoch.   ist höher. ·   ist am höchsten.

Ist die Zugspitze so hoch wie der   Nein, die Zugspitze ist nicht so hoch wie
Montblanc?   der Montblanc. Der Montblanc ist höher als
                                        die Zugspitze.

Welcher Berg ist am höchsten?   Der Mount Everest ist am höchsten.

Wo ist es kälter, auf der Zugspit-
ze oder auf dem Montblanc?   Auf dem Montblanc ist es kälter als auf
                                        der Zugspitze.

Wo ist es am kältesten?   Auf dem Mount Everest ist es am kältesten.

GRAMMATIK

A PREDICATE ADJECTIVES AND ADVERBS

You will recall that a predicate adjective is separated from the noun it modifies and takes no endings.

Das Bild ist **schön**.	*The picture is beautiful.*
Ich finde das Bild **schön**.	*I find the picture beautiful.*
Der Zug ist **langsam**.	*The train is slow.*

As the name implies, an adverb is a word that modifies a verb. Whereas most English adjectives must be transformed into adverbs by adding the ending -*ly*, in German, the adverb has the same form as the predicate adjective.

Das Mädchen kann **schön** singen.	*The girl can sing beautifully.*
Der Zug fährt **langsam**.	*The train drives slowly.*
Sie spricht **laut**.	*She speaks loudly.*

B COMPARISON OF PREDICATE ADJECTIVES AND ADVERBS

In German and in English there are three degrees of comparison: the positive, the comparative, the superlative.

POSITIVE	**klein**	*small*	**schön**	*beautiful*
COMPARATIVE	**kleiner**	*smaller*	**schöner**	*more beautiful*
SUPERLATIVE	**kleinst-**	*smallest*	**schönst-**	*most beautiful*

1 BASIC FORMS

a. The positive, which is used for comparisons of equality, is the basic form of the adjective as it is listed in dictionaries:

      klein   *small*   **schön**   *beautiful*

b. The comparative, which compares two unlike things or people, is formed by the addition of the suffix **-er** to the positive form:

      kleiner   *smaller*   **schöner**   *more beautiful*

c. The superlative, which is the highest level of comparison is formed by the addition of the suffix -st to the positive form. However, this only results in a stem which cannot be used by itself.

      kleinst-   **schönst-**

For the superlative of predicate adjectives and adverbs the stem is put into the following frame:

    am _____ en   am _____ en

    am kleinsten *smallest*   **am schönsten** *most beautiful*

Summary

German has only one basic way to form the comparative and superlative stem of predicate adjectives and adverbs: by adding the suffixes **-er** and **-st,** regardless of the length of the adjective. The English patterns *more beautiful, most beautiful* and *more beautifully, most beautifully* are not possible in German.

When **schön** is used as a predicate adjective or adverb, it can only have these three forms:

POSITIVE	**schön**
COMPARATIVE	**schöner**
SUPERLATIVE	**am schönsten**

2 VARIATIONS IN THE FORMATION OF THE COMPARATIVE AND SUPERLATIVE

	Positive	Comparative	Stem of Superlative	Superlative
Adjectives ending in **-d, -t** or an "**s**" sound (written s,z,ß,sch) add **-est** in the superlative.	nett heiß hübsch	netter heißer hübscher	nettest- heißest- hübschest-	am nettesten am heißesten am hübschesten
Exception: groß				
Adjectives ending in **-el** or **-er** usually drop the **-e** in the comparative.	dunkel sauer teuer	**dunkler** **sauerer** **teurer**	dunkelst- sauerst- teuerst-	am dunkelsten am sauersten am teuersten
Adjectives ending in **-e** merely add **-r** in the comparative	leise müde	leiser müder	leisest- müdest-	am leisesten am müdesten
Most one-syllable adjectives with the vowels **a** and **u** add an Umlaut in both the comparative and superlative	alt arm hart kalt jung kurz	älter ärmer härter kälter jünger kürzer	ältest- ärmst- härtest- kältest- jüngst- kürzest-	am ältesten am ärmsten am härtesten am kältesten am jüngsten am kürzesten
To this group also belongs	gesund	gesünder	gesündest-	am gesündesten
Exceptions: rund, bunt				

3 IRREGULAR FORMS

Only very few adjectives and adverbs form their comparative and superlative irregularly. Since these irregular forms occur frequently in
German, you should memorize them carefully.

Positive		Comparative	Superlative
groß	(big, large)	größer	am größten
gut	(good)	besser	am besten
hoch	(high)	höher	am höchsten
nah	(near)	näher	am nächsten
viel	(much)	mehr	am meisten
gern	(like to)	lieber	am liebsten

Note the three meanings of the adverb **gern**:

gern = *to like to* (do something)

Er trinkt **gern** Bier.	He likes to drink beer.
Sie spielt **gern** Tennis.	She likes to play tennis.

lieber = *to prefer to* (do something) in the sense of *I'd rather*
(do something)

Er trinkt **lieber** Bier.	He prefers to drink beer.
Sie spielt **lieber** Tennis.	She prefers to play tennis.

am liebsten = *to like most or best of all*

Er trinkt **am liebsten** Bier.	He likes to drink beer most of all.
Sie spielt **am liebsten** Tennis.	She likes to play tennis best of all.

C EXPRESSIONS OF COMPARISON

1 POSITIVE: so ... wie

corresponds to English *as ... as* and is used with the positive form
of the adjective to compare two things or people of equal quality:

Er ist **so alt wie** mein Bruder.	He is as old as my brother.
Bonn ist **nicht so groß wie** Berlin.	Bonn is not as large as Berlin.
Heute ist es **genau so kalt wie** gestern.	Today it is just as cold as yesterday.

2 COMPARATIVE: als

corresponds to English *than* and is used after the comparative form of
the adjective for comparisons:

Er ist **älter als** mein Bruder.	He is older than my brother.
Berlin ist **größer als** Bonn.	Berlin is larger than Bonn.
Ich trinke **lieber** Kaffee **als** Tee.	I'd rather drink coffee than tea.

Other common expressions used in conjunction with the comparative are:

immer + comparative

    Er fährt **immer schneller.**   *He's driving faster and faster.*
    Es wird **immer besser.**   *It's getting better and better.*

je ... desto, je ... um so

    Je größer das Auto, **desto mehr** Benzin braucht es.
    The larger the car, the more gas it uses.

    Je mehr Geld er verdient, **um so** mehr braucht er.
    The more money he makes, the more he needs.

D WORD FORMATION: INFINITIVES AS NOUNS

Any German infinitive can be used as a neuter noun. The English equivalent of a German verbal noun is usually a form ending in *-ing*.

  rauchen   Er ist gegen **das Rauchen.**   *He is against smoking.*
  fahren   **Radfahren** macht Spaß.   *Riding a bike is fun.*
  laufen   Ist **Laufen** gesund?   *Is running healthy?*
  sehen   Er hat Schwierigkeiten   *He has difficulties seeing.*
           mit dem **Sehen.**

In combination with **beim** (bei dem), such verbal nouns express *while* or *in the process of.*

    beim Schwimmen   *while swimming*
    beim Essen   *while eating*
    beim Arbeiten   *while working*

As all nouns, verbal nouns are capitalized.

MÜNDLICHE ÜBUNGEN

MÜ 1   Komparativ und Superlativ, bitte!

a. Wir bilden den Komparativ mit der Endung **-er** und den Superlativ mit der
    Endung **-sten**.   Vor dem Superlativ steht **am**.

    schön -- **schöner** -- **am schönsten**

1. langsam	7. dünn	13. freundlich
2. klein	8. weich	14. bequem
3. kühl	9. modern	15. hell
4. sauber	10. schwer	16. voll
5. neu	11. wenig	17. sportlich
6. billig	12. reich	18. eng

b. Der Superlativ hat die Endung **-esten**, wenn das Adjektiv auf **-d**, **-t** oder
    einen **-s**-Laut (-ß, -sch, -z) endet. **Ausnahme**: groß

    weit -- **weiter** -- **am weitesten**

1. hübsch	6. preiswert	11. spät
2. nett	7. laut	12. elegant
3. interessant	8. frisch	13. bunt
4. berühmt	9. heiß	14. schlecht
5. leicht	10. süß	15. bekannt

c. Die meisten einsilbigen Adjektive mit **a**, **o**, **u** haben im Komparativ und
    Superlativ einen Umlaut.

    kalt -- **kälter** -- **am kältesten**

1. lang	6. hart	11. schwarz
2. schwach	7. kurz	12. jung
3. warm	8. alt	13. naß
4. arm	9. gesund	
5. stark	10. krank	

d. Sehr wenige, aber wichtige Adjektive und Adverbien bilden den Komparativ
    und Superlativ unregelmäßig.

1. groß	3. hoch	5. gern
2. gut	4. viel	6. nahe

<u>Der Positiv</u>: so ... wie

Was glauben Sie?

MÜ 2
> Fährt ein Volkswagen so schnell wie ein Mercedes?
> Ja, ein Volkswagen fährt so schnell wie ein Mercedes.
> Nein, ein Volkswagen fährt nicht so schnell wie ein Mercedes.

1. Braucht der Volkswagen so viel Benzin wie der Mercedes?
2. Ist der Volkswagen so bequem wie der Mercedes?
3. Ist ein Opel so teuer wie ein BMW?
4. Ist die Zugspitze so hoch wie der Montblanc?
5. Ist es auf der Zugspitze so kalt wie auf dem Montblanc?
6. Ist Europa so groß wie Amerika?
7. Fährt ein Bus so schnell wie ein Zug?
8. Ist ein großes Auto so praktisch wie ein kleines Auto?

<u>Der Komparativ</u>

Vergleichen Sie!

MÜ 3
> Ist ein Meter so lang wie ein Kilometer?
> Nein, ein Kilometer ist länger als ein Meter.

1. Ist der Vater so alt wie der Großvater?
2. Ist ein Stuhl so weich wie ein Sessel?
3. Ist Deutschland so groß wie Amerika?
4. Ist ein Bleistift so teuer wie ein Buch?
5. Ist ein Zug so schnell wie ein Flugzeug?
6. Ist die Zugspitze so hoch wie der Montblanc?

Wie kann man das vergleichen?

MÜ 4
> Europa/Amerika
> Europa ist kleiner als Amerika.
> Amerika ist größer als Europa.

1. eine Tasche/ein Koffer
2. ein Buch/ein Heft
3. ein Kilometer/eine Meile
4. eine Jacke/ein Mantel
5. ein Haus/ein Schloß

6. die Alpen/der Schwarzwald
7. Wein/Bier
8. die Mutter/die Tochter
9. ein Hund/eine Katze
10. der Januar/der Februar

<u>Der Superlativ</u>: am _____ (e)sten

Sagen Sie es mit dem Superlativ!

MÜ 5
> Mein Auto fährt schnell.
> Mein Auto fährt am schnellsten.

1. Der Rhein-Main Flughafen ist groß.
2. Der Nachtisch schmeckt gut.
3. Die Universität Heidelberg ist alt.
4. Dieses Buch ist interessant.

5. Der Junge ist klein.
6. Er ist spät gekommen.
7. Ihr Schmuck ist wertvoll.
8. Die Schuhe sind teuer.

Fragen Sie!

MÜ 6 | Dieses Zimmer ist sehr schön.
      | Welches ist am schönsten?

1. Diese Tasche ist sehr klein.
2. Diese Schuhe sind sehr bequem.
3. Dieses Bild ist sehr interessant.

4. Dieser Student spricht sehr laut.
5. Dieser Stuhl ist sehr hart.
6. Dieses Brot schmeckt sehr gut.

MÜ 7   Auf deutsch, bitte!

1. He is smaller than his brother.
2. I find these shoes more comfortable.
3. Which book was the most interesting?
4. America is larger than Europe.
5. Everything gets more expensive.
6. Why don't you come earlier?
7. He ate the most.
8. She spoke the loudest.
9. Is this dress newer than the other one?
10. Which house is older?
11. Is a bicycle as fast as a motorcycle?
12. Is she as old as her friend?
13. Speak louder, please.
14. This couch is more modern and costs less.

FAHREN FRAUEN BESSER ODER SCHLECHTER ALS MÄNNER?

"Was fährt denn dort für eine lahme Ente°? Natürlich   *slow poke*
eine Frau! Sieht sie denn nicht, daß die Kreuzung°   *intersection*
frei ist? Aber von einer Frau kann man ja nichts an-
deres erwarten!"

   Solche und ähnliche Kommentare hören Frauen immer
wieder von Männern. Warum? Ganz einfach, weil viele
Männer immer noch denken, daß sie viel mehr vom Auto-
fahren verstehen als die Frauen. Umfragen° unter Ex-   *inquiries*
perten haben jedoch gezeigt, daß Frauen keineswegs°   *by no means*
schlechter fahren als Männer. Nur anders.

   Noch vor wenigen Jahren durfte die Frau oft nur
ans Lenkrad, wenn der Mann nicht fahren konnte oder
wollte. Heute fahren in der Bundesrepublik fast fünf
Millionen Frauen einen eigenen° Wagen. Jede fünfte   *own*
Frau ist Autobesitzerin? Frauen arbeiten als Berufs-   *owner*
fahrerinnen in Taxis, Lastwagen und Bussen. Frauen
fahren Rennen? testen Autos und Motorräder. Von den   *races*
rund 20 Millionen Führerscheinen in der Bundesrepub-
lik gehören die Hälfte den Frauen. Und immer mehr
Frauen besuchen die Fahrschulen.

In der Bundesrepublik bekommt man nur einen Führer-
schein, wenn man eine Fahrschule besucht hat und die
theoretische und praktische Prüfung bestanden hat.
Man hat die Fahrlehrer gefragt, ob die Männer immer
noch besser fahren. Hier ist die Antwort.
   "Nein, Männer fahren nicht mehr besser als Frauen.
Das war vielleicht früher so, aber heute nicht mehr.
Schon in der Fahrschule kann man einen wesentlichen
Unterschied zwischen den männlichen und den weiblichen
Autofahrern sehen. Wir haben weniger Schwierigkeiten
mit Frauen als mit Männern, weil Frauen so viel wie
möglich lernen wollen. Sie denken mehr als Männer an
mögliche Gefahren°. Bei den Männern ist die Fahrstundenzahl oft eine Prestigefrage. Je weniger Fahrstunden man hat, desto männlicher ist man. Frauen sind da
vorsichtiger. Sie denken an ihre Verantwortung.° Ihre
Fahrstundenzahl ist deshalb° auch höher.
   Weil die Frauen oft besser vorbereitet sind, bestehen sie die theoretische Prüfung viel besser als ihre
männlichen Kollegen. Die meisten Männer haben mit der
theoretischen Prüfung Schwierigkeiten. Viele Frauen
werden jedoch nervös, wenn sie die praktische Prüfung
machen, und der Prüfer im Auto hinter ihnen sitzt. Deshalb bestehen genauso viele Frauen wie Männer die erste
Führerscheinprüfung am Ende doch nicht.

dangers

responsibility
therefore

---

* In der Bundesrepublik gibt es fünf Führerscheinklassen!
Klasse 1 ist zum Beispiel für Motorräder, Klasse 2 für Lastwagen,
Klasse 3 für PKWs (Personenkraftwagen), Klasse 4 und 5 für Mopeds.

Am wichtigsten ist für die Frau die Sicherheit. Deshalb beachten die meisten Frauen die Verkehrsregeln° genauer als die Männer. Frauen fahren nicht nur vorsichtiger, sondern auch defensiver als Männer. So nehmen sie zum Beispiel den Fuß vom Gaspedal, wenn sie in eine kritische Situation kommen, während° Männer genauso schnell weiterfahren.

rules

while

Wenn eine Frau ihr eigenes Auto hat und fast genauso viel unterwegs ist wie der Durchschnittsautofahrer, fährt sie keineswegs wie eine lahme Ente. Diese Frauen fahren --wo es erlaubt ist-- genauso schnell wie Männer und keineswegs schlechter. Sie haben jedoch weniger Unfälle° und verlieren° seltener ihren Führerschein als ihre männlichen Kollegen.

accidents
lose

Was meinen Sie? Fahren Frauen so gut wie Männer? Fahren sie besser oder schlechter?

ROLLENSPIEL

Ein Student spielt den Reporter. Er hat die Fragen vorbereitet.
Ein anderer Student spielt einen Fahrlehrer.

1. *Reporter:* Was meinen Sie, fahren Frauen schlechter als Männer?
   Fahrlehrer: _____

2. *Reporter* Was haben die Umfragen unter Experten gezeigt?
   Fahrlehrer: _____

3. *Reporter:* Wie viele Frauen in der Bundesrepublik haben heute ihren eigenen Wagen?

   Fahrlehrer: _____

4. *Reporter:* Gibt es auch Berufsfahrerinnen in der Bundesrepublik? Wenn ja, wo findet man sie?
   Fahrlehrer: _____

5. *Reporter:* Wie bekommt man in der Bundesrepublik einen Führerschein?
   Fahrlehrer: _____

6. *Reporter:* Sehen Sie als Fahrlehrer einen Unterschied zwischen männlichen und weiblichen Autofahrern? Erklären Sie den Unterschied!

   Fahrlehrer: _____

7. *Reporter:* Mit wem haben Sie mehr Schwierigkeiten, mit den Männern oder mit den Frauen? Erklären Sie!

   Fahrlehrer: _____

8. *Reporter:* Wer braucht mehr Fahrstunden, die Männer oder die Frauen? Erklären Sie!

   Fahrlehrer: _____

9. *Reporter:* Warum sagen Sie, daß Frauen vorsichtiger sind?
   Fahrlehrer: _____

10. *Reporter:* Was für Schwierigkeiten haben die Frauen bei der praktischen Prüfung?

    Fahrlehrer: _____

11. *Reporter:* Sie sagen, daß Frauen defensiver fahren als Männer.
Können Sie ein Beispiel nennen?

Fahrlehrer: _____

12.   Was ist für die Frau als Autofahrerin am wichtigsten?

Fahrlehrer: _____

SCHRIFTLICHE ÜBUNGEN

SÜ 1   Komparativ und Superlativ, bitte!

1. Im Juni ist es heiß.
2. Im Juli *ist es heißer.*
3. Im August *ist es am heißesten.*

6. Mannheim ist groß.
   Frankfurt _____
   Berlin _____

2. Die Großeltern sind jung.
   Die Eltern _____
   Die Kinder _____

7. Die Zugspitze ist hoch.
   Der Mountblanc _____
   Der Mount Everest _____

3. Kaffee kostet wenig.
   Tee _____
   Wasser _____

8. In Deutschland ist es warm.
   In Italien _____
   In Florida _____

4. Ich trinke gern Milch.
   Ich _____ Kaffee.
   Ich _____ Tee.

9. Ein Fahrrad kostet viel.
   Ein Moped _____
   Ein Motorrad _____

5. Ein Stuhl ist bequem.
   Ein Sessel _____
   Eine Couch _____

10. Gemüse schmeckt mir gut.
    Fisch _____
    Fleisch _____

Ergänzen Sie den Komparativ, und beantworten Sie die Fragen!

SÜ 2   alt   Wer ist *älter* , der Vater oder die Tochter?
            Der Vater ist älter als die Tochter.

1. schön   Finden Sie Deutschland _____ als Amerika?
2. warm   Wo ist es _____, in Alaska oder in Florida?
3. früh   Wann wird es _____ hell, im Sommer oder im Winter?
4. kurz   Welcher Monat ist _____, der Januar oder der April?
5. gesund   Was ist _____, eine Zigarette oder ein Spaziergang?
6. klein   Was ist _____, ein Haus oder ein Schloß?
7. teuer   Was ist _____, ein Fahrrad oder ein Motorrad?
8. gern   Was trinken Sie _____, Kaffee oder Tee?
9. breit   Was ist _____, die Autobahn oder eine Landstraße?
10. dunkel   Wann ist es _____, am Tag oder in der Nacht?
11. interessant Was finden Sie _____, einen Film oder ein Fußballspiel?
12. viel   Was kostet _____, ein Volkswagen oder ein Mercedes?
13. gut   Welche Farbe gefällt Ihnen _____, rot oder blau?
14. sauer   Was ist _____, eine Orange oder eine Zitrone?

SÜ 3   Vergleichen Sie!
          (Benutzen Sie viele Adjektive!)

1. Mercedes/Volkswagen   5. Zug/Flugzeug
2. Motorrad/Fahrrad   6. Ledertasche/Papiertasche
3. Sessel/Stuhl   7. Schloß/Haus
4. Sommer/Winter   8. Gymnasium/Hauptschule

SÜ 4   Persönliche Fragen

1. Wer ist in Ihrer Familie am ältesten (am jüngsten)?
2. Welche Sprache sprechen Sie am besten?
3. Welche Jahreszeit finden Sie am schönsten? (Warum?)
4. Was für Musik hören Sie am liebsten?
5. An welchem Tag können Sie am längsten schlafen?
6. Welcher Film hat Ihnen am besten gefallen?
7. Was ist für Sie am wichtigsten?
8. Welche berühmte Dame finden Sie am elegantesten?
9. Was essen (trinken) Sie am liebsten?
10. An welchem Tag arbeiten Sie am wenigsten?
11. Wann bekommen Sie am leichtesten eine Erkältung?
12. Mit wem sprechen Sie am meisten Deutsch?

Bilder-Kreuzworträtsel

Auf dem Bild sind acht Tiere. Wenn man die Namen dieser Tiere
von oben nach unten richtig einträgt, dann ergibt sich in der
Pfeilreihe der Name eines kleinen Tieres, das sein Haus auf dem
Rücken trägt.

WORTSCHATZ

Nomen

der Unfall,ᴗe	*accident*
das Rennen,-	*race*
die Besitzerin,- nen	*owner (fem.)*
die Gefahr,-en	*danger*
die Kreuzung,-en	*intersection*
die Regel,-n	*rule*
die Schwierigkeit,-en	*difficulty*
die Umfrage,-n	*inquiry*
die Verantwortung,-en	*responsibility*

Verschiedenes

als	*than*
deshalb	*therefore*
je ... desto	*the ... the*
keineswegs	*not at all*
lahme Ente	*slow poke*
so ... wie	*as ... as*
solch-(der-word)	*such*
während (subord.conj.)	*while*

Verben

beachten	*to observe*
besitzen	*to possess, to own*
(besessen)	
verlieren	*to lose*
(verloren)	

Adjektive

eigen	*own*
männlich	*masculine, male*
weiblich	*feminine, female*

Can you guess the meaning of these words?

Nomen	Verben	Adjektive
der Experte,-n	testen	defensiv
der Fahrlehrer,-		kritisch
der Kommentar,-e		nervös
der Prüfer,-		
das Autofahren		
das Gaspedal,-e		
das Lenkrad,ᴗer		
das Prestige		
die Fahrschule,-n		
die Sicherheit,-en		
die Verkehrsregel,-n		

LEKTION 24

LESESTÜCK: Einige deutsche Superlative

LESESTÜCK: Etwas für Touristen: Die Deutsche Alpenstraße

GRAMMATIK:

The Genitive Case
Comparative and Superlative of
Attributive Adjectives
Noun Suffix **-ung**

EINFÜHRUNG I: DER GENITIV

Dativ: Wem gehören die Sachen?	Genitiv: **Wessen** Sachen sind das?
Das Buch gehört dem Lehrer.	Das ist das Buch **des Lehrers.**
Die Brille gehört dem jungen Mann.	Das ist die Brille **des jungen Mannes.**
Der Ausweis gehört dem Studenten.	Das ist der Ausweis **des Studenten.**
Der Ball gehört dem Kind.	Das ist der Ball **des Kindes.**
Die Puppe gehört dem kleinen Mädchen.	Das ist die Puppe **des kleinen Mädchens.**
Die Tasche gehört der alten Dame.	Das ist die Tasche **der alten Dame.**
Die Uhr gehört der Studentin.	Das ist die Uhr **der Studentin.**
Der Wagen gehört den jungen Leuten.	Das ist der Wagen **der jungen Leute**.
Die Bücher gehören den Studenten.	Das sind die Bücher **der Studenten.**
Das Auto gehört Herrn Kohl.	Ist das Herrn Kohl**s** Auto?
Die Tasche gehört Fräulein Roth.	Ist das Fräulein Roth**s** Tasche?
Das Feuerzeug gehört Peter.	Ist das Peter**s** Feuerzeug?

- - - - - - - - - -

Kleines Quiz

Sind das die Schuhe **einer Frau,
eines Mannes** oder **eines Kindes**?

BUNDESREPUBLIK
DEUTSCHLAND

REISEPASS
PASSPORT
PASSEPORT

Ist das der Pass **eines Deutschen** aus
der Bundesrepublik oder aus der DDR?

Sehen Sie hier das Auto **einer reichen**
oder **einer armen Familie**?

Sehen Sie hier die Hälfte **einer Zitrone, einer** Orange oder **eines Apfels**?

PRÄPOSITIONEN MIT DEM GENITIV

trotz	Es regnet. **Trotz des Regens** fährt er sehr schnell. Die Straßen sind naß, aber er fährt **trotz der nassen Straßen** schnell.
während	Wir haben gegessen. **Während des Essens** hat er kein Wort ge- sprochen.
wegen	Sie hat eine Erkältung. Ist sie **wegen ihrer Erkältung** zum zum Arzt gegangen?

EINFÜHRUNG II: KOMPARATIV UND SUPERLATIV MIT ADJEKTIVENDUNGEN

EINIGE DEUTSCHE SUPERLATIVE

Der größte Flughafen der Bundesrepublik

> ist der Rhein-Main Flughafen in Frankfurt am Main.
> Mehr als 10 Millionen Passagiere pro Jahr kommen
> hier an oder fliegen von hier ab. Einen größeren
> deutschen Flughafen gibt es nicht.

Der größte deutsche See

> ist mit 60 Kilometer Länge und 13 Kilometer Breite
> der Bodensee. Er ist siebenmal größer als der näch-
> ste, der Chiemsee. Die Ufer des Bodensees teilt
> Deutschland jedoch mit Österreich und der Schweiz.

Der wichtigste, größte und wasserreichste Fluß Deutschlands

> ist der Rhein. Wichtig ist der Rhein vor allem für
> die Industrie und die Güterbeförderung? Von allen   *transportation*
> deutschen Flüssen hat er aber auch den stärksten Per-   *of goods*
> sonenverkehr, denn der Rhein gehört zu den beliebte-
> sten Touristenattraktionen Deutschlands.

Den höchsten Kirchturm°Deutschlands und der Welt   *tower*

> hat das gotische Münster von Ulm an der Donau. Die-
> ser Turm ist 161 Meter hoch. Es gibt viele höhere
> Türme, aber keinen höheren Kirchturm.

Das stärkste und teuerste Bier Deutschlands und der Welt

> ist Kulminator Urtyp Hell aus Kulmbach in Bayern.
> Es hat 13,2 Prozent Alkohol. Ein stärkeres und teu-
> reres Bier findet man nirgends?   *nowhere*

Die älteste Brauerei Deutschlands

> ist die Klosterbrauerei° Andechs. Sie ist über tau-   *monastery*
> send Jahre alt und liegt am Ammersee, südwestlich von
> München. Es gibt viele größere Brauereien in Deutsch-
> land, aber es gibt keine ältere Brauerei als Andechs.

Die zwei bekanntesten deutschen Volksfeste

> und vielleicht die bekanntesten der Welt sind das
> Münchner Oktoberfest und der Bad Dürkheimer Wurstmarkt.
> Das Oktoberfest ist ein Bierfest und beginnt schon im
> September. Der Bad Dürkheimer Wurstmarkt ist ein Wein-
> fest und findet im September statt.

GRAMMATIK

A THE GENITIVE CASE

1 ANALYSIS

Similar to the English possessive, genitive phrases in German express possession, that is, a possessive relationship of one noun to another.

Compare:

> *my friend's car*
> *the car of my friend* } das Auto meines Freundes

The English phrases are interchangeable because they have the same meaning. Both express possession in answer to the question *whose?*
The structural difference is that *my friend's* is a possessive phrase ('s being the sign of the English possessive) and *of my friend* is a prepositional phrase.

Notice that there is only one German equivalent for both English phrases: the genitive phrase **das Auto meines Freundes**. In other words, German **cannot** show possession by adding 's to a noun. Nor does German use a prepositional phrase to show a possessive relationship of one noun to another.

Genitive phrases in German are not only used to show possession, they also correspond to a wide range of English phrases with the preposition *of*:

am Ende **der Woche**	*at the end of the week*
die Tür **des Autos**	*the door of the car*
das Jahr **des Kindes**	*the year of the child*
der Name **der Straße**	*the name of the street*

2 FORMS OF THE GENITIVE

a. The forms of the **der-** and **ein-**words

German uses special forms of the **der-** and **ein-**words to indicate the genitive case.

Masculine	Neuter	Feminine	Plural
des Vaters	**des** Kindes	**der** Mutter	**der** Mütter
eines Vaters	**eines** Kindes	**einer** Mutter	**keiner** Kinder
meines Vaters	**meines** Kindes	**meiner** Mutter	**meiner** Eltern

Notice that there are only two genitive patterns:

1. A pattern for masculine and neuter nouns where

   the form of the definite article is   **des**
   the noun ends in   **-(e)s**

2. A pattern for feminine and plural nouns where

   the form of the definite article is   **der**
   the noun does not add an ending

b. Endings of Nouns

Singular masculine and neuter nouns of more than one syllable add **-s**.

Nominative	Genitive Phrase
der Wagen	die Tür des Wagens
das Zimmer	die Tür des Zimmers

Singular masculine and neuter nouns with one syllable generally end in **-es**

Nominative	Genitive Phrase
der Mann	der Name des Mannes
das Kind	der Name des Kindes

Those few nouns which add **-n** or **-en** in the accusative and the dative case have the same ending in the genitive case.

Nominative	Genitive Phrase
der Student	das Buch des Studenten
der Herr	der Mantel des Herrn
der Junge	der Ball des Jungen

All feminine and plural nouns remain unchanged.

Nominative	Genitive Phrase
die Woche	das Ende der Woche
die Leute	das Haus der Leute

3 GENITIVE ADJECTIVE ENDINGS

In the genitive case, all adjectives preceded by **der-** or **ein-**words, whether modifying a singular or plural noun, take the ending **-en**.

MASCULINE	das Auto des **jungen** Mannes
NEUTER	die Brille des **jungen** Mädchens
FEMININE	der Mantel der **jungen** Frau
PLURAL	die Wohnung der **jungen** Leute

4 THE GENITIVE INTERROGATIVE: wessen

A genitive phrase expressing possession answers the question **wessen?** (*whose*).

Wessen Buch ist das?	*Whose book is this?*
Wessen Schlüssel sind das?	*Whose keys are these?*

5 PREPOSITIONS WITH THE GENITIVE

Just as there are prepositions which require a dative or an accusative object, so there are a number of prepositions which must be used with the genitive. The following occur frequently:

während	**Während des Krieges** war er nicht in Deutschland.
(*during*)	*During the war he was not in Germany.*
wegen	**Wegen der Hitze** bleiben wir zu Hause.
(*because of*)	*Because of the heat we'll stay at home.*
trotz	Er ist **trotz seiner Erkältung** gekommen.
(*in spite of*)	*He came in spite of his cold.*

NOTE: Although formal German grammar demands the genitive case after these prepositions, modern colloquial German tends toward the use of the dative case.

The preposition **trotz** + **genitive** is often replaced by the compound **trotzdem** which has become standard German.

Er ist **trotz seiner Erkältung** gekommen.
Er hatte eine Erkältung, aber er ist **trotzdem** gekommen.

B COMPARATIVE AND SUPERLATIVE OF ATTRIBUTIVE ADJECTIVES

Any German adjective that immediately precedes a noun must take an ending. Attributive adjectives in the comparative and superlative take the usual adjective endings.

1 COMPARATIVE

The comparative of attributive adjectives may occur after der- and ein-words or may be unpreceded. The appropriate adjective ending is added in addition to the comparative suffix **-er**.

POSITIVE	Ich nehme den groß**en** Koffer.	*I take the large suitcase.*
COMPARATIVE	Ich nehme den größ**eren** Koffer.	*I take the larger suitcase.*
POSITIVE	Das ist ein schön**es** Bild.	*This is a beautiful picture.*
COMPARATIVE	Das ist ein schön**eres** Bild.	*This is a more beautiful picture.*
POSITIVE	Das sind teure Schuhe.	*These are expensive shoes.*
COMPARATIVE	Das sind teurere Schuhe.	*These are more expensive shoes.*

2 SUPERLATIVE

The superlative of attributive adjectives occurs most often after the
definite article and the possessive adjectives. The appropriate adjective ending is added to the superlative stem.

POSITIVE   Ich nehme den groß**en** Koffer. *I take the large suitcase.*
SUPERLATIVE STEM   größt-
SUPERLATIVE   Ich nehme den größt**en** Koffer. *I take the largest suitcase.*

POSITIVE   Hier ist mein neu**es** Bild.   *Here is my new picture.*
SUPERLATIVE STEM   neust-
SUPERLATIVE   Hier ist mein neust**es** Bild.   *Here is my newest picture.*

Summary

POSITIVE	das **alte** Haus	*the old house*
COMPARATIVE	das **ältere** Haus	*the older house*
SUPERLATIVE	das **älteste** Haus	*the oldest house*
POSITIVE	meine **guten** Schuhe	*my good shoes*
COMPARATIVE	meine **besseren** Schuhe	*my better shoes*
SUPERLATIVE	meine **besten** Schuhe	*my best shoes*

C WORD FORMATION: THE NOUN SUFFIX -ung

Many German verbs can be transformed into feminine nouns by adding the
suffix **-ung** to the verb stem. Nouns ending in **-ung** denote the ongoing
or completed action expressed by the verb. The plural form is always
-ungen.

The suffix **-ung** is comparable to the English suffix *-tion*:

Verb	Noun	
beschreiben	die Beschreibung	*description*
bewundern	die Bewunderung	*admiration*
einladen	die Einladung	*invitation*
empfehlen	die Empfehlung	*recommendation*
bezahlen	die Bezahlung	*payment*
entdecken	die Entdeckung	*discovery*
bestellen	die Bestellung	*order*

MÜNDLICHE ÜBUNGEN

DER GENITIV

Wessen Schlüssel sind das?

SÜ 1 | Die Schlüssel gehören dem Kellner.
        | Das sind die Schlüssel des Kellners.

Die Schlüssel gehören ...

1. dem Studenten   7. dem Arzt   13. den Männern
2. der Sekretärin   8. der Krankenschwester 14. der Frau
3. den Kindern   9. der Lehrerin   15. dem Mechaniker
4. der Dame   10. dem Touristen   16. der Amerikanerin
5. dem Polizisten   11. dem Mädchen   17. dem Briefträger
6. der Verkäuferin   12. dem Jungen   18. der Gastgeberin

Wessen Sachen sind das?

SÜ 2 | Das Auto gehört einem jungen Mann.
        | Das ist das Auto eines jungen Mannes.

1. Der Ausweis gehört einem deutschen Polizisten.
2. Der Pullover gehört einem kleinen Jungen.
3. Der Reisepaß gehört einem anderen Studenten.
4. Die Tasche gehört einer jungen Dame.
5. Das Haus gehört einer reichen Familie.
6. Der Regenschirm gehört einem alten Herrn.

Kennen Sie Ihre Familie?

SÜ 3 | Ihre Tante
        | Meine Tante ist die Schwester meiner Mutter oder meines Vaters.

Wer ist das?

1. Ihre Großeltern   3. Ihr Großvater   5. Ihre Geschwister
2. Ihr Onkel   4. Ihre Großmutter   6. Ihr Bruder

SÜ 4   Vollenden Sie die Sätze!

1. Der Freund meiner Schwester ...   4. Das Haus meiner Eltern ...
2. Am Ende des Monats ...   5. Der Namen des Restaurants ...
3. Peters Zeitung ...   6. Die Tür meines Autos ...

Erklären Sie diese Wörter mit dem Genitiv!

SÜ 5
> Haustür
> Das ist die Tür eines Hauses.

1. Monatsende	5. Stadtplan	9. Landeshauptstadt
2. Wochenende	6. Elternhaus	10. Autoreifen
3. Jahresende	7. Familienname	11. Schulabschluß
4. Wochentage	8. Kinderzimmer	12. Schulzeugnis

Wissen Sie, wo das ist?

SÜ 6
> die Theaterstraße
> Sie ist meistens in der Nähe eines Theaters.

1. die Schulstraße	4. das Bahnhofshotel
2. der Universitätsplatz	5. das Domcafé
3. die Brückenapotheke	6. das Schloßhotel

PRÄPOSITIONEN MIT DEM GENITIV

Ersetzen° Sie die Präpositionen mit *während*!   (replace)

SÜ 7
> *Im Sommer* regnet es hier oft.
> Während des Sommers regnet es hier oft.

1. Die meisten Leute schlafen *in der Nacht.*
2. *Am Nachmittag* ist Herr Schneider nicht zu Hause.
3. *Im Sommer* fahren wir oft nach Österreich.
4. Sie hat *beim Essen* nicht viel gesprochen.
5. Viele kleine Tiere schlafen *im Winter.*
6. Wo waren Sie *in den Sommerferien?*

Verbinden Sie die Sätze!
Beginnen Sie mit *trotz!*

SÜ 8
> Das Fenster ist groß.   Das Zimmer ist trotzdem sehr dunkel.
> Trotz des großen Fensters ist das Zimmer sehr dunkel.

1. Das Wetter war schlecht.   Die Leute sind trotzdem gekommen.
2. Der Regen ist kalt.   Sie trägt trotzdem keinen Mantel.
3. Die Straßen waren naß.   Er ist trotzdem sehr schnell gefahren.
4. Ich hatte eine Erkältung.   Ich bin trotzdem ins Kino gegangen.
5. Die Arbeit war gut.   Er hat trotzdem die Prüfung nicht bestanden.

ADJEKTIVDEKLINATION

Vergleichen Sie!

SÜ 9
> Hier gibt es billige Tomaten.
> Dort gibt es billigere Tomaten.

1. Hier gibt es schöne Äpfel.
2. Hier ist ein bequemer Stuhl.
3. Hier kaufen Sie frisches Obst.
4. Hier gibt es hübsche Blusen.

5. Hier steht kaltes Bier.
6. Hier sind gute Bilder.
7. Hier steht ein kleiner Teller.
8. Hier gibt es süße Trauben.

Was ist das?

SÜ 10
> Dieses Buch ist am interessantesten.
> Das ist das interessanteste Buch.

1. Dieses Haus ist am ältesten.
2. Dieser Koffer ist am teuersten.
3. Diese Tasche ist am größten.
4. Dieser Mantel ist am schönsten.

5. Diese Kreuzung ist am gefährlichsten.
6. Dieser Schmuck ist am wertvollsten.
7. Diese Hose ist am praktischsten.
8. Dieses System ist am besten.

SÜ 11   Auf deutsch, bitte

1. We reserved a room in the best hotel.
2. The most beautiful churches are in Southern Germany.
3. Yesterday was the coldest day of the year.
4. What's the name of the highest mountain in Germany?
5. Peter's newspaper is on the table.
6. Whose bottle is this?
7. Who is the father of this little child?
8. Most people sleep during the night.
9. Is this your friend's new car?
10. She is my brother's wife.
11. January is the first month of the year.
12. They came in spite of the bad weather.
13. Here is a picture of our new house.
14. Don't you have any cheaper shoes?

WORTSCHATZÜBUNG

Wie heißt das Nomen?

sammeln	die Sammlung
begrüßen	die Begrüßung
entscheiden	_____
bilden	_____
erwarten	_____
empfehlen	_____
bezahlen	_____
entscheiden	_____
erklären	_____
bedeuten	_____
meinen	_____
prüfen	_____
reservieren	_____
schließen	_____
schenken	_____
teilen	_____
überraschen	_____
verbinden	_____
vorbereiten	_____

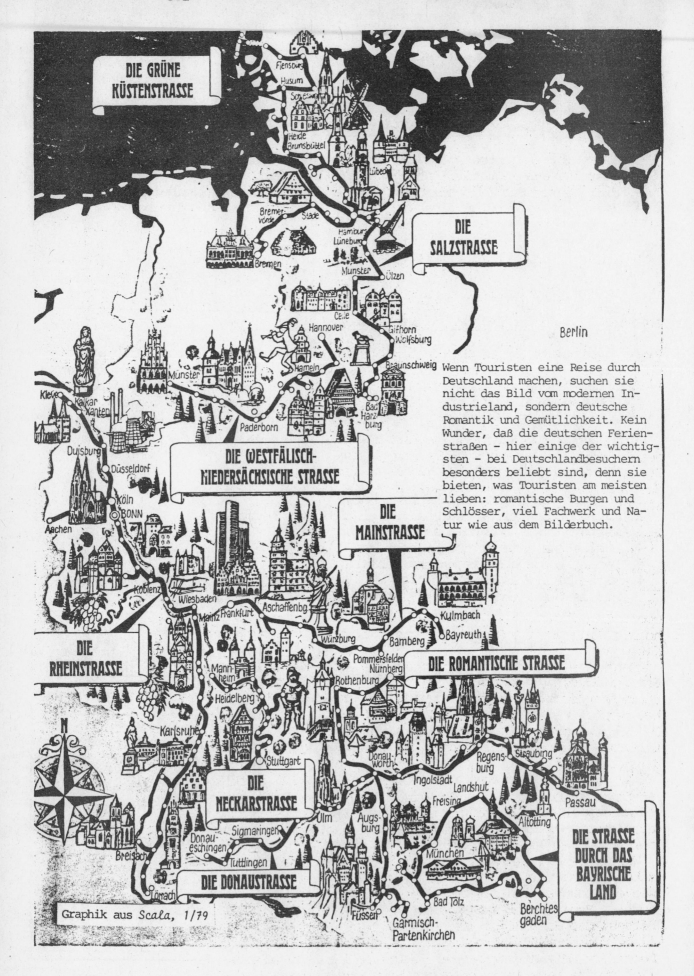

DIE GRÜNE KÜSTENSTRASSE

DIE SALZSTRASSE

Berlin

Wenn Touristen eine Reise durch Deutschland machen, suchen sie nicht das Bild vom modernen Industrieland, sondern deutsche Romantik und Gemütlichkeit. Kein Wunder, daß die deutschen Ferienstraßen - hier einige der wichtigsten - bei Deutschlandbesuchern besonders beliebt sind, denn sie bieten, was Touristen am meisten lieben: romantische Burgen und Schlösser, viel Fachwerk und Natur wie aus dem Bilderbuch.

DIE WESTFÄLISCH-NIEDERSÄCHSISCHE STRASSE

DIE MAINSTRASSE

DIE RHEINSTRASSE

DIE ROMANTISCHE STRASSE

DIE NECKARSTRASSE

DIE DONAUSTRASSE

DIE STRASSE DURCH DAS BAYRISCHE LAND

Graphik aus *Scala*, 1/79

ETWAS FÜR TOURISTEN: DIE DEUTSCHE ALPENSTRASSE

Eine der schönsten deutschen Ferienstraßen ist die Deutsche Alpenstraße. Sie verbindet die schönsten Dörfer,°   *villages*
Städte und Gegenden° der Bundesrepublik an der Nordseite   *areas*
der Alpen. Sicher, nur ein ganz kleiner Teil° des gesamten *part*
Gebirges° gehört zu Deutschland, doch die deutschen Alpen   *mountain range*
sind interessant und eindrucksvoll.° Die Schönheit der   *impressive*
Deutschen Alpenstraße vom Bodensee bis Berchtesgaden liegt
vor allem im reizvollen° Wechsel von Gebirgslandschaften,° *charming/country(side)*
Seen, Schlössern, Dörfern und Kirchen.

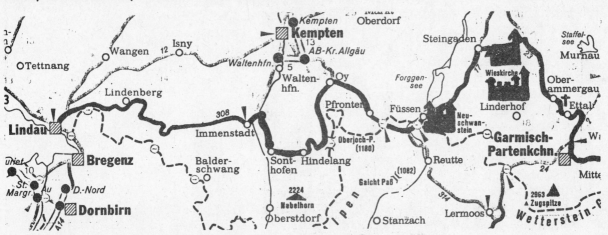

Die Deutsche Alpenstraße beginnt am Ostufer des Boden-
sees. Nach Lindau steigt° die Straße durch paradiesische   *climbs*
Obstgärten und dunkle Wälder hinauf zu den grünen Wiesen°   *meadows*
des Voralpenlandes. Auf dem Weg nach Oberstaufen halten
wir bei dem sogenannten "Paradies", einem Aussichtspunkt°   *spot with good view*
mit Parkplätzen. Von hier hat man den berühmten "Dreilän-
derblick".°   *view of three countries*

Wir fahren weiter, vorbei am Ufer des tiefgrünen Alp-
sees und erreichen Immenstadt mit seinem historischen Schloß
und Rathaus. Vom Immenstadter Horn° hat man einen großarti- *name of mountain*
gen Panoramablick über die Allgäuer Alpen. Von hier sieht man
Obersdorf, Hindelang, Sonthofen und das 2224 Meter hohe Nebel-
horn. Übrigens ist Oberstdorf die südlichste Stadt der Bundesrepublik.

Dann fahren wir auf der Jochstraße, der kurvenreichsten
Gebirgsstraße der deutschen Alpen (107 Kurven), zum höchsten
deutschen Skidorf Oberjoch hinauf. Am Ende der Jochstraße
hat man noch einmal eine reizvolle Aussicht auf Berge und
Täler° dieser Gegend. Dann geht es in zahllosen Kurven   *valleys*
hinunter zu den malerischen° Häusern des kleinen Dorfes   *picturesque*
Nesselwang.

Am Ufer des eisgrauen Lechs liegt Füssen. Die kleine
Stadt, mit ihren schönen Häusern, alten Stadtmauern und
Türmen ist halb so groß wie Garmisch-Partenkirchen, liegt
aber etwas höher. Übrigens ist Füssen die höchste Stadt
der Bundesrepublik.

Wir lassen Füssen hinter uns und fahren auf der Deutschen Alpenstraße weiter. Schon von weitem kann man das
weiße Märchenschloß des romantischen Bayernkönigs Ludwig II.
sehen: Neuschwanstein (Bauzeit 1869-86). Ob Kunst oder
Kitsch, das Schloß ist einen Besuch wert. Ganz in der Nähe
liegt das etwa 50 Jahre ältere Schloß Hohenschwangau. Der
besondere Reiz dieser beiden Schlösser ist ihre unbeschreib-
lich schöne Lage inmitten einer herrlichen Gebirgslandschaft.

An keiner anderen deutschen Ferienstraße liegen so viele
weltberühmte Sehenswürdigkeiten wie zwischen Füssen und
Oberammergau. Hier sind auch einige der schönsten Barock-
kirchen Deutschlands: Schongau, Rottenbuch, Steingaden.
Die berühmteste ist die Wieskirche im Rokoko-Stil.

Von der Wieskirche sind es nur wenige Kilometer bis nach
Oberammergau. Seit Jahrhunderten ist die Holzschnitzerei°   *wood carving*
typisch für das Dorf, und man kann hier die teuersten Souve-
nirs dieser Alpenreise kaufen: wertvolle Holzschnitzereien.
Seit 1633 finden hier alle zehn Jahre die berühmten Passions-
spiele statt.

Nicht weit von Oberammergau ist das Kloster Ettal. Dieses 600 Jahre alte Kloster besitzt eine weltberühmte Barock-
kirche. Noch berühmter ist der süße Likör des Klosters.

In der Nähe des Klosters liegt ein drittes Königsschloß:
Linderhof. Es ist das kleinste und älteste der drei Mär-
chenschlösser Ludwigs II.(Bauzeit 1868-74)*.

Wir fahren einige Kilometer weiter auf der Deutschen Alpenstraße und kommen nach Garmisch-Partenkirchen. Die Dop-
pelstadt ist die größte deutsche Alpenstadt und ein Zentrum
des Fremdenverkehrs°. Ihre Lage inmitten dieser herrlichen   *tourism*
Gebirgslandschaft ist einzigartig°. Von hier hat man zahllo-   *unique*
se Möglichkeiten zu Tal- und Gebirgswanderungen. Man kann
zu den attraktivsten Punkten des Tales wandern, zu tiefgrünen Seen oder gemütlichen Berggasthöfen.

Trotz des Fremdenverkehrs gibt es auch in Garmisch noch
stille Straßen, wo man die typisch oberbayrischen Häuser mit
ihren bemalten Fronten und langen Holzbalkonen bewundern
kann. Nirgends in Deutschland sind die Häuser so schön
bunt bemalt° wie in dieser Gegend. Auch heute nimmt man   *painted*
die Tradition dieser Freskenmalerei sehr ernst.

Die Bayrische Zugspitzbahn bringt uns in kurzer Zeit vom
Eibsee hinauf zur Zugspitze. Die fast 3000 Meter hohe Zugspitze ist Deutschlands höchster Berg. An einem klaren Tag
kann man von hier oben einen weiteren Teil der Deutschen Alpenstraße sehen.

Die Deutsche Alpenstraße endet in der Nähe von Berchtesgaden.
Hier ist eine Karte.

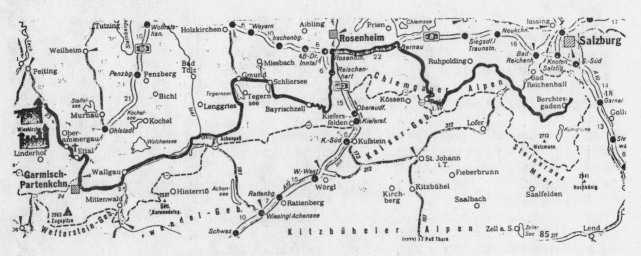

---

*Ludwig II. hat drei Schlösser bauen lassen: Neuschwanstein, Linderhof
und Herrenchiemsee

SCHRIFTLICHE ÜBUNGEN

SÜ 1   Ergänzen Sie den Genitiv!

1. Unser Zug fährt um drei Uhr ab.
   Wir warten auf die Abfahrt *unseres Zuges.*

2. Sein Vater hat ein Geschäft.
   Er arbeitet gern im Geschäft _____.

3. Der Junge braucht eine Brille.
   Die Augen _____ sind schwach.

4. Wie heißt dieses Restaurant?
   Ich habe den Namen _____ vergessen.

5. Der alte Herr hat seinen Regenschirm verloren.
   Haben Sie den Regenschirm _____ gefunden?

6. Die Studenten fragen immer auf deutsch.
   Die Fragen _____ sind immer auf deutsch.

7. Meine Eltern haben ein Haus in der Berliner Straße.
   Wissen Sie, wo das Haus _____ ist?

8. Diese kleine Stadt hat viele enge Straßen.
   Ich gehe oft durch die engen Straßen _____.

9. Unser Auto ist blau.
   Die Farbe _____ ist blau.

10. Die Stadt Garmisch liegt wunderschön.
    Die Lage _____ ist wunderschön.

Bilden Sie Sätze mit dem Genitiv!

SÜ 2 | Meine Schwester/der Freund/heißen/Gerhard
         | Der Freund meiner Schwester heißt Gerhard.

1. Der Fahrer/der Wagen/haben/ein Unfall
2. Die Tochter/die Leute/sein/im Krankenhaus
3. Der Polizist/wollen/der Führerschein/der junge Mann/sehen
4. Der höchste Berg/die Alpen/heißen/Zugspitze

SÜ 3   Vollenden Sie die Sätze!

1. Die Eltern meiner Mutter *sind meine Großeltern.*
2. Der Fahrer des Lastwagens ...
3. Der erste Monat des Jahres ...
4. Auf dem höchsten Berg Deutschlands ...
5. Die Lage der kleinen Stadt ...
6. Am Ufer des Sees ...

Erklären Sie die Wörter mit dem Genitiv!

SÜ 4
> Zimmertür
> Das ist die Tür eines Zimmers.

1. Stadtmitte   4. Tageszeit
2. Wohnzimmertür   5. Autofahrer
3. Hausnummer   6. Brillenträger

SÜ 5   *Trotz* oder *während?*
            Was paßt?

1. Er studiert in Mainz, aber _____ der Ferien kommt er nach Hause.
2. _____ des schlechten Wetters ist sie gekommen.
3. Rauchen Sie bitte nicht _____ des Unterrichts!
4. _____ Schnee und Eis ist er nach Hause gefahren.
5. _____ seines Urlaubs kommt er jeden Tag ins Büro.
6. _____ einer Zugfahrt kann man die Zeitung lesen.

SÜ 6   Ergänzen Sie das Adjektiv im Superlativ!

1. kühl   Der _____ Körperteil des Menschen ist die Nase.
2. hoch   Waren Sie schon einmal auf dem _____ Kirchturm?
3. groß   Das ist mein _____ Koffer.
4. schlecht Das ist nicht das _____ Essen.
5. elegant   Sie trägt heute ihr _____ Kleid.
6. gut   Bringen Sie uns den _____ Wein.
7. teuer   Das _____ Bier ist Kulminator Urtyp Hell.
8. alt   Das Kloster Andechs hat die _____ Brauerei.
9. lang   Kennen Sie den _____ Fluß Europas?
10. groß   Wie heißt der _____ See Deutschlands?

Bilden Sie Superlativ-Sätze!

SÜ 7
> Heidelberg/Universität/Deutschland/alt
> Heidelberg hat die älteste Universität Deutschlands.

1. Oberstdorf/Stadt/Bundesrepublik/südlich
2. Garmisch-Partenkirchen/Alpenstadt/Deutschland/groß
3. Jochstraße/Gebirgsstraße/deutsche Alpen/kurvenreich
5. Oktoberfest/Volksfest/Welt/bekannt
6. Ulmer Münster/Kirchturm/Welt/hoch
7. Februar/Monat/Jahr/kurz
8. Trier/Stadt/Bundesrepublik/alt

WORTSCHATZ

Nomen		Verben	
der Berg,-e	mountain	bieten	to offer
der See,-n	lake	(geboten)	
der Teil,-e	part	lieben	to love
der Turm,⸗e	tower	steigen	to climb
		(ist gestiegen)	

das Dorf,⸗er	village
das Gebirge,-	mountain range
das Holz,⸗er	wood
das Kloster,⸗	monastery

Adjektive

beliebt	popular
herrlich	grand, magnificent

die Gegend,-en	region, area
die Landschaft,-en	landscape

Präpositionen mit dem Genitiv

inmitten	in the middle of
trotz	in spite of, despite
während	during
wegen	because of

Verschiedenes

nirgends	nowhere

Can you guess the meaning of these words?

Nomen		Adjektive
der Gasthof,⸗e	die Brauerei,-en	attraktiv
der Likör,-e	die Breite,-n	klar
der Passagier,-e	die Front,-en	kurvenreich
der Punkt,-e	die Kurve,-n	paradiesisch
der Wechsel,-	die Länge,-n	unbeschreiblich
	die Malerei,-en	zahllos
das Panorama,-men	die Natur,-en	
das Souvenier,-s	die Romantik	
	die Schweiz	
	die Tradition,-en	
	die Wanderung,-en	

ZUSATZVOKABULAR

die Aussicht,-en	view	die Lage,-n	location, site
bemalen	to paint, decorate	malerisch	picturesque
der Blick,-e	view	der Reiz,-e	charm
eindrucksvoll	impressive	reizvoll	charming
einzigartig	unique	das Tal,⸗er	valley
der Fremdenverkehr	tourism	die Wiese,-n	meadow
großartig	great, grand		
die Güterbeförde-	transportation of		
rung	goods		
die Holzschnit-	wood carving		
zerei,-en			
der König,-e	king		

LEKTION 25

LESESTÜCK: Die Deutschen

GRAMMATIK

Reflexive Pronouns and Verbs
(Accusative)
Infinitive Constructions with **zu**
When to use jetzt and nun

EINFÜHRUNG I: REFLEXIVPRONOMEN UND VERBEN (AKKUSATIV)

Ich gehe ins Badezimmer und **wasche mich.**
Ich **wasche mich** mit Wasser und Seife.
Man kann **sich** auch **duschen oder baden.**

Dann nehme ich ein Handtuch und **trockne mich ab.**

Ich **kämme mich** mit einem Kamm.

Wo **waschen** Sie **sich?**	Ich **wasche mich** im Badezimmer.
Womit **waschen** Sie **sich?**	Ich **wasche mich** mit Wasser und Seife.
Womit **trocknen** Sie **sich** ab?	Ich **trockne mich** mit einem Handtuch ab.
Womit **kämmen** Sie **sich?**	Ich **kämme mich** mit einem Kamm.

Ein Mann **rasiert sich** jeden Morgen.
Viele Männer **rasieren sich** elektrisch.
Sie **rasieren sich** mit einem Rasierapparat.

Womit **rasiert sich** ein Mann?	Er **rasiert sich** mit einem Rasier-apparat.
Rasieren sich heute viele Männer elektrisch?	Ja, heute **rasieren sich** die meisten Männer elektrisch.

Dann **ziehe** ich mich **an.**
(Abends **ziehe** ich mich **aus.**)

Im Sommer **ziehe** ich **mich** leicht **an.**
Im Winter **ziehe** ich **mich** warm **an.**

Wie **zieht** man **sich** im Sommer **an?**	Man **zieht sich** leicht **an.**
Wie **zieht** man **sich** im Winter **an?**	Man **zieht sich** warm **an.**

Wenn man **sich** im Winter nicht warm **anzieht,** kann man eine Erkältung bekommen. Man **erkältet sich.**

Wann **erkälten sich** viele Leute, im Sommer oder im Winter?	Viele Leute **erkälten sich** im Winter.

Wenn man eine Erkältung hat, **fühlt** man **sich** müde und schlapp.

Wie **fühlt** man **sich,** wenn man eine Erkältung hat?	Man **fühlt sich** müde und schlapp.
Wie **fühlen** Sie **sich** heute?	Danke, **ich fühle mich** wohl.

IMPERATIV

Ziehen Sie sich um!	Zieh dich um!	Zieht euch um!
Ziehen Sie sich wärmer an!	Zieh dich wärmer an!	Zieht euch wärmer an!
Erkälten Sie sich nicht!	Erkälte dich nicht!	Erkältet euch nicht!

MIT MODALVERBEN

Aber wir wollen nicht über Erkältungen sprechen.   Jedes Kind weiß,
daß man **sich** im Winter warm **anziehen** muß.   Niemand **will sich er**-
kälten.

Wie **muß** man **sich** im Winter **anziehen**?   Man **muß sich** warm anziehen.
Warum?   Niemand will sich erkälten.

Wir wollen lieber über das Frühstück sprechen.

Können Sie **sich** immer zum Frühstück
hinsetzen, oder trinken Sie nur
schnell eine Tasse Kaffee?   Ich **kann mich** immer **hinsetzen.**

Können Sie **sich** auch **setzen**, wenn   Nein, dann **kann** ich **mich** nicht
Sie zu spät aufgestanden sind?   **setzen.** Dann habe ich keine Zeit.

Wenn Sie morgens zu spät aufstehen,   Ja, wenn ich zu spät aufstehe, **muß**
müssen Sie **sich beeilen**, nicht wahr?   ich **mich beeilen.**

Sie beeilen sich, weil Sie nicht zu
spät zur Arbeit (zur Universität)
kommen wollen. Sie **wollen sich** nicht
verspäten.

Warum **beeilen** Sie sich?

Ich **beeile mich**, weil ich **mich** nicht
verspäten will.

PERFEKT DER REFLEXIVEN VERBEN

<table>
<tr><td>PRÄSENS</td><td>PERFEKT</td></tr>
<tr><td>

Ich wasche mich im Badezimmer.
Du kämmst dich vor dem Spiegel.
Er rasiert sich elektrisch.
Marianne beeilt sich immer.
Das Kind zieht sich allein aus.
Wir setzen uns auf die Couch.
Ihr zieht euch warm an.
Sie ziehen sich elegant an.

  Fühlt er sich besser?
  Wohin setzen sich die Leute?
  Ziehen Sie sich um?

</td><td>

Ich habe mich im Badezimmer gewaschen.
Du hast dich vor dem Spiegel gekämmt.
Er hat sich elektrisch rasiert.
Marianne hat sich immer beeilt.
Das Kind hat sich allein ausgezogen.
Wir haben uns auf die Couch gesetzt.
Ihr habt euch warm angezogen.
Sie haben sich elegant angezogen.

  Hat er sich besser gefühlt?
  Wohin haben sich die Leute gesetzt?
  Haben Sie sich umgezogen?

</td></tr>
</table>

EINFÜHRUNG II: DER INFINITIV MIT ZU

Wie bekommt man in Deutschland
einen Führerschein?

Man braucht nur die Fahrschule **zu
besuchen** und die Führerscheinprüfung **zu bestehen**.

Wie kann man in einem Restaurant
einen Tisch reservieren?

Man braucht nur das Restaurant **an-
zurufen** und dem Ober Bescheid **zu sagen**.

Er hat den Brief nicht geschrieben.
Was hat er vergessen **zu tun**?

Er hat vergessen, den Brief **zu schreiben**.

Sie hat gesagt, daß sie heute nachmittag kommt.
Was hat sie versprochen **zu tun**?

Sie hat versprochen, heute nachmittag
zu kommen.

Regnet es schon lange?

Nein, es hat gerade angefangen zu regnen.

Warum arbeiten Sie?

Ich arbeite, um Geld **zu verdienen**.

Warum tragen Sie eine Brille?

Ich trage eine Brille, um besser **zu
sehen**.

GRAMMATIK

A REFLEXIVE PRONOUNS AND VERBS: ACCUSATIVE CASE

1 REFLEXIVE PRONOUNS

An object pronoun is said to be reflexive when it reflects, that is, refers back to the subject. This means that the subject performs the action and, at the same time, is the receiver of the action.

English reflexive pronouns are formed by the addition of the suffix *-self* or *selves* to the personal pronoun.

> *I hurt myself.*
> *Did you cut yourself?*
> *He excused himself.*
> *They introduced themselves.*

In contrast to English, German **does not** use suffixes. Instead, German uses reflexive pronouns which are identical to the accusative pronouns. except in the **er/es/sie, sie** (plural) and **Sie** forms, where the reflexive pronoun is **sich**.

Reflexive Pronouns: Accusative

Nominative	Accusative	Reflexive
ich	mich	mich
du	dich	dich
er	ihn	**sich**
es	es	sich
sie	sie	sich
wir	uns	uns
ihr	euch	euch
sie	sie	**sich**
Sie	Sie	**sich**

Notice that the polite form of the reflexive pronoun is not capitalized.

> Möchten Sie sich waschen?   *Would you like to wash yourself?*
> Er entschuldigt sich.   *He excuses himself.*

2 REFLEXIVE VERBS

A verb is said to be reflexive when its subject and object refer to the same person or thing. Some reflexive verbs are logical extensions of non-reflexive verbs.

Compare the following examples.

Nonreflexive (direct object)	**Reflexive** (direct object)
Er wäscht **das Auto.**	**Er** wäscht **sich.**
He is washing the car.	*He is washing himself.*
Ich entschuldige **ihn.**	**Ich** entschuldige **mich.**
I excuse him.	*I excuse myself.*

As you can see, the verb is only reflexive when subject and object are the **same** person.

3 GERMAN USAGE

Whereas in English the reflexive pronoun is often omitted, in German it must be expressed whenever the doer and the receiver of an action are the same person or thing. The reflexive pronoun is necessary to complete the meaning of the sentence.

Er rasiert sich.	He *is shaving*.
Sie kämmt sich.	She *is combing (her hair)*.
Setzen Sie sich bitte!	*Sit down, please.*
Zieh dich an!	*Get dressed.*
Hat er sich hingelegt?	*Did he lay down?*

4 VERBS USED REFLEXIVELY ONLY

There are a number of German verbs which can only occur in a reflexive construction, that is, the verb together with the reflexive pronoun form one idea. Such purely reflexive verbs have usually no literal English equivalent and must be rendered into English without the reflexive pronoun.

Some common purely reflexive verbs are:

sich beeilen (*to hurry*)	Er muß sich jeden Morgen beeilen. *He has to hurry every morning.*
sich erkälten (*to catch a cold*)	Ich habe mich erkältet. *I caught a cold.*
sich freuen (*to be glad*)	Sie hat sich sehr gefreut. *She was very glad.*
sich verspäten (*to be late*)	Sie verspätet sich immer. *She is always late.*

5 REFLEXIVE VERBS WITH PREPOSITIONS

Many reflexive verbs occur together with a preposition. Some can be used only in conjunction with a certain preposition; others can be used with or without preposition depending on context. Verb and preposition must be memorized as a complete phrase.

Here are some examples:

sich freuen auf (+ acc.)	*to look forward to*
sich interessieren für (+ acc.)	*to be interested in*

ITG N°

6 PRESENT PERFECT OF REFLEXIVE VERBS

All verbs used reflexively form the present perfect with the auxiliary
haben.

Er **hat** sich gewaschen.	*She washed herself.*
Wir **haben** uns beeilt.	*We hurried.*
Sie **hat** sich verspätet.	*She was late./She is late.*
	(depending on context)

7 WORD ORDER

The position of the reflexive pronoun in a sentence is the same as that of
any other object pronoun.

Er hat **sich** gewaschen und rasiert.	*He washed and shaved.*
Wir müssen **uns** beeilen.	*We have to hurry.*
Haben Sie **sich** erkältet?	*Did you catch a cold?*
Ich freue **mich**.	*I am glad.*

B INFINITIVE CONSTRUCTIONS WITH ZU

1 INFINITIVE CLAUSES

German and English use infinitive clauses in essentially the same way:
In English, dependent infinitives used with most verbs are preceded by
to; in German, an infinitive linked to a conjugated verb is usually preceded by **zu**.

Compare:

Er hatte wenig **zu tun**.	*He had little to do.*
Das Buch ist leicht **zu lesen**.	*The book is easy to read.*
Sie brauchen nicht **zu kommen**.	*You don't need to come.*

When the infinitive has a separable prefix, **zu** is inserted between the
prefix and the base form of the verb.

Es ist schön, Sie wieder**zu**sehen.	*It is nice to see you again.*
Er hat vergessen, sein Buch mit**zu**bringen.	*He forgot to bring his book along.*
Sie fängt an, das Essen vor**zu**bereiten.	*She's beginning to prepare the meal.*

The main difference between German and English infinitive clauses is
that the German infinitive must stand in final position with **zu** immediately preceding.

NOTE: If an infinitive phrase with **zu** contains a modifier, it becomes
a full clause and a comma is placed between the main and the infinitive clause.

Infinitive Phrase	Es fängt an **zu regnen**.
Infinitive Clause	Es fängt an, **stark zu regnen**.

2 UM ... ZU, OHNE ... ZU

a. um ... zu

The infinitive with **zu** is used after the preposition **um** where English uses the construction *in order to* or simply *to* and an infinitive to indicate purpose or intention.

> Ich brauche das Geld, **um** diese Rechnung **zu bezahlen**.
> *I need the money to (in order to) pay this bill.*

> Wir gehen in die Schule, **um** Deutsch **zu lernen**.
> *We are going to school (in order to) to learn German.*

b. ohne ... zu

The infinitive with **zu** is also used after the preposition **ohne** where English uses the equivalent preposition *without* and a verb form ending in *-ing*.

> Sie arbeitet, **ohne** viel **zu sagen**.
> *She works without saying much.*

> Sie ist gegangen, **ohne** mit ihm **zu sprechen**.
> *She left without speaking to him.*

C WHEN TO USE **jetzt** und **nun**

Note the difference in meaning between **jetzt** and **nun**. Both are translated into English as *now*.

a. **Jetzt** is an adverb of time and is used only in reference to time.

Es ist **jetzt** 8 Uhr.	*It is now exactly 8 o'clock.*
Wir gehen **jetzt** nach Hause.	*We are going home now.*
Er kann mich **jetzt** verstehen.	*He can understand me now.*

b. **Nun** implies a reference to a preceding state or action. It contains the idea that something has changed.

> Wir gehen **nun** nach Hause.   *And now we're going home.*
> (Wir waren lange genug hier.)

> **Nun** hat er die Prüfung doch   *And now he didn't pass the*
> nicht bestanden.   *exam after all.*
> (Und er hat so viel gearbeitet.)

Nun is also used as a flavoring particle meaning *well*.

> **Nun**, das war nicht richtig.   *Well, that was not right.*
> **Nun** ja, was soll ich sagen?   *Well, what shall I say?*

MÜNDLICHE ÜBUNGEN

REFLEXIVPRONOMEN UND VERBEN

MÜ 1   Üben Sie!

1. (sich setzen)

ich *setze mich*
er _____
wir _____
Sie _____

2. (sich nie verspäten)

die Studenten _____
das Mädchen _____
ich _____
du _____

3. (sich nicht wohl **fühlen**)

ich _____
die Frau _____
die Kinder _____
er _____

4. (sich beeilen)

die Dame _____
ihr _____
du _____
der Mann _____

5. (sich leicht erkälten)

du _____
man _____
er _____
wir _____

6. (sich jetzt anziehen)

ihr _____
mein Bruder _____
Frau Kohl _____
die Leute _____

Anworten Sie mit *ja* oder *nein!*

MÜ 2

| Ziehen Sie sich im Winter warm an? |
| Ja, ich ziehe mich im Winter warm an. |

1. Erkälten Sie sich oft?
2. Waschen Sie sich morgens?
3. Rasieren Sie sich jeden Tag?
4. Kämmen Sie sich vor dem Spiegel?
5. Verspäten Sie sich manchmal?
6. Ziehen Sie sich abends an?

MÜ 3

| Erkälten Sie sich oft? |
| Nein, wir erkälten uns nicht oft. |

1. Ziehen Sie sich nachmittags um?
2. Setzen Sie sich auf den Tisch?
3. Waschen Sie sich in der Küche?
4. Kämmen Sie sich im Wohnzimmer?
5. Verspäten Sie sich jeden Tag?
6. Rasieren Sie sich nachts?

Stellen Sie Fragen!

MÜ 4

| Er rasiert sich *jeden Tag.* |
| *Wie oft* rasiert er sich? |

1. Sie zieht sich *sehr elegant* an.
2. Er verspätet sich immer *abends.*
3. Sie waschen sich *im Badezimmer.*
4. Er setzt sich *auf den Stuhl.*
5. Ich dusche mich *zu Hause.*
6. Wir trocknen uns *mit dem Handtuch* ab.

Imperativ, bitte!

MÜ 5
| Sagen Sie, ich soll mich (nicht) setzen! |
| Setzen Sie sich (nicht)! |
| Setz dich (nicht)! |

Sagen Sie, ich soll ...

1. mich beeilen!
2. mich nicht erkälten!
3. mich wärmer anziehen!

4. mich auf die Couch setzen!
5. mich vor dem Spiegel kämmen!
6. mich nicht verspäten!

MÜ 6
| Sagen Sie den Kindern, sie sollen sich jetzt waschen. |
| Wascht euch jetzt! |

Sagen Sie den Kindern, sie sollen

1. sich ein bißchen beeilen!
2. sich mit dem Handtuch abtrocknen!
3. sich im Bad anziehen!

4. sich sofort umziehen!
5. sich jetzt duschen!
6. sich nicht erkälten!

mit Modalverben

Antworten Sie!

MÜ 7
| Wohin kann man sich setzen? |
| Man kann sich auf einen Stuhl setzen. |

1. Wer soll sich jeden Tag rasieren?
2. Wann kann man sich leicht erkälten?
3. Wo möchten Sie sich kämmen?
4. Wo können Sie sich duschen?
5. Wann muß man sich waschen?
6. Wann fühlt man sich müde und schlapp?

Perfekt

Die Fragen sind im Präsens.
Antworten Sie im Perfekt mit *schon!*

MÜ 8
| Kämmt er sich gerade? |
| Nein, er hat sich schon gekämmt. |

1. Setzt sie sich gerade?
2. Rasiert er sich gerade?
3. Ziehen sie sich gerade um?

4. Trocknen die Kinder sich gerade ab?
5. Duscht er sich gerade?
6. Zieht sie sich gerade an?

Welche Fragen kann man hier stellen?

MÜ 9 | Er hat sich heute morgen verspätet.
        | Wann hat er sich verspätet?

1. Die Leute haben sich gesetzt, weil sie müde waren.
2. Das Kind hat sich erkältet, weil es im Regen gespielt hat.
3. Wenn ich eine Erkältung habe, fühle ich mich schlecht.
4. Er hat sich nicht rasiert, weil er zu müde war.
5. Wenn ich morgens zu spät aufstehe, muß ich mich beeilen.
6. Ich kann mich nicht kämmen, weil ich keinen Kamm habe.

MÜ 10   Auf deutsch, bitte!

1. I want to sit down.
2. Sit down, please.
3. He caught a cold.
4. He feels much better today.
5. A man has to shave every day.
6. Dress warmly. It's cold.
7. The children got undressed.
8. Did you dry yourself with this towel?
9. Don't be late.
10. She always has to rush.
11. Why didn't you change (clothes)?
12. He is showering.
13. Don't catch a cold.
14. Why were you late?

DER INFINITIV MIT ZU

Was haben Sie vergessen zu tun?

MÜ 11 | Haben Sie die Medikamente abgeholt?
         | Nein, ich habe vergessen sie abzuholen.

1. Haben Sie Ihren Freund angerufen?
2. Haben Sie ihren Reisepaß mitgenommen?
3. Haben Sie die Fenster zugemacht?
4. Haben Sie Herrn Falke Bescheid gesagt?

Was verspricht sie zu tun?/Was hat sie versprochen zu tun?

MÜ 12 | "Ich komme."
         | Sie verspricht zu kommen./Sie hat versprochen zu kommen.

1. "Ich warte."   3. "Ich bleibe länger."   5. "Ich frage ihn."
2. "Ich schreibe."   4. "Ich gehe nach Hause."   6. "Ich arbeite."

Was braucht man nur zu tun?

MÜ 13 | Wie kann man Geld verdienen?
         | Man braucht nur zu arbeiten.

1. Wie bekommt man in Deutschland einen Führerschein?   (Fahrprüfung bestehen)
2. Wie komme ich am schnellsten zum Flughafen?   (Taxi nehmen)
3. Wie bekomme ich einen neuen Fahrplan?   (zum Bahnhof gehen)
4. Wie kommt man in die Wohnung?   (klingeln)
5. Wie finden wir Ihre Telefonnummer?   (im Telefonbuch suchen)

Bilden Sie Infinitivsätze mit *um...zu!*

MÜ 14
> Ich gehe zum Telefon. Ich will meinen Freund anrufen.
> Ich gehe zum Telefon, um meinen Freund anzurufen.

1. Sie ist in die Stadt gegangen.
   Sie will einkaufen.

2. Er geht ins Bad.
   Er will sich rasieren.

3. Ich gehe nach Hause.
   Ich will mich umziehen.

4. Er ist zur Schule gefahren.
   Er will die Kinder abholen.

5. Wir ziehen uns warm an.
   Wir wollen uns nicht erkälten.

6. Ich rufe Sie später an.
   Ich will Ihnen Bescheid sagen.

MÜ 15   Vollenden Sie die Sätze mit *einem Infinitiv + zu!*

1. Es war nett, *Sie wiederzusehen.*
2. Er hatte keine Zeit ...
3. Es ist schön ...
4. Es war interessant ...
5. Es ist schwer ...
6. Es freut mich ...

MÜ 16   Auf deutsch, bitte!

1. She promised to come as early as possible.
2. You forgot to call me.
3. I am glad to see you again.
4. That's not easy to understand.
5. I have a lot to tell you.
6. She called her friends to invite them.
7. You don't need to pick me up.
8. In order to make money you only have to work.

DIE DEUTSCHEN

Er liebt die Freiheit. Er glaubt nicht mehr so sehr an den Fortschritt° wie noch vor einigen Jahren. Er gibt gern Geld aus°, sieht gern fern und ist Hobby-Sportler. -- So sehen die Meinungsforscher° den durchschnittlichen Deutschen in der Bundesrepublik. Er liebt sein Auto und zu Weihnachten ißt er gern Gänsebraten°. Er glaubt an die große Liebe, steht von Montag bis Freitag um Viertel vor sieben auf und am Sonntag kurz nach acht. Er will vor allem zu Hause seine Ruhe haben und möchte am liebsten in einem Land leben, wo es keine Reichen und keine Armen gibt. Aber er findet auch, daß die Freiheit wichtiger ist als die Gleichheit.

progress
spends
pollsters

roasted goose

Sind die Deutschen wirklich so? Nun -- den oben beschriebenen Durchschnitts-Deutschen wird man wohl kaum finden, doch die Umfrage-Resultate der Meinungsforscher zeigen einige typische Ansichten° und Lebensgewohnheiten° der Deutschen in der Bundesrepublik.

opinions/habits

Sie freuen° sich auf den Feierabend.

look forward t..

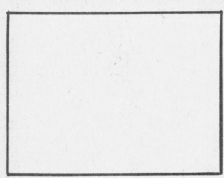

So fleißig°, wie die Deutschen manchmal scheinen°, sind sie längst° nicht mehr. Sie interessieren sich weniger für ihre Arbeit als früher. Nur eine ganz kleine Gruppe hat die Arbeitszeit am liebsten. Für die meisten ist die Freizeit wichtiger. Sie leben längst nicht mehr um zu arbeiten.

industrious
seem
by a long shot

Sie langweilen sich° in ihrer Freizeit.

are bored

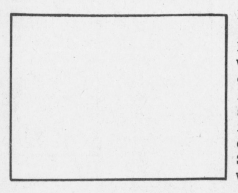

Die Deutschen haben so viel Freizeit wie noch nie. Jedoch die Hälfte der Bevölkerung° weiß nicht, was sie mit ihrer Freizeit anfangen soll. Am Wochenende langweilen sie sich. Am liebsten sitzen sie vor dem Fernseher. Trotzdem ist die Zahl der Hobby-Sportler in den letzten Jahren stark gestiegen. Sie wandern, schwimmen und fahren wieder mit dem Fahrrad.

population

In ihren Vereinen° fühlen sie sich wohl.

clubs

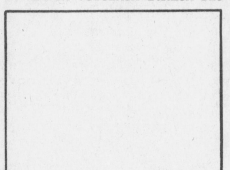

Die Deutschen sind Vereinsmenschen. Viele sind zur gleichen Zeit in mehreren Vereinen. Am beliebtesten sind die Sportvereine.

Sie interessieren: sich° für Politik.   *are interested in*

Jeder zweite Mann (aber nur jede dritte Frau) interessiert
sich für Politik. Die meisten
Deutschen sind für die demokratische Staatsform, auch während
einer schweren politischen Krise. Nur wenige sind bereit, ihre politische Meinung öffentlich
zu zeigen -- wie zum Beispiel
bei einer Demonstration.

Wenn die Deutschen an Deutschland denken ...

Wenn die Deutschen an Deutschland
denken, denken sie nicht an Wiesen und Wälder, sondern vor allem
an die Industrie, an ihre Heimat°,   *homeland*
an die Teilung Deutschlands und an
den Fortschritt. Viel weniger wichtig sind Burgen, Schlösser oder grüne Wiesen.

Kleines Glück im Grünen

Der Wunschtraum vieler Deutschen
ist ein kleines Haus im Grünen zu
besitzen, möglichst mit Garten und
netten Nachbarn. Aber nur 40 Prozent der Befragten wohnen in Ein-
familienhäusern. Dies bedeutet jedoch nicht, daß sich die anderen
unglücklich fühlen. Die meisten
aber möchten nicht in der Stadt,
sondern auf dem Land wohnen. Die
Städte werden langsam aber sicher
kleiner.

Zu dick und zu viele Zigaretten

Man schätzt°, daß die deutsche Wirt-   *estimates*
schaft jedes Jahr rund 40 Milliar-
den* Mark durch Krankheit verliert.
Hierbei spielt eine entscheidende
Rolle, daß fast die Hälfte der Be-
völkerung zu dick ist. Die Deutschen rauchen zuviel und trinken zu
viel Alkohol.

Nach einem Artikel in *Scala*,
5-6/1979

Wie ist Ihre Meinung? Wie sehen Sie die Deutschen?

_____

* eine Milliarde = tausend Millionen

FRAGEN ZUM TEXT

1. Wie sehen die Meinungsforscher den durchschnittlichen Deutschen in der Bundesrepublik.
2. Finden Sie, daß die Meinungsforscher ein positives oder ein negatives Bild von den Deutschen zeigen.
3. Glauben Sie, daß alle Deutschen in der Bundesrepublik die gleichen Lebensgewohnheiten haben?
4. Glauben Sie, daß es den Durchschnitts-Deutschen gibt, so wie ihn die Meinungsforscher beschreiben?
5. Beschreiben Sie den durchschnittlichen Deutschen!
   a. Liebt er die Freiheit?
   b. Glaubt er noch an den Fortschritt?
   c. Was tut er gern?
   d. Was ißt er gern zu Weihnachten?
   e. Wann steht er morgens auf?
   f. Was ist für ihn wichtiger, die Freiheit oder die Gleichheit?
   g. Wo möchte er gern leben?
   h. Was ist für ihn wichtiger, die Freizeit oder die Arbeit?
   i. Was macht er in seiner Freizeit?
   j. Warum nennt man ihn einen Vereinsmenschen?
   k. Für was für eine Staatsform ist er?
   l. Interessiert er sich für Politik?
   m. Was bedeutet die Industrie für ihn?
   n. Wie möchte er gern wohnen?
6. Warum verliert die deutsche Wirtschaft jedes Jahr viele Milliarden DM?

SCHRIFTLICHE ÜBUNGEN

SÜ 1   Ergänzen Sie das Reflexivpronomen!

1. Die Leute haben _sich_ gesetzt.
2. Ich wasche _____ im Badezimmer.
3. Wir mußten _____ beeilen.
4. Er hat _____ umgezogen.
5. Hast du _____ erkältet?
6. Sie kämmt _____ vor dem Spiegel.
7. Warum habt ihr _____ verspätet?
8. Ein Mann muß _____ täglich rasieren.
9. Heute fühle ich _____ viel besser.
10. Man setzt _____ nicht auf den Tisch.
11. Interessierst du _____ für Politik?
12. Freuen Sie _____ auf Ihren Urlaub?
13. Mit einem Handtuch trocknet man _____ ab.
14. Langweilt ihr _____ oft?
15. Wir müssen _____ noch umziehen.

WORTSCHATZÜBUNG

Wie viele Nomen können Sie hier bilden?

Geburtstags-
Straßen
Morgen
Theater
Blumen
Wörter
Uhren
Land
Kino
Schuh
Abend
Reise
Lebensmittel
Schreibwaren
Fernseh-
Urlaubs-
Einkaufs-
Wein

-zeitung
-geschäft
-karte
-tasche
-buch

SÜ 2   Ergänzen Sie die richtige Form der Verben!
            Was paßt?

sich setzen, sich fühlen, sich interessieren, sich verspäten
sich freuen, sich langweilen, sich beeilen, sich erkälten

Guten Tag Frau Fischer! Kommen Sie doch herein! Ich _____,
daß Sie gekommen sind. Bitte, _____! Ich bin allein zu Hause. Mein Mann ist zu einem Fußballspiel gegangen. Ach wissen Sie, ich
_____ nicht für Fußball. Wenn ich mit meinem Mann auf den
Fußballplatz gehe, _____ nur. Da bleibe ich lieber zu Hause.
Entschuldigen Sie bitte, daß ich nicht sehr laut spreche, aber ich habe
_____ . Ich _____ heute gar nicht wohl. Aber bitte,
kommen Sie Frau Fischer! Wir _____ ins Wohnzimmer. Was? Sie
können nicht bleiben? Ihr Mann wartet zu Hause, und Sie müssen _____
_____ . Gehen Sie Frau Fischer! Ich möchte nicht, daß Sie _____
____ .

Bilden Sie Infinitivsätze mit *zu!*

SÜ 3   Sie hat den Brief nicht gelesen. - Sie hat *es* vergessen.
        Sie hat vergessen, den Brief zu lesen.

1. Es schneit. Es hat gerade begonnen.
2. Sie hat sich gefreut. Sie hat ihre Mutter wiedergesehen.
3. Es regnet. Es hat gerade angefangen.
4. Sie ist nicht vorbeigekommen. Sie hat es versprochen.
5. Er hat seinen Ausweis nicht mitgenommen. Er hat *es* vergessen.

Antworten Sie mit *um ... zu!*

SÜ 4   Warum arbeiten Sie?
        Ich arbeite, um Geld zu verdienen.

1. Warum machen Sie nachts Ihre Augen zu?
2. Warum brauchen Sie einen Führerschein?
3. Warum gehen Sie ins Kino?
4. Warum tragen Sie eine Brille?
5. Warum lernen Sie Deutsch?
6. Warum gehen Sie in ein Blumengeschäft?

Wozu braucht man das?	
Schlüssel	*um eine Tür aufzuschließen*
Handtuch	*um sich abzutrocknen.*
Kugelschreiber	_____
Rasierapparat	_____
Fahrkarte	_____
Speisekarte	_____
Seife	_____
Fahrplan	_____
Kamm	_____
Brille	_____
Zeitung	_____
Geld	_____

Erinnern Sie sich?
Wie heißt das Gegenteil?

heute	morgen
abends	_____
alle	_____
dort	_____
etwas	_____
nie	_____
später	_____
niemand	_____
mit	_____
nach	_____
unter	_____
hinter	_____
oben	_____
links	_____
wenig	_____
krank	_____
reich	_____
gut	_____
teuer	_____
breit	_____
dick	_____
neu	_____
falsch	_____
weich	_____
hell	_____
lang	_____

WORTSCHATZ

Nomen

der Rasierapparat,-e	*razor*
der Wunsch,⁼e	*wish*
das Handtuch,⁼er	*towel*
die Ruhe (no pl.)	*peace and quiet*
die Seife,-n	*soap*
die Heimat,-en	*homeland, native country*

Verschiedenes

Geld ausgeben	*to spend money*
auf dem Land wohnen	*to live in the country*
längst	*not by a long shot*
nun	*now, well*

Adjektive

fleißig	*industrious*
schlapp	*listless*

Verben

s. abtrocknen	*to dry oneself*
s. anziehen	*to dress*
s. ausziehen	*to undress*
s. beeilen	*to hurry*
s. duschen	*to shower*
s. erkälten	*to catch a cold*
s. freuen (auf + + acc.)	*to be glad (look forward to)*
s. kämmen	*to comb*
s. fühlen	*to feel*
s. interessieren für (+ acc.)	*to be interested in*
s. langweilen	*to be bored*
s. rasieren	*to shave*
scheinen	*to seem*
s. setzen	*to sit down*
s. umziehen	*to change clothes*
s. verspäten	*to be late*
versprechen (versprochen)	*to promise*
s. waschen	*to wash oneself*
s. wohl fühlen	*to feel well*

Can you guess the meaning of these words?

Nomen

der Kamm,⁼e	die Demonstration
der Nachbar,-n	die Krise,-n
der Traum,⁼e	die Liebe,-n
	die Politik (no pl.)
	die Staatsform,-en

Adjektive

demokratisch
elektrisch
politisch

ZUSATZVOKABULAR

die Ansicht,-en	*opinion, view*
die Bevölkerung,-en	*population*
der Fortschritt,-e	*progress*
der Gänsebraten,-	*roasted goose*
die Gewohnheit,-en	*habit*
die Meinungsforscher (pl.)	*pollsters*
die Milliarde,-n	*billion*
öffentlich	*public*
schätzen	*to estimate*
der Verein,-e	*association, club*

LEKTION 26

LESESTÜCK: So etwas passiert nicht jedem!
Psycho-Spiel

GRAMMATIK

Reflexive Pronouns (Dative)
Da(r)- and wo(r)-Compounds

EINFÜHRUNG I: REFLEXIVPRONOMEN (DATIV)

Aus der Werbung

Ich wasche mir das Gesicht
mit Seife und die Haare mit
Shampoo von Edelweiß.

Natürlich bürste ich mir die
Haare nur mit einer Bürste
von Edelweiß.

Ich putze mir die Zähne mit
der Zahnpasta und Zahnbürste
von Edelweiß.

Das Beste ist gerade gut genug
für mich. Deshalb kaufe ich
mir nur die Sachen von Edelweiß.

Man kann sich nichts Besseres wünschen.
Holen Sie sich noch heute das Beste
natürlich von Edelweiß!

EINFÜHRUNG II: PRONOMINAL ADVERBIEN WO(R)- und DA(R)

Die Deutschen

Worüber sprechen sie?   Sie sprechen über viele Dinge.
Worüber reden sie gern?   Sie reden gern über ihren Urlaub.
Worüber unterhalten sie sich?

                                         Sie unterhalten sich über Politik.
                                         Sie unterhalten sich über das Wetter.

Unterhalten sie sich auch gern
über ihren Urlaub?   Ja, sie unterhalten sich darüber.

Worauf freuen sie sich?

                                         Sie freuen sich auf den Feierabend.
                                         Sie freuen sich auf das Wochenende.

Freuen sie sich auf ihren Ur-
laub?   Ja, sie freuen sich darauf.

Womit verbringen sie ihre Freizeit?

                      Sie verbringen Ihre Freizeit **mit Fernsehen.**
                      Sie verbringen Ihre Freizeit **mit Wandern.**

Verbringen sie ihre Freizeit
auch **mit Schwimmen?**

                      Ja, sie verbringen ihre Freizeit **damit.**

Wofür interessieren sie sich?

                      Sie interessieren sich **für Fußball.**
                      Sie interessieren sich **für gutes** Essen.

Interessieren sie sich auch **für
das Fernsehen?**

                      Ja, sie interessieren sich sehr **dafür.**

Woran denken sie, wenn sie an
Deutschland denken?

                      Sie denken **an die Industrie.**
                      Sie denken **an den Fortschritt.**

Denken sie auch **an Schlösser
und Burgen?**

                      Daran denken sie viel weniger.

Wovor haben sie Angst?

                      Sie haben Angst **vor Krankheiten.**
                      Sie haben Angst **vor politischen Krisen.**

Haben sie auch Angst **vor einem
Krieg?**

                      Davor haben die meisten Leute Angst.

<u>Pronominaladverbien</u> (Sachen)

Womit verbringen Sie Ihre Freizeit? **Mit Fernsehen?**

Ja, ich verbringe manchmal meine Freizeit **damit.**

Woran denken Sie, wenn Sie an
Ihr Heimatland denken? **An die
Industrie?**
Ja, ich denke **daran.**

Wovor haben Sie Angst? **Vor
Krankheiten?**
Nein, ich habe keine Angst **davor.**

<u>Personalpronomen</u> (Personen)

Mit wem verbringen Sie Ihre Freizeit?
Mit Ihren Freunden?

Ja, ich verbringe meine Freizeit **mit
ihnen.**

An wen denken Sie, wenn Sie an Ihr Heimatland denken? **An Ihre Freunde?**

Ja, ich denke **an sie.**

Vor wem haben Sie Angst? **Vor dem Zahnarzt?**
Nein, ich habe keine Angst **vor ihm.**

GRAMMATIK

A REFLEXIVE PRONOUN AND VERBS: DATIVE CASE

1 REFLEXIVE PRONOUNS

Reflexive pronouns can also occur in the dative case if they are used as indirect objects.

Look at the following examples:

Nonreflexive (indirect object)	**Reflexive** (indirect object)
Sie kauft **ihm** ein Buch.	Sie kauft **sich** ein Buch.
She is buying him a book.	*She is buying herself a book.*

In the first sentence **ihm** is a normal indirect object expressed by a dative pronoun. In the second sentence **ihm** is replaced by **sich**. Now subject and indirect object are the **same** person, which calls for a reflexive pronoun in the dative (ein **Buch** is the direct object).

NOTE: Generally a verb can only have one direct object. Thus, if a sentence contains a direct object, the reflexive pronoun can only be in the dative case.

> Ich wasche mich.
> Ich wasche mir die Haare.

Just as the accusative reflexive pronouns are the same as the personal pronouns, the dative reflexive pronouns are identical to the dative personal pronouns except in the **er/es/sie, sie** (plural) and **Sie** forms, where the reflexive pronoun is **sich**.

Reflexive Pronouns: Dative

Nominative	Dative	Reflexive
ich	mir	mir
du	dir	dir
er	ihm	**sich**
es	ihm	**sich**
sie	ihr	**sich**
wir	uns	uns
ihr	euch	euch
sie	ihnen	**sich**
Sie	Ihnen	**sich**

Again, the polite form of the reflexive pronoun **sich** is not capitalized.

| Warum bestellen Sie sich nichts? | *Why don't you order yourself something?* |
| Er bestellt sich ein Glas Wein. | *He is ordering himself a glass of wine.* |

2   NORMAL USAGE

The dative reflexive pronoun is used to clarify that the action is done
for the subject of the verb (and not for someone else). Such constructions are sometimes used in colloquial English.

Er kauft sich eine neue Uhr.	*He is buying himself a new watch.*
Ich bestelle mir einen neuen Reifen.	*I'm going to order (me) a new tire.*
Ich hole mir einen anderen Stuhl.	*I'm going to get (me) another chair.*

In this kind of construction, the reflexive pronoun does not change the
basic meaning of the sentence and could be omitted, but most German
speakers use it to emphasize for whom the action is performed.

3   SPECIAL USAGE WITH PARTS OF THE BODY

When referring to actions involving parts of the body, English uses
possessive adjectives. Unlike English, German uses a dative reflexive
pronoun followed by the definite article.

Ich wasche mir die Hände.	*I am washing my hands.*
Er kämmt sich die Haare.	*He is combing his hair.*
Sie hat sich die Zähne geputzt.	*She brushed her teeth.*
Ich trockne mir das Gesicht ab.	*I'm drying my face off.*

B   DA(R)- COMPOUNDS

The object of a preposition may be a person or a thing:

Er wartet auf **seine Frau.**	*He is waiting for his wife.*
Er wartet auf **seinen Bus.**	*He is waiting for his bus.*

1   PREPOSITIONS WITH PERSONS: NOUNS OR PERSONAL PRONOUNS

In the sentence **Er wartet auf seine Frau**, the object of the preposition
auf is a person and may be replaced by a personal pronoun.

Er wartet auf **seine Frau.**	*He is waiting for his wife.*
Er wartet auf **sie.**	*He is waiting for her.*

2   PREPOSITIONS WITH THINGS: NOUNS OR DA(R)- COMPOUNDS

In the sentence **Er wartet auf seinen Bus**, the object of the preposition
auf is a thing and **may not** be replaced by a personal pronoun. In contrast to English, German substitutes only those nouns by personal pronouns which refer to persons. If the object of a preposition is a thing,
German uses a **da(r)**-compound.

Er wartet **auf seinen Bus.**	*He is waiting for his bus.*
Er wartet **darauf.**	*He is waiting for it.*

Look at some more examples:

Hat er **mit diesem** Bleistift geschrieben?   *Did he write with this pen?*
Ja, er hat **damit** geschrieben.   *Yes, he wrote with it.*

Denkst du **an deinen** Urlaub?   *Are you thinking of your vacation?*
Ja, ich denke **daran**.   *Yes, I'm thinking of it.*

Wieviel hast du **für die Uhr** bezahlt?   *How much did you pay for the watch?*
Ich habe 100 Mark **dafür** bezahlt.   *I paid 100 Marks for it.*

As you can see, **da(r)-** compounds are short forms for prepositional
phrases consisting of **da(r)-** and a preposition. If the preposition
begins with a vowel **dar-** is used instead of **da-**.

3   POSSIBLE DA(R)- COMPOUNDS·

The following da(r)- compounds are possible:

dabei	danach	daran
dadurch	daneben	darauf
dafür	davon	daraus
dagegen	davor	darin
dahinter	dazu	darunter
damit	dazwischen	darüber

C   WO(R)- COMPOUNDS

Da(r)-compounds are used for statements; wo(r)-compounds are used for
questions. **Wo(r)**-compounds are formed by prefixing **wo-** or **wor-** to a
preposition.

Look at the following examples:

Womit hat er geschrieben?   *What did he write with?*
Woran denkst du?   *What are you thinking of?*
Wofür hast du 100 Mark bezahlt?   *What did you pay 100 Marks for?*

Wo(r)- compounds replace the interrogative pronoun **was** + preposition
if the object of a preposition is a thing or an idea. Just as **da(r)**
compounds, they may not be used to refer to persons.

NOTE: If the preposition refers to a person, the interrogative pronouns
        wen and **wem** are used.

Wovor hat er Angst?   **Vor einem Krieg.**
Vor wem hat er Angst?   **Vor dem Zahnarzt.**
Für wen ist der Brief?   **Für meinen Bruder.**

MÜNDLICHE ÜBUNGEN

REFLEXIVPRONOMEN (DATIV)

MÜ 1   Üben Sie!

1. (sich die Hände waschen)

er *wäscht sich die Hände.*
wir _____
du _____
ich _____

3. (sich ein Eis bestellen)

die Dame _____
die Kinder _____
die Leute _____
das Mädchen _____

2. (sich die Zähne putzen)

wer _____ ?
man _____
ihr _____
er _____

4. (sich etwas wünschen)

ich _____
du _____
wir _____
ihr _____

MÜ 2   Vollenden Sie die Sätze!

1. Mit Seife *wasche ich mir die Hände.*
2. Mit Zahnpasta ...
3. Mit Shampoo ...
4. Mit einem Kamm ...
5. Mit einer Haarbürste ...

MÜ 3   Benutzen Sie in Ihrer Antwort ein Reflexivpronomen! (Dativ oder Akkusativ?)

1. Was kaufen Sie sich, wenn Sie viel Geld haben?
2. Was bestellen Sie sich im Restaurant, wenn Sie Durst haben?
3. Müssen Sie sich rasieren?
4. Womit waschen Sie sich die Haare?
5. Was tut man mit einem Handtuch?
6. Was wünschen Sie sich zu Weihnachten?
7. Womit putzen Sie sich die Zähne?
8. Wie fühlen Sie sich, wenn Sie krank sind?
9. Was holen Sie sich, wenn Sie Kopfschmerzen haben?
10. Warum erkälten sich viele Leute im Winter?

PRONOMINALADVERBIEN WO(R)- und DA(R)-

Antworten Sie!

MÜ 4   Worauf kann man sich setzen?
Man kann sich auf einen Stuhl (Tisch, usw.) setzen.

1. Woraus kann man trinken?
2. Womit kann man schreiben?
3. Wofür muß man bezahlen?
4. Womit kann man essen?

5. Womit kann man fahren?
6. Wofür interessieren sich die Deutschen?
7. Wovor haben die meisten Leute Angst?
8. Wofür geben die meisten Leute ihr Geld aus?

412   (Lektion 26)

Hier ist die Antwort.
Stellen Sie die Frage!

MÜ 5
> Er interessiert sich *für Tennis*.
> *Wofür* interessiert er sich?

1. Sie denkt *an ihre Heimat*.
2. Wir essen *mit Messer und Gabel*.
3. Ich trinke *aus einem Glas*.
4. Er wartet *auf den Bus*.
5. Wir unterhalten uns *über Politik*.

6. Ich gebe mein Geld *für Bücher* aus.
7. Wir freuen uns *auf den Urlaub*.
8. Er hat Angst *vor Krankheiten*.
9. Sie hat sich *auf ihre Tasche* gesetzt.
10. Ich kämme mich *mit einem Kamm*.

Sagen Sie die Sätze noch einmal mit *da(r) + Präposition!*

MÜ 6
> Was sagen Sie *zu diesem Brief*?
> Was sagen Sie *dazu*?

1. Vielen Dank *für den Brief*.
2. Geben Sie mir drei Flaschen *von dem Wein*!
3. Schreiben Sie nicht *mit diesem Bleistift*!
4. Er spricht nur *über Politik*.
5. Mir ist schlecht *von der Suppe*.
6. Sie wird sicher *nach dem Buch* fragen.
7. Ich warte *auf Ihre Antwort*.
8. Sie hat Angst *vor der Prüfung*.
9. Wann haben Sie *mit der Arbeit* begonnen?
10. Ich freue mich *über Ihren Besuch*.
11. Wir sind müde *von der langen Reise*.
12. Er hat mir *zu der bestandenen Prüfung* gratuliert.

Antworten Sie!
Personalpronomen oder da(r)– + Präposition?

MÜ 7
> Warten Sie *auf Ihre Freundin*? --- Ja, ich warte *auf sie*.
> Warten Sie *auf seine Antwort*? --- Ja, ich warte *darauf*.

1. Liegt das Geld noch *unter der Zeitung*?
2. Unterhalten Sie sich oft *mit Ihren Kollegen*?
3. Ist der Brief *für uns*?
4. Steht der Stuhl *vor dem Tisch*?
5. Hast du *an mich* gedacht?
6. Ist der Preis *an der Tasche*?
7. Brauchst du das Geld *für die Rechnung*?
8. Ist er *gegen den Baum* gefahren?

Fragen Sie!
Personalpronomen oder wo(r)- + Präposition!

MÜ 8

> Ich warte *auf meine Freundin.* --- *Auf wen* warten Sie?
> Ich warte *auf Ihre Antwort.* --- *Worauf* warten Sie?

1. Er freut sich *auf seinen Urlaub.*
2. Ich habe die Schallplatte *für meine Tante* gekauft.
3. Meine Tante interessiert sich *für moderne Musik.*
4. Er hat *mit seinem Freund* telefoniert.
5. Sie hat *mit diesem Kugelschreiber* geschrieben.
6. Er bittet seine Eltern *um Geld.*
7. Ich habe ihm *für seine Hilfe* gedankt.
8. Sie verbringt ihre Freizeit *mit ihren Freunden.*

MÜ 9   Auf deutsch, bitte!

1. We are waiting for the bus.
2. What are you waiting for?
3. What is she interested in?
4. Can you write with it?
5. Did you go with her?
6. I am looking forward to your visit.
7. What are you talking about?
8. She is afraid of it.
9. What are you afraid of?
10. What is he thinking of?
11. Whom is he thinking of?
12. What is this money for?

VERBEN ALS NOMEN

Wozu braucht man ...?

einen Führerschein	*zum Autofahren*
Seife	*zum Waschen*
Geld	
Geduld	
ein Glas	
einen Tennisball	
einen Bleistift	
ein Kissen	
einen Teller	
ein Bett	
die Zähne ɜ	
die Augen	
die Nase	
eine Brille	
eine Klingel	
eine Brille	
ein Telefon	
eine Zigarette	
Benzin	
Wanderschuhe	
Zahnpaste	
Shampoo	

SO ETWAS PASSIERT° NICHT JEDEM!

happens

Ein Mann steht in einer Bahnhofshalle. Er sieht auf die Uhr.
Er hat noch genau eine halbe Stunde, bis sein Zug abfährt.
Die Fahrkarte hat er schon in seiner Tasche. Er überlegt
sich, was er mit der halben Stunde anfangen soll. Er schaut
sich nach einem Zeitungsstand um. Er wird sich also eine
Zeitung kaufen und darin lesen. Auf dem Weg zum Zeitungsstand sieht er eine automatische Waage. Er stellt sich darauf und wirft zehn Pfennig hinein. Plötzlich° hört er eine Stimme. Die Stimme kommt aus der Waage:

thinks about
looks around

scale
suddenly

"Ihr Name ist Friedrich Emil Krämer. Sie wiegen° 72 Kilo.
Sie haben ein rundes Gesicht, braune Augen, graue Haare und
zu große Ohren. Sie kommen aus Hintertupfingen und wollen
mit dem Zug um 17 Uhr 38 nach Grünstadt fahren."

weigh

Erschrocken° steigt er von der Waage herunter, verläßt den
Bahnhof und kauft sich in einem Geschäft einen neuen Hut und
eine Maske mit einer großen Nase. Dann läuft er zum Bahnhof
zurück. Neugierig° stellt er sich noch einmal auf die Waage.
Wieder kommt die Stimme aus der Waage:

frightened,
shocked

curious

"Ihr Name ist Friedrich Emil Krämer. Sie wiegen 72 Kilo.
Sie haben ein rundes Gesicht, braune Augen, graue Haare und
zu große Ohren. Sie kommen aus Hintertupfingen und wollen
mit dem Zug um 17 Uhr 38 nach Grünstadt fahren."

Jetzt versteht der Mann die Welt nicht mehr. Mißtrauisch°
sieht er die Waage an. Das kann doch nicht sein! Die Stimme
hat ihn wiedererkannt.

suspiciously
looks at

Er läuft zum Waschraum, öffnet seinen Koffer, zieht einen
anderen Anzug, ein anderes Hemd und andere Schuhe an, setzt
sich eine dunkle Brille auf und stellt sich dann zum dritten
Mal auf die Waage:

"Ihr Name ist Friedrich Emil Krämer. Sie wiegen 72 Kilo.
Sie haben ein rundes Gesicht, braune Augen, graue Haare und
viel zu große Ohren. Sie kommen aus Hintertupfingen und wollen mit dem Zug um 17 Uhr 38 nach Grünstadt fahren." Es ist
jetzt 17 Uhr 45. Der nächste Zug nach Grünstadt fährt um
20 Uhr 12. Gute Reise!"

Können Sie diese Geschichte° noch einmal erzählen°?

tell/story

RÄTSEL

> In jeder Reihe paßt ein Wort nicht zu den
> anderen zwei. Welches? Raten Sie mal!
>
> 1. Fischauge, Bullauge, Seifenlauge
> 2. Waldsee, Frikasee, Südsee
> 3. Wochenende, Monatsende, Studierende
> 4. Vagabund, Städtebund, Schlüsselbund
> 5. Suppenteller, Muskateller, Wandteller
> 6. Bulgarin, Ungarin, Mandarin
> 7. Schneesturm, Wasserturm, Kirchturm
> 8. Azalie, Familie, Kamelie
> 9. Hühnerei, Entenei, Polizei
> 10. Hosenrock, Barock, Damenrock

PSYCHO-SPIEL

Viele Deutsche interessieren sich für psychologische Tests
und Spiele. Interessieren Sie sich auch dafür? Wenn ja,
dann schlagen Sie einmal eine deutsche Zeitschrift auf!   *open up*
Dort können Sie mehr darüber lesen, denn die meisten haben
sogenannte Psycho-Tests. Diese Tests heißen zum Beispiel
"Planen Sie Ihr Leben richtig?" oder "Worüber können Sie
lachen?" oder auch "Wie leicht ärgern Sie sich?".
    Natürlich sind solche Psycho-Tests nicht typisch deutsch.
Sie sind auch nicht neu. Aber haben Sie schon einmal ein
Charakterbild von sich selbst gemacht oder von Ihren Freunden?

Spielen Sie mit! Unser Psycho-Spiel heißt:

KENNEN SIE SICH?

1. Was tun Sie am liebsten?

2. Welcher Beruf gefällt Ihnen am besten?

3. In welchem Land möchten Sie leben?

4. Was erwarten Sie von anderen Menschen?

5. Was essen und trinken Sie am liebsten?

6. Wofür interessieren Sie sich?

7. Worüber unterhalten Sie sich gern?

8. Worüber können Sie sich freuen?

9. Worüber können Sie lachen?

10. Worüber ärgern Sie sich am meisten?

11. Wovor fürchten Sie sich?

12. Was ist für Sie am wichtigsten?

SCHRIFTLICHE ÜBUNGEN

SÜ 1   Ergänzen Sie das Reflexivpronomen!
(Dativ oder Akkusativ?)

1. Ich putze _mir_ die Zähne.
2. Sie zieht _____ altmodisch an.
3. Wofür interessieren Sie _____?
4. Trockne _____ die Hände ab!
5. Das Mädchen kämmt _____.
6. Hast du _____ geärgert?
7. Kämm _____ die Haare!
8. Wir haben _____ gut unterhalten.
9. Er fühlt _____ heute viel besser.
10. Was wünschst du _____ zum Geburtstag?
11. Ich überlege _____, was ich tun soll.
12. Der Mann schaut _____ im Bahnhof um.
13. Wovor fürchtet er _____?
14. Freut ihr _____ über das Geschenk?

Wie heißt die Frage?

SÜ 2   Er hat _über das Kind_ gelacht.   -- _Über wen_ hat er gelacht?
Er hat _über die Geschichte_ gelacht. -- _Worüber_ hat er gelacht?

1. Wir haben uns _über Ihren Besuch_ gefreut.
2. Ich freue mich _auf meinen Urlaub_.
3. Das kleine Kind fürchtet sich _vor dem Mann_.
4. Er braucht die Brille _zum Lesen_.
5. Sie reden _über das Wetter_.
6. Er arbeitet _für seinen Vater_.
7. Ich habe Angst _vor einem Unfall_.
8. Wir haben uns _über den Herrn_ geärgert.

SÜ 3   Ergänzen Sie _da(r)_-und die passende Präposition!

1. Hier ist die Zeitung. _Darauf_ liegt meine Brille.
2. Dort ist meine Tasche. _____ ist mein Geldbeutel.
3. Hier ist die Tafel. _____ steht der Lehrer.
4. Das ist ein Stuhl. _____ sitzt ein Kind.
5. Dort ist ein Teppich. _____ steht ein Tisch.
6. Das ist ein Glas. _____ ist Rotwein.
7. Dort ist ein Berg. _____ steht ein Haus.
8. Das ist die Wand. _____ hängt eine Uhr.
9. Hier ist der Tisch. _____ steht ein Stuhl.
10. Dort ist ein Bild. _____ ist die Wand.
11. Das ist mein Bleistift. _____ schreibe ich.
12. Hier ist ein Buch. _____ habe ich 5 Mark bezahlt.

SÜ 4   Persönliche Fragen

1. Mit wem unterhalten Sie sich auf deutsch?
2. Worüber unterhalten Sie sich gern?
3. Müssen Sie sich oft beeilen? (Warum?)
4. Warum verspäten Sie sich manchmal?
5. An wen denken Sie oft?
6. Woran denken Sie oft?
7. Wofür interessieren Sie sich?
8. Womit waschen Sie sich die Haare?
9. Was wünschen Sie sich am meisten?
10. Was müssen Sie jeden Morgen tun?
11. Was machen Sie mit einem Kamm?
12. Wann brauchen Sie ein Handtuch?

WORTSCHATZÜBUNG

Welche reflexiven Verben passen?

Bett   _sich hinlegen_
Rasierapparat   _____
Seife   _____
Freude   _____
Langeweile   _____
Ärger   _____
Stuhl   _____
Handtuch   _____
Kamm   _____
Interesse   _____

WIEDERHOLUNG

NEBENSÄTZE

WÜ 1   Was tun Sie, ...

1. wenn Sie Hunger haben?
2. wenn es regnet?
3. wenn Sie Geburtstag haben?
4. wenn Sie müde sind?
5. wenn Sie eine Erkältung haben?
6. wenn Ihr Auto kaputt ist?
7. wenn Sie einen Unfall gesehen haben?
8. wenn Sie einen Geldbeutel finden?

WÜ 2   Wann soll man ...?

1. eine Brille tragen
2. eine Pause machen
3. keinen Alkohol trinken
4. zum Arzt gehen
5. sehr vorsichtig fahren
6. sein Auto waschen
7. seinen Reisepaß mitnehmen
8. etwas trinken

WÜ 3   Antworten Sie mit *Ich glaube, daß* ...

1. Versteht sie Deutsch?
2. Hatte sie gestern Geburtstag?
3. Trinkt Herr Kohl gern Bier?
4. Ist der Bus schon abgefahren?
5. Verdient sie viel Geld?
6. Besucht sie die Fahrschule?
7. Hat er die Prüfung bestanden?
8. Hat sie die Schule gewechselt?

Bilden Sie indirekte Fragen!

WÜ 4

Wann kommt er nach Hause?
Wissen Sie, wann er nach Hause kommt?

1. Was hat sie verloren?
2. Wofür interessiert er sich?
3. Warum langweilt sie sich?
4. Was für ein Auto ist das?
5. Wofür hat er das Geld bezahlt?
6. Wem gehört die Tasche?
7. Wen hat sie angerufen?
8. Wer hat das gesagt?

ITG 0

WÜ 5   Antworten Sie mit *Ich weiß nicht, ob ...*

1. Hat er sein Geschenk entdeckt?
2. Findet der Flohmarkt statt?
3. Kann man dort Geschirr kaufen?
4. Gibt es dort belegte Brötchen?

5. Ist das wahr?
6. Hat er seinen Führerschein verloren?
7. Ist ihr Auto kaputt?
8. Fühlt sie sich besser?

WORTSCHATZÜBUNGEN

WÜ 6   Womit kann man ...?

1. schreiben
2. essen
3. etwas tragen
4. fotografieren

5. etwas bezahlen
6. fliegen
7. fahren
8. etwas aufschreiben

9. riechen
10. beißen
11. sehen
12. gehen

Wo sind die Leute?

WÜ 7

> Die Mutter badet das Kind.
> Sie ist *im Badezimmer.*

1. Der Herr studiert die Speisekarte.
2. Die Dame bestellt ein Stück Torte.
3. Der Mann probiert einen Mantel an.
4. Sie holt die Wurst aus dem Kühlschrank.
5. Sie sitzen auf der Couch und sehen fern.
6. Er kauft Medikamente.
7. Sie kauft Eier, Butter und Obst.
8. Sie sehen sich gebrauchte Sachen an.

Finden Sie ein Synonym!	
schließen	*zumachen*
tun	_____
sehen	_____
beginnen	_____
Angst haben	_____
telefonieren	_____
sprechen über	_____
öffnen	_____

KOMPARATIV UND SUPERLATIV

WÜ 8   Ergänzen Sie!

1. *cheapest*   Ich habe das <u>*billigste*</u> Essen bestellt.
2. *darkest*   Nachts ist es _____.
3. *youngest*   Er ist mit seiner _____ Schwester gekommen.
4. *more expensive* Sie fährt ein _____ Auto als ich.
5. *oldest*   Das ist das _____ Haus der Stadt.
6. *most important* Lernen Sie die _____ Wörter.
7. *prettiest*   Beate ist das _____ Mädchen in der Stadt.
8. *shortest*   Februar ist der _____ Monat des Jahres.
9. *highest*   Das Münster in Ulm hat den _____ Kirchturm.
10. *warmer*   Warum tragen Sie keinen _____ Pullover?
11. *stronger*   Sie braucht eine _____ Brille.
12. *most*   Die _____ Leute fahren im Sommer in Urlaub.
13. *best*   Gerhard ist mein _____ Freund.
14. *fastest*   Mit dem Auto kommst du _____ in die Stadt.
15. *greatest*   Das ist sein _____ Wunsch.

ADJEKTIVENDUNGEN

WÜ 9   Ergänzen Sie das Adjektiv!

1. *many beautiful flowers* Die Leute hatten <u>*viele schöne Blumen*</u> im Haus.
2. *several good friends* Ich war mit _____ in der Schweiz.
3. *a small brown dog* Das Kind wollte _____ zum Geburtstag.
4. *dirty water* In _____ soll man nicht schwimmen.
5. *the last year* Er hat _____ viel Geld verdient.
6. *hot milk/sweet honey* _____ mit _____ schmeckt gut.
7. *old cars* Für _____ bekommt man kaum noch etwas.
8. *bad weather* Trotz _____ haben wir uns nicht verspätet.
9. *no good friends* Hatte er gar _____?
10. *the bad roads* Wegen _____ hatten wir viele Probleme.
11. *the old dishes* Sehen Sie den Stand mit _____?
12. *nice old toys* Auf dem Flohmarkt gibt es _____.

PARTIZIPIEN ALS ADJEKTIVE

WÜ 10   Auf deutsch, bitte!

1. a baked cake
2. the arriving train
3. with the interviewed people
4. during the coming month
5. painted houses
6. a much admired castle
7. with a used car
8. the passing car
9. good tasting food
10. the sold car
11. a forgotten story
12. the shining sun
13. many sleeping children
14. the recommended hotel
15. frozen vegetables
16. for the surprised hostess

FUTUR

WÜ 11   Setzen Sie ins Futur!

1. Ich rufe euch an.
2. Wir gehen ins Kino.
3. Sie freut sich darüber
4. Er langweilt sich nicht.
5. Seid ihr zu Hause?
6. Was nimmst du mit?
7. Zieht er seinen Mantel an?
8. Besteht sie die Prüfung?

GENITIV

WÜ 12   Auf deutsch, bitte!

1. his father's car
2. my friends' name
3. the beginning of the week
4. the end of the year
5. her daughter's teacher
6. my parents' house
7. the color of her purse
8. the students' questions
9. many windows of the house
10. during the long winter
11. because of the rain
12. in spite of the bad roads

PERSONALPRONOMEN

WÜ 13   Ergänzen Sie das Personalpronomen!

1. Dort kommt Frau Kohl. Der Mann neben *ihr* ist ihr Bruder.
2. Hier wohnt Herr Schneider. Unter _____ wohnt die Familie Müller.
3. Dort steht der Lehrer. Hinter _____ hängt eine Landkarte.
4. Die Studenten sind im Klassenzimmer. Vor _____ steht der Lehrer.
5. Hier sind Herr und Frau Becker. Zwischen _____ steht ein Junge.
6. Sie sehen mich hier rechts auf dem Bild. Neben _____ steht Herr Falke.
7. Sie wohnt im ersten Stock. Die Familie über _____ hat vier Kinder.
8. Sie kennen nicht Frau Benz? Aber Sie haben doch gerade mit _____ gesprochen!

WORTSCHATZ

Nomen

die Angst,¨e	fear
die Bürste,-n	brush
die Geschichte,-n	story, history
die Waage,-n	scale

Adjektive und Adverbien

erschrocken	frightened
mißtrauisch	suspicious(ly)
neugierig	curious(ly)
plötzlich	sudden(ly)

Verschiedenes

| s. die Zähne putzen | to brush one's teeth |

Verben

s. ärgern (über + acc)	to be angry (about)
an·sehen	to look at
auf·schlagen (aufgeschlagen)	to open up
bürsten	to brush
erzählen	to tell (event, story)
s. fürchten (vor + dat.)	to be afraid (of)
lachen (über + acc.)	to laugh (about)
öffnen	to open
passieren	to happen
putzen	to clean
reden (über + acc.)	to talk (about)
s. umschauen	to look around
s. unterhalten (über + acc.) (unterhalten)	to talk, converse (about)
wiegen (gewogen)	to weigh
s. wünschen (dat.)	to wish for

Can you guess the meaning of these words?

Nomen

der Charakter,-e
der Waschraum,¨e
das Shampoo,-s
die Halle,-n
die Reihe,-n
die Zahnbürste,-n
die Zahnpasta

Verben

s. freuen (über + acc.)
sprechen (über + acc.)
Angst haben (vor + dat.)
raten

LEKTION 27

EINFÜHRUNGSTEXT: Der Dieb im Himmel

LESESTÜCK: Die Brüder Grimm

GRAMMATIK:

Past Tense of Weak and Irregular
Weak Verbs
*Past Perfect Tense of Strong and
Weak Verbs*

EINFÜHRUNG I: SCHWACHE VERBEN IM IMPERFEKT

Nach einer alten Legende: DER DIEB IM HIMMEL°   *heaven*

Präsens	Imperfekt
Vor der Himmelstür wartet ein müder alter Mann.	Vor der Himmelstür **wartete** ein müder alter Mann.
Aber Petrus will ihm die Tür nicht aufmachen.	Aber Petrus **wollte** ihm die Tür nicht aufmachen.
Mißtrauisch schaut er den alten Mann an und sagt:	Mißtrauisch **schaute** er den alten Mann **an** und **sagte:**

> "Was willst du hier? Du bist ein Dieb und hast in deinem Leben zuviel gestohlen. Im Himmel ist kein Platz für Diebe!"

Präsens	Imperfekt
Und Petrus zeigt hinunter zur Hölle.	Und Petrus **zeigte** hinunter zur Hölle.
Der alte Mann macht ein trauriges Gesicht.	Der alte Mann **machte** ein trauriges Gesicht.
Er erzählt von seinen Problemen und redet viel von der großen Liebe Gottes.	Er **erzählte** von seinen Problemen und **redete** viel von der großen Liebe Gottes.
Da öffnet ihm Petrus doch die Tür.	Da **öffnete** ihm Petrus doch die Tür.
Der alte Mann freut sich über sein Glück und dankt Petrus.	Der alte Mann **freute sich** über sein Glück und **dankte** Petrus.
Einige Tage später ist der alte Mann allein im Himmel.	Einige Tage später war der alte Mann allein im Himmel.
Er wandert durch den Himmelsgarten.	Er **wanderte** durch den Himmelsgarten.
Da entdeckt er den Himmelsthron.	Da **entdeckte** er den Himmelsthron.
Neugierig setzt er sich darauf.	Neugierig **setzte** er **sich** darauf.
Seine Füße stellt er auf den kleinen Schemel° vor dem Thron.	Seine Füße **stellte** er auf den kleinen Schemel vor dem Thron. *footstool*
Er schaut sich um.	Er **schaute sich um.**
Plötzlich kann er sehen, was unten auf der Erde passiert.	Plötzlich **konnte** er sehen, was unten auf der Erde **passierte.**
Er kann sehen, wie die Kinder spielen.	Er **konnte** sehen, wie die Kinder **spielten.**
Er kann sehen, wie die Menschen arbeiten.	Er **konnte** sehen, wie die Menschen **arbeiteten.**
Aber er kann auch sehen, wie ein Dieb eine Uhr in seine Tasche steckt° und sich über diese "gute Arbeit" freut.	Aber er **konnte** auch sehen, wie ein Dieb eine Uhr in seine Tasche **steckte** und sich über diese "gute Arbeit" **freute.** *put*

Darüber ärgert sich der alte Mann, denn im Himmel hat er gelernt, daß Stehlen eine Sünde° ist.

Darüber **ärgerte sich** der alte Mann, denn im Himmel hatte er gelernt, daß Stehlen eine Sünde ist.   *sin*

Spontan packt° er den Schemel unter seinen Füßen und schleudert° ihn nach dem Dieb.

Spontan **packte** er den Schemel unter seinen Füßen und **schleuderte** ihn nach dem Dieb.   *grab*

throw, hurl

Am späten Abend will der Herr des Himmels sich auf seinen Thron setzen.

Am späten Abend **wollte** der Herr des Himmels sich auf seinen Thron setzen.

Doch er kann seinen Schemel nicht finden.

Doch er **konnte** seinen Schemel nicht finden.

Man holt den alten Mann und fragt ihn nach dem Schemel.

Man **holte** den alten Mann und **fragte** ihn nach dem Schemel.

Nun erzählt der alte Mann, was er mit dem Schemel gemacht hat.

Nun **erzählte** der alte Mann, was er mit dem Schemel gemacht hatte.

Da lacht der Herr des Himmels und antwortet ihm:

Da **lachte** der Herr des Himmels und **antwortete** ihm:

"Mein Sohn! Es ist gut, daß ich mehr Geduld mit den Menschen habe als du, denn so viele Schemel wie es schlechte Menschen gibt, habe selbst ich nicht."

Imperfekt von **kennen, wissen, denken, bringen**

Fragen

Kennt Petrus alle Menschen?
Kannte er auch den müden alten Mann?
Kannten Sie schon die Legende vom Dieb im Himmel?

Woher wissen wir, daß der alte Mann ein Dieb war?
Woher **wußte** Petrus, daß der alte Mann ein Dieb war?

Was denkt der Dieb auf der Erde?
Was **dachte** der Dieb im Himmel?

Kann der Dieb auf der Erde den Schemel zurückbringen?
Brachte der Dieb den Schemel **zurück**?

EINFÜHRUNG II: PLUSQUAMPERFEKT

Handlung I : Perfekt/Imperfekt	Handlung II : Plusquamperfekt
Vor der Himmelstür wartete ein müder alter Mann. -------------	In seinem Leben **war** er ein Dieb **gewesen**.
Petrus wollte ihm die Tür nicht aufmachen, ------------------	weil er in seinem Leben zu viel **gestohlen hatte**.
Petrus öffnete ihm die Tür, -----	weil der Mann von der großen Liebe Gottes **gesprochen hatte**.
Der alte Mann war allein im Himmel, -------------------------	weil alle anderen **weggegangen waren**.
Er konnte sehen, was auf der Erde passierte, ------------------	weil er **sich** auf den Himmelsthron **gesetzt hatte**.
Er schleuderte den Schemel nach dem Dieb, ---------------------	weil der Dieb eine Uhr **gestohlen hatte**.
Er ärgerte sich, -----------------	denn im Himmel **hatte** er **gelernt**, daß Stehlen eine Sünde ist.
Am Abend mußte er sagen, ---------	was er mit dem Schemel **gemacht hatte**.

FRAGEN ZUM TEXT

1. Wo wartete der müde alte Mann?
2. Warum wollte ihm Petrus die Tür nicht öffnen?
3. Was hatte der alte Mann in seinem Leben getan?
4. Wohin zeigte Petrus?
5. Wovon erzählte und redete der alte Mann?
6. Was für ein Gesicht machte er?
7. Worüber freute er sich dann?
8. Was hatte Petrus doch getan?
9. Was passierte einige Tage später?
10. Was konnte er plötzlich sehen?
11. Worauf hatte er sich gesetzt?
12. Warum schleuderte er den Schemel auf die Erde?
13. Worüber hatte sich der Dieb auf der Erde gefreut?
14. Was hatte der Dieb im Himmel gelernt?
15. Was mußte er am Abend sagen?
16. Glauben Sie, daß der Dieb im Himmel bleiben durfte?

GRAMMATIK

A THE PAST TENSE* OF WEAK VERBS

1 ANALYSIS

In German and in English, many verbs use the same stem to form their present, past, and perfect tenses. In German, these verbs are called weak (regular).

Compare:

	German	English
PRESENT TENSE	ich frage	*I ask*
PAST TENSE	**ich fragte**	*I asked*
PERFECT TENSE	ich habe gefragt	*I have asked*
PAST PERFECT	ich hatte gefragt	*I had asked*

As you can see, English regular verbs add the past tense marker *-ed* and German adds **-t** and a personal ending to the stem of the infinitive.

Look at some more examples.

PAST TENSE	er antwort**ete**	*he answered*
	ich park**te**	*I parked*
	sie entdeck**te**	*she discovered*
	es wechsel**te**	*it changed*
	sie arbeitete	*she worked*

2 TENSE FORMATION

a. Weak Verbs

The past tense of weak verbs is formed by adding a set of personal endings starting with **-t** to the unchanged stem of the infinitive:

	Stem	Past Tense marker		Ending	Past Tense	
ich	wohn	- t	-	e	ich wohnte	*I lived*
du	wohn	- t	-	est	du wohntest	*you lived*
er/es/sie	wohn	- t	-	e	er wohnte	*he lived*
wir	wohn	- t	-	en	wir wohnten	*we lived*
ihr	wohn	- t	-	et	ihr wohntet	*you lived*
sie	wohn	- t	-	en	sie wohnten	*they lived*
Sie	wohn	- t	-	en	Sie wohnten	*you lived*

If the stem ends in **-d** or **-t,** an **-e-** is inserted between stem and past tense marker **-t-** to make the ending more pronounceable.

	antworten	arbeiten	reden
ich	antwort**ete**	arbeit**ete**	red**ete**
du	antwort**etest**	arbeit**etest**	red**etest**
er/es/sie	antwort**ete**	arbeit**ete**	red**ete**
wir	antwort**eten**	arbeit**eten**	red**eten**
ihr	antwort**etet**	arbeit**etet**	red**etet**
sie	antwort**eten**	arbeit**eten**	red**eten**
Sie	antwort**eten**	arbeit**eten**	red**eten**

*Imperfekt

ITG 0°

For the same reason, an **-e-** is inserted in the past tense forms of verbs such as **öffnen** and **regnen:**

> ich öff**nete**
> es reg**nete**

b. Irregular Weak Verbs

Those few verbs which form their present perfect tense with an irregular weak participle (changed stem but weak ending) again change their stem in the past tense but take the endings of the weak verbs.

Present Perfect	Past Tense	
ich habe gebracht	ich **brachte**	*I brought*
du hast gedacht	du **dachtest**	*you thought*
er hat gekannt	er **kannte**	*he knew*
wir haben genannt	wir **nannten**	*we called/named*
ihr habt gewußt	ihr **wußtet**	*you knew*
sie haben gehabt	sie **hatten**	*they had*

c. Verbs with Separable Prefixes

Verbs with separable prefixes follow the pattern of the simple verb: If the simple verb is weak, it adds **-t-** and the personal endings.

Present Tense	Past Tense
Ich trockne mich ab.	Ich **trocknete** mich **ab.**
Sie probiert das Kleid an.	Sie **probierte** das Kleid **an.**
Wir kaufen nicht ein.	Wir **kauften** nicht **ein.**

3 USAGE OF PAST TENSE

The German past tense is often referred to as the "narrative past" since it is primarily used to narrate a series of connected events that happened in the past.

Frau Becker **erwartete** Gäste.	*Mrs. Becker was expecting guests.*
Sie **bereitete** alles vor.	*She prepared everything.*
Zuerst **kaufte** sie Kuchen.	*First she bought cake.*
Dann **machte** sie Kaffee.	*Then she made coffee.*
Sie **stellte** die Blumen auf den Tisch und ...	*She put the flowers on the table and ...*

B THE PAST PERFECT TENSE OF WEAK AND STRONG VERBS

1 FORMATION (PLUSQUAMPERFEKT)

Like the present perfect tense, the past perfect is a compound tense. It also uses the auxilary **haben** or **sein** and a past participle. The only difference is that in the present perfect tense the auxiliary is in the present, whereas in the past perfect tense the auxiliary is in the past tense.

	Present Perfect Tense	Past Perfect Tense
with haben	ich habe es getan	ich **hatte** es **getan** (*I had done it*)
	du hast es getan	du **hattest** es **getan**
	er hat es getan	er **hatte** es **getan**
	wir haben es getan	wir **hatten** es **getan**
	ihr habt es getan	ihr **hattet** es **getan**
	sie haben es getan	sie **hatten** es **getan**
	Sie haben es getan	Sie **hatten** es **getan**
with sein	ich bin gegangen	ich **war** **gegangen** (*I had gone*)
	du bist gegangen	du **warst** **gegangen**
	er ist gegangen	er **war** **gegangen**
	wir sind gegangen	wir **waren** **gegangen**
	ihr seid gegangen	ihr **wart** **gegangen**
	sie sind gegangen	sie **waren** **gegangen**
	Sie sind gegangen	sie **waren** **gegangen**

As in the present perfect, the past participle stands at the end of the clause or sentence.

> Wir hatten ihm schon Bescheid **gesagt**.
> *We had already notified him.*

> Er war zu spät zum Essen gekommen.
> *He had come too late to dinner.*

2 USAGE OF PAST PERFECT

In German and in English, the past perfect tense is used to describe past events and situations which occured prior to other past events or situations. Thus, the past perfect places past events or situations in their proper time sequence.

Notice in the following example sentences that event II occured prior to event I. Both events took place in the past.

Past Tense or Present Perfect Event I	Past Perfect Event II
Ich wollte dort nicht essen, *I didn't want to eat there*	denn ich hatte schon zu Hause gegessen. *because I had already eaten at home.*
Er hat sich geärgert, *He was mad*	weil er seinen Geldbeutel verloren hatte. *because he had lost his wallet.*
Unsere Gäste kamen sehr spät. *Our guests came very late.*	Wir hatten sie früher erwartet. *We had expected them earlier.*

MÜNDLICHE ÜBUNGEN

IMPERFEKT

Imperfekt, bitte!

MÜ 1
> Er fragt den Polizisten.
> Er fragte den Polizisten.

1. Sie wohnen in Augsburg.
2. Er verdient viel Geld.
3. Wir suchen ein Hotel.
4. Ich studiere in Deutschland.
5. Sie kauft ein neues Auto.
6. Sie sammeln alte Puppen.

7. Es regnet.
8. Es schneit.
9. Wir lernen Deutsch.
10. Ich zeige der Dame das Schloß.
11. Sie besucht die Realschule.
12. Er erzählt eine Geschichte.

MÜ 2
> Sie antwortet auf deutsch.
> Sie antwortete auf deutsch.

1. Wir erwarten Gäste.
2. Er arbeitet sehr viel.
3. Ich warte auf den Bus.

4. Wieviel kostet das Buch?
5. Was bedeutet das?

Hier ist die Antwort.
Stellen Sie die Frage!

MÜ 3
> Ich brauchte meinen Reisepaß.
> Brauchten Sie Ihren Reisepaß?

1. Sie bezahlte die Rechnung.
2. Der Kellner reservierte den Tisch.
3. Er schenkte ihr eine Schallplatte.
4. Wir besuchten unsere Freunde.

5. Sie telefonierte mit mir.
6. Ich spielte Tennis.
7. Wir begrüßten die Leute.
8. Das Kind weinte.

MÜ 4
> Ich bestellte *ein Buch.*
> *Was* bestellten Sie?

1. Er verkaufte *sein Auto.*
2. Das Essen schmeckte *gut.*
3. *Die Dame* rauchte nicht.

4. Der Film dauerte *zwei Stunden.*
5. Sie dankte *dem alten Herrn.*
6. Wir parkten *am Bahnhof.*

Imperfekt, bitte!
(*Reflexive Verben*)

MÜ 5
> Er setzt sich auf die Couch.
> Er setzte sich auf die Couch.

1. Er ärgert sich darüber.
2. Wir beeilen uns.
3. Der Mann rasiert sich.
4. Das Mädchen kämmt sich.

5. Sie fühlt sich nicht gut.
6. Er interessiert sich für Politik.
7. Er verspätet sich oft.
8. Wir freuen uns auf den Urlaub.

Imperfekt, bitte!
(*Verben mit trennbaren Vorsilben*)

MÜ 6
> Frau Becker kauft im Supermarkt ein.
> Frau Becker kaufte im Supermarkt ein.

1. Das Kind trocknet seine Hände ab.
2. Die Mutter bereitet das Essen vor.
3. Der Herr probiert den Anzug an.
4. Ich hole das Auto in der Werkstatt ab.
5. Wir schleppen das Auto ab.
6. Sie macht die Tür zu.
7. Ich setze mich hin.
8. Sie klopft an.

MÜ 7
Üben Sie!
(*kennen, bringen, wissen, denken*)

1. Kannten Sie die Dame?
   _____ ihr _____ ?
   _____ du _____ ?
   _____ er _____ ?

2. Der Kellner brachte den Wein.
   Die Kellnerin _____ .
   Wir _____ .
   Er _____ .

3. Der Student wußte es nicht.
   Wir _____ .
   Die Studenten _____ .
   Die Leute _____ .

4. Wir dachten an die Ferien.
   Ich _____ .
   Frau Kohl _____ .
   Du _____ .

PLUSQUAMPERFEKT

Plusquamperfekt, bitte!

MÜ 8
> Die Kellnerin hat das Essen gebracht.
> Die Kellnerin hatte das Essen gebracht.

1. Unsere Verwandten haben uns besucht.
2. Der Mann hat seinen Regenschirm verloren.
3. Die Kinder sind nach Hause gegangen.
4. Die Sekretärin hat den Brief geschrieben.
5. Der Zug ist schon abgefahren.
6. Die Dame ist sehr krank gewesen.
7. Es ist spät geworden.
8. Herr Schneider hat die Rechnung bezahlt.
9. Wir sind in Hamburg gewesen.
10. Man hat die Tür geöffnet.

MÜ 9
Auf deutsch, bitte!
(*Imperfekt und Plusquamperfekt*)

1. I didn't know that.
   I hadn't known that.

2. It was snowing.
   It had been snowing

3. We were learning German.
   We had been learning German.

4. She visited her friends.
   She had been visiting her friends.

5. He asked the policeman.
   He had asked the policeman.

7. Did he tell you the story?
   Had he told you the story?

6. They expected it.
   They had expected it.

8. We paid the bill.
   We had paid the bill.

MÜ 10   Auf deutsch, bitte!
         (Imperfekt oder Plusquamperfekt?)

1. She wanted to write a letter.
2. We bought the car.
3. He had already left the house.
4. I picked them up.
5. Had you received my letter?
6. I had already ordered the flowers.
7. We needed the money
8. He spelled my name correctly.
9. Who had recommended this hotel to you?
10. I caught a cold.
11. She didn't feel well.
12. He had promised to come a month ago.

WIEDERHOLUNG

MODALVERBEN IM IMPERFEKT

WÜ 1   Imperfekt, bitte!

1. Sie will mit dem Zug fahren.
2. Er kann nicht kommen.
3. Wir müssen darüber nachdenken.
4. Ich soll das Buch mitbringen.
5. Wir können nicht lange bleiben.
6. Ich will ihn nicht einladen.
7. Er soll sich noch rasieren.
8. Sie müssen sich beeilen.

WÜ 2   Auf deutsch, bitte!

1. She wanted to write a letter.
2. We were not able to see her.
3. They were supposed to work today.
4. He was not allowed to visit her.
5. We wanted to pick him up but couldn't.
6. She didn't have to notify him.
7. They were not allowed to park there.
8. Why did you have to hurry?
9. Weren't you supposed to call them?
10. Did you have to go away?

STARKE UND SCHWACHE VERBEN IM PERFEKT

WÜ 3   Perfekt, bitte!

1. Wir kommen um 5 Uhr an.
2. Er sieht krank aus.
3. Ich mache die Tür auf.
4. Sie bauen ein großes Haus.
5. Er beeilt sich.
6. Um wieviel Uhr beginnt der Unterricht?
7. Wir besuchen unsere Freunde.
8. Der Zug fährt durch den Tunnel.
9. Sie erwartet Gäste.
10. Er erzählt eine Geschichte.

DIE BRÜDER GRIMM*

Jacob (1795-1863) und Wilhelm (1786-1859) Grimm

Die Werke° der Brüder Jacob und Wilhelm Grimm gehören zur Weltliteratur. Ihre Märchen sind heute national und international so bekannt wie sonst kein anderes deutschsprachiges Buch. Grimms Kinder- und Hausmärchen sind in siebzig Sprachen übersetzt°.

°works

°translated

Die Märchen der Brüder Grimm kann man oft schon am ersten Satz erkennen. "Es war einmal°...", so fangen sie fast alle an. Und wer kennt sie nicht, die wundersamen Geschichten von Hänsel und Gretel und der bösen Hexe, von Aschenputtel, von Schneewittchen und den sieben Zwergen, von Rotkäppchen und dem Wolf. In diesen Märchen ist der Mensch noch eng mit der Natur verbunden. Tiere, Pflanzen und selbst Steine können sprechen. Es gibt nur Gut und Böse und fürchtbar ist die Strafe° des Bösen. Die meisten Situationen in den Märchen sind so einfach und doch so interessant, daß nicht nur die Kinder diese Märchen immer wieder gern hören.

°once upon a time

°Cinderella/Snow-White and the Seven Dwarfs Little Red Riding Hood

°punishment

Grimms Märchen sind Geschichten aus alten, vergangenen Zeiten, "entstellte Überreste° von Wunschphantasien ganzer Nationen" (Sigmund Freud).   Jacob und Wilhelm Grimm haben sie in ihrer hessischen Heimat gesammelt. Sie haben sie in einfacher Sprache aufgeschrieben, so wie die Pfarrer°, Lehrer, Dichter und die Bäuerinnen sie ihnen erzählt hatten.

°distorted remnants

°pastors

Beliebt und bekannt waren Grimms Märchen schon zu Lebzeiten der beiden Brüder. Ihr großer Erfolg° war für Jacob und Wilhelm Grimm wohl selbst wie ein Märchen, denn sie waren keine Dichter-Genies. Sie waren Spezialisten für die deutsche Sprache, Bibliothekare° in Kassel und später Professoren in Göttingen und Berlin.

°success

°librarians

Die Brüder Grimm wollten mit ihren Märchen auch keinen Weltbestseller schreiben. Ihre Märchensammlung war das Resultat wissenschaftlicher Sammlerarbeit und Forschung°. Sie interessierten sich vor allem für die Geschichte der deutschen Sprache und haben große Werke darüber geschrieben.

°research

---

* Chapter 28 introduces a fairy tale by the Grimm brothers.

SCHRIFTLICHE ÜBUNGEN

Imperfekt, bitte!

SÜ 1
> Er buchstabiert seinen Namen.
> Er buchstabierte seinen Namen.

1. Wir machen eine Pause.
2. Sie lebt in Deutschland.
3. Ich hole das Auto ab.
4. Der Briefträger klingelt.
5. Er hängt das Bild an die Wand.

6. Ich frühstücke um 10 Uhr.
7. Du weißt das nicht.
8. Wir kennen die Leute nicht.
9. Er bringt das Buch zurück.
10. Sie denkt an ihren Urlaub.

SÜ 2   Erzählen Sie im Imperfekt!

Frau Becker hat Geburtstag und erwartet Gäste. Da klingelt es. Der Briefträger bringt ein Telegramm. Frau Becker dankt ihm für das Telegramm. Sie öffnet es. Es ist von ihrer Schwester Marion. Marion wohnt seit Jahren in Amerika. Nun will sie ihre Schwester in Deutschland besuchen. Frau Becker freut sich auf den Besuch ihrer Schwester. Sie telefoniert mit ihrem Mann. Sie sagt ihm Bescheid. Später zeigt sie ihm das Telegramm.
   Am Abend holen Herr und Frau Becker Marion am Bahnhof ab. Marion gratuliert ihrer Schwester zum Geburtstag und wünscht ihr alles Gute. Sie reden von Freunden und Verwandten. Marion erzählt von ihrem Leben in Amerika und zeigt Bilder von ihrer Familie.

SÜ 3   Ergänzen Sie die Verben im Imperfekt!
            Was paßt?

wollen, können, wissen, kennen, s. ärgern, s. fürchten, s. setzen, s. umschauen, s. freuen, erzählen, weinen, packen, schleudern, passieren, entdecken, danken, wandern, öffnen, warten, sein, zeigen, stellen, stecken

Vor der Himmelstür _____ ein alter Mann. Aber Petrus _____ ihm die Tür nicht aufmachen, denn er _____ ihn. Er _____, daß der alte Mann ein Dieb _____. Deshalb _____ er hinunter zur Hölle. Da _____ der alte Mann und _____ von seinen Problemen und seinem schweren Leben. Natürlich _____ er sich vor der Hölle. Da _____ ihm Petrus doch die Tür. Der alte Mann _____ sich über sein Glück und _____ Petrus.
   Einige Tage später _____ der alte Mann durch den Himmelsgarten und _____ den Himmelsthron. Er _____ sich darauf. Seine Füße _____ er auf einen kleinen Schemel. Dann _____ er sich um. Plötzlich _____ er sehen, was auf der Erde _____. Da _____ er einen Dieb. Der Dieb _____ gerade eine Uhr in seine Tasche und _____ sich über seine "gute Arbeit". Darüber _____ sich der alte Mann im Himmel. Er _____ den Schemel und _____ ihn nach dem Dieb.

WORTSCHATZ

Nomen		Verben	
der Erfolg,-e	*success*	packen	*to grab*
der Himmel,-	*heaven, sky*	stecken	*to put*
		schleudern	*to hurl, throw*
		übersetzen	*to translate*

Verschiedenes

es war einmal	*once upon a time*

Can you guess the meaning of these words?

Nomen		Verben
der Bestseller,-	das Genie,-s	stehlen
der Dieb,-e	das Werk,-e	(gestohlen)
der Professor,-en		
der Spezialist,-en	die Hölle	**Adjektive**
der Stein,-e	die Pflanze,-n	spontan
der Thron,-e		vergangen

ZUSATZVOKABULAR

die Bäuerin,-nen	*farmer's wife*
der Bibliothekar,-en	*librarian*
die Forschung,-en	*research*
die Legende,-n	*legend*
Petrus	*St. Peter*
der Pfarrer,-	*priest, pastor*
der Schemel,-	*footstool*
die Strafe,-n	*punishment*
die Sünde,-n	*sin*
wundersam	*strange*

LEKTION 28

EINFÜHRUNGSTEXT: Herr Becker war krank.

LESESTÜCK: Aus der Märchenwelt der Brüder Grimm:
Rotkäppchen

GRAMMATIK:

Past Tense of Strong Verbs
Summary of Strong Verbs
When to use **wenn** and **als**
Diminutive Suffixes -**chen** and -**lein**

EINFÜHRUNG: STARKE VERBEN IM IMPERFEKT

Erinnern Sie sich noch an die Familie Becker?

Präsens	Imperfekt
Herr Becker ist krank.	Herr Becker **war** krank.
Er sieht krank aus.	Er **sah** krank aus.
Er steht nicht auf.	Er **stand** nicht auf.
Er bleibt im Bett.	Er **blieb** im Bett.
Er trinkt eine Tasse Tee.	Er **trank** eine Tasse Tee.
Dann schläft er wieder ein.	Dann **schlief** er wieder ein.
Seine Frau geht zum Telefon.	Seine Frau **ging** zum Telefon.
Zuerst ruft sie seine Firma an.	Zuerst **rief** sie seine Firma an.
Dann spricht sie mit dem Arzt.	Dann **sprach** sie mit dem Arzt.
Um 10 Uhr kommt der Arzt vorbei.	Um 10 Uhr **kam** der Arzt vorbei.
Er unterhält sich mit Herrn Becker	Er **unterhielt** sich mit Herrn Becker
und schreibt ihm Medikamente auf.	und **schrieb** ihm Medikamente auf.
Dann geht er wieder.	Dann **ging** er wieder.
Frau Becker zieht ihren Mantel an.	Frau Becker **zog** ihren Mantel an.
Sie nimmt ihre Tasche.	Sie **nahm** ihre Tasche.
Sie geht zur Bushaltestelle.	Sie **ging** zur Bushaltestelle.
Der Bus kommt,	Der Bus **kam**,
und sie steigt ein.	und sie **stieg** ein.
Sie fährt in die Stadt.	Sie **fuhr** in die Stadt.
Der Bus hält am Bismarckplatz.	Der Bus **hielt** am Bismarckplatz.
Frau Becker steigt aus.	Frau Becker **stieg** aus.
Sie geht einkaufen.	Sie **ging** einkaufen.
Um ein Uhr kommt sie nach Hause.	Um ein Uhr **kam** sie nach Hause.
Ihr Mann liegt im Bett	Ihr Mann **lag** im Bett
und liest die Zeitung.	und **las** die Zeitung.
Frau Becker gibt ihm die Medikamente.	Frau Becker **gab** ihm die Medikamente.
Abends sehen Herr und Frau Becker	Abends **sahen** Herr und Frau Becker
ein bißchen fern.	ein bißchen fern.
Um 8 Uhr fängt ein Film an.	Um 8 Uhr **fing** ein Film an.
Der Film gefällt ihnen sehr gut.	Der Film **gefiel** ihnen sehr gut.
Sie finden ihn interessant.	Sie **fanden** ihn interessant.

WENN und ALS

Präsens: wenn	Imperfekt: als
Wie sieht man aus, **wenn** man krank ist?	Wie sah Herr Becker aus, **als** er krank war?
Können Sie aufstehen, **wenn** Sie krank sind?	Konnte Herr Becker aufstehen, **als** er krank war?
Was trinken Sie, **wenn** Sie Durst haben?	Was trank Herr Becker, **als** er Durst hatte?
Was tun Sie, **wenn** Sie in der Stadt sind?	Was tat Frau Becker, **als** sie in der Stadt war?

GRAMMATIK

A THE PAST TENSE OF STRONG VERBS (IMPERFEKT)

1 ANALYSIS

In German and in English, many verbs form their past tense and past participle by changing the verb stem.

Compare:

INFINITIVE	gehen	*to go*
PAST TENSE	ging	*went*
PAST PARTICIPLE	gegangen	*gone*

Notice that many German verbs with cognate forms in English undergo the same or a similar vowel change as their English counterpart:

Infinitive		Past Tense	
beginnen	*to begin*	begann	*began*
essen	*to eat*	aß	*ate*
finden	*to find*	fand	*found*
geben	*to give*	gab	*gave*
kommen	*to come*	kam	*came*
schwimmen	*to swim*	schwamm	*swam*
singen	*to sing*	sang	*sang*
trinken	*to drink*	trank	*drank*

Since the change in their stem is not predictable, these verbs are called irregular or strong verbs. Again, you should memorize the past tense forms of strong verbs together with the infinitive and the past participle.

These forms are called the **three principal parts** of the verb:

INFINITIVE	gehen	*to go*
PAST TENSE	ging	*went*
PAST PARTICIPLE	gegangen	*gone*

In the **Wortschatz** lists of this book, the past tense stem and the past participle of strong verbs are indicated right after the infinitive: **gehen, ging, ist gegangen.**

2 TENSE FORMATION

In the past tense, strong verbs change their stem and add a set of personal endings which differ from those used with weak verbs:

Infinitive		Changed Stem	Ending	Past Tense	
	ich		–	ich trug	*I wore*
	du		st	du trugst	*you wore*
	er		–	er trug	*he wore*
tragen		trug			
	wir		en	wir trugen	*we wore*
	ihr		t	ihr trugt	*you wore*
	sie		en	sie trugen	*they wore*
	Sie		en	Sie trugen	*you wore*

If the stem ends in **-d** or **-t,** an **-e-** is inserted between the stem and the ending in the **du-** and **ihr** form.

	finden	tun
ich	fand	tat
du	fand**est**	tat**est**
er	fand	tat
wir	fanden	taten
ihr	fand**et**	tat**et**
sie	fanden	taten
sie	fanden	taten

NOTE: With the exception of **sein, haben** and the modals, the **du-** and **ihr**-forms of verbs are rarely used in the past tense. Today, these forms are mainly reserved for poetry and would sound stilted if used in the spoken language. For the familiar forms of address German prefers the present perfect, that is, the conversational past.

3 STUDY AID

Since the past tense forms of strong verbs have to be memorized, it may be helpful to know that the following are the most common vowel changes:

a. INFINITIVE **-e-**	PAST TENSE **-a-**		c. INFINITIVE **-ie-**	PAST TENSE **-o-**
empfehlen	empfahl		fliegen	flog
essen	aß		frieren	fror
geben	gab		riechen	roch
helfen	half		schließen	schloß
lesen	las		verlieren	verlor
nehmen	nahm		wiegen	wog
sehen	sah		ziehen	zog
sprechen	sprach			
stehen	stand		d. INFINITIVE **-ei-**	PAST TENSE **-ie-/-i-**
stehlen	stahl			
sterben	starb		beißen	biß
treffen	traf		bleiben	blieb
vergessen	vergaß		entscheiden	entschied
verstehen	verstand		heißen	hieß
werfen	warf		scheinen	schien
zerbrechen	zerbrach		schneiden	schnitt
			schreiben	schrieb
b. INFINITIVE **-i-**	PAST TENSE **-a-**		steigen	stieg
			vergleichen	verglich
beginnen	begann			
finden	fand			
schwimmen	schwamm			
singen	sang			
sitzen	saß			
trinken	trank			

e. INFINITIVE   PAST TENSE   g. AUSNAHMEN
   -a-/-ä-   -ie-/-i-

   anfangen   fing an   INFINITIVE   PAST TENSE
   fallen   fiel   gehen   ging
   halten   hielt   kommen   kam
   hängen   hing   laufen   lief
   lassen   ließ   liegen   lag
   schlafen   schlief   rufen   rief
                                         sein   war
f. INFINITIVE   PAST TENSE   werden   wurde
   -a-   -u-

   aufschlagen   schlug auf
   einladen   lud ein
   fahren   fuhr
   tragen   trug
   waschen   wusch

4 SUMMARY OF STRONG VERBS* (Chapters 1 - 28)

INFINITIVE	es/es/sie	PAST	PRESENT PERFECT **	
an·fangen	fängt an	fing an		angefangen	(to begin)
auf·schlagen	schlägt auf	schlug auf		aufgeschlagen	(to open up)
backen	bäckt	backte (buk)		gebacken	(to bake)
beginnen		begann		begonnen	(to begin)
beißen		biß		gebissen	(to bite)
bleiben		blieb	ist geblieben	(to stay, remain)
ein·laden	lädt ein	lud ein		eingeladen	(to invite)
empfehlen	empfiehlt	empfahl		empfohlen	(to recommend)
entscheiden		entschied		entschieden	(to decide)
essen	ißt	aß		gegessen	(to eat)
fahren	fährt	fuhr	ist gefahren	(to drive, go, ride)
fallen	fällt	fiel	ist gefallen	(to fall)
finden		fand		gefunden	(to find)
fliegen		flog	ist geflogen	(to fly)
frieren		fror		gefroren	(to be cold, freeze)
geben	gibt	gab		gegeben	(to give)
gehen		ging	ist gegangen	(to go)
halten	hält	hielt		gehalten	(to stop, hold)
hängen		hing		gehangen	(to hang)
heißen		hieß		geheißen	(to be named)
helfen	hilft	half		geholfen	(to help)
kommen		kam	ist gekommen	(to come)
lassen	läßt	ließ		gelassen	(to leave)
laufen	läuft	lief	ist gelaufen	(to run, walk)
lesen	liest	las		gelesen	(to read)
liegen		lag		gelegen	(to lie)
nehmen	nimmt	nahm		genommen	(to take)
riechen		roch		gerochen	(to smell)
rufen		rief		gerufen	(to call)
scheinen		schien		geschienen	(to shine, seem)
schlafen	schläft	schlief		geschlafen	(to sleep)
schließen		schloß		geschlossen	(to close, shut)

* This summary does not include the many familiar verbs with prefixes which
  form their past tense and past participle like the corresponding simple verbs.

** All verbs use haben as the auxiliary unless otherwise indicated.

schneiden		schnitt	geschnitten	(to cut)
schreiben		schrieb	geschrieben	(to write)
schwimmen		schwamm	ist geschwommen	(to swim)
sehen	sieht	sah	gesehen	(to see)
sein	ist	war	ist gewesen	(to be)
singen		sang	gesungen	(to sing)
sitzen		saß	gesessen	(to sit)
sprechen	spricht	sprach	gesprochen	(to speak)
springen		sprang	ist gesprungen	(to jump)
stehen		stand	gestanden	(to stand)
stehlen	stiehlt	stahl	gestohlen	(to steal)
steigen		stieg	ist gestiegen	(to climb)
sterben	stirbt	starb	gestorben	(to die)
tragen	trägt	trug	getragen	(to carry, wear)
treffen	trifft	traf	getroffen	(to meet)
trinken		trank	getrunken	(to drink)
tun		tat	getan	(to do)
vergessen	vergißt	vergaß	vergessen	(to forget)
vergleichen		verglich	verglichen	(to compare)
verlieren		verlor	verloren	(to lose)
waschen	wäscht	wusch	gewaschen	(to wash)
werden	wird	wurde	ist geworden	(to become, get)
werfen	wirft	warf	geworfen	(to throw)
wiegen		wog	gewogen	(to weigh)
zerbrechen	zerbricht	zerbrach	zerbrochen	(to break, smash)
ziehen		zog	gezogen	(to pull)

B WHEN TO USE wenn and als

Wenn and als are both translated as *when*. You will recall that wenn (*if*, *when*) is used to refer to present or future time:

Wenn ich Probleme habe, rufe ich ihn an.
If I have problems, I'll call him.

Wenn (*whenever*) is also used for repeated or customary actions in present or past time:

Wenn ich Probleme habe, rufe ich ihn an.
Whenever I have problems, I call him.

Wenn ich Probleme hatte, habe ich ihn (immer) angerufen.
Whenever I had problems, I called him.

Als (*when*) is also a subordinating conjunction and is used when referring to a single event in past time:
Als ich Probleme hatte, rief ich ihn an.
When I had problems, I called him.

Als wir zum Bahnhof kamen, fuhr der Zug gerade ab.
When we arrived at the train station, the train was just leaving.

Ich ging ins Bett, als das Programm zu Ende war.
I went to bed when the program was over.

NOTE: **Wann** *(when)* is a question word with the meaning of *at what time?*
and may also function as subordinating conjunction.

Wissen Sie, wann er nach Hause kommt?
Do you know when he is coming home?

C WORD FORMATION: DIMINUTIVE SUFFIXES -CHEN AND -LEIN

Most nouns can be made into diminutives by adding the suffixes **-chen**
or **-lein** plus Umlaut whenever possible. Diminutive nouns are always
neuter. In the plural, they remain unchanged.

	-chen	**-lein**	
Bruder	Brüderchen	Brüderlein	*little brother*
Schwester	Schwesterchen	Schwesterlein	*little sister*
Kind	Kindchen	Kindlein	*little child*
Teller	Tellerchen	Tellerlein	*little plate*
Glas	Gläschen	Gläslein	*little glass*

In standard German, the suffix **-chen** is more predominant than **-lein**
which is rather poetic.

When added to proper names or nouns referring to persons, the diminutives may not only express smallness but also endearment and affection.

der Vater	das Väterchen
die Mutter	das Mütterchen
Hans	Hänschen

but: die Frau   Fräulein *(Miss)*

MÜNDLICHE ÜBUNGEN

Wie sagt man das im Präsens?

MÜ 1
| Was tat Herr Becker? |
| Was tut Herr Becker? |

1. Er schlief bis um 10 Uhr.
2. Sie zog ihren Mantel an.
3. Wann kam sie nach Hause?
4. Die Dame stieg aus.
5. Der Bus hielt nicht.
6. Sie sah das Auto nicht.

7. Ich rief ein Taxi.
8. Wir gingen nach Hause.
9. Worüber sprachen Sie?
10. Die Geschichte gefiel ihm.
11. Die Sonne schien.
12. Der Film begann um 8 Uhr.

Imperfekt, bitte!

MÜ 2
| Infinitiv: -e- Ich gebe ihm das Buch. |
| Imperfekt: -a- Ich gab ihm das Buch. |

1. Wir sehen ihn.
2. Ich helfe der Dame.
3. Wir nehmen ein Taxi.
4. Er vergißt seine Brille.
5. Wir lesen die Zeitung.
6. Ich verstehe das nicht.
7. Der Sessel steht dort.
8. Sie besteht die Prüfung.

9. Das Kind wirft einen Ball.
10. Der Dieb stiehlt eine Uhr.
11. Sie spricht gut Deutsch.
12. Sie essen nicht viel.
13. Ich empfehle Ihnen das Hotel.
14. Sie treffen ihn im Café.
15. Es gibt keinen Nachtisch.

MÜ 3
| Infinitiv: -i- Wir trinken Kaffee. |
| Imperfekt: -a- Wir tranken Kaffee. |

1. Er findet seinen Bleistift nicht.
2. Das Papier schwimmt auf dem Wasser.
3. Der Flohmarkt findet nicht statt.
4. Sie besitzt keinen Führerschein.

5. Die Leute sitzen auf der Couch.
6. Die Kinder singen laut.
7. Wie finden Sie das Buch?
8. Der Film beginnt um 8 Uhr.

MÜ 4
| Infinitiv: -ie- Ich ziehe mich um. |
| Imperfekt: -o-   Ich zog mich um. |

1. Wir fliegen nach Amerika.
2. Ich ziehe mich an.
3. Er friert.
4. Sie verliert alles.

5. Der Brief wiegt nicht viel.
6. Sie schließt die Tür.
7. Die Blumen riechen gut.

MÜ 5

Infinitiv: -ei-	Die Leute steigen aus.
Imperfekt: -ie- (-i-)	Die Leute stiegen aus.

1. Wir bleiben zu Hause.
2. Er steigt in Frankfurt um.
3. Die Sonne scheint.
4. Wer entscheidet diese Frage?
5. Sie schreibt einen Brief.

6. Der Mann beschreibt den Dieb.
7. Wie heißt die Frau?

8. Wir vergleichen die Preise.
9. Der Hund beißt den Briefträger.

MÜ 6

Infinitiv: -a-	Der Bus hält nicht.
Imperfekt: -ie- (-i-)	Der Bus hielt nicht.

1. Die Stadt gefällt mir.
2. Er schläft bis um 10 Uhr.
3. Ich lasse die Koffer zu Hause.
4. Wo hält der Bus?
5. Sie verläßt das Haus.

6. Wir unterhalten uns über Politik.

7. Der Film fängt gerade an.
8. Das Bild hängt an der Wand.

MÜ 7

Infinitiv: -a-	Der Zug fährt um 7 Uhr ab.
Imperfekt: -u-	Der Zug fuhr um 7 Uhr ab.

1. Wir fahren mit dem Zug.
2. Er trägt eine Brille.
3. Die Kinder waschen sich.

4. Wir laden ihn nicht ein.
5. Sie schlägt die Zeitschrift auf.

MÜ 8   Ausnahmen

Infinitiv:	liegen	kommen	gehen	tun	rufen	laufen	werden
Imperfekt:	lag	kam	ging	tat	rief	lief	wurde

1. Wann kommt der Arzt vorbei?
2. Er kommt um 5 Uhr.
3. Sie bekommt ihr Geld nicht.
4. Die Fahrkarte liegt auf dem Tisch.
5. Wir gehen ins Museum.

6. Wie geht es dem kranken Mann?
7. Es wird dunkel.
8. Er ruft seine Frau an.
9. Es tut mir leid.
10. Der Hund läuft unter den Tisch.

MÜ 9   Vollenden Sie die Sätze im Imperfekt!

1. Der Bus hielt und ...
2. Ich ging nach Hause, denn ...
3. Sie fuhr mit dem Zug, weil ...
4. Wir luden ihn ein, aber ...

5. Ich wußte nicht, daß ...
6. Sie verstand mich nicht, weil ...
7. Ich nahm das Geld und ...
8. Sie rief mich nicht an, sondern ...

STARKE UND SCHWACHE VERBEN

MÜ 9   Imperfekt, bitte!

1. Ich bleibe zu Hause.
2. Er macht eine Pause.
3. Wir gehen zu Fuß.
4. Sie erzählt eine Geschichte.
5. Wir warten auf den Bus.
6. Er fliegt nach Italien.
7. Er sucht seinen Schlüssel.
8. Wir laden die Leute ein.
9. Ich lese die Zeitung.
10. Das weiß ich nicht.
11. Er reist durch Deutschland.
12. Wir kennen die Leute.

MÜ 10   Vollenden Sie die Sätze!
(wenn + Präsens)

1. Wenn ich zuviel rauche, *bekomme ich Kopfschmerzen.*
2. Wenn ich nachts nicht schlafen kann, ...
3. Wenn ich Kopfschmerzen habe, ...
4. Wenn ich müde bin, ...
5. Wenn ich Geld brauche, ...
6. Wenn ich viel Zeit habe, ...

Sagen Sie die Sätze im Imperfekt!
(Vorsicht: wenn --- als)

MÜ 11

> Wenn sie krank ist, geht sie zum Arzt.
> Als sie krank war, ging sie zum Arzt.

1. Wenn es kalt wird, ziehen wir uns wärmer an.
2. Ich rufe Sie an, wenn ich Zeit habe.
3. Was passiert, wenn er einen Unfall hat?
4. Wenn der Bus hält, steigen wir aus.
5. Er versteht mich, wenn ich langsam spreche.
6. Wer hilft Ihnen, wenn Sie Probleme haben?

MÜ 12   Auf deutsch, bitte!

1. We saw them yesterday.
2. She came out of the museum.
3. We were driving to the museum.
4. I called her.
5. She looked around.
6. They recognized us.
7. We spoke to them.
8. He wore a new coat.
9. I liked his coat.
10. We talked about the weather.
11. The sun was shining.
12. It got very late.
13. We invited them.
14. They walked home.

Aus der Märchenwelt der Brüder Grimm:

ROTKÄPPCHEN

Es war einmal ein kleines Mädchen. Jeder hatte das Mädchen
gern, besonders aber seine Großmutter. Sie wußte gar nicht,
was sie dem Kind alles geben sollte. Einmal schenkte sie ihm
ein rotes Käppchen, und weil ihm das Käppchen so gut gefiel,   *little cap*
und es nichts anderes mehr tragen wollte, hieß das kleine Mäd-
chen nur das Rotkäppchen.

Eines Tages sagte die Mutter: "Komm, Rotkäppchen, da hast
du ein Stück Kuchen und eine Flasche Wein. Bring das der Großmutter hinaus! Sie ist krank und schwach und wird sich darüber
freuen. Geh jetzt, bevor es heiß wird, und wenn du hinauskommst,
lauf nicht vom Weg ab, sonst fällst du und zerbrichst° das Glas,   *break*
und die Großmutter hat nichts. Und wenn du in ihre Stube° kommst,   *room*
so vergiß nicht, guten Morgen zu sagen, und guck° nicht zuerst   *look*
in allen Ecken herum!"

"Ich will schon alles gut machen", versprach Rotkäppchen der Mut-   *promised*
ter. Die Großmutter aber wohnte draußen° im Wald, eine halbe   *out there*
Stunde vom Dorf. Als nun Rotkäppchen in den Wald kam, begegnete°   *met*
ihm der Wolf. Rotkäppchen aber wußte nicht, was das für ein böses Tier war, und fürchtete sich nicht vor ihm.

"Guten Tag, Rotkäppchen!" sprach er.

"Schönen Dank, Wolf!"

"Wohin gehst du so früh, Rotkäppchen?"

"Zur Großmutter."

"Was trägst du unter der Schürze?"

"Kuchen und Wein. Gestern haben wir gebacken, da soll die kranke und schwache Großmutter auch etwas davon haben."

"Rotkäppchen, wo wohnt deine Großmutter?"

"Noch eine Viertelstunde weiter im Wald, unter den drei großen
Eichenbäumen, da steht ihr Haus. Das wirst du ja wissen", sagte   *oak trees*
Rotkäppchen.

Der Wolf dachte bei sich: "Das junge, zarte° Ding, das ist ein   *tender*
fetter Bissen, der wird noch besser schmecken als die Alte. Du   *morsel*
mußt nur schlau° sein, damit du beide schnappst." Da ging er ein   *sly/catch*
Weilchen neben Rotkäppchen her, dann sprach er:

"Rotkäppchen, sieh einmal die schönen Blumen. Warum guckst du
dich nicht um? Ich glaube, du hörst gar nicht die Vöglein° singen.   *little birds*
Es ist so schön hier draußen im Wald.

Rotkäppchen schlug die Augen auf, und als es sah, wie die Sonne
so herrlich durch die Bäume schien und überall schöne Blumen stan-
den, dachte es: "Wenn ich der Großmutter einen frischen Strauß° Blu- *bouquet*
men mitbringe, wird sie sich auch freuen. Es ist so früh am Tag,
daß ich noch zur rechten Zeit ankomme." Rotkäppchen lief vom Weg
ab in den Wald hinein und
suchte Blumen. Und wenn
es eine gefunden hatte,
sah es eine schönere. So
lief Rotkäppchen immer tie-
fer in den Wald hinein.
Der Wolf aber ging geradewegs zum Haus der Großmutter und klopfte an die Tür.

Notice the agreement between noun and pronoun: **das** Rotkäppchen/**es**,
das Mädchen/**es**.

"Wer ist draußen?"

"Rotkäppchen! Ich bring dir Kuchen und Wein. Mach auf!"

"Drück nur auf die Klinke°", rief die Großmutter. "Ich bin   *press the door*
zu schwach und kann nicht aufstehen." Der Wolf drückte auf   *handle*
die Klinke. Die Tür sprang auf,° und er ging, ohne ein Wort zu   *popped open*
sprechen, gerade zum Bett der Großmutter und verschluckte° sie.   *swallowed (up)*
Dann zog er ihre Kleider an, setzte ihre Haube° auf, legte sich   *nightcap*
in ihr Bett und zog die Vorhänge zu.

Rotkäppchen aber war nach den Blumen herumgelaufen. Als es
so viele zusammen hatte, daß es keine mehr tragen konnte, dachte es wieder an die Großmutter, und es machte sich auf den Weg
zu ihr. Es wunderte sich, daß die Tür aufstand, und als
es in die Stube kam, dachte es: "Ei, du mein Gott, warum habe
ich heute solche Angst? Ich bin doch sonst so gerne bei der
Großmutter!" Es rief: "Guten Morgen!", bekam aber keine Antwort.
Da ging Rotkäppchen zum Bett und zog die Vorhänge zurück.

Da lag die Großmutter und hatte die Haube tief ins Gesicht
gesetzt und sah so wunderlich aus.

"Ei, Großmutter, was hast du für große Ohren!"
"Daß ich dich besser hören kann!"
"Ei, Großmutter, was hast du für große Augen!"
"Daß ich dich besser sehen kann!"
"Ei, Großmutter, was hast du für große Hände!"
"Daß ich dich besser packen kann!"
"Aber, Großmutter, was hast du für ein entsetzlich° großes   *horribly*
Maul°!"   *mouth*
"Daß ich dich besser fressen° kann!" Kaum hatte der Wolf das   *eat*
gesagt, so sprang° er aus dem Bett und verschluckte das arme Rot- *jumped*
käppchen. Dann legte er sich wieder ins Bett, schlief ein und
fing an, überlaut zu schnarchen.°   *snore*
Der Jäger° ging gerade an dem Haus vorbei und dachte: "Wie die   *hunter*
alte Frau schnarcht! Du mußt doch sehen, ob sie krank ist." Da
ging er in die Stube, und als er vor das Bett kam, sah er, daß der
Wolf darin lag. "Finde ich dich hier, du alter Sünder", sagte er,
"ich habe dich lange gesucht." Nun wollte er den Wolf erschießen,° *shoot*
da dachte er: "Vielleicht hat der Wolf die Großmutter gefressen,
vielleicht ist sie noch zu retten°?" Er schoß nicht, sondern nahm *save*

eine Schere° und fing an, dem schlafenden Wolf den Bauch auf-   *scissors*
zuschneiden°   *cut open*

    Als er ein paar Schnitte getan hatte, da sprang das Mädchen
heraus und rief: "Ach, wie war ich erschrocken, wie war's so
dunkel in dem Wolf!" Und dann kam die alte Großmutter auch
noch lebendig heraus und konnte kaum atmen°   *breathe*

    Rotkäppchen aber holte schnell große Steine. Damit füllten
sie den Wolf. Und als der Wolf aufwachte, wollte er fortsprin-
gen. Aber die Steine waren so schwer, daß er umfiel und starb.

    Da freuten sich alle drei. Der Jäger zog dem Wolf den Pelz°   *fur*
ab und ging damit nach Hause. Die Großmutter aß den Kuchen und
trank den Wein und fühlte sich bald wieder besser. Rotkäppchen
aber dachte: "Du willst nie wieder allein vom Wege ab in den
Wald laufen, wenn dir's die Mutter verboten hat."

FRAGEN UND AUFGABEN ZUM TEXT

    1   Beantworten Sie die Fragen!

1. Warum hieß das kleine Mädchen nur Rotkäppchen?
2. Warum sollte Rotkäppchen in den Wald gehen?
3. Was versprach Rotkäppchen der Mutter?
4. Was wollte der Wolf von Rotkäppchen?
5. Warum blieb Rotkäppchen so lange im Wald?
6. Was tat der Wolf, während Rotkäppchen Blumen suchte?
7. Warum fühlte Rotkäppchen Angst, als es die Großmutter besuchte?
9. Was passierte, als Rotkäppchen sagte: "Aber, Großmutter, was
    hast du für ein entsetzlich großes Maul"?
10. Wie hat der Jäger Rotkäppchen und die Großmutter gerettet?

    2   Vollenden Sie die Sätze!

1. Die Großmutter hatte das Mädchen besonders gern und ...
2. Weil dem kleinen Mädchen das rote Käppchen so gut gefiel, ...
3. Rotkäppchen sollte der Großmutter Kuchen und Wein bringen, denn ...
4. Als Rotkäppchen in den Wald kam, ...
5. Rotkäppchen wußte nicht, ...
6. Als Rotkäppchen die schönen Blumen sah, ...
7. Der Wolf ging zum Haus der Großmutter und ...
8. Weil die Großmutter krank und schwach war, ...
9. Der Wolf ging zum Bett der Großmutter und ...
10. Als Rotkäppchen genug Blumen hatte, ...
11. Als Rotkäppchen zum Haus der Großmutter kam, ...
12. Als es "Guten Morgen!" rief, ...
13. Der Wolf sprang aus dem Bett und ...
14. Der Jäger wollte wissen, warum ...
15. Als er zum Bett der Großmutter kam, ...
16. Er schoß nicht, sondern ...
17. Als er ein paar Schnitte getan hatte, ...
18. Als der Wolf aufwachte, ...
19. Der Jäger nahm den Pelz und ...
20. Rotkäppchen und die Großmutter freuten sich, ...

SCHRIFTLICHE ÜBUNGEN

Imperfekt, bitte!

SÜ 1 | Das Auto steht vor der Garage.
        | Das Auto stand vor der Garage.

1. Das Buch liegt auf dem Tisch.
2. Er fliegt nach New York.
3. Wann kommt sie nach Hause?
4. Das Kleid gefällt mir nicht.
5. Er vergißt immer seine Brille.
6. Es gibt dort kein gutes Hotel.
7. Wir nehmen die Straßenbahn.
8. Fängt er mit der Arbeit an?
9. Der Film beginnt um 20 Uhr.
10. Das Mädchen ißt nicht viel.
11. Er fährt immer mit dem Bus.
12. Wo steigt der Herr aus?
13. Wer hilft Ihnen?
14. Rufen Sie ihn an?
15. Warum zieht er sich um?
16. Gehen die Leute nach Hause?

SÜ 2   Ergänzen Sie einen Nebensatz mit *wenn* oder *als*!

1. *Wenn ihr nicht mitkommt,* gehe ich allein ins Kino.
2. *Als sie vorbeikam* , war ich nicht zu Hause.
3. _____ , nehme ich einen Regenschirm.
4. _____ , nahm ich Aspirintabletten.
5. _____ , hielt das Taxi sofort.
6. _____ , fahre ich in den Süden.
7. _____ , gehe ich zum Zahnarzt.
8. _____ , erkältet man sich.
9. _____ , antwortete er nicht.
10. _____ , trinke ich etwas.
11. _____ , zog ich einen Pullover an.
12. _____ , weiß er nie eine Antwort.

SÜ 3   Erzählen Sie im Imperfekt!

Ein Mann steht in einer Bahnhofshalle. Er sieht auf seine Uhr. Es ist früh.
Sein Zug fährt erst in einer halben Stunde ab. Die Fahrkarte hat er schon.
Er überlegt sich, was er mit der halben Stunde anfangen soll. Er geht zum
Zeitungsstand und kauft sich eine Zeitung. Da sieht er eine automatische
Waage. Er stellt sich darauf und wirft zehn Pfennig hinein. Plötzlich hört
er eine Stimme. Die Stimme kommt aus der Waage. Die Stimme weiß seinen Namen. Sie beschreibt sein Gesicht.
   Erschrocken steigt der Mann von der
und kauft sich in einem Geschäft eine Maske. Dann läuft er zum Bahnhof zurück und stellt sich noch einmal auf die Waage. Aber die Stimme erkennt ihn
auch mit der Maske.
   Der Mann versteht die Welt nicht mehr. Er läuft zum Waschraum, öffnet
seinen Koffer, zieht einen anderen Anzug an, setzt sich eine dunkle Brille
auf und stellt sich zum dritten Mal auf die Waage.
   Wieder sagt die Stimme seinen Namen und beschreibt sein Gesicht. Aber
die Stimme sagt auch die genaue Uhrzeit und die Abfahrtszeit seines Zuges.
Da weiß der Mann, daß er auch den nächsten Zug nach Grünstadt warten muß!

SÜ 4   Ergänzen Sie *wenn, wann* oder *als!*

1. _____ Michael ankam, war er sehr müde.
2. Ich weiß nicht, _____ der Zug abfährt.
3. _____ Sie etwas nicht verstehen, müssen Sie fragen.
4. Er nimmt meistens den Bus, _____ er in die Stadt will.
5. Ich wollte gerade ins Bett gehen, _____ das Telefon klingelte.
6. Immer _____ ich spazieren gehen will, fängt es an zu regnen.
7. Hat sie gesagt, _____ sie nach Hause kommt?
8. _____ es dunkel wird, schließen wir die Tür.
9. _____ der Bus hielt, stiegen viele Leute aus.
10. Hast du deine Freunde besucht, _____ du in Augsburg warst?
11. Darf ich Sie fragen, _____ Sie den Brief bekommen haben?
12. Er konnte keine Antwort geben, _____ ich ihn fragte.

Rätselecke

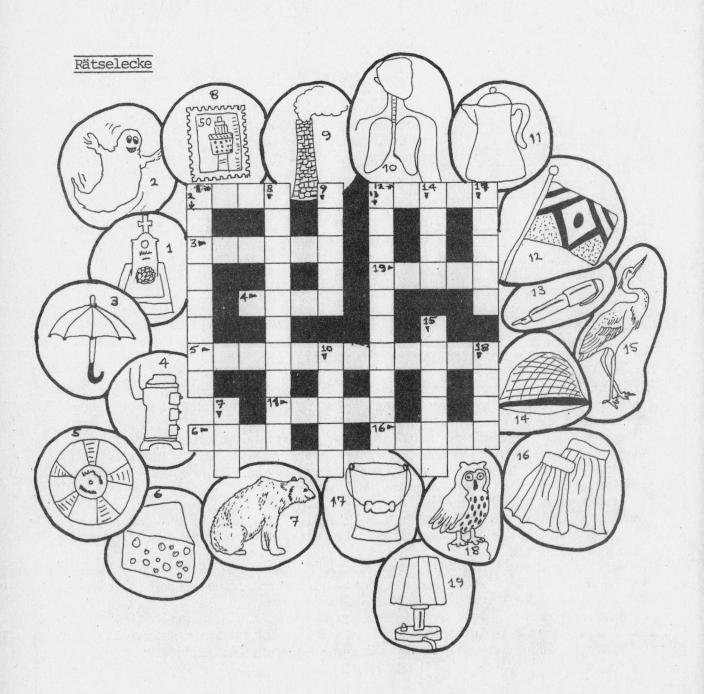

WORTSCHATZ

Nomen	
die Schere,-n	scissors

Verschiedenes	
draußen	out there
drinnen	in there
fort-	prefix: away

Verben	
drücken	to press, push
fallen	to fall
(fiel, ist gefallen)	
füllen	to fill
schneiden	to cut
(schnitt, geschnitten)	
springen	to jump
(sprang, gesprungen)	
versprechen	to promise
(versprach, vorsprochen)	
s. wundern	to wonder
zerbrechen	to break, smash
(zerbrach, zerbrochen)	
ziehen	to pull
(zog, gezogen)	

ZUSATZVOKABULAR

auf schneiden	to cut open
atmen	to breathe
begegnen (+ dat.)	to meet
der Bissen,-	morsel, bite
der Eichenbaum,⁼e	oak tree
entsetzlich	dreadful
erschießen	to shoot (+acc.)
(erschoß, erschossen)	
fressen	to devour, eat
(fraß, gefressen)	(for animals)
geradewegs	straight away
gucken	to look, gaze
die Haube,-n	cap, hat
der Jäger,-	hunter
das Käppchen,-	little cap
die Klinke,-n	door handle
lebendig	alive
das Maul,⁼er	mouth (of animal)
der Pelz,-e	fur
retten	to save, rescue
schießen	to shoot
schlau	sly, clever
schnappen	to catch
schnarchen	to snore
der Schnitt,-e	cut
der Strauß,⁼e	bouquet, bunch
die Stube,-n	room
der Sünder,-	sinner
um·fallen	to fall over
verschlucken	to swallow up
der Vogel,⁼	bird
wunderlich	strange, peculiar
zart	tender

ITG P

LEKTION 29

THEMA: Was für ein Land ist die Bundesrepublik?

Zwei Nachbarländer der Bundesrepublik:
Österreich und die Schweiz

GRAMMATIK:

Relative Pronouns and Relative Clauses

INFORMATIONEN ÜBER DIE BUNDESREPUBLIK DEUTSCHLAND

Lage und Größe

Die Bundesrepublik

    ... ist ungefähr so groß wie der amerikanische Staat Oregon.
    ... liegt im Zentrum von Europa.
    ... ist von Norden nach Süden 850 Kilometer lang.
    ... ist in der Mitte nur 250 Kilometer breit.
    ... hat neun Nachbarn.
    ... grenzt im Norden an die Nord- und Ostsee.
    ... grenzt im Süden an Österreich und die Schweiz.

Klima

In der Bundesrepublik

    ... ist das Klima gemäßigt?   *moderate*
    ... ist es im Sommer nicht sehr warm.
    ... ist es im Winter nicht sehr kalt.
    ... wechselt das Wetter oft.
    ... regnet es oft.
    ... kommen die Winde meistens aus dem Westen.

Politische Struktur

Die Bundesrepublik

    ... gibt es erst seit 1949.
    ... nennen die Amerikaner oft nur "West Germany".
    ... hat eine demokratische Staatsform.
    ... hat eine demokratische Verfassung?   *constitution*
    ... hat eine föderalistische Struktur.
    ... besteht aus zehn Bundesländern und Berlin (West).

Die Bundesländer

    ... haben ihre eigene Hauptstadt und ihr eigenes Parlament.
    ... haben ihre eigene Regierung und Verwaltung.
    ... sind für die Schulen und Universitäten verantwortlich?   *responsible*
    ... sind für die Krankenhäuser und die Polizei verantwortlich.
    ... sind auch für die Wirtschaft verantwortlich.

Berlin (West)

    ... gehört zur Bundesrepublik.
    ... hat einen besonderen politischen Status.
    ... hat eine eigene Regierung (der Berliner Senat).

WAS WISSEN SIE NOCH ÜBER DIE BUNDESREPUBLIK?

Vergleichen Sie die Bundesrepublik mit Ihrem Land!

EINFÜHRUNG: RELATIVPRONOMEN UND RELATIVSÄTZE

WAS FÜR EIN LAND IST DIE BUNDESREPUBLIK DEUTSCHLAND?

DIE BUNDESREPUBLIK IST

> ... **ein Land, das** im Zentrum von Europa liegt.
> ... **ein Land, das** neun Nachbarn hat.
> ... **ein Land, das** eine demokratische Staatsform hat.

> ... **ein Staat, der** aus zehn Bundesländern und Berlin (West) besteht.
> ... **ein Staat, der** zehn Länderregierungen hat.
> ... **ein Staat, der** eine Bundesregierung hat.

> ... **ein Staat, den** es erst seit 1949 gibt.
> ... **ein Staat, den** die Amerikaner oft nur "West Germany" nennen.
> ... **ein Staat, für den** die Demokratie selbstverständlich ist.

> ... **ein Staat, in dem** die Bürger frei und gleich sind.
> ... **ein Land, in dem** rund 62 Millionen Menschen leben.
> ... **ein Land, in dem** das Klima gemäßigt ist.

BERLIN (WEST) IST

> ... **eine Stadt, die** zur Bundesrepublik gehört.
> ... **eine Stadt, die** aber einen besonderen politischen Status hat.
> ... **eine Stadt, die** ihre eigene Regierung hat.

> ... **eine Stadt, in der** über zwei Millionen Menschen leben.
> ... **eine Stadt, in der** viele Ausländer arbeiten.
> ... **eine Stadt, in der** es viel Industrie gibt.

ZWEI NACHBARLÄNDER DER BUNDESREPUBLIK

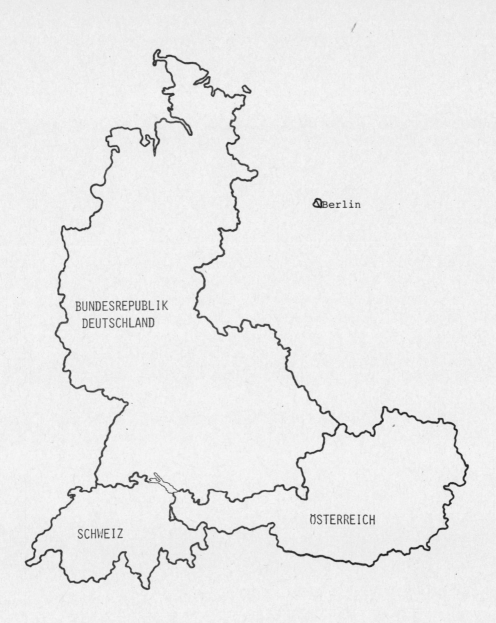

ÖSTERREICH UND DIE SCHWEIZ SIND

... **Länder, die** an die Bundesrepublik Deutschland grenzen.
... **Länder, die** kleiner als die Bundesrepublik sind.
... **Länder, die** in den Alpen liegen.

... **Länder, in denen** man auch Deutsch spricht.
... **Länder, in denen** es viel Fremdenverkehr gibt.
... **Länder, in denen** viele Deutsche ihren Urlaub verbringen.

WAS WISSEN SIE NOCH ÜBER ÖSTERREICH UND DIE SCHWEIZ?

Kennen Sie Österreich und die Schweiz?

454

(Lektion 29)

GRAMMATIK

RELATIVE PRONOUNS AND RELATIVE CLAUSES

1 ANALYSIS

A relative pronoun has two functions. 1. As a pronoun it relates to an antecedent, that is, it refers to a noun or pronoun in the preceding clause. 2. It functions as a conjunction in that it introduces a subordinate clause called relative clause.

Look at the following English sentences.

Is this the new coat **that** *she bought?*
Is this the picture **which** *you just received?*
He knows a person **who** *can do the work.*
He knows somebody **whom** *we can ask.*

As you can see, English uses two sets of relative pronouns: If the relative pronoun refers to a person, English uses a form of *who*, if the reference is to a thing or an idea, *which* or *that* may be used.

2 GERMAN RELATIVE PRONOUNS

a. Forms

Unlike English, German uses the same relative pronouns for persons and for things. The forms are identical to the definite article, except that the dative plural adds the ending **-en**.

Relative Pronouns

	Masc.	Neuter	Fem.	Plural
NOM.	der	das	die	die
ACC.	den	das	die	die
DAT.	dem	dem	der	den**en**

b. Agreement with Antecendent in Gender and Number

Relative pronouns must agree with their antecedent in gender and number. If the noun to which the relative pronoun refers is masculine, the pronoun must be masculine; if the antecedent is plural, the pronoun must also be plural, and so on.

Masc.   Wie heißt **der Mann, der** da drüben steht?
Neut.   Wem gehört **das Geld, das** auf dem Tisch liegt?
Fem.   Ich kenne **die Frau, die** das gesagt hat.

Plural Sind das **die** neuen **Schuhe, die** er gekauft hat?

c. Function determines the case

The relative pronouns must show case. The case is determined by the
function within the relative clause.

> Wie heißt **die Frau**? Sie haben **der Frau** das Geld gegeben.
>
> Wie heißt **die Frau**, **der** Sie das Geld gegeben haben?

Antecedent: feminine singular	Function of Relative Pronoun: indirect object = dative case

3 THE FUNCTIONS OF RELATIVE PRONOUNS

A relative pronoun can have various grammatical functions. It can be:

a. the subject of the relative clause   ═ **NOMINATIVE CASE**

Singular

Nehmen Sie den Bus, **der** zum Bahnhof fährt!	**Der Bus** fährt zum Bahnhof.
Rufen Sie das Taxi, **das** gerade hält!	**Das Taxi** hält gerade.
Fragen Sie die Frau, **die** dort steht!	**Die Frau** steht dort.

Plural

| Wer sind die Kinder, **die** dort spielen? | **Die Kinder** spielen dort. |

b. the direct object of the relative clause   ═ **ACCUSATIVE CASE**

Singular

Wie heißt der Mann, **den** ich fragen soll?	Ich soll **den Mann** fragen.
Haben Sie das Buch, **das** ich lesen wollte?	Ich wollte **das Buch** lesen.
Hier ist die Tasse, **die** er haben möchte.	Er möchte **die Tasse** haben.

Plural

| Das sind die Leute, **die** er kennt. | Er kennt **die Leute**. |

c. the indirect object of the relative clause ═ **DATIVE CASE**

Singular

Wie heißt der Mann, **dem** Sie geholfen haben?	Sie haben **dem Mann** geholfen.
Wie heißt das Kind, **dem** der Ball gehört?	Der Ball gehört **dem Kind**.
Dort ist die Frau, **der** ich das Geld gab.	Ich gab **der Frau** das Geld.

Plural

| Wer sind die Leute, **denen** er das Haus zeigt? | Er zeigt **den Leuten** das Haus. |

4 NO OMISSION OF RELATIVE PRONOUNS

In English it is common to omit the relative pronoun from a sentence.
In German, relative pronouns may never be omitted.

Compare the following examples:

Die Antwort, **die** er gab, war nicht richtig.
The answer (which) he gave was not correct.

Der Mann, **den** sie sah, war mein Kollege.
The man (whom) she saw was my colleague.

Wie heißen die Leute, **die** da drüben wohnen?
What's the name of the people (who are) living over there?

5 RELATIVE PRONOUNS PRECEDED BY PREPOSITIONS

A relative pronoun, like any noun or pronoun may be the object of a
preposition and must take the case required by the preposition:

Wer ist der Mann, **mit dem** du am Telefon gesprochen hast?
Who is the man you spoke with on the phone?
    ... with whom you spoke on the phone?

Die Leute, **von denen** Sie sprechen, stehen da drüben.
The people you are speaking of are standing over there.
    ... of whom you are speaking ...

In contrast to English, German prepositions may not be separated from
their object. Thus, if the object of the preposition is a relative pronoun, the preposition must immediately precede it.

6 RELATIVE CLAUSES

A relative clause is a subordinate clause introduced by a relative pronoun. As is true for all German subordinate clauses, the verb is in
final position and the relative clause is set off by a comma.

Die Bundesrepublik ist ein Land, **in dem** 62 Millionen Menschen **leben**.
Ein Handtuch ist ein Tuch, **mit dem** man sich abtrocknen **kann**.
Wo sind die Kinder, **denen** du den Ball versprochen **hast?**

A relative clause usually follows its antecedent immediately, except if
only one word is needed to complete the main clause.

Der Wolf zog die Kleider an, die der Großmutter gehörten.
Er hat die Kleider angezogen, die der Großmutter gehörten.
Er wollte die Kleider anziehen, die der Großmutter gehörten.

MÜNDLICHE ÜBUNGEN

RELATIVPRONOMEN: Nominativ

Wem gehören die Sachen, die hier liegen?
Fragen Sie!

MÜ 1
das Geld
Wem gehört das Geld, das hier liegt?

1. die Tasche   4. die Handschuhe   7. der Führerschein
2. der Bleistift   5. der Kugelschreiber   8. das Papier
3. das Buch   6. das Heft   9. die Brille

Verbinden Sie die Sätze mit einem Relativpronomen!

MÜ 2
Dort kommt der Bus. Der Bus fährt zum Bahnhof.
Dort kommt der Bus, der zum Bahnhof fährt.

1. Wie heißen die Leute?   Die Leute stehen da drüben.
2. Dort ist das Geschäft.   Das Geschäft war früher in der Hauptstraße.
3. Wo ist das Restaurant?   Das Restaurant ist so gemütlich.
4. Hier ist die Uhr.   Die Uhr hat nur 50 Mark gekostet.
5. Dort kommt der Mann.   Der Mann war schon einmal hier.
6. Wer ist die Dame?   Die Dame hat angerufen.

MÜ 3
Sehen Sie den Stuhl? Der Stuhl steht am Fenster.
Sehen Sie den Stuhl, der am Fenster steht?

1. Kennen Sie den Herrn?   Der Herr war gerade hier.
2. Braucht er den Kamm?   Der Kamm liegt hier.
3. Der Koffer gehört der Dame.   Die Dame sitzt dort.
4. Helfen Sie dem Kind!   Das Kind weint so laut.
5. Ich antworte den Leuten.   Die Leute haben mich gefragt.
6. Nehmen Sie die Flasche!   Die Flasche steht dort.

Erklären Sie die Wörter mit einem Relativsatz!

MÜ 4
ein Märchenerzähler
Das ist jemand, der Märchen erzählt.

1. ein Weinkenner   4. ein Nichtraucher   7. ein Zeitungsleser
2. ein Kaffeetrinker   5. ein Fußgänger   8. ein Entdecker
3. ein Pfeifenraucher   6. ein Langschläfer   9. ein Frühaufsteher

ITG P*

Akkusativ

Sind das die Sachen, die Sie suchen?

| MÜ 5 | Ich suche den Kugelschreiber.
Ist das der Kugelschreiber, den Sie suchen? |

Ich suche ...

1. den Kamm
2. den Spiegel
3. den Löffel
4. den Stadtplan
5. den Rasierapparat

6. das Handtuch
7. das Messer
8. das Heft
9. das Shampoo
10. das Bild

11. die Schere
12. die Gabel
13. die Brille
14. die Dinge
15. die Autopapiere

Verbinden Sie die Sätze mit einem Relativpronomen!

| MÜ 6 | Hier ist der Reisepaß. Wir haben *den Reisepaß* gefunden.
Hier ist der Reisepaß, *den* wir gefunden haben. |

1. Wo lag der Schlüssel?   Sie haben *den Schlüssel* gesucht.
2. Zieht er den Pullover an? Er hat *den Pullover* gestern gekauft.
3. Brauchen Sie die Schlüssel? Ich habe *die Schlüssel* in der Hand.
4. Hier ist das Buch.   Ihr braucht *das Buch*.
5. Kennt er die Leute?   Er will *die Leute* besuchen.
6. Holen Sie den Stuhl!   Sie sehen *den Stuhl* dort.

Dativ

Verbinden Sie die Sätze mit einem Relativpronomen!

| MÜ 7 | Das ist der Mann. *Dem Mann* gehört das Auto.
Das ist der Mann, *dem* das Auto gehört. |

1. Das ist der Student.   *Dem Studenten* gehört der Ausweis.
2. Das ist die Frau.   *Der Frau* gehört die Tasche.
3. Das ist das Mädchen.   *Dem Mädchen* gehören die Bilder.
4. Das sind die Leute.   *Den Leuten* gehört das Haus.
5. Das sind die Kinder.   *Den Kindern* gehört der Ball.
6. Das ist die Schülerin.   *Der Schülerin* gehört die Fahrkarte.

Fragen Sie, wie die Leute heißen!

| MÜ 8 | Sie haben *den Leuten* geholfen.
Wie heißen die Leute, *denen* Sie geholfen haben? |

1. *Dem Gast* hat das Essen gut geschmeckt.
2. Ich habe *dem Jungen* geholfen.
3. Sie hat *der Frau* zum Geburtstag gratuliert.
4. Du hast *den Leuten* die Geschichte erzählt.
5. Er hat *dem Herrn* Geld gegeben.
6. Wir sind *der Dame* in der Stadt begegnet.

Präpositionen und Relativpronomen

Erklären Sie die Wörter mit einem Relativsatz!

MÜ 9
> ein Handtuch   (Man trocknet sich *damit* ab.)
> Ein Handtuch ist ein Tuch, *mit dem* man sich abtrocknet.

1. ein Rasierapparat   (Man rasiert sich *damit*.)
2. ein Fotoapparat   (Man fotografiert *damit*.)
3. ein Weinglas   (Man trinkt Wein *daraus*.)
4. eine Bettcouch   (Man schläft *darauf*.)
5. eine Parkgarage   (Man kann *darin* parken.)
6. ein Suppenteller   (Man kann Suppe *daraus* essen.)
7. Schreibpapier   (Man kann *darauf* schreiben.)
8. ein Wohnhaus   (Man kann *darin* wohnen.)

Nominativ, Akkusativ, Dativ

Erklären Sie diese Wörter mit einem Relativsatz!
Was ist das?

MÜ 10
> ein Schlafzimmer
> Das ist ein Zimmer, in dem man schläft.

1. Was ist ein Arbeitszimmer, ein Gästezimmer, eine Küche?
2. Was ist ein Supermarkt, ein Kaufhaus, eine Apotheke?
3. Was ist ein Kellner, ein Mechaniker, ein Busfahrer?
4. Was ist ein Bücherschrank, ein Wohnzimmerschrank, ein Kleiderschrank?
5. Was ist ein Doppelzimmer, ein Einzelzimmer, ein Wartezimmer?
6. Was ist ein Bahnhof, ein Flughafen, eine Haltestelle?

MÜ 11   Auf deutsch, bitte!
          (Relativsätze)

1. What's the name of the doctor she went to?
2. Is this the book you just bought?
3. This is the room in which he always worked.
4. That was a day I will never forget.
5. Who was the woman you were talking to?
6. Here is the new coat I wanted to show you.
7. Is there another bus that goes downtown?
8. The people with whom he went were very nice.
9. Wear the heaviest sweater you have.
10. The letter in which he put the money did not arrive.
11. Ask the policeman standing over there.
12. Where is the woman to whom this purse belongs.

DIE BUNDESLÄNDER UND IHRE HAUPTSTÄDTE

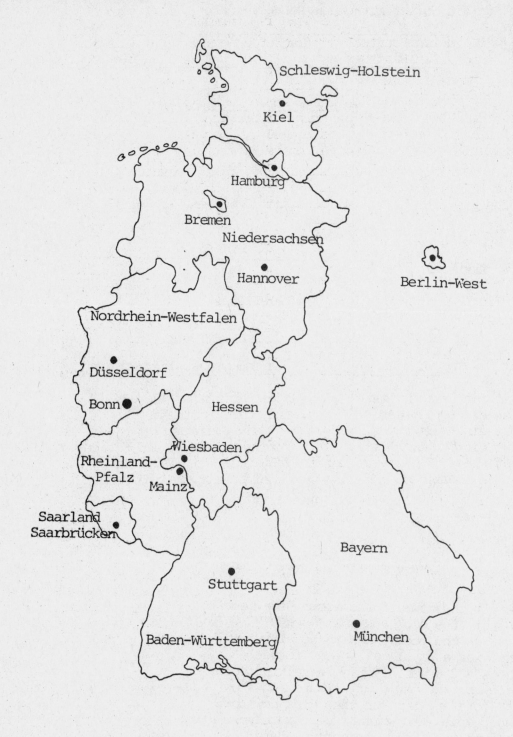

SCHRIFTLICHE ÜBUNGEN

Ergänzen Sie die Relativpronomen!

SÜ 1 *(Nominativ, Akkusativ, Dativ)*

1. Das Auto, ___das___ wir gestern sahen, ist schon verkauft.
2. Welche Farbe hat der Bus, _____ zum Marktplatz fährt?
3. Bitte spielen Sie die Musik, _____ Ihnen am besten gefällt.
4. Dort kommt die Dame, von _____ wir gerade gesprochen haben.
5. Wo sind die Studenten, _____ diese Bücher gehören?
6. Der Polizist, _____ wir fragten, wußte es auch nicht.
7. Fragen Sie den Polizisten, _____ an der Ecke steht!
8. Ich kenne die Leute, bei _____ Sie gestern waren.
9. Ich nehme die größte Tasche, _____ ich habe.
10. Hier ist ja der Schlüssel, _____ ich gesucht habe.
11. Gestern sprach ich mit einem Herrn, _____ Sie auch gut kennen.
12. Wie heißen die Leute, _____ wir die Blumen bringen sollen?
13. Ist das der Kugelschreiber, mit _____ du geschrieben hast?
14. Das Hotel, in _____ wir wohnten, war sehr gut.
15. Warum willst du dir einen Mantel kaufen, _____ dir nicht gefällt?
16. Die Dame, _____ das Kleid so gut gefiel, hat es gekauft.
17. Das Kleid, _____ der Dame so gut gefiel, war gar nicht teuer.
18. Wissen Sie, wo der Herr ist, _____ gerade noch hier stand?
19. Die Leute, _____ ihren Ausweis verloren haben, ärgern sich sicher.
20. Die Bundesrepublik ist ein Land, in _____ viele Ausländer arbeiten.

Ergänzen Sie die Relativpronomen und vollenden Sie die Sätze!

SÜ 2

1. Die Familie, neben ___der___ wir wohnen, ___kommt aus der DDR___.
2. Die Sekretärin, für _____ ich das Geschenk kaufte, _____.
3. Ein Freund, von _____ ich lange nichts hörte, _____.
4. Die große Stadt, durch _____ wir fuhren, _____.
5. Das Haus, in _____ er wohnt, _____.
6. Der Bus, auf _____ wir gewartet haben, _____.
7. Alle Ärzte, zu _____ sie gegangen ist, _____.
8. Meine Freunde, bei _____ ich oft bin, _____.
9. Der Kugelschreiber, mit _____ er schrieb, _____.
10. Das Gebäude, aus _____ er gekommen ist, _____.

Verbinden Sie die Sätze mit Relativpronomen!

SÜ 3

> Hier ist das Buch. Ich hatte es dir empfohlen.
> Hier ist das Buch, das ich dir empfohlen hatte.

1. Sie hat einen Mann geheiratet. Er ist sehr reich.
2. Der Zug ist später angekommen. Ich habe den Zug genommen.
3. Die Dame war aus Augsburg. Ich habe neben ihr gesessen.
4. Freiburg und Karlsruhe sind zwei Städte. Sie liegen in Südwestdeutschland.
5. Ich habe mit den Leuten gesprochen. Sie interessieren sich für das Haus.
6. Wie findest du das neue Geschäft? Wir haben in dem Geschäft eingekauft.

SÜ 4   Ergänzen Sie die Relativpronomen!

Erinnern Sie sich an Rotkäppchen? Jeder, _____ das kleine Mädchen
nur ansah, hatte es gern. Aber die Großmutter, _____ draußen im
Wald wohnte, hatte es besonders gern. Sie schenkte ihm ein rotes
Käppchen, _____ dem kleinen Mädchen sehr gut gefiel.
   Eines Tages sagte die Mutter: "Komm Rotkäppchen, hier hast du von
dem Kuchen, _____ wir gestern gebacken haben. Und hier ist auch eine Flasche Wein, über _____ sich die Großmutter freuen wird."
   Das Mädchen, _____ der Mutter versprochen hatte, alles gut zu machen, machte sich auf den Weg. Die Großmutter, _____ Rotkäppchen Kuchen und Wein bringen sollte, war krank. Das Haus, in _____ sie wohnte, war eine halbe Stunde vom Dorf. Auf dem Weg zur Großmutter begeg-
nete Rotkäppchen dem Wolf, vor _____ es sich nicht fürchtete.
   "Wohin gehst du so früh, Rotkäppchen?", fragte der Wolf, _____ großen Hunger hatte.
   "Zur Großmutter, von _____ ich mein rotes Käppchen habe."
   "Was trägst du in dem Korb, _____ du da hast?"
   "Kuchen und Wein", antwortete Rotkäppchen und zeigte auf die Sachen,
_____ im Korb waren. Der Wolf dachte: "Das junge, zarte Ding ist ein
fetter Bissen, _____ noch besser schmecken wird als die Alte. Aber
laut sagte er: "Rotkäppchen, sieh einmal die schönen Blumen, _____ es
hier gibt. Hörst du nicht die Vöglein, _____ so schön singen?
   Da dachte Rotkäppchen: "Die Großmutter, _____ nicht aufstehen kann,
wird sich sicher über schöne Blumen freuen." Rotkäppchen vergaß das
Versprechen, _____ es der Mutter gegeben hatte und lief vom Weg ab.
   Der Wolf aber, _____ ein böses Tier war, lief schnell zum Haus der
Großmutter. Dort klopfte er an die Tür, _____ geschlossen war.
   "Wer ist draußen", rief die Großmutter, _____ im Bett lag und _____
es nicht gut ging.
   "Rotkäppchen, _____ dir Kuchen und Wein bringen will."
   "Drück nur auf die Klinke", antwortete die Großmutter, _____ zu
schwach war, um die Tür selbst aufzumachen.
   Der Wolf ging geradewegs zum Bett, in _____ die Großmutter lag und
verschluckte sie. Dann zog er die Kleider an, _____ der Großmutter gehörten und legte sich in ihr Bett.
   Als Rotkäppchen mit den Blumen zum Haus kam, in _____ die Großmutter
wohnte, sah es, daß die Tür offen war. Das kleine Mädchen, _____ immer
so gern bei der Großmutter war, bekam Angst. Langsam ging es zum Bett,
in _____ die Großmutter schlief. Da sah Rotkäppchen die großen Ohren,
_____ unter der Haube hervorguckten. Die Augen, mit _____ die "Großmutter" das Mädchen ansah, waren entsetzlich groß. Es fürchtete sich auch
vor den Händen, mit _____ die "Großmutter" es packen wollte. Aber am
entsetzlichsten war das Maul, mit _____ die "Großmutter" das Mädchen fres-
sen wollte. Und dann verschluckte der Wolf, _____ immer noch Hunger hatte, auch das kleine Rotkäppchen.
   Der Jäger, _____ am Haus vorbeikam, wollte nach der Großmutter sehen.
Aber er fand nicht die Großmutter, sondern den Wolf, _____ er schon lange gesucht hatte. Der Jäger, _____ den Wolf zuerst erschießen wollte,
nahm eine Schere. Mit der Schere, _____ sehr scharf war, schnitt er dem
Wolf den Bauch auf. Zuerst sprang das kleine Mädchen heraus, _____ sehr
erschrocken war. Dann kam die Großmutter, _____ kaum noch atmen konnte.
   Die Steine, mit _____ Rotkäppchen den Wolf füllte, waren sehr schwer.
Doch der Wolf, _____ bald aufwachte, wußte nicht, daß er Steine im Bauch
hatte, fiel um und starb.
   Der Jäger, _____ Rotkäppchen für seine Rettung dankte, nahm den Pelz
und ging nach Hause. Die Großmutter, _____ es bald wieder besser ging,
aß den Kuchen und trank den Wein. Und das kleine Mädchen, mit _____ die
Geschichte begann, versprach nie wieder allein in den Wald zu laufen, wenn
es die Mutter verboten hat.

WORTSCHATZ

Nomen

der Ausländer,-	*foreigner*
das Gesetz,-e	*law*
die Grenze,-n	*border*
die Regierung,-en	*government*
die Verfassung,-en	*constitution*

Verschiedenes

das Grundgesetz	*name of German constitution*
grund-	*prefix: ground, fundamental*
das ist selbstverständlich	*that's a matter of course, goes without saying*

Verben

bestehen aus (+ dat.)	*to consist of*
(bestand, bestanden)	
grenzen an (+ acc.)	*to border on*

Adjektive und Adverbien

gemäßigt	*moderate*
selbstverständlich	*self-evident*

Can you guess the meaning of these words?

Nomen

der Status

das Klima
das Parlament,-e

die Mitte,-n
die Polizei (no pl.)
die Struktur,-en

Adjektive

föderalistisch
verantwortlich

LEKTION 30

THEMA: Zweimal Deutschland: Die Bundesrepublik und die DDR

LESESTÜCK: Menschen in Deutschland: Berlin und zurück

GRAMMATIK:

The Relative Pronouns **dessen** and **deren**
The Present Perfect and Past Perfect of Modals
Modals Without Dependent Infinitive

ZWEIMAL DEUTSCHLAND: DIE BUNDESREPUBLIK UND DIE DDR

DEUTSCHLAND

Deutschland ist geteilt.
Der östliche Teil Deutschlands heißt die Deutsche Demokratische Republik.
Der westliche Teil heißt die Bundesrepublik Deutschland.
Berlin, die frühere Hauptstadt Deutschlands ist durch eine Mauer in
      Ost und West geteilt.

DIE DDR

In der DDR leben rund 17 Millionen Menschen.
Die DDR gehört zum Ostblock.
Die DDR ist der zweitgrößte Industriestaat des Ostblocks.

Die Hauptstadt der DDR ist Berlin (Ost).
Die Staatsform der DDR ist sozialistisch.
Die Regierung der DDR ist kommunistisch.

DIE BUNDESREPUBLIK

Die Hauptstadt der Bundesrepublik ist Bonn.
Die Regierung der Bundesrepublik ist demokratisch gewählt.
An der Spitze der Bundesrepublik steht der Bundespräsident.

DIE BUNDESREPUBLIK UND DIE DDR

Die Bürger beider Staaten sind Deutsche.
Die Bürger beider Staaten sprechen Deutsch.
Die politischen Systeme der beiden Staaten sind grundverschieden.
Die wirtschaftlichen Systeme der beiden Staaten sind grundverschieden.

EINFÜHRUNG I: RELATIVPRONOMEN **dessen** und **deren**

DEUTSCHLAND IST

... **ein Land, dessen** östlicher Teil DDR heißt.
... **ein Land, dessen** westlicher Teil die Bundesrepublik ist.
... **ein Land, dessen** frühere Hauptstadt Berlin durch eine
                    Mauer geteilt ist.

DIE DDR IST

... **ein Staat, dessen** Hauptstadt Berlin (Ost) ist.
... **ein Staat, dessen** Regierung kommunistisch ist.
... **ein Staat, dessen** politisches System sozialistisch ist.

DIE BUNDESREPUBLIK IST

... **eine Republik, deren** Hauptstadt Bonn ist.
... **eine Republik, deren** Regierung demokratisch gewählt ist.
... **eine Republik, an deren** Spitze der Bundespräsident steht.

DIE BUNDESREPUBLIK UND DIE DDR SIND

... zwei **Staaten, deren** Bürger Deutsche sind.
... zwei **Staaten, deren** Bürger die gleiche Sprache sprechen.
... zwei **Staaten, deren** politische Systeme grundverschieden sind.
... zwei **Staaten, deren** wirtschaftliche Systeme grundverschieden sind.

EINFÜHRUNG II: PERFEKT DER MODALVERBEN

In der Bundesrepublik ...

PRÄSENS: Heute	PERFEKT: Vor einigen Jahren
Die Arbeiter und Angestellten müssen rund vierzig Stunden in der Woche arbeiten.	Sie **haben** länger **arbeiten müssen.**
Viele Deutsche wollen auf dem Land wohnen.	Die meisten Deutschen **haben** in der Stadt **wohnen wollen.**
Viele deutsche Familien können in einem Einfamilienhaus wohnen.	Früher **haben** nicht so viele deutsche Familien in einem Einfamilienhaus **wohnen können.**
Heute kann fast jede Familie im Urlaub eine Reise machen.	Früher **haben** nicht so viele Familien im Urlaub eine Reise **machen können.**

Viele Leute können ihren Urlaub
im Ausland verbringen.

Früher **haben** nicht so viele Leute
ihren Urlaub im Ausland **verbringen
können**.

Heute dürfen die Deutschen ihre
Verwandten in der DDR besuchen.

Früher **haben** sie ihre Verwandten in
der DDR nur selten **besuchen dürfen**.

GRAMMATIK

A RELATIVPRONOUNS: **dessen** and **deren**

In addition to the relative pronouns in the nominative, accusative and
dative, there are also relative pronouns in the genitive case. Their
forms, however, differ from those of the definite article.

Masculine	Ich meine **den Jungen, dessen** Vater einen Unfall hatte.
Neuter	Ich meine **das Mädchen, dessen** Mutter gerade hier war.
Feminine	Ich meine **die Frau, deren** Mann bei mir arbeitet.
Plural	Ich meine **die Leute, deren** Auto da drüben steht.

As you can see, there are only two genitive relative pronouns: **dessen**
and **deren**; both are translated as *whose*.

As is true for the nominative, accusative and dative relative pronouns,
the antecedent determines the gender and number of the genitive relative
pronouns and not the thing(s) possessed.

Der Koffer **des Mannes**	*(The man's suitcase)*
Der Mann, **dessen** Koffer hier steht, ...	*(The man whose suitcase ...)*
Die Schlüssel **des Kindes**	*(The child's keys)*
Das Kind, **dessen** Schlüssel hier liegen, ...	*(The child whose keys ...)*
Das Bild **der Frau**	*(The woman's picture)*
Die Frau, **deren** Bild hier hängt, ...	*(The woman whose picture ...)*
Das Haus **der Leute**	*(The house of the people)*
Die Leute, **deren** Haus wir gekauft haben, ...	*(The people whose house ...)*

B THE PRESENT PERFECT AND PAST PERFECT OF MODALS

1 MODALS WITH DEPENDENT INFINITIVE

The German modal auxiliaries can be used in all tenses:

PRESENT TENSE	Ich **muß** arbeiten.	*I have to work.*
PAST TENSE	Ich **mußte** arbeiten.	*I had to work.*
FUTURE	Ich **werde** arbeiten **müssen**.	*I will have to work.*
PRESENT PERFECT	Ich **habe** arbeiten **müssen**.	*I have had to work.*
PAST PERFECT	Ich **hatte** arbeiten **müssen**.	*I had had to work.*

Note, however, that the perfect tenses of the modals use a pattern which is different from that of other verbs:

	Normal Pattern	Modals with Dependent Infinitive
PRESENT TENSE	Er versteht dich.	Er kann dich verstehen
PRESENT PERFECT	Er hat dich **verstanden**.	Er **hat** dich **verstehen können**.
PAST PERFECT	Er **hatte** dich **verstanden**.	Er **hatte** dich **verstehen können**.

As you can see, when the modals occur with a dependent infinitive, their past participle is identical to their infinitive. As a result, in the present perfect and past perfect there are two infinitives at the end of the sentence. Again, as with the future of modals with a dependent infinitive, the perfect tenses consist of a double infinitive construction.

PRESENT PERFECT: Double Infinitive construction

Ich **habe** dich **sprechen wollen**.	*I wanted to speak to you.*
Er **hat** nach Hause **gehen müssen**.	*He had to go home.*
Wir **haben** ihn **sehen dürfen**.	*We were allowed to see him.*

PAST PERFECT: Double Infinitive construction

Wir **hatten** nicht **kommen können**.	*We had not been able to come.*
Sie **hatte** es nicht **tun wollen**.	*She had not wanted to do that.*
Man **hatte** dort nicht **rauchen dürfen**.	*One wasn't permitted to smoke there.*

NOTE: All modal auxiliaries form their perfect tenses with **haben**.

2 USAGE

German uses the present perfect tense of modals most often in up-to-now situations to indicate a stretch of time:

Ich habe dich gestern besuchen wollen, aber du warst nicht zu Hause.
I wanted to visit you yesterday, but you were not home.

Es tut mir leid, aber ich habe das nicht tun können.
I am sorry, but I have not been able to do that.

In situations that occured entirely in the past, German prefers to use the modals in the past tense:

Sie mußte am Wochenende arbeiten.
She had to work this weekend.

Letztes Jahr wollten wir nach Österreich fahren.
Last year we wanted to drive to Austria.

3 MODALS WITHOUT DEPENDENT INFINITIVE

Occasionally modals are used without a dependent infinitive. In these instances, their past participles are formed regularly:

Present Tense	Present Perfect
ich darf	ich habe gedurft
ich kann	ich habe gekonnt
ich muß	ich habe gemußt
ich soll	ich habe gesollt
ich will	ich habe gewollt.

The form changes as soon as a dependent infinitive is added:

Er hat Deutsch gekonnt.
Er hat Deutsch sprechen können.

MÜNDLICHE ÜBUNGEN

RELATIVPRONOMEN IM GENITIV: dessen und deren

Welchen Jungen meinen Sie?

MÜ 1
| Die Mutter des Jungen war gerade hier. |
| Ich meine den Jungen, dessen Mutter gerade hier war. |

1. Die Handschuhe des Jungen liegen hier.
2. Der Vater des Jungen hatte einen Unfall.
3. Die Geschwister des Jungen sind in Ferien.
4. Das Buch des Jungen liegt auf dem Tisch.
5. Die Eltern des Jungen kommen aus Norddeutschland.
6. Der Bruder des Jungen ist im Krankenhaus.

Von welchem Mädchen sprechen Sie?

MÜ 2
| Die Schwester des Mädchens sitzt da drüben. |
| Ich spreche von dem Mädchen, dessen Schwester da drüben sitzt. |

1. Der Freund des Mädchens hat einen neuen Wagen.
2. Der Mantel des Mädchens hängt hinter der Tür.
3. Die Schlüssel des Mädchens liegen da drüben.
4. Die Freunde des Mädchens hatten einen Unfall.
5. Der Vater des Mädchens arbeitet bei uns.
6. Die Tasche des Mädchens steht in der Ecke.

Welche Dame besuchen Sie?

MÜ 3
| Wir haben den Ausweis der Dame gefunden. |
| Wir besuchen die Dame, deren Ausweis wir gefunden haben. |

1. Die Tochter der Dame ist gerade aus Amerika zurückgekommen.
2. Der Mann der Dame ist im Frühjahr gestorben.
3. Wir wollen das Auto der Dame kaufen.
4. Die Telefonnummer der Dame habe ich aufgeschrieben.
5. Der Sohn der Dame wohnt bei uns.
6. Wir haben die Wohnung der Dame gekauft.

Wo sind die Leute, deren Sachen hier liegen?
Fragen Sie!

MÜ 4
| Wo sind die Studenten? Ihre Bücher liegen hier. |
| Wo sind die Studenten, deren Bücher hier liegen? |

Wo sind ...?

1. die Leute   Ihre Schlüssel liegen hier.
2. die Mädchen   Ihre Mäntel hängen hier.
3. die Kinder   Ihre Bilderbücher liegen auf dem Tisch.
4. die Schüler   Ihre Fahrkarten liegen dort drüben.

MÜ 5   Auf deutsch, bitte!

1. my sisters friend
2. the windows of the house
3. the student's answers
4. at the end of the century
5. my brother's biggest wish
6. one half of an apple

7. my parents' living room
8. the beginning of the week
9. the end of the month
10. the results of the inquiry
11. in the vicinity of the castle
12. her father's car

MODALVERBEN IM PERFEKT

Bilden Sie das Perfekt der Modalverben!

MÜ 6

> Ich mußte am Wochenende arbeiten.
> Ich habe am Wochenende arbeiten müssen.

1. Sie wollte die Zeitung lesen.
2. Er sollte nachmittags kommen.
3. Wir wollten ihn sprechen.
4. Konnte er sein Auto reparieren?
5. Sie mußte nicht lange warten.

6. Ich konnte das nicht verstehen.
7. Durfte man dort nicht parken?
8. Wolltest du nicht in die Stadt gehen?
9. Er mußte die Schule wechseln.
10. Man durfte ihn nicht besuchen.

MÜ 7   Auf deutsch, bitte!
        (Imperfekt und Perfekt)

1. He could not pay his telephone bill.
2. I had to sell the old car.
3. We had to translate the story.
4. We didn't want to meet her.
5. He couldn't reach his friends.
6. She wanted to give him a present.
7. He wanted to put the watch in his pocket.
8. We only wanted to help you.
9. Were you able to reserve a table?
10. I couldn't find a parking space.
11. She didn't want to believe it.
12. They had to order the books.

MENSCHEN IN DEUTSCHLAND: BERLIN UND ZURÜCK

Die beiden Männer im Cockpit des schweren Lastzuges° — *trailer-truck*
schauen gelangweilt auf die Autobahn. Zum wiederholten
Mal fahren sie die Strecke° von Braunschweig nach West- — *stretch*
Berlin. Sie kennen jeden Baum, jeden Kilometerstein,
jedes Straßenschild°. Bevor sie durch die DDR fahren, — *sign*
müssen sie noch laden. Deshalb biegen sie kurz vor Helmstedt von der Autobahn ab° und fahren in eine Fabrik°. — *turn off/factory*
Direkt hinter den Fabrikmauern ist die Grenze, die Deutschland in zwei Staaten teilt. Der graue, hohe Maschendraht° — *cyclone fence*
durchschneidet die Landschaft. Dahinter ist ein breiter
Streifen° Niemandsland, eine leere Straße, auf der nur der — *strip*
Jeep der Volkspolizei zu sehen ist. Und da sind die Wacht-
türme°, in denen Soldaten die Grenze beobachten°. — *watch-towers/observe*

Der schwere Lastzug ist an die Laderampe gefahren. Die
Verladung° beginnt. Auch die beiden Fernfahrer° helfen beim — *loading/long-distance driver*
Verladen, denn sie dürfen keine Zeit verlieren. Von Braun-
schweig nach West-Berlin und zurück brauchen sie einen vollen Tag.

Peter Rademacher prüft die Wagenpapiere und die Ladung.
Transitfahrten nach West-Berlin sind für ihn Routine. Er
ist auf diesen Transitstrecken, die die Bundesrepublik mit
der DDR verbinden, schon eine Million Kilometer gefahren.
Das bedeutet: eine Million Kilometer Staub°, Hitze, Kälte, — *dust*
Regen, Nebel° und Schnee. — *fog*

Rademacher fährt schon seit 16 Jahren schwere Lastwagen.
Früher hat er einmal Bäcker werden wollen und hatte auch
schon eine Lehre begonnen, aber dann fand er den Fernfah-
rer-Beruf interessanter und wurde Fernfahrer. Rademacher:
"Fernfahren, das ist richtige Männersache. Das ist mit ei-
nem Gaspedal 320 PS° in Marsch setzen, mit dem Lenkrad vie- — *HP (horse power)*
le Tonnen ins Rollen bringen. Das ist nichts für weiche Ty-
pen!" Seit 1963 arbeitet er für die Firma Schenker, die eine der größten Transportfirmen der Welt ist. Sie übernimmt
auch einen Teil des Berlin-Transitverkehrs und befördert° Wa- — *transports*
ren, die die Versorgung° der Millionenstadt sicherstellen° — *supply/guarantee*
sollen. Auf der Fahrt zurück befördern die Lastzüge in Ber-
lin produzierte Waren in die Bundesrepublik.

Der 24jährige Peter Kiegeland, dessen Vater Arzt ist, hat
nach dem Abitur sofort ein Medizinstudium anfangen wollen.
Er muß jedoch warten, bis er einen Studienplatz bekommt, denn
die deutschen Universitäten sind überfüllt. Während dieser
Zeit arbeitet er als Fernfahrer. Das Fernfahren macht ihm
Spaß, weil er sich mit seinem Kollegen versteht° und gut ver- — *gets along*
dient.

Um 12 Uhr mittags beginnt der Lastzug die zweihundert Kilometer lange Transitfahrt durch die DDR nach West-Berlin. Die
Wartezeiten am Grenzübergang° Helmstedt sind lang. Die Kontrol- — *check point*
len der DDR sind genau, manchmal übergenau. Und die Transitstrecke, in deren Ausbau° die Bundesrepublik jährlich Millionen — *improvement*
Mark investiert, ist streckenweise sehr schlecht. Der Fahrer
fürchtet, daß die Ladung auf der schlechten Straße verrutscht°. — *slips*

Nachmittags erreicht der Lastzug den Transitübergang West-
Berlin, der wie ein Spiegelbild des Übergangs von Helmstedt
aussieht. Die gleichen Gebäude°, die gleichen Kontrollen, nur   *buildings*
die Wartezeiten sind kürzer. Um 17 Uhr kommen Rademacher und
Kiegeland bei der Firma Schenker in West-Berlin an. Während
die Arbeiter sich um die Ladung kümmern°, gehen die beiden   *take care of*
Fernfahrer in die Kneipe° gegenüber, trinken alkoholfreies   *pub, tavern*
Bier, unterhalten sich mit Kollegen und schwärmen° von Berli- *rave about*
ner Mädchen. Doch es bleibt beim Schwärmen, denn zwei Stunden
später sitzen die beiden wieder im Cockpit ihres Lastzuges --
auf dem Weg zurück nach Braunschweig.

Nach einem Artikel in *Scala* 7/78

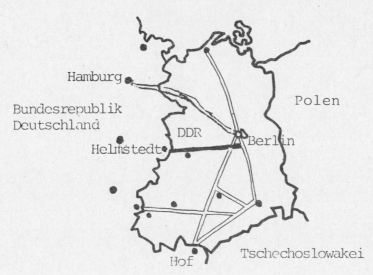

ROLLENSPIEL

Spieler: Ein Reporter, der die Fragen stellt und die beiden Fernfahrer,
die seine Fragen beantworten.

1. *Reporter:* Herr Rademacher und Herr Kiegeland, Sie sind Fernfahrer.
   Wohin fahren Sie heute?

   R. + K.: _____

2. *Reporter:* Sind Sie diese Strecke schon einmal gefahren? Wie gut
   kennen Sie sie?

   R. + K.: _____

3. *Reporter:* Müssen Sie noch einmal halten, bevor Sie in die DDR fahren? Wenn ja, warum und wo?

   R. + K.: _____

4. *Reporter:* Beschreiben Sie bitte die deutsch-deutsche Grenze, die
   gleich hinter der Fabrik ist!

   R. + K.: _____

5. *Reporter:* Was für einen Lastzug fahren Sie?

   R. + K.: _____

6. *Reporter:* Helfen Sie auch manchmal selbst bei der Verladung? Warum?

   R. + K.: _____

7. *Reporter:* Herr Rademacher, was machen Sie nach der Verladung der Waren?

   Rademacher: _____

8. *Reporter*:   Warum sagen Sie, daß diese Transitfahrt eine Routine für Sie
                    ist?

   Rademacher: _____

9. *Reporter*:   Wie lange fahren Sie schon schwere Lastwagen?

   Rademacher: _____

10. *Reporter*:   Warum sind Sie Fernfahrer geworden. Wollten Sie das schon
                    immer?

    Rademacher: _____

11. *Reporter*:   Für welche Firma arbeiten Sie, und was macht ihre Firma?

    Rademacher: _____

12. *Reporter*:   Herr Kiegeland, warum sind Sie Fernfahrer geworden?

    Kiegeland: _____

13 *Reporter*:   Macht Ihnen Ihre Arbeit Spaß? Warum?

    Kiegeland: _____

14. *Reporter*:   Sie sind jetzt auf dem Weg nach West-Berlin. Was können Sie
                    uns über die DDR-Kontrollen am Grenzübergang Helmstedt sagen?

    Kiegeland: _____

15. *Reporter*:   Wie gut ist die Transitstrecke durch die DDR? Kann es da
                    Probleme geben?

    Rademacher: _____

16. *Reporter*:   Und was können Sie über den Transitübergang nach West-
                    Berlin sagen?

    Rademacher: _____

17. *Reporter*:   Wie lange dauert Ihre 200 Kilometer-Fahrt nach Berlin?

    Kiegeland: _____

18. *Reporter*:   Wie lange bleiben Sie in Berlin? Was machen Sie dort?

    Kiegeland: _____

SCHRIFTLICHE ÜBUNGEN

SÜ 1   Ergänzen Sie die Relativpronomen und
vollenden Sie die Sätze!

1. Der Mann, _dessen_ Bild an der Wand hängt, *ist ein bekannter Komponist.*
2. Die Dame, _____ Brille ich fand, _____.
3. Das Mädchen, _____ Mutter ich gut kenne, _____.
4. Ein Hotel, _____ Preise zu hoch sind, _____.
5. Viele Eltern, _____ Kinder Probleme haben, _____.
6. Ein Herr, _____ Namen ich nicht weiß, _____.
7. Unsere Freunde, _____ Wohnung sehr klein ist, _____.
8. Herr Kaiser, _____ Frau in Mannheim arbeitet, _____.

SÜ 2   Vollenden Sie die Relativsätze
(Vorsicht! Nominativ, Akkusativ, Dativ, Genitiv)

1. Kennen Sie die Leute, deren *Auto vor Ihren Haus geparkt ist?*
2. Wie heißt der Herr, der ...
3. Gefällt Ihnen der Anzug, den ...
4. Das ist Frau Becker, deren ...
5. Wer weiß, wo die Leute sind, denen ...
6. Wem gehört der Geldbeutel, der ...
7. Wie heißt die Dame, mit der ...
8. Wer ist das kleine Kind, dessen ...
9. Brauchen Sie das Geld, das ...
10. Das ist das Haus, in dem ...
11. Kennen Sie den kleinen Jungen, dessen ...
12. Wie heißt die Studentin, deren

MODALVERBEN IM PERFEKT UND PLUSQUAMPERFEKT

Perfekt und Plusquamperfekt, bitte!

SÜ 3
Er kann nicht nach Hause fahren.
Er hat nicht nach Hause fahren können.
Er hatte nicht nach Hause fahren können.

1. Sie will mehr Deutsch lernen.
2. Ihr müßt die Straßenbahn nehmen.
3. Du sollst dein Geld zur Bank bringen.
4. Er kann das nicht verstehen.
5. Man durfte dort nicht parken.
6. Wir können das Haus nicht finden.

WIEDERHOLUNG

Antworten Sie im Perfekt!

WÜ 1
> Wann holt er seine Frau ab?
> Er hat sie schon abgeholt.

1. Wann fängt der Unterricht an?
2. Wann kommt Herr Müller zurück?
3. Wann ruft sie ihre Freundin an?
4. Wann macht er die Tür zu?
5. Wann steht Claudia auf?
6. Wann fährt der Zug nach Mainz ab?
7. Wann steigen die Leute aus?
8. Wann kommt der Arzt vorbei?

Setzen Sie ins Futur!

WÜ 2
> Wir fahren mit dem Auto nach Bayern.
> Wir werden mit dem Auto nach Bayern fahren.

1. Er geht zu Fuß nach Hause.
2. Ich nehme vielleicht ein Taxi.
3. Sie schläft schon.
4. Sie machen keinen Urlaub.
5. Wann besuchen Sie uns?
6. Er ist nicht zu Hause.

WÜ 3   Vollenden Sie die Sätze im Imperfekt!

1. Als es anfing zu regnen, ...
2. Er ging zum Bahnhof....
3. Rotkäppchen lief in den Wald ...
4. Als wir nach Hause kamen, ...
5. Als es dunkel wurde,....
6. Ich nahm ein Taxi ...

WÜ 4   Antworten Sie!

Wohin gehen Sie, ...

1. wenn Sie schwimmen wollen?
2. wenn Sie den Bus nehmen wollen?
3. wenn Sie den Zug nehmen müssen?
4. wenn Sie neue Schuhe brauchen?
5. wenn Sie ein Bier trinken wollen?
6. wenn Sie Deutsch lernen wollen?
7. wenn Sie einen Film sehen wollen?
8. wenn Sie müde sind und schlafen wollen?
9. wenn Sie Obst und Gemüse brauchen?
10. wenn Sie Blumen kaufen wollen.

Bilden Sie Fragen mit *wer, was, wem, wen, wessen!*

WÜ 5
> Frau Becker hat **dem Briefträger** die Tür geöffnet.
> **Wem** hat sie die Tür geöffnet.

1. Da drüben ist **Frau Becker**.
2. Das ist **Frau Beckers** Tochter.
3. Sie kann **ihren Schlüssel** nicht finden.
4. Er hat **seiner Frau** Blumen gebracht.
5. **Die Verkäuferin** war sehr nett.
6. Kennen Sie **den** Freund **meines Mannes**?
7. Er wollte **der alten Dame** helfen.
8. Ich habe **die Dame** gut gekannt.
9. Sie möchten **die neuen Bücher**.
10. Er hat **uns** das Hotel empfohlen.
11. Der Mantel gehört **mir**.
12. Das ist **mein Mantel**.

Hier ist die Antwort.
Fragen Sie mit einem **Fragewort!**

WÜ 5
```
Sie warten auf den Bus.
Worauf warten Sie?
```

1. Er denkt an seine Ferien.
2. Sie wartet auf ihren Freund.
3. Er interessiert sich für Musik.
4. Das Mädchen geht zum Bahnhof.
5. Die Leute sind im Wohnzimmer.
6. Er spricht mit Frau Schneider.
7. Der Brief ist aus Amerika.
8. Sie unterhalten sich über Politik.
9. Die Blumen sind für Ihre Mutter.
10. Suppe ißt man mit einem Löffel.
11. Sie hat aus der Flasche getrunken.
12. Sie denkt an ihren Freund.

WÜ 6   **Wenn, wann** oder **als?**

1. _____ Michael ankam, war er sehr müde.
2. Ich weiß nicht, _____ der Zug abfährt.
3. _____ Sie etwas nicht verstehen, müssen Sie fragen.
4. Er nimmt meistens den Bus, _____ er in die Stadt will.
5. Ich wollte gerade ins Bett gehen, _____ das Telefon klingelte
6. Immer _____ ich spazieren gehen will, regnet es.
7. Er konnte keine Antwort geben, _____ ich ihn fragte.
8. Hat sie gesagt, _____ sie nach Hause kommt?
9. _____ es dunkel wird, gehen wir nach Hause.
10. _____ der Bus hielt, stiegen die Leute aus.
11. Hast du deine Freunde besucht, _____ du in Augsburg warst?
12. Haben Sie gelesen, _____ der Unfall passiert ist?

WÜ 7   Was fehlt?

1. Ich unterhalte _____ gern _____ moderne Kunst.
2. Du mußt _____ die Zähne putzen und _____ waschen.
3. Warten Sie _____ _____ Bus?
4. Ich freue mich auf die Ferien. _____ freust du _____?
5. Wenn ihr _____ nicht beeilt, verspätet ihr _____.
6. Ich wasche _____ jeden zweiten Tag _____ Haare.
7. Er interessiert _____ für Fußball. _____ interessierst du _____?
8. Ich wünsche _____ eine Uhr. _____ wünschst du _____?.

WÜ 8   Auf deutsch, bitte!

1. He would like his keys.
2. He was looking for his keys.
3. He can't find his keys.
4. What did he do with his keys?
5. Did you see his keys?
6. We couldn't find his keys.
7. He has a new key made.
8. Do you know where his keys are?
9. Why don't you look for your keys?
10. The keys must be on the table.

WORTSCHATZ

Nomen

der Nebel,- *fog*

das Gebäude,- *building*
das Schild,-er *sign*

die Kneipe,-n *pub, tavern*
die Versorgung *supply*
    (no pl.)

Verben

ab·biegen *to turn off*
    (bog ab, abgebogen)
beobachten *to observe*
s. kümmern um *to take care of*
s. mit jm. verstehen *to get along with s.o.*

Adjektive

verschieden *various*

Can you guess the meaning of these words?

Nomen

der Bäcker,-
der Bundespräsident,-en,-en
der Jeep,-s
der Transport,-e

die Fahrt,-en
die Hitze
die Ladung,-en
die Medizin
die Routine,-n
die Tonne,-n

investieren
laden
    (lud, geladen)
produzieren

ZUSATZVOKABULAR

der Ausbau *improvement*
    befördern *to transport*
der Berufsfahrer,- *professional driver*
die Fabrik,-en *factory*
der Fernfahrer,- *long distance driver*
der Grenzübergang,-̈e *border check point*
die Laderampe,-n *loading ramp*
der Lastzug,-̈e *trailer-truck*
die Männersache *something for men*
der Maschendraht *cyclone fence*
das Niemandsland *no man's land*
PS (=Pferdestärke) *HP (horse power)*
das Recht,-e *right*
    schwärmen *to rave*
    sicher·stellen *to guarantee, secure*
die Spitze,-n *top*
der Staub (no pl.) *dust*
die Strecke,-n *stretch*
    streckenweise *in parts*
der Streifen,- *strip*
    übernehmen *to take over, take charge*
    verladen *to load*
die Verladung *loading*
    verrutschen *to slip*
der Wachtturm,-̈e *watch tower*

LEKTION 31

EINFÜHRUNGSTEXT: Der Lottomillionär

LESESTÜCKE: Frau - Hausfrau
Mann - Hausmann

GRAMMATIK:

Subjunctive II (Present Time)

EINFÜHRUNG: KONJUNKTIV II (PRÄSENS)

DER LOTTOMILLIONÄR°

lottery

Wenn am Samstagabend das deutsche Fernsehen die Ziehung°
der Lottozahlen zeigt, dann sitzen mehr als 20 Millionen
Deutsche vor dem Fernsehapparat und träumen, was sie tun
würden, wenn sie die richtigen Lottozahlen hätten. Mit
sechs richtigen Lottozahlen könnte man Lottomillionär werden. Wäre es nicht phantastisch, eine Million zu gewinnen?
Man müßte nicht mehr arbeiten. Man könnte um die Welt reisen. Ja, man könnte sich so viele Wünsche erfüllen?

drawing

fulfill

So dachte auch der Mechaniker Herbert Scharff aus Kassel.
Jahrelang hatte er jede Woche im Lotto gespielt, aber nie
hatte er etwas gewonnen. Dann erfüllte er sich selbst seinen Traum. Er ging zur Bank und hob das ganze Geld ab°,
das er und seine Frau gespart° hatten. Es waren genau
24 000 Mark. Als er mit dem Geld nach Hause kam, erzählte
er seiner Frau und seinen Freunden: "Ich habe eine Million
im Lotto gewonnen. Jetzt bin ich Lottomillionär."

withdrew
saved

Zuerst lud er seine Freunde zu einem großen Fest° ein.
Jeder durfte essen und trinken, was er wollte. Das koste-
te 1600 Mark. Seinen beiden besten Freunden schenkte der
"Lottomillionär" zwei gebrauchte Mercedes für zusammen
22 000 Mark. Auch seiner Schwester erfüllte er einen Wunsch.
Für weitere 20 000 Mark bestellte er ihr neue Wohnzimmermö-
bel. Die besten natürlich! Dann kaufte sich der "Lottomillionär" eine teure Stereoanlage. Doch was ist eine Stereoanlage ohne Schallplatten? Also kaufte er noch 250 Singles und 100 Langspielplatten.

party, celebration

Zum Schluß ging er mit seiner Frau zum Juwelier? "Vielleicht haben Sie schon von mir gehört? Ich bin der Mann,
der eine Million im Lotto gewonnen hat." Er kaufte Schmuck
und Uhren für über 20 000 Mark und bezahlte, wie er die ganze Woche bezahlt hatte: 1000 Mark sofort bar°, den Rest° mit
einem Scheck.

jeweler

cash/remainder

Der Juwelier und die anderen Geschäftsleute entdeckten es
zu spät: Die Schecks des "Lottomillionärs" waren nicht ge-
deckt? Doch der Lottomillionär ohne Million war verschwun-
den? und die Polizei sucht ihn immer noch.

covered
disappeared

IMPERFEKT

Der Mechaniker Herbert Scharff spielte jede Woche im Lotto, aber:

Er hatte kein Glück.
Er hatte nie die richtigen Lottozahlen.

Er war kein Lottomillionär.
Er war nicht reich.

Er mußte arbeiten.
Er mußte sparen.

Er konnte keine Weltreise machen.
Er konnte nicht oft seine Freunde
einladen.

Seine Freunde durften bei ihm
nie essen und trinken, was sie wollten.

KONJUNKTIV II (Präsens)

Scharff hatte nur einen Traum. Er
wollte im Lotto gewinnen. Er dachte
immer:

Wenn ich nur Glück **hätte**.
Wenn ich nur die richtigen Lottozahlen **hätte**.

Wenn ich nur Lottomillionär **wäre**.
Wenn ich nur reich **wäre**.

Ich **müßte** nicht mehr arbeiten.
Ich **müßte** nicht mehr sparen.

Ich **könnte** eine Weltreise machen.
Ich **könnte** meine Freunde zu einem
großen Fest einladen.

Meine Freunde **dürften** essen und
trinken, was sie wollten.

FUTUR: werden + Infinitiv

Scharff wollte eine Woche lang wie ein
Millionär leben. Er machte Pläne:

Ich werde auch ohne die Million meine Freunde einladen.

Ich werde meinen besten Freunden
zwei Autos schenken.

Ich werde meiner Schwester einen
Wunsch erfüllen.

Ich werde mir eine teure Stereoanlage kaufen.

Ich werde alles mit ungedeckten
Schecks bezahlen.

KONJUNKTIV II: würden + Infinitiv

Was wäre, wenn er wirklich im Lotto
gewinnen würde?

Er **würde** mit der Million seine Freunde zu einem großen Fest **einladen**.

Er **würde** seinen besten Freunden zwei
Autos **schenken**.

Er **würde** seiner Schwester einen
Wunsch **erfüllen**.

Er **würde** sich eine teure Stereoanlage
kaufen.

Er **würde** alles mit seiner Million **be**-
zahlen.

WÜRDEN SIE BITTE DIESE FRAGEN BEANTWORTEN?

Was würden Sie tun, ...

wenn Sie Millionär wären?
wenn Sie die richtigen Lottozahlen hätten?
wenn Sie überhaupt kein Geld hätten?
wenn Sie mehr Zeit hätten?

A THE SUBJUNCTIVE (PRESENT TIME)

1 ANALYSIS

In German and in English, every verb in actual usage has five properties: *person, number, tense, voice** and *mood*. You are familiar with person, number and tense. You are also familiar with two moods: the imperative and the indicative. This chapter introduces the subjunctive mood.

The word *mood* denotes a mental state or attitude. Grammatically, *mood* signifies the change in the form of the verb to indicate the various ways in which an action or state is viewed by the speaker.

a. The Indicative

The indicative is the mood of facts and reality. The indicative form of the verb is used to make statements or ask questions about facts and actions as they really are. The sentences you have been using up to this point have been in the indicative.

PRESENT TENSE:	Gehen Sie nach Hause? Ja, wir gehen nach Hause.	*Are you going home?* *Yes, we are going home.*
PAST TENSE:	Was für einen Traum hatte er? Er wollte im Lotto gewinnen.	*What kind of a dream did he have?* *He wanted to win in the lottery.*
FUTURE TENSE:	Was wird er tun? Er wird leben wie ein Millionär.	*What will he do?* *He will live like a millionaire.*

b. The Subjunctive

The subjunctive indicates that the action or situation described by the form of the verb **does not belong to the domain of fact and reality,** but that it merely exists in the mind of the speaker. Thus, the subjunctive is the mood of contrary-to-fact statements, wishes, plans and hopeful expectations that might or might not come true. The subjunctive is also used for polite or cautious requests.

Compare the mood of the following English sentence:

Indicative: Reality and Fact

He has time, so he will come.
If he has time, he will come.

In the first sentence, the clause *he has time* expresses a factual situation with the certain conclusion *so he will come*. The second sentence states the same situation as a condition: *Provided he (really) has time*. Depending upon the fulfillment of this condition is the conclusion of the sentence: *then he will (definitely) come*.

The verbs of both sentences are in the indicative: *has/will go*.

Subjunctive: Contrary-to-fact

If he had time, he would come.

· Here, both the condition and the conclusion exist only in the mind of the speaker. Both are unreal and doubtful. In reality, he has no time and as a result he will not be able to come. Hence the term *contrary-to-fact*.

The verbs of the contrary-to-fact statement are in the subjunctive: *had/would go*.

---

* For *voice* (active and passive), refer to Chapter 33.

Notice that the time relation is the same in the two indicative and in
the subjunctive sentence: present time and future time. This means
that the verb form *had* does not always indicate past time but, if used
in the subjunctive, indicates present time or future time.

PAST TENSE INDICATIVE   I *had* enough money last week.
                           When I *had* enough money ...

                           (past tense form *had* indicating past time)

PRESENT TIME SUBJUNCTIVE   If only I *had* more money.
                           If I *had* enough money now ...

                           (past tense form *had* indicating present time)

With the exception of *to be (was/were)*, this pattern holds true for all
English verbs: Past tense forms are used to express the subjunctive in
present or future time.

> *I would be very happy if he came soon.*
> *If you took the money you could buy some new clothes.*

2 THE GERMAN SUBJUNCTIVE II

The above explanation is valid not only for English but to a great extent
for German as well. Corresponding to the English subjunctive is the German subjunctive II. It is labeled "II" because it is derived from the second principle part of the verb: **the past tense** (Imperfekt).

a. Strong Verbs

The present time subjunctive of strong verbs is formed by adding a
set of subjunctive endings to the stem of the past tense. Whenever
possible, that is, whenever the stem vowel is **a, o** or **u**, an Umlaut is
added.

INFINITIVE:	sein	fliegen	fahren	bleiben
PAST STEM:	war	flog	fuhr	blieb

ich	wär-e	flög-e	führ-e	blieb-e
du	wär-(e)st	flög-(e)st	führ-(e)st	blieb-(e)st
er/es/sie	wär-e	flög-e	führ-e	blieb-e
wir	wär-en	flög-en	führ-en	blieb-en
ihr	wär-(e)t	flög-(e)t	führ-(e)t	blieb-(e)t
sie	wär-en	flög-en	führ-en	blieb-en
Sie	wär-en	flög-en	führ-en	blieb-en

NOTE: The endings for the du- and ihr-form are often shortened to **-st**
and **-t: du wärst/ihr wärt, du bliebst/ihr bliebt.**

b. Weak Verbs

The present time subjunctive forms of weak verbs are exactly the same as
the past tense indicative forms.

Infinitive	Past Indicative	Present Time Subjunctive II
wohnen	ich wohnte	ich wohnte
suchen	du suchtest	du suchtest

c. Irregular Weak Verbs

The present time subjunctive forms of irregular weak verbs are like the past tense forms, but with an Umlaut added.

Infinitive	Past Tense	Subjunctive Present Time
bringen	ich brachte	ich brächte
denken	ich dachte	ich dächte
haben	ich hatte	ich hätte
wissen	ich wußte	ich wüßte
werden	ich wurde	ich würde

Note that the personal endings are identical to the past tense indicative endings:

Past Tense	Subjunctive Present Time
ich hatte	ich hätte
du hattest	du hättest
er/es/sie hatte	er/es/sie hätte
wir hatten	wir hätten
ihr hattet	ihr hättet
sie hatten	sie hätten
Sie hatten	Sie hätten

Other irregular verbs such as **kennen** and **nennen** have irregular subjunctive forms which are, however, rarely used in conversational German.

d. Modal Auxiliaries

The modals follow the pattern of the weak verbs. The subjunctive forms of **sollen** and **wollen** are identical to the past tense forms. The modals **können**, **dürfen** and **mögen**, which have an Umlaut in the infinitive will again have an Umlaut in the subjunctive.

Infinitive	Past Tense	Subjunctive Present Time	
dürfen	ich durfte	ich dürfte	*I might*
können	ich konnte	ich könnte	*I could*
mögen	ich mochte	ich möchte	*I would like to*
sollen	ich sollte	ich sollte	*I should*
wollen	ich wollte	ich wollte	*I wanted (would want)*

Note that the personal endings are identical to the past tense endings:

Past Tense	Subjunctive Present Time
ich konnte	ich könnte
du konntest	du könntest
er/es/sie konnte	er/es/sie könnte
wir konnten	wir könnten
ihr konntet	ihr könntet
sie konnten	sie könnten
Sie konnten	Sie könnten

3 SUBSTITUTE CONSTRUCTION: WÜRDE + INFINITIVE

You have noticed that the present time subjunctive forms of weak verbs
are identical to the past tense indicative forms (ich wohnte/ich wohnte).
This means that with weak verbs, the subjunctive is not clearly recog-
nizable. Therefore, German often replaces the pure subjunctive forms
by a construction consisting of **würde** and the infinitive of the main
verb. In fact, spoken German prefers the **würde** + infinitive construction even with most irregular weak and strong verbs.

Look at the following examples:

> Ich würde das auch tun. *I would do that too.*
> Würdest du mir helfen? *Would you help me please?*
> Wenn er nur anrufen würde. *If only he would call.*

The würde + infinitive construction is derived from the future indicative:

Future Indicative	würde + Infinitive Construction
ich werde es tun (*I will do it*)	ich **würde** es **tun** (*I would do it*)
du wirst es tun	du **würdest** es **tun**
er wird es tun	er **würde** es **tun**
wir werden es tun	wir **würden** es **tun**
ihr werdet es tun	ihr **würdet** es **tun**
sie werden es tun	sie **würden** es **tun**
Sie werden es tun	Sie **würden** es **tun**

4 WHEN NOT TO USE THE WÜRDE + INFINITIVE CONSTRUCTION

The **würde** + infinitive construction is generally not used:

a. with modal auxiliaries

> Ich **wollte**, du **könntest** mir helfen. *I wish you could help me.*
> **Dürfte** ich Sie etwas fragen? *Might I ask you something?*
> Das **sollten** Sie nicht tun. *You shouldn't do that.*
> Wenn er kommen **könnte**, würde ich ... *If he could come, I would ...*

b. with **sein, haben** and **wissen**

> Wenn ich reich wäre, würde ich ... *If I were rich, I would ...*
> Wenn er mehr Geld hätte, würde er ... *If he had more money, he would ...*
> Wenn wir seine Adresse wüßten, *If we knew his address, we would ...*
> würden wir ...

5 SUMMARY

It is important that you recognize that the **würde** + infinitive construction and the pure subjunctive forms are alternate ways of expressing one
and the same thing. The choice between the two is a matter of style.

a. Written German

All of the pure subjunctive forms can be found in written German:

WEAK VERBS	Wenn er mich **fragte**, ...	*If he asked me ...*
IRREGULAR WEAK VERBS	Wenn er das Geld **brächte**, ...	*If he brought the money...*
STRONG VERBS	Wenn er jetzt **käme**, ...	*If he came now...*

b. Spoken German

Spoken German, however, replaces many pure subjunctive forms by the substitute construction **würde** + infinitive:

WEAK VERBS	Wenn er mich **fragen würde**, ...	*If he would ask me ...*
IRREG.WEAK VERBS	Wenn er das Geld **bringen würde**, ...	*If he would bring the money...*
STRONG VERBS	Wenn er jetzt **kommen würde**, ...	*If he would come now ...*

6 USAGE

a. Contrary-to-Fact Conditions

A conditional sentence consists usually of two clauses: a **wenn**-clause which states the condition and a second clause with the conclusion. Either clause, the condition or the conclusion may be in first position.

Wenn er Zeit **hätte**, **würde** er uns **helfen**.	*If he had time, he would help us.*
Er **würde** uns **helfen**, wenn er Zeit **hätte**.	*He would help us, if he had time.*

Wenn ich nicht krank **wäre**, **würde** ich **kommen**.	*If I weren't sick, I would come.*
Ich **würde kommen**, wenn ich nicht krank **wäre**.	*I would come, if I weren't sick.*

b. Hypothetical Conclusions

Ich **würde** diese Rechnung nicht **bezahlen**.	*I wouldn't pay this bill.*
Das **wäre** nett von Ihnen.	*That would be nice of you.*
Er **könnte** das auch **tun**.	*He could do that too.*

c. Wishful Thinking

To express a wish, the words **nur** or **doch** (or both) are inserted into the **wenn**-clause:

Wenn er **doch kommen würde**.	*If only he would come.*
Wenn ich **nur** nicht krank **wäre**.	*If only I weren't sick.*
Wenn wir **doch** Zeit **hätten**.	*If only we had time.*

Wishes are often introduced by the expression **ich wollte** (or **ich wünschte**). Notice that **wollte** (= *would wish*) is a subjunctive form.

Ich wollte, ich hätte mehr Zeit.	*I wish I had more time.*
Ich wollte, er wäre jetzt hier.	*I wish he were here now.*
Ich wollte, ich könnte das tun.	*I wish I could do that.*

d. Polite Requests, Commands or Questions

Würden Sie bitte einen Moment **warten**?	*Would you please wait a moment?*
Würdest du das für mich **tun**?	*Would you do that for me?*
Hätten Sie jetzt Zeit für mich?	*Would you have time for me now?*
Könnten Sie mir **helfen**?	*Could you please help me?*

Many polite requests or questions contain the adverb **gern** (*gladly, very much*) **lieber** (*rather, preferably*) or **am liebsten** (*most of all*).

Was **hätten** Sie **gern**?	*What would you like?*
Möchtest du **lieber** Kaffee oder Tee?	*Would you prefer coffee or tea?*
Ich **hätte am liebsten** Tee.	*I'd like tea best of all.*

The subjunctive forms of the modals are frequently used to express polite or cautious requests:

Dürfte ich Sie etwas fragen?	*Might I ask you something?*
Könntest du bitte die Tür schließen?	*Could you please close the door?*
Müßten wir das nicht auch tun?	*Wouldn't we have to do that too?*
Solltet ihr nicht früher weggehen?	*Shouldn't you leave earlier?*

MÜNDLICHE ÜBUNGEN

SEIN und HABEN IM KONJUNKTIV II (Präsens)

Sagen Sie es mit dem Konjunktiv!

> MÜ 1
>
> | Haben Sie (hast du, habt ihr) keinen Hunger? |
> | Ich dachte, *Sie hätten (du hättest, ihr hättet)* Hunger. |

Haben Sie ...?

1. keinen Durst
2. keine Zeit
3. keinen Urlaub
4. keine Arbeit

Hast du ...?

5. keine Ferien
6. keine Angst
7. kein Geld
8. keinen Reisepaß

Habt ihr ...?

9. keine neue Wohnung
10. kein neues Auto
11. keine Schlüssel
12. keinen Regenschirm

> MÜ 2
>
> | Sind Sie (bist du, seid ihr) nicht müde? |
> | Ich dachte, *Sie wären (du wärst, ihr wärt)* müde. |

Sind Sie ...?

1. nicht krank
2. nicht traurig
3. nicht verheiratet
4. nicht nervös

Bist du ...?

5. nicht erschrocken
6. nicht neugierig
7. nicht mißtrauisch
8. nicht gesund

Seid ihr ...?

9. nicht zu Hause
10. nicht reich
11. nicht sportlich
12. nicht vorsichtig

> MÜ 3
>
> | Das ist nicht möglich. |
> | Ich habe gedacht, *das wäre* möglich. |

Das ist ...

1. nicht sicher
2. nicht verboten
3. nicht wichtig

4. nicht richtig
5. nicht billig
6. nicht wahr

7. nicht anstrengend
8. nicht teuer
9. nicht interessant

Fragen Sie höflich°!   (*politely*)

> MÜ 4
>
> | Haben Sie Feuer? -- *Hätten Sie* Feuer? |
> | Ist das gut so? -- *Wäre das* gut so? |

1. Haben Sie einen Moment Zeit?
2. Hast du zehn Mark für mich?
3. Sind Sie morgen zu Hause?

4. Ist das in Ordnung?
5. Habt ihr noch eine Kinokarte?
6. Ist dir das recht?

MODALVERBEN IM KONJUNKTIV

Es gibt so viele Dinge, die wir (nicht) tun sollten.
Hier sind einige Beispiele. Finden Sie mehr!

MÜ 5

> Viele Autofahrer fahren nicht defensiv.
> *Man sollte* defensiv fahren.

1. Viele Autofahrer beachten die Verkehrszeichen nicht.
2. Sie denken nicht an mögliche Gefahren.
3. Sie haben keine Geduld.
4. Sie fahren zu schnell.
5. Sie überholen rechts.

Antworten Sie mit einer Vermutung!

MÜ 6

> Ist das richtig?
> Ja, *das dürfte* richtig sein.

1. Ist das falsch?   4. Telefoniert sie gerade?
2. Ist er zu Hause?   5. Fährt er mit dem Auto?
3. Arbeitet er wieder?   6. Hat sie jetzt Urlaub?

Fragen Sie höflich !

MÜ 7

> Darf ich Sie etwas fragen?
> *Dürfte ich* Sie etwas fragen?

1. Darf ich bitte vorbeigehen?   4. Darf ich Ihren Ausweis sehen?
2. Dürfen wir morgen anrufen?   5. Darf ich mal telefonieren?
3. Darf ich diesen Stuhl nehmen?   6. Dürfen wir mit Ihnen fahren?

MÜ 8

> Rufen Sie mich an!   *Könnten Sie mich anrufen?*
> Ruf mich an!   *Könntest du mich anrufen?*
> Ruft mich an!   *Könntet ihr mich anrufen?*

1. Bringen Sie das Buch mit!   4. Setz dich bitte hin!
2. Mach die Tür auf!   5. Probieren Sie den Mantel an!
3. Holt mich bitte ab!   6. Kommt morgen vorbei!

Bilden Sie Wunschsätze!

MÜ 9

> Ich muß zu Hause bleiben.
> Ich wollte, *ich müßte* nicht zu Hause bleiben.

1. Ich muß jetzt gehen.   5. Wir müssen uns beeilen.
2. Sie darf nicht aufstehen.   6. Ich kann ihr nicht helfen.
3. Du mußt immer arbeiten.   7. Man darf hier nicht rauchen.
4. Sie kann das nicht verstehen.   8. Wir müssen die Rechnung bezahlen.

VERBFORMEN

MÜ 10   Üben Sie!

Präsens	Imperfekt	Konjunktiv II
1. er bleibt	*er blieb*	*er bliebe*
2. wir gehen	_____	_____
3. sie spricht	_____	_____
4. es gibt	_____	_____
5. wir tun	_____	_____
6. ich nehme	_____	_____
7. sie schreibt	_____	_____
8. er läßt	_____	_____
9. du weißt	_____	_____
10. er bringt	_____	_____
11. ihr werdet	_____	_____
12. es scheint	_____	_____
13. er schläft	_____	_____
14. du findest	_____	_____
15. ich werde	_____	_____

Erinnern Sie sich?

Infinitive	Imperfekt
fahren	fuhr
anfangen	fing an
fliegen	_____
rufen	_____
essen	_____
einsteigen	_____
finden	_____
beginnen	_____
heißen	_____
denken	_____
sitzen	_____
halten	_____
schlafen	_____
ziehen	_____
bleiben	_____
verbringen	_____
liegen	_____
laufen	_____
stehen	_____
bekommen	_____
lesen	_____
tragen	_____
schneiden	_____
schießen	_____
springen	_____
versprechen	_____
lassen	_____
zerbrechen	_____
ankommen	_____
fernsehen	_____
beschreiben	_____
gefallen	_____

Was wäre besser?

MÜ 11

> Er kommt nicht.
> Es wäre besser, wenn er käme.

1. Sie nimmt die Medizin nicht.
2. Er geht nicht nach Hause.
3. Die Kinder schlafen nicht.
4. Du tust das nicht.

5. Er ruft seine Eltern nicht an.
6. Wir bekommen das Geld nicht.
7. Sie hat keine Zeit.
8. Ich weiß es nicht.

ERSATZ FÜR EINFACHE KONJUNKTIVFORMEN: würde + Infinitiv

Antworten Sie!

MÜ 12

> Was würden Sie tun, wenn Sie kein Auto hätten? (zu Fuß gehen)
> Wenn ich kein Auto hätte, würde ich zu Fuß gehen.

Was würden Sie tun,

1. wenn Sie jetzt zu Hause wären?   (fernsehen)
2. wenn Sie heute Geburtstag hätten? (meine Freunde einladen)
3. wenn Sie jetzt Urlaub hätten?   (nach Amerika fliegen)
4. wenn Sie sehr reich wären?   (eine Weltreise machen)
5. wenn heute Sonntag wäre?   (ins Kino gehen)

Was würden Sie tun?

MÜ 13
> Er kauft das alte Auto.
> Ich würde es auch kaufen./Ich würde es nicht kaufen.

1. Sie fahren mit dem Auto.
2. Er arbeitet jedes Wochenende.
3. Sie beeilt sich nicht.

4. Sie freut sich über das Geschenk.
5. Er versteht sich gut mit ihr.
6. Sie kümmert sich um ihre Familie.

Sagen Sie es höflicher !

MÜ 14
> Helfen Sie mir bitte!
> Würden Sie mir bitte helfen?

1. Sprechen Sie bitte lauter!
2. Öffnen Sie bitte die Tür!
3. Steig bitte aus!

4. Bring mir ein Glas Wasser!
5. Lauft nicht so schnell!
6. Unterhaltet euch nicht so laut!

Bilden Sie Wunschsätze!

MÜ 15
> Er kommt nicht.
> Wenn er nur kommen würde. (oder: Wenn er nur käme.)

1. Sie antwortet nicht.
2. Er ruft nicht an.
3. Sie schreibt nicht.

4. Ich weiß es nicht.
5. Er verspricht es nicht.
6. Ihr nehmt das Geld nicht.

MÜ 16   Auf deutsch, bitte!

1. I wish I didn't have to stay home.
2. If he wanted to know it he would ask.
3. Would you wait here, please.
4. If only he would call us.
5. If the children were tired they would sleep.
6. I wouldn't buy these tires.
7. If I were sick I would go home.
8. Would you help me please?
9. She would like to sit down.
10. Couldn't you drive faster?
11. I wish you wouldn't drive so fast.
12. You shouldn't drive so fast.

FRAU -- HAUSFRAU
MANN -- HAUSMANN?

So zeigt ein modernes deutsches Schulbuch*die Rolle von
Mann und Frau: Männer arbeiten in Baggern° (4), kontrollie-   *excavator*
ren Telefonapparate (6), reparieren technische Geräte° oder   *appliances*
Autos (7). Männer malen (2) und mauern° (5). Männer zeich-   *lay bricks*
nen° (10), lesen ein Buch (3) oder die Zeitung und rauchen   *draw, sketch*
dabei eine Zigarette (9).

Und was machen die Frauen? Nur zwei von zehn Bildern
zeigen Frauen beim Arbeiten. Beide Frauen arbeiten im Haushalt. Eine Frau kocht (8), und die andere näht° (1).   *sews*

Lese- und Deutschbücher zeigen die Frau in Text und Bild
meistens nur in ihrer traditionellen Rolle als Hausfrau und
Mutter. Selten findet man erwerbstätige° Frauen und wenn,   *working*
dann als Krankenschwester, Lehrerin, Verkäuferin oder Sekretärin. Sie sind dann meistens ledig, manchmal geschieden.
Männer dagegen sind immer verheiratet und verdienen das Geld
für ihre Familien. Sie fahren mit dem Auto zum Arbeitsplatz
und haben interessante Hobbys.

Das deutsche Gesetz zeichnet jedoch ein anderes Bild von
Mann und Frau. Man hat es den Ehepartnern überlassen° wer   *left up to*
im Haushalt arbeitet und sich um die Kinder kümmert, und wer
erwerbstätig ist -- oder ob beide Ehepartner gemeinsam beide
Aufgaben erfüllen wollen. Jeder kann jede "Rolle" übernehmen:
die Rolle der Hausfrau, die Rolle des Hausmannes, die Rolle
der erwerbstätigen Mutter oder des erwerbstätigen Vaters.
Wenn beide Partner erwerbstätig sind, dann sind auch beide für
den Haushalt und die Kinder verantwortlich.

Und wie sieht die Wirklichkeit aus? Der Alltag liegt mei-   *everyday life*
stens irgendwo zwischen dem traditionellen Bild, das nicht
nur in Lesebüchern, sondern auch in den Köpfen vieler Menschen
existiert und dem moderneren Bild in den Gesetzen° Ungefähr   *laws*

---

* Lesebuch für das dritte Schuljahr: *Geschichten, Berichte, Gedichte,*
  herausgegeben im Frankfurter Hirschgraben-Verlag

die Hälfte der deutschen Frauen ist erwerbstätig; 60 Prozent
von ihnen sind verheiratet. Viele Frauen zwischen zwanzig
und dreißig geben jedoch ihren Beruf auf, weil sie sich um
Haushalt und Kinder kümmern wollen oder müssen.

    Wie wäre es, wenn der Arbeitstag für erwerbstätige Eltern
nicht acht, sondern vielleicht nur sechs Stunden hätte? Sicher wäre ihr Leben viel einfacher, und es gäbe auch weniger
Familienprobleme. Zum Beispiel könnte sie dann morgens die
Kinder versorgen und sich um den Haushalt kümmern. Während
dieser Zeit würde er in seinem Beruf arbeiten. Wenn er dann
nachmittags nach Hause käme, würde er mit den Kindern spazierengehen.° Er würde das Essen vorbereiten, während sie im   *go for a walk*
Beruf wäre. Wenn die Arbeitszeit kürzer und flexibler wäre,
blieben sicher auch mehr junge Frauen erwerbstätig. Eine sol-   *regulation*
che Regelung° würde jedoch vielen jungen Ehepaaren Nachteile°   *disadvantages*
bringen, denn beide Ehepartner würden weniger verdienen und
sie hätten beide schlechtere berufliche Aufstiegschancen° als   *promotional op-*
bei Ganztagsarbeit. Deshalb scheint es für viele Eltern im-   *portunities*
mer noch das Beste zu sein, wenn einer der Partner wenigstens
für einige Jahre den Beruf aufgibt, um sich "nur" um Haushalt
und Kinder zu kümmern. Aber muß das immer die Frau sein?

PRO UND CONTRA

Was halten Frauen davon, wenn der Mann den Haushalt übernimmt,
während die Frau arbeiten geht und das Geld verdient?

Sonja Bacher, 28, Sekretärin, Heidelberg	Männer, die nur zu Hause sind und den Haus- halt machen, finde ich schrecklich. Wenn ich mir vorstelle,° daß mein Mann nur Hausmann sein wollte, könnten wir beide nicht mehr lange zusammenleben. Einen Hausmann würde ich nie akzeptieren. Ich brauche einen Mann, der aktiv ist. Hausarbeit, egal ob der Mann oder die Frau sie macht, ist in meinen Augen nicht wichtig. Ich finde, daß Hausmänner keine "richtigen" Männer sind.

imagine

Margot Wirth 37, Hausfrau, Stuttgart	Alles könnte ich mir vorstellen, nur nicht meinen Mann als Hausmann. Bei uns würde es deshalb nie eine Diskussion darüber geben. Mein Mann ist in seinem Beruf sehr erfolg- reich. Ich bin es zu Hause. Ich finde es richtig, daß die Frau den Haushalt macht, und der Mann arbeiten geht und das Geld verdient. Ich bin mit meinem Hausfrauenleben zufrieden.

| Marianne Walter 27, Lehrerin, Hannover | Ich finde, daß nichts gegen einen Rollen- tausch im Haushalt spricht. Ich könnte mir gut vorstellen, daß mein Mann nicht mehr ar- beiten geht und sich nur um den Haushalt küm- mert. Das würde ich auch akzeptieren. Aber da wir keine Kinder haben, brauchten wir über dieses Thema noch nie zu diskutieren. Aber ich hätte keine Angst vor dem Gerede° der Nachbarn, wenn mein Mann "nur" Hausmann wäre. | *talk, gossip* |

| Dr. Dörte Appel 36, Ärztin, Frankfurt am Main | Mein Mann als Hausmann? Das wäre für uns beide eine ideale Regelung. Seit der Geburt unserer Tochter habe ich kaum noch Kontakt mit der Umwelt° und darüber bin ich manchmal sehr unglücklich. Mein Mann dagegen fühlt sich im Haushalt viel wohler als ich. Ich würde einen Rollentausch sofort akzeptieren. und hätte auch sicher nie das Gefühl,° kei- nen "richtigen" Mann zu haben. | *environment*

feeling |

WIE IST IHRE MEINUNG ZU DIESEM THEMA?

FRAGEN ZUM TEXT

1. Wie zeigen Lese- und Deutschbücher die Rolle von Frau und Mann?
2. Wie zeichnet das Gesetz die Rolle von Mann und Frau?
3. Welche Rolle hat jeder Ehepartner?
4. Wie sieht die Wirklichkeit aus?
5. Wieviel Prozent der deutschen Frauen sind erwerbstätig?
6. Warum geben viele Frauen zwischen 20 und 30 ihren Beruf auf?
7. Wie wäre es, wenn der Arbeitstag für erwerbstätige Eltern nur sechs und nicht acht Stunden hätte?
8. Welche Nachteile würde ein Arbeitstag von nur sechs Stunden bringen?
9. Was halten Sie von einer Frau, die "nur" Hausfrau ist?
10. Was halten Sie von einem Mann, der den Haushalt übernimmt?

SCHRIFTLICHE ÜBUNGEN

Fragen Sie höflicher mit dem Konjunktiv!

SÜ 1
| Darf ich Sie etwas fragen? |
| Dürfte ich Sie etwas fragen? |

1. Können Sie mir helfen?
2. Wollen Sie mich sprechen?
3. Müssen Sie heute nicht arbeiten?
4. Sollen Sie ihn nicht anrufen?
5. Sind Sie morgen zu Hause?
6. Darf ich Sie einmal besuchen?
7. Haben Sie einen Moment Zeit?
8. Wissen Sie seine Adresse?

SÜ 2   Vollenden Sie die Sätze!

1. Wenn ich Zeit hätte, *würde ich mit dir ins Kino gehen.*
2. Wenn ich zu Hause kein Telefon hätte, ...
3. Ich würde dir helfen, wenn ...
4. Wenn du nicht so müde wärst, ...
5. Wären Sie bitte so nett und ...
6. Wenn wir nur ...
7. Was würden Sie tun, wenn ...
8. Ich wäre glücklich, wenn ...
9. Könnten Sie bitte ...
10. Wenn er meine Adresse wüßte, ...

Schreiben Sie die Sätze im Konjunktiv II!

SÜ 3
| Wenn ich das wissen will, frage ich. |
| Wenn ich das wissen wollte, würde ich fragen. |

1. Wenn wir kein Geld haben, können wir nichts kaufen.
2. Wenn man hier nicht überholen darf, überhole ich nicht.
3. Wenn er nicht arbeiten muß, kann er auch mitkommen.
4. Wenn ich morgens nicht aufstehen muß, schlafe ich länger.
5. Wenn sie das Auto nicht reparieren kann, müssen wir ihr helfen.
6. Wenn ich nicht kommen kann, sage ich Bescheid.

SÜ 4   Was würden Sie tun, wenn heute Samstag wäre?

(Leider ist heute nicht Samstag.) Am Samstag kann ich länger schlafen, denn ich muß nicht arbeiten. Ich stehe später auf. Trotzdem habe ich noch genug Zeit, um die Zeitung zu lesen. Ich bleibe bis um 10 Uhr zu Hause, und dann gehe ich zum Bahnhof. Dort kaufe ich eine Fahrkarte und fahre mit dem Zug nach Stuttgart. Wenn ich noch müde bin, schlafe ich noch ein bißchen im Zug. In Stuttgart besuche ich meine Verwandten, die sich über meinen Besuch freuen. Wenn schönes Wetter ist, gehen wir zusammen spazieren. Wenn es regnet, bleiben wir zu Hause und unterhalten uns. Es ist schön, einen Tag mit meinen Verwandten zu verbringen.

Beginnen Sie: *Wenn heute Samstag wäre, könnte ich ...*

SÜ 5   Ergänzen Sie die Verben!
            (Konjunktivform oder würde + Infinitiv)

1. sein/kommen   Es *wäre* mir lieber, wenn Sie morgen *kämen.*
2. haben/gehen   Wenn ich Zeit *hätte*, *würde* ich ins Kino *gehen.*
3. bleiben/können   Wenn er zu Hause ____, ____ wir ihn besuchen.
4. schreiben/wissen   Wir ____ ihm ____, wenn wir seine Adresse ____.
5. gehen/sein   Wenn du früher ins Bett ____, ____ du nicht so müde.
6. müssen/können   Wenn Sie nicht arbeiten ____, ____ Sie mit uns kommen.
7. kommen/wollen   Er ____ sicher ____, wenn er ____.
8. sein/haben   Ich ____ glücklich, wenn wir jetzt Ferien ____.
9. s.freuen/können   Wir ____ uns ____, wenn Sie uns besuchen ____.
10. gefallen/kaufen   Wenn ihr das Kleid ____, ____ sie es ____.
11. tun/sein   Was ____ ihr ____, wenn heute Sonntag ____.
12. wissen/sein   Ich ____ nicht, was schöner ____.
13. sagen/wissen   Ich ____ es Ihnen ____, wenn ich es ____.
14. sein/können   Wenn das Wetter besser ____, ____ wir spazierengehen.
15. wollen/fragen   Wenn er die Antwort wissen ____, ____ er ____.
16. arbeiten/müssen   Sie ____ nicht arbeiten, wenn sie nicht arbeiten ____.

SÜ 6   Persönliche Fragen

Was würden Sie tun, ...

1. wenn Sie heute Geburtstag hätten?
2. wenn Sie telefonieren wollten und kein Telefon hätten?
3. wenn Sie eine Million auf der Straße fänden?
4. wenn Sie reich und berühmt wären?
5. wenn Sie alles wüßten?
6. wenn Sie Präsident Ihres Landes wären?
7. wenn Sie nicht mehr arbeiten müßten?
8. wenn es kein Radio und kein Fernsehen gäbe?

WORTSCHATZ

Verben

erfüllen	*to fullfil*
halten von (+ dat.)	*to think of*
sparen	*to save*
übernehmen	*to take over*
übernahm, übernommen	
s. vor·stellen (+ dat.)	*to imagine*
zeichnen	*to draw, sketch*
verschwinden	*to disappear*
verschwand, ist ver-schwunden	

Adjektive und Adverbien

bar	*cash*
erfolgreich	*successful*
verantwortlich	*responsible*

Verschiedenes

egal, ob ...	*no matter whether*
das ist mir egal	*it doesn't matter to me*

Nomen

der Haushalt,-e	*household*
der Erfolg,-e	*success*

Can you guess the meaning of these words?

Nomen	Verben	Adjektive
der Alltag,-e	akzeptieren	aktiv
der Kontakt,-e	diskutieren	flexibel
der Millionär,-e	existieren	ideal
der Partner,-	gewinnen	technisch
der Scheck,-s	gewann, gewonnen	traditionell
der Tausch	den Haushalt führen	unglücklich
der Text,-e	spazieren gehen	
das Gefühl,-e		
das Fest,-e		
das Lotto (no pl.)		
das Thema (pl. Themen)		
die Aufgabe,-n		
die Diskussion,-en		
die Lotterie,-n		
die Nebensache,-n		
die Regelung,-en		

ZUSATZVOKABULAR

ab·heben (Geld)	*to withdraw*	nähen	*to sew*
die Aufstiegschance,-n	*advancement opportunity*	der Rest,-e	*balance*
der Bagger,-	*excavator*	die Umwelt	*environment*
gedeckt	*covered*	die Ziehung	*drawing (of numbers)*
erwerbstätig	*working, employed*		
das Gerät,-e	*appliance, apparatus*		
das Gerede,-	*talk, gossip*		
der Juwelier,-e	*jeweler*		
mauern	*to lay bricks*		
der Nachteil,-e	*disadvantage*		

LEKTION 32

EINFÜHRUNGSTEXT: Energie sparen
                    Tips zum Energiesparen

GRAMMATIK
   The Subjunctive II (Past Time)

ENERGIE SPAREN - DIE BESTE ENERGIEQUELLE°

source

Wir drücken auf einen Schalter°, das Licht geht an. Wir
drehen° am Hahn°, das warme Wasser läuft. Wir drehen die
Heizung auf, und das Zimmer wird warm. Wir fahren mit
dem Auto zur Tankstelle und tanken. Alle diese Dinge
sind für uns selbstverständlich. Diese Beispiele zeigen
aber auch: Ohne Energie geht nichts, weder im Haushalt
noch° im Betrieb. Energie ist also sehr wertvoll. Wir
sollten sie nicht verschwenden°

switch
turn/faucet

neither...nor
waste

Seit der ersten Ölkrise im Jahr 1973 ist auch in der
Bundesrepublik die Frage der Energieversorgung ein wichtiges Thema. Das Öl wird immer teurer. Neue Technolo-
gien, die die Energieversorgung des ganzen Landes übernehmen könnten, wie zum Beispiel die Gewinnung° von Son-
nenenergie, sind noch nicht weit genug entwickelt° Und
die Kernenergie° ist wegen vieler ungeklärter Fragen sehr
umstritten° Doch mit Kohle, Gas und Wasserkraft° allein
kann die Bundesrepublik ihren Energiebedarf° nicht decken.

production
developed
nuclear energy
*controversial/hydro-
electric power*
need

Energieverbrauch 1977
(geschätzt)

Wie überall auf der Welt,
versucht man deshalb auch
in der Bundesrepublik Energie zu sparen. Die Statistik
zeigt, daß Haushalt und Autofahrer die meiste Energie
verbrauchen° Man schätzt,
daß allein die privaten Haushalte rund 50 Milliarden DM
im Jahr für Energie ausgeben.
Wenn die einzelnen Haushalte
durchschnittlich nur 10 Prozent einsparen könnten, wäre
das eine Energieeinsparung von
5 Milliarden DM.

tries

consume, use up

44,6% Haushalte, Kleinverbraucher und sonstiger Verbrauch
34,8% Industrie
20,6% Verkehr

TIPS ZUM ENERGIESPAREN

Es gibt viele Möglichkeiten, Energie zu sparen. Was erfahren°
Sie aus den folgenden Tips, die man regelmäßig in deutschen
Zeitungen finden kann?

learn

1 Sind Sie der Typ, der mit dem Auto zum Briefkasten° an der
   Ecke fährt? Wenn Sie zu Fuß gingen, würden Sie nicht nur
   viel Benzin sparen, sondern auch etwas für Ihre Gesundheit
   tun. -- Ein Viertel aller Autofahrten sind kürzer als zwei
   Kilometer. Das sind für jeden Autofahrer rund 100 Kilometer
   im Jahr, die man einsparen könnte.

mailbox

2 Zehn Millionen deutsche Autofahrer verschwenden mindestens 130 Liter Benzin im Jahr. Sie machen folgen-
de Fehler°: Sie lassen den kalten Motor im Stand warm-   *mistakes*
laufen. Das kostet 25 Prozent mehr Benzin. Sie fahren
auf der Autobahn mit offenem Fenster. Das kostet 10 Prozent mehr Benzin. Sie geben zu oft Gas und bremsen° zu   *brake*
oft. Das kostet 8 Prozent mehr Benzin. -- Wenn die Autofahrer diese Fehler nicht machen würden, könnten sie
zusammen mehr als 1,3 Milliarden Liter Benzin im Jahr
sparen.

3 Wenn Sie im Winter richtig heizen,° können Sie viel Geld   *heat*

sparen - genug für eine Woche Urlaub auf Mallorca!
   Die meisten Deutschen
heizen ihre Wohnung auf 24   *degree*
Grad° Celsius. Eine Zimmer-
temperatur von 20 Grad wäre
nicht nur gesünder, sondern
würde auch 24 Prozent Energie und Heizkosten einsparen.
Mit dem gesparten Geld könnten Sie eine Woche Urlaub
auf Mallorca bezahlen!

4 Duschen Sie doch, statt in der Wanne° zu baden! Sie wür-   *tub*
   den mindestens 100 Mark im Jahr sparen. -- Für ein Voll-
bad brauchen Sie 150 Liter warmes Wasser. Mit soviel Wasser
könnten Sie 18 Minuten lang duschen. Ein normales Duschbad
dauert jedoch nur rund sechs Minuten.

EINFÜHRUNG: KONJUNKTIV II (VERGANGENHEIT)

Konjunktiv: Präsens

Wenn wir energiebewußt wären, würden wir keine Energie verschwenden.

   Im Gegenteil, wir würden Energie
sparen.

   Zum Beispiel würde man nicht mit
dem Auto zum Briefkasten fahren,
sondern zu Fuß gehen.

   Man würde energiebewußter fahren
und weniger Benzin verbrauchen.

   Man würde auch die Wohnungen weniger heizen.

Konjunktiv: Vergangenheit

Wenn wir schon früher energiebewußter
gewesen wären, **hätten** wir keine Energie **verschwendet**.

   Im Gegenteil, wir **hätten** Energie **gespart**.

   Zum Beispiel **wäre** man nicht mit dem
Auto zum Briefkasten **gefahren**, sondern
wäre zu Fuß **gegangen**.

   Man **wäre** energiebewußter **gefahren**
und **hätten** weniger Benzin **verbraucht**.

   Man **hätte** auch die Wohnungen weniger
geheizt.

MODALVERBEN

Wie könnte man mehr Energie sparen?

  Vor allem sollte man keine Energie verschwenden.

  Man sollte lernen, weniger Energie zu verbrauchen.

  Man müßte die Häuser und Wohnungen besser isolieren.

  Die Autoindustrie müßte Autos bauen, die weniger Benzin verbrauchen.

  Wenn man nicht allein, sondern mit Kollegen zur Arbeit fahren würde, könnte man viel Benzin sparen.

  Man könnte auch öfters zu Fuß gehen. Man würde nicht nur Energie sparen, sondern auch etwas für seine Gesundheit tun.

Wie **hätte** man schon früher mehr Energie **sparen können**?

  Vor allem **hätte** man keine Energie **verschwenden sollen.**

  Man **hätte lernen sollen**, weniger Energie zu verbrauchen.

  Man **hätte** die Häuser und Wohnungen besser **isolieren müssen.**

  Die Autoindustrie **hätte** Autos **bauen müssen**, die weniger Benzin verbrauchen.

  Wenn man nicht allein, sondern mit Kollegen zur Arbeit gefahren wäre, **hätte** man viel Benzin **sparen können.**

  Man **hätte** auch öfters zu Fuß **gehen können.** Man hätte nicht nur Energie gespart, sondern auch etwas für seine Gesundheit getan.

GRAMMATIK

A THE SUBJUNCTIVE II (PAST TIME)

1 ANALYSIS

In both German and English, the subjunctive also has a past time form. It is used to express contrary-to-fact statements, hypothetical conclusions and wishes that could have happened in the past but did not.

English uses the past perfect tense to indicate past time subjunctive:

PAST PERFECT TENSE   *I had seen her.*
PAST TIME SUBJUNCTIVE *If I had seen her, I would have spoken to her.*

2 FORMATION

Similar to English, the German subjunctive II for past time is derived form the past perfect indicative. It is composed of:

hätte or wäre + Past Participle

Past Perfect Indicative	Past Time Subjunctive
ich hatte genommen	ich hätte genommen (*I would have taken*)
du hattest genommen	du hättest genommen
er hatte genommen	er hätte genommen
wir hatten genommen	wir hätten genommen
ihr hattet genommen	ihr hättet genommen
sie hatten genommen	sie hätten genommen
Sie hatten genommen	Sie hätten genommen
ich war gegangen	ich wäre gegangen (*I would have gone*)
du warst gegangen	du wär(e)st gegangen
er war gegangen	er wäre gegangen
wir waren gegangen	wir wären gegangen
ihr wart gegangen	ihr wär(e)t gegangen
sie waren gegangen	sie wären gegangen
Sie waren gegangen	Sie wären gegangen

3 NO WÜRDE-CONSTRUCTION IN PAST TIME SUBJUNCTIVE

It is important that you recognize that German **does not** use a **würde**-construction to express past time subjunctive. English forms such as *would have said* which refer to past time must be rendered in German by **hätte** or **wäre** plus a past participle.

Look at the following examples:

Wenn ich das nur **gewußt hätte**.   *If only I had known that.*
Ich **hätte** das nicht **gesagt**.   *I wouldn't have said that.*
Wären Sie auch **gekommen**?   *Would you have come too?*
Wenn er hier **gewesen wäre**, **hätten** wir ihn **gesehen**.   *If he had been here, we would have seen him.*
Wenn es nicht geregnet hätte, **hätten** wir Sie **besucht**.   *If it had not rained, we would have visited you.*

4 PAST TIME SUBJUNCTIVE WITH MODALS

The past time subjunctive of modals with a dependent infinitive consists of a double infinitive construction.

Compare the following sentences:

	Indicative	
PRESENT TENSE	Ich **kann** das nicht **tun**.	*I cannot do that.*
PAST TENSE	Ich **konnte** das nicht **tun**.	*I could not do that.*
PRESENT PERFECT	Ich **habe** das nicht **tun können**.	*I have not been able to do that.*
PAST PERFECT	Ich **hatte** das nicht **tun können**.	*I had not been able to do that.*

Subjunctive II
_____

PRESENT TIME	Ich **könnte** das nicht **tun**.	*I could not do that.*
PAST TIME	Ich **hätte** das nicht **tun können**.	*I could not have done that.*

As you can see, the modals form the past time subjunctive in their usual
way: a form of **haben** (**hätte**) and a double infinitive.

Notice that the past time subjunctive of modals usually correspond to
English sentences beginning with *could have*, *should have*, etc.

Er hätte mich fragen können.	*He could have asked me.*
Er hätte mich fragen sollen.	*He should have asked me.*
Er hätte mich fragen müssen.	*He would have had to ask me.*

If the modal occurs in the **wenn**-clause, dependent word order is used.
Since the double infinitive has to stand at the end of the clause,
the auxiliary **hätte** must come immediately before the double infinitive.

Wenn er **hätte fragen wollen**, hätte er gefragt.
If he had wanted to ask, he would have asked.

Ich hätte es ihm gesagt, wenn er es **hätte wissen wollen**.
I would have told him, if he had wanted to know it.

Wenn ich ihm nur **hätte helfen können**.
If only I could have helped him.

B OMISSION OF WENN IN CONDITIONAL SENTENCES

A contrary-to-fact statement does not necessarily have to be introduced
by **wenn**. However, if **wenn** is omitted, the conjugated verb becomes the
first element of the clause and the conclusion is usually introduced by
dann or **so**.

Wenn ich viel Geld hätte, ...

Hätte ich viel Geld, **dann würde** ich mir ein neues Auto **kaufen**.
If I had a lot of money, I would buy myself a new car.

Wenn ich das gewußt hätte, ...

Hätte ich das gewußt, **dann wäre** ich früher **gekommen**.
Had I known that, I would have come earlier.

MÜNDLICHE ÜBUNGEN

Vergleichen Sie!

Ich habe heute abend keine Zeit.	Wenn ich heute abend Zeit hätte, würde ich ins Kino gehen.
Ich hatte gestern abend keine Zeit.	Wenn ich gestern abend Zeit gehabt hätte, wäre ich ins Kino gegangen.

Was wäre besser gewesen?

MÜ 1
> Er hat nicht angerufen.
> Es wäre besser gewesen, wenn er angerufen hätte.

1. Sie ist nicht zu Hause geblieben.
2. Sie haben die Fenster nicht geöffnet.
3. Er hat sich nicht beeilt.
4. Ich habe den Brief nicht geschrieben.
5. Du hast mir nicht geholfen.
6. Die Leute haben sich verspätet.

Was hätten Sie an meiner Stelle getan?

MÜ 2
> Ich habe mich geärgert.
> An Ihrer Stelle hätte ich mich auch geärgert.
>
> Ich bin mit dem Zug gefahren.
> An Ihrer Stelle wäre ich auch mit dem Zug gefahren.

1. Ich habe meine Eltern angerufen.
2. Ich bin ins Kino gegangen.
3. Ich habe kein neues Auto gekauft.
4. Ich habe die Polizei gerufen.
5. Ich bin zum Arzt gegangen.
6. Ich bin in die Stadt gefahren.
7. Ich habe mich beeilt.
8. Ich habe nicht lange gewartet.

Bilden Sie Wunschsätze!

MÜ 3
> Er ist nicht zu Hause gewesen.
> Wenn er nur zu Hause gewesen wäre!

1. Sie ist nicht gekommen.
2. Du hast ihn nicht gesehen.
3. Ich habe die Rechnung nicht bezahlt.
4. Wir haben keine Zeit gehabt.
5. Er ist nicht zu Fuß gegangen.
6. Ihr seid nicht hier geblieben.

Bilden Sie Konditionalsätze!

MÜ 4
> Sie sind nicht krank gewesen. Ich habe Sie nicht besucht.
> Wenn Sie krank gewesen wären, hätte ich Sie besucht.

1. Er ist nicht hier gewesen. Ich habe ihn nicht gesehen.
2. Er hat keinen Urlaub gehabt. Er hat uns nicht besucht.
3. Sie sind nicht gekommen. Ich habe Ihnen das Geld nicht gegeben.
4. Ich habe den Unfall nicht gesehen. Ich habe die Polizei nicht gerufen.
5. Wir haben seine Adresse nicht gewußt. Wir haben ihm nicht geschrieben.
6. Sie haben nicht angerufen. Ich bin nicht zu Hause geblieben.

MÜ 5   Vollenden Sie die Sätze!

1. Wenn du früher aufgestanden wärst, ...
2. Was hätten Sie getan, wenn ...
3. Wenn ich das gewußt hätte, ...
4. Ich wäre zu Fuß gegangen, wenn ...
5. Man hätte mehr Energie gespart, wenn ...
6. Wenn sie nicht krank gewesen wäre, ...
7. Wenn ich mehr Zeit gehabt hätte, ...
8. Wohin wären Sie gegangen, wenn ...
9. Wenn ihr euch beeilt hättet, ...
10. Ich hätte die Polizei gerufen, wenn ...

MODALVERBEN

Vergleichen Sie!

> Ich muß nicht zu Hause bleiben.   Ich könnte spazierengehen.
> Ich habe nicht zu Hause bleiben müssen. Ich hätte spazierengehen können.

Antworten Sie!

MÜ 6
> Warum haben Sie das nicht gesagt?
> Sie hätten das sagen sollen.

1. Warum haben Sie nicht geschrieben?   4. Warum ist sie nicht gekommen?
2. Warum hast du nicht angerufen?   5. Warum ist er nicht zum Arzt gegangen?
3. Warum habt ihr mich nicht gefragt?   6. Warum sind Sie aufgestanden?

MÜ 7
> Wie konnte er das sagen?
> Er hätte das nicht sagen dürfen.

1. Wie konnten Sie das tun?   4. Wie konnte er so schnell fahren?
2. Wie konnte er diesen Brief schreiben?   5. Wie konntest du so etwas fragen?
3. Wie konnten wir das vergessen?   6. Wie konntet ihr ihn einladen?

MÜ 8
> Haben Sie Ihre Freunde angerufen?
> Nein, aber ich hätte sie anrufen können.

1. Haben Sie die Zeitung mitgebracht?   4. Haben Sie den Leuten Bescheid gesagt?
2. Ist er eine ganze Woche hier geblieben? 5. Hat sie ein Taxi genommen?
3. Hat er heute länger geschlafen?   6. Sind Sie zu Fuß nach Hause gegangen?

Was hätten die Leute tun müssen?

MÜ 9
> Er ist nicht im Bett geblieben.
> Er hätte im Bett bleiben müssen.

1. Er hat nicht den Arzt gerufen.   4. Ihr habt uns nicht gefragt.
2. Sie hat die Medikamente nicht genommen. 5. Du hast mir nicht Bescheid gesagt.
3. Du hast mich nicht angerufen.   6. Sie ist nicht zum Arzt gegangen.

MÜ 10   Vollenden Sie die Sätze!

1. Ich hätte ihn fragen können, *wenn er zu Hause gewesen wäre.*
2. Du hättest nichts bezahlen müssen, ...
3. Ihr hättet eine Weltreise machen können, ...
4. Sie hätte nicht zu Hause bleiben müssen, ...
5. Sie hätte dich abholen können, ...
6. Wir hätten ihn im Krankenhaus besuchen dürfen, ...

MÜ 11   Auf deutsch, bitte!

1. What can we do?
   What could we do?
   What could we have done?

2. What shall I say?
   What should I say?
   What should I have said?

3. She has to ask him.
   She would have to ask him.
   She would have had to ask him.

4. Shall we go earlier?
   Should we go earlier?
   Should we have gone earlier?

5. You have to call her.
   You would have to call her.
   You would have had to call her.

6. He can walk home.
   He could walk home.
   He could have walked home.

MÜ 12   Auf deutsch, bitte!

1. I wouldn't have asked him.
2. If she had been sick, she would have stayed home.
3. If only I had had more time.
4. We would have helped you if you had called us.
5. Would you have come with us?
6. I wish she hadn't smoked so much.
7. If only I had bought the newspaper.
8. She would have told us if she had known that.
9. If it hadn't rained, we would have played tennis.
10. What would you have done if we hadn't called you?

SCHRIFTLICHE ÜBUNGEN

Bilden Sie die Vergangenheitsformen des Konjunktiv II!

SÜ 1 | Ich würde das nicht sagen.   Wir würden hier bleiben.
      | Ich hätte das nicht gesagt.   Wir wären hier geblieben.

1. Wir würden ihm helfen.
2. Ich würde mit dem Bus fahren.
3. Er würde sein Auto waschen.
4. Würdet ihr uns schreiben?
5. Würdest du nach Hause gehen?

6. Würden Sie den Dieb erkennen?
7. Würde er auch mitkommen?
8. Würden Sie nach Amerika fliegen?
9. Würde sie es sagen?
10. Würdet ihr laufen?

SÜ 2 Vollenden Sie die Sätze im Konjunktiv II!
      (*Vorsicht! Präsens und Vergangenheit*)

1. Wenn wir nicht arbeiten müßten, *könnten wir Tennis spielen.*
2. Er wäre Lottomillionär geworden, *wenn er die richtigen Zahlen gehabt hätte.*
3. Wenn er dich jetzt hören könnte, ...
4. Hätten Sie die Polizei gerufen, ...
5. Wenn man ihn im Krankenhaus besuchen dürfte, ...
6. Wenn ich die Antwort gewußt hätte, ...
7. Sie hätte kein Taxi nehmen müssen, ...
8. Wenn mein Freund krank wäre, ...
9. Wenn du nicht so lange geschlafen hättest, ...
10. Ich wäre früher gekommen, ...

SÜ 3 Erzählen Sie in der Vergangenheit des Konjunktiv II!

Beginnen Sie: Wenn ich genug Zeit gehabt hätte, hätte ich meine Verwandten in Stuttgart besucht. ...

Sie haben sich sehr gefreut. Zuerst haben wir uns ein bißchen unterhalten. Später sind wir in die Stadt gefahren. Sie haben mir die ganze Stadt gezeigt. Sie haben mich auch zum Essen eingeladen. Wir sind in ein kleines Restaurant gegessen. Nachmittags haben wir Kaffee getrunken und Kuchen gebacken. Abends bin ich wieder mit dem Zug nach Hause gefahren. Ich besuche gern meine Verwandten.

SÜ 4 Auf deutsch, bitte!

1. If I had vacation, I would take a long trip.
   If I had had vacation, I would have taken a long trip.

2. If she were here, we could help her.
   If she had been here, we could have helped her.

3. It would be nice if you could visit us.
   It would have been nice if you could have visited us.

4. If he knew it, he would have to tell us.
   If he had known it, he would have had to tell us.

5. If you weren't sick, you wouldn't have to stay home.
   If you hadn't been sick, you wouldn't have had to stay home.

6. He should ask us if he wanted to know.
   He should have asked us if he had wanted to know.

WORTSCHATZ

Nomen

der Briefkasten, ⸚	mailbox
der Grad, -e	degree
der Fehler, -	mistake
der Schalter, -	switch
der Tip, -s	hint
der Verbrauch	consumption
der Verbraucher, -	consumer
das Gas, -e	(natural) gas
die Heizung, -en	heat, heater, radiator

Verben

drehen	to turn
ein·sparen	to conserve
entwickeln	develop
erfahren	learn
heizen	to heat
verbrauchen	to consume, use up
verschwenden	to waste

Verschiedenes

es geht nicht	it doesn't function
öfters	frequently, more often
ungeklärt	unclear, unsolved
weder ... noch	neither ... nor

Can you guess the meaning of these words?

Nomen	Verben	Adjektive und Adverbien
die Energie, -n	bremsen	offen
die Gesundheit		überall
die Kohle, -n		
die Kosten (pl.)		
die Technologie, -n		
die Temperatur, -en		

ZUSATZVOKABULAR

der Bedarf (no pl.)	need
bewußt	consciously
die Einsparung, -en	savings
die Gewinnung, -en	production, extraction
die Kernenergie, -en	nuclear energy
der Hahn, ⸚e	faucet
isolieren	to insulate
die Quelle, -n	source
sonstig	other
umstritten	controversial
die Wanne, -n	tub
die Wasserkraft	hydro-electric power

LEKTION 33

EINFÜHRUNG: Ein Unfall ist passiert.
Die Polizei wird gerufen

LESETEXT: Menschen in Deutschland: Glück auf, Kumpel!

GRAMMATIK:

The Passive Voice

Bildgeschichte: Ein Verkehrsunfall ist passiert.
                  Was nun?

Die Polizei wird gerufen.

Zeugen° die den Unfall gesehen haben, rufen die Polizei.	witnesses
Wenn jemand verletzt° ist, ruft man auch einen Krankenwagen°	injured ambulance
Der Krankenwagen bringt die Verletzten ins Krankenhaus.	
Die Polizei sperrt die Unfallstelle ab°	blocks off
Die Polizisten fragen die Zeugen.	
Sie fotografieren die Unfallstelle°	scene of accident
Der Unfall-Dienst schleppt die beschädigten° Fahrzeuge ab.	damaged
Die Polizei gibt die Straße frei.	

EINFÜHRUNG: DAS PASSIV

Ein Unfall ist passiert.

PRÄSENS	IMPERFEKT	PERFEKT
Was **wird** hier **getan**?	Was **wurde** hier **getan**?	Was **ist** hier **getan worden**?
Die Polizei **wird ge-rufen**.	Die Polizei **wurde ge-rufen**.	Die Polizei **ist gerufen worden**.
Jemand ist verletzt. Deshalb **wird** auch ein Krankenwagen **gerufen**.	Jemand war verletzt. Deshalb **wurde** auch ein Krankenwagen **gerufen**.	Jemand war verletzt. Deshalb **ist** auch ein Kran-kenwagen **gerufen worden**.
Die Unfallstelle **wird** **abgesperrt**.	Die Unfallstelle **wur-de abgesperrt**.	Die Unfallstelle **ist** **abgesperrt worden**.
Der Krankenwagen kommt. Die Verletzten **werden** ins Krankenhaus **gebracht**.	Der Krankenwagen kam. Die Verletzten **wurden** ins Krankenhaus **gebracht**.	Der Krankenwagen ist ge-kommen. Die Verletzten **sind** ins Krankenhaus **ge-bracht worden**.
Die Zeugen **werden ge-fragt**, wie der Unfall passiert ist.	Die Zeugen **wurden ge-fragt**, wie der Unfall passiert ist.	Die Zeugen **sind gefragt worden**, wie der Unfall pas-siert ist.
Die Zeugenaussagen **wer-den aufgeschrieben**.	Die Zeugenaussagen **wurden aufgeschrieben**.	Die Zeugenaussagen **sind** **aufgeschrieben worden**.
Die beschädigten Fahr-zeuge werden **abgeschleppt**.	Die beschädigten Fahr-zeuge **wurden abgeschleppt**.	Die beschädigten Fahrzeu-ge sind **abgeschleppt worden**.
Die Straße **wird** wieder freigegeben.	Die Straße **wurde** wieder **freigegeben**.	Die Straße **ist** wieder freigegeben worden.

MODALVERBEN

PRÄSENS

Muß bei jedem Unfall ein Kran-kenwagen **gerufen werden**?

Nein, ein Krankenwagen **muß** nur gerufen **werden**, wenn es Verletzte gibt.

Muß die Unfallstelle immer fo-tografiert **werden**?

Nein, die Unfallstelle **muß** nicht immer **fotografiert werden**, aber sie **sollte fotografiert wer-den**.

IMPERFEKT

Mußte bei diesem Unfall ein Kranken-wagen **gerufen werden**?

Ja, hier **mußte** ein Krankenwagen ge-rufen **werden**, weil es Verletzte gab.

Warum **mußte** die Unfallstelle hier **fotografiert werden**?

Sie **mußte fotografiert werden**, weil ein schwerer Unfall passiert ist.

GRAMMATIK

A ACTIVE AND PASSIVE VOICE

1 ACTIVE VOICE

In German and in English, the active voice is used to indicate that the subject of the sentence does something or is becoming something. In short, when the subject is active, the verb is in the active voice. Up to this point, all the sentences we have been using have been in the active voice.

	Subject	Verb	Other
PRESENT TENSE	Sie	verkauft	ihr Auto.
	She	*is selling*	*her car.*
PAST TENSE	Er	schrieb	einen Brief.
	He	*wrote*	*a letter.*
PRESENT PERF.	Wir	haben	das Essen schon bestellt.
	We	*have*	*already ordered the dinner.*

2 PASSIVE VOICE

When the subject **does not** perform the action but is acted upon, the sentence is in the passive voice. In short, when the subject is passive, the verb is in the passive voice.

Look at the following English sentences in the passive:

Subject	Verb	Other
The car	*is (being) sold*	*by her.*
The letter	*was written*	*by him.*
The dinner	*has been ordered.*	

In English, the passive voice is formed with the auxilary *to be* and the past participle of the verb:

Form of *to be* + Past Participle	
is being	*sold*
was	*written*
has been	*ordered*

3 WHEN TO USE ACTIVE AND PASSIVE

The choice between active and passive voice is not a grammatical problem. The choice depends on the point of view the speaker wants to emphasize.

ACTIVE VOICE	*The ambulance **took** the injured to the hospital.*
PASSIVE VOICE	*The injured **were** taken to the hospital (**by** the ambulance)*

In a passive sentence, the attention is usually focused on the receiver of the action. Therefore the agent, that is, the doer of the action may often be omitted.

B THE GERMAN PASSIVE

In German, the passive voice is formed essentially the same way as in
English. The only difference is that English uses a form of *to be*
while German uses the conjugated forms of **werden** with a past participle
at the end of the sentence.

Subject	werden	Past Participle	
Die Polizei	wird	gerufen	*The police are (being) called.*
Die Bücher	werden	verkauft	*The books are (being) sold.*
Das Auto	wird	repariert.	*The car is (being) repaired.*

A passive sentence can be put into the various tenses by merely changing
the tense of the auxiliary **werden**.

PRESENT TENSE	Das Auto **wird** gewaschen.	*The car is (being) washed.*
PAST TENSE	Das Auto **wurde** gewaschen	*The car was (being) washed.*
PRESENT PERF.	Das Auto **ist** gewaschen **worden**.	*The car has been washed.*
PAST PERFECT	Das Auto **war** gewaschen **worden**.	*The car had been washed.*
FUTURE	Das Auto **wird** gewaschen **werden**.	*The car will be washed.*

NOTE: In an *active sentence*, the past participle of **werden** is **geworden**.
In a *passive construction*, however, **geworden** is shortened to
worden.

Also notice that **werden** forms the present perfect and past perfect with the auxiliary **sein**.

PRESENT PERFECT	Amerika **ist** 1492 entdeckt **worden**.
PAST PERFECT	Das Auto **war** abgeschleppt **worden**.

2 PASSIVE WITH MODALS

Passive constructions with modals may occur in all tenses:

Das Auto **muß** gewaschen werden	*The car has to*		*be washed.*
Das Auto **mußte** gewaschen werden	*The car had to*		*be washed.*
Das Auto **hat** gewaschen werden **müssen**.	*The car has had to*		*be washed.*
Das Auto **hatte** gewaschen werden **müssen**.	*The car had had to*		*be washed.*
Das Auto **wird** gewaschen werden **müssen**.	*The car will have to be washed.*		

As you can see, a passive construction with a modal consists of the conjugated form of the modal, the past participle of the main verb and the
infinitive of **werden**. Passive constructions with modals are most frequently used in the present and past tenses.

Look at some more examples:

	Conjugated Form of the modal	+ Past Participle	+ Infinitive of **werden**
Er	**muß**	abgeholt	werden
Er	**mußte**	abgeholt	werden.
Das	**kann**	getan	werden.
Das	**konnte**	getan	werden.

Notice that only the modal auxiliary is affected by the shift in tenses.
Everything else in the sentence remains the same.

ITG R

3 VON + AGENT

In passive sentences, the role of the agent is secondary in importance and does not always have to be expressed. In German, the agent is introduced by the preposition **von** followed by the dative case.

> Die Kinder sind **von ihren Eltern** abgeholt worden.
> *The children were (being) picked up by their parents.*

> Der Geldbeutel wurde **von einem kleinen Jungen** gefunden.
> *The wallet was found by a small boy.*

4 TRANSFORMATION FROM ACTIVE TO PASSIVE VOICE

As in English, any active sentence with a direct object can be transformed into a passive sentence.

Look at the following example:

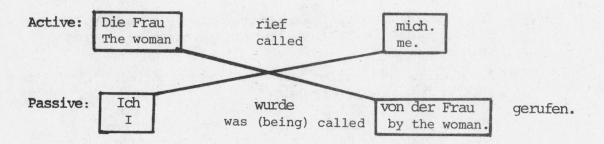

As you can see, the subject of the active sentence is changed into the agent of the passive sentence. The direct object of the active sentence is changed into the subject of the passive sentence. Remember that the subject of any sentence, whether active or passive, is always in the nominative case.

Look at some more transformations. Notice that the agent is omitted.

Active Voice	Passive Voice
Wir machen **die Arbeit**.	**Die Arbeit** wird gemacht.
Ich rief **die Polizei**.	**Die Polizei** wurde gerufen.
Er repariert **das Auto**.	**Das Auto** wird repariert.

If the agent is expressed, it must be in the dative case:

> Die Arbeit wird **von uns** gemacht.
> Die Polizei wurde **von mir** gerufen.
> Das Auto wird **von ihm** repariert.

MÜNDLICHE ÜBUNGEN

MÜ 1   Hören Sie gut zu!
       Aktiv oder Passiv?

	A	P
1. Sie werden von uns hören.	x	
2. Die Polizei wird gerufen.		x
3. Die Polizei wird kommen.		
4. Er wird uns morgen besuchen.		
5. Hier wird ein Haus gebaut.		
6. Was wird hier gemacht?		
7. Der Wagen muß repariert werden.		
8. Ich werde ihn reparareren.		
9. Wann werden wir Sie sehen?		
10. Sie wird hier oft gesehen.		

	A	P
11. Frau Meier wird es wissen.		
12. Die Arbeit wird begonnen.		
13. Wann werden Sie beginnen?		
14. Die Suppe wird heiß gegessen.		
15. Wird sie die Suppe essen?		
16. Was werden Sie tun?		
17. Was wird hier getan?		
18. Sie wird nach Hause gehen.		
19. Das muß gemacht werden.		
20. Das muß ich machen.		

Was wird hier getan?

MÜ 2
> Wir rufen die Polizei.
> Die Polizei wird gerufen.

1. Er verkauft das Auto.
2. Sie schreibt einen Brief.
3. Wir bestellen die Bücher.
4. Sie holt die Kinder ab.

5. Die Firma sucht eine Sekretärin.
6. Wir bezahlen die Rechnung.
7. Er fotografiert die Unfallstelle.
8. Die Stadt baut eine neue Schule.

Von wem wird es getan?

MÜ 3
> Der Kellner serviert das Essen.
> Das Essen wird vom Kellner serviert.

1. Der Lehrer erklärt die neuen Wörter.
2. Viele Touristen besuchen unsere Stadt.
3. Ein Bäcker backt Brot und Brötchen.
4. Ein Mechaniker repariert Autos.

5. Männer und Frauen tragen Hosen.
6. Der Zollbeamte kontrolliert die Pässe.
7. Der Briefträger bringt die Briefe.
8. Die Kellnerin bringt das Bier.

Was wurde gestern gemacht?

MÜ 4
> das Auto waschen.
> Gestern wurde das Auto gewaschen.

1. die Polizei rufen
2. alle Fragen beantworten
3. ein Auto stehlen

4. Geburtstag feiern
5. die Arbeit beginnen
6. das alte Haus verkaufen

7. viel Bier trinken
8. diese Wörter erklären
9. Fisch essen

Was ist schon gemacht worden?

MÜ 5
> Wann wird die Zeitung gebracht?
> Sie ist schon gebracht worden.

1. Wann wird die Reise gebucht?
2. Wann werden die Gäste eingeladen?
3. Wann wird der Krankenwagen gerufen?
4. Wann werden die Zeugen gefragt?

5. Wann wird die Unfallstelle fotografiert?
6. Wann werden die Kinder abgeholt
7. Wann wird das Essen serviert?
8. Wann wird das neue Buch übersetzt?

MÜ 6   Einige allgemeine Fragen

1. Wann und von wem wurde Amerika entdeckt?
2. Was wird an der Grenze kontrolliert?
3. In welchem Land wird viel Bier getrunken?
4. Wo werden verrückte Sachen verkauft?
5. Was wird aus Öl gemacht?
6. Wer wird zu einem Unfall gerufen?
7. Was wird nach Deutschland importiert?
8. Was wird aus Deutschland exportiert?
9. In welchen Ländern wird Deutsch gesprochen?
10. Wann wird in Deutschland Weihnachten gefeiert?
11. Werden Geschäftsbriefe mit der Hand geschrieben?
12. Von wem wurden alte Märchen gesammelt und aufgeschrieben?
13. Welche deutschen Wörter werden immer groß geschrieben?

MODALVERBEN

Antworten Sie frei!
    Was kann man damit tun?
    Was kann damit getan werden?

MÜ 7
> ein Auto
> Man kann ein Auto waschen (fahren, parken, usw.)
> Ein Auto kann gewaschen (gefahren, geparkt, usw.) werden.

1. eine Brille   4. ein Bild   7. eine Geschichte
2. ein Pullover   5. ein Fahrrad   8. Briefe
3. Wörter   6. ein Apfel   9. Blumen

Was soll hier getan werden?

MÜ 8
> "Rufen Sie sofort die Polizei!"
> Die Polizei soll sofort gerufen werden.

1. "Bezahlen Sie die Hosen an der Kasse!"
2. "Sprechen Sie bitte nur Deutsch!"
3. "Holen Sie die Medikamente morgen ab!"
4. "Schreiben Sie den Brief bitte sofort!"
5. "Lernen Sie die Lektion für morgen!"
6. "Bringen Sie den Brief zur Post!"

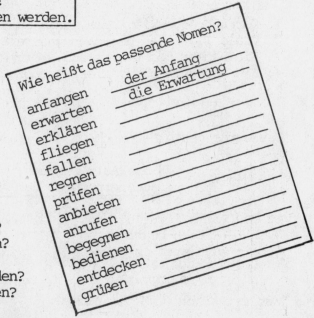

Wie heißt das passende Nomen?

anfangen	der Anfang
erwarten	die Erwartung
erklären	_____
fliegen	_____
fallen	_____
regnen	_____
prüfen	_____
anbieten	_____
anrufen	_____
begegnen	_____
bedienen	_____
entdecken	_____
grüßen	_____

MÜ 9   Einige allgemeine Fragen

1. Wann muß ein Krankenwagen gerufen werden?
2. Was muß im Straßenverkehr beachtet werden?
3. Wann sollen Pullover gewaschen werden?
4. Wo kann eine Telefonrechnung bezahlt werden?
5. Was kann in einem Reisebüro gebucht werden?
6. Wann muß ein Auto repariert werden?
7. Was sollte im Klassenzimmer nicht getan werden?
8. Wie muß bei schlechtem Wetter gefahren werden?
9. Was für Waren müssen nach Berlin transportiert werden?
10. Welche Waren müssen in die Bundesrepublik importiert werden?

MÜ 10   Auf deutsch, bitte!

1. The little boy was called by his mother.
2. Yes, that is often said.
3. The car can be repaired after three o'clock.
4. The door could not be opened.
5. He was often seen with a young lady.
6. This soup can also be eaten cold.
7. New houses have been built in the city.
8. The police were called to the accident.
9. The car is being washed right now.
10. Her handbag was stolen.

MENSCHEN IN DEUTSCHLAND: GLÜCK AUF, KUMPEL!°

greeting used by miners, /buddy, pal

Zechensiedlung° in Ahlen, im östlichen Teil des Ruhrgebietes. — *mining communities*
Die Dächer der Zechensiedlung sind schwarz vom Kohlenstaub,
der aus der Zeche° "Westfalen" kommt. Auch die Männer von der — *mine*
Zeche sind schwarz, wenn sie von der Arbeit zurückkommen.
Denn Staub gibt es hier immer noch - trotz moderner Maschinen
und des Wasserstrahls°, der die Staubbildung bremsen soll. — *water jet*
Laut und staubig ist es immer noch, dort unten in 1000 Meter
Tiefe.
     Die Brüder Helmut, Wilfried und Werner Senne wohnen in
der Zechensiedlung in Ahlen. Sie hätten eine sauberere Arbeit
finden können. Als die Kohle nicht mehr so gefragt war, lernten
sie andere Berufe. Helmut (39) wurde Buchdrucker°, Wilfried — *printer*
(32) wurde Installateur° und Werner (21) Schlosser°. Sie hätten — *plumber, mechanic*
auch in einer sauberen Fabrikhalle oder in einem gemütlichen
Handwerksbetrieb arbeiten können, denn dort hätten sie auch nicht
weniger verdient als in der Zeche.
     Trotzdem machten sie es wie der Urgroßvater° und zwei Groß- — *great-grandfather*
väter. Die drei Brüder arbeiten nun wieder in der Zeche, "weil
es so Tradition bei uns ist". Sie sind Söhne des 69jährigen
August Senne, der 41 Jahre lang in der Zeche arbeitete. Sein
Bruder Ernst (74) war sogar fünfzig Jahre unter Tage°. Auch — *underground*
dessen Sohn Ernst junior (48) und Enkel Peter arbeiten in der
Zeche. Manchmal begegnen sich Vater und Sohn in der Zeche.
"Glück auf, Kumpel!" sagen sie dann.
     Die Männer brauchen das Glück, denn immer noch ist es nicht
ganz ungefährlich im Kohlenbergbau°. Auch heute passieren noch — *coal mining (industry)*
Unfälle, und noch immer müssen Bergarbeiter früher in Pension° — *retirement*
geschickt werden, weil sie an Silikose, der gefürchteten Staub-
lunge°, erkrankt sind. Deshalb werden die Bergarbeiter nicht, — *black lung*
wie allgemein üblich, mit 65 Jahren, sondern mit 55 bis 60 Jahren pensioniert.
     Früher war die Arbeit der Bergarbeiter noch gefährlicher.
Und der Verdienst war auch nicht gerade sehr groß. Ernst Senne,
der von seinem Vater schon mit vierzehn Jahren zur Zeche geschickt
wurde, verdiente monatlich 80 bis 90 Mark, von denen 24 Mark Miete° — *rent*
bezahlt werden mußte. In den vierzig Jahren, in denen er unter
Tage arbeitete, ist er nie krank gewesen. Er ist jedoch früh
schwerhörig° geworden. "Kein Wunder, bei dem Lärm° da unten", sagt — *hard of hearing*
seine Frau Margarete. Trotzdem würden Ernst und August Senne auch
heute wieder "Glück auf" sagen und in der Zeche arbeiten.

Heute hätten es die beiden alten Sennes leichter. Durch moderne
Maschinen wurden die Gefahren unter Tage vermindert°. Auch über ⟶ *reduced*
Tage wurden große Fortschritte gemacht. So schafft° ein Bagger ⟶ *accomplishes*
im rheinischen Ruhrgebiet täglich so viel wie 45 000 Menschen mit
Hacke°und Beil°. ⟶ *hatchet, pick axe*

Die Technik hat das Berufsbild des Bergarbeiters verändert. Der
Bergarbeiter von heute muß auch mit Maschinen arbeiten können.
Der Facharbeiter unter Tage wird deshalb Bergmechaniker genannt.

Die Maschinen haben die Arbeit unter und über Tage viel ein-
facher gemacht. Schwer genug ist sie trotzdem noch, denn dort
unten in der Zeche sind Temperaturen von 35 bis 40 Grad Celsius.
Um zu ihrem Arbeitsplatz zu kommen, müssen die Männer der Zeche
"Westfalen" zweihundert Meter lang auf allen vieren kriechen°. ⟶ *crawl*
Auch müssen sie immer wieder auf Steinschlag vorbereitet sein,
aber "um ein paar Kratzer"° kümmert sich keiner der über 3000 ⟶ *scratches*
Bergarbeiter der Zeche.

Kameradschaft ist wichtig, wenn man acht Stunden aufeinander
angewiesen° ist. Vor allem die Veteranen erzählen gern von den
alten Kumpeln von früher, mit denen man "durch dick und dünn ging" .
Die Jüngeren sind da skeptischer. "Meistens endet die Kamaradschaft
nach Feierabend", sagt einer der Sennes.

Bergarbeiter galten° früher als arme Leute. Heute sind sie ⟶ *were considered*
gutbezahlte Facharbeiter. Ein Bergmechaniker verdient schon
am Anfang mindestens 120 Mark am Tag. Später sind es dann 160
Mark pro Tag und mehr. Und das ist schon mehr als die Monatsmiete,
denn das Wohnen in den Häusern, die zur Zeche gehören, ist billig.
Die Miete liegt bei monatlich 125 Mark.

Die Männer von der Zeche haben relativ viel Freizeit, denn
auch im Bergbau wurde längst die 40-Stunden Woche eingeführt.
So haben sie auch Zeit für Hobbies. Wilfried zum Beispiel spielt
gern auf der Heimorgel. Noch beliebter als die Musik ist bei
den Sennes, wie bei vielen Kumpeln im Ruhrgebiet, die Taubenzucht°. ⟶ *pigeon breeding*
Oft wird bei den Sennes darüber diskutiert, wie eine Brieftaube zu
besonders weiten Flügen gebracht werden kann.

Sie alle fühlen sich wohl in der Zechensiedlung, keiner will
tauschen. Und sie akzeptieren auch, daß es manchmal Kohlenstaub
regnet.

Nach einem Artikel in *Scala, 10/80*

SCHRIFTLICHE ÜBUNGEN

Bilden Sie Passivsätze!

SÜ 1
> Er soll den Brief zur Post bringen.
> Der Brief soll zur Post gebracht werden.

1. Sie soll das Licht ausmachen.
2. Man kann Kaffee aus Südamerika importieren.
3. Peter muß das Auto verkaufen.
4. Man darf hier nur Lastwagen überholen.
5. Ich muß die Haustür um 10 Uhr schließen.
6. Er kann das Auto vor dem Haus parken.

Schreiben Sie die Sätze noch einmal!

SÜ 2
> Die Verletzten werden ins Krankenhaus gebracht. (müssen)
> Die Verletzten müssen ins Krankenhaus gebracht werden.

1. Die Polizei wird zu einem Unfall gerufen.   (müssen)
2. Die Arbeit wird sofort begonnen. (sollen)
3. Die Rechnungen wurden nicht bezahlt. (können)
4. Das Auto wurde repariert. (müssen)
5. Die Bücher wurden verkauft. (können)
6. Das schöne Haus wird verkauft. (müssen)

Was muß man hier tun?
Was muß hier getan werden?

SÜ 3
> Brigitte hat Geburtstag. (feiern)
> Man muß ihren Geburtstag feiern.
> Ihr Geburtstag muß gefeiert werden.

1. Unser Fernseher ist kaputt. (reparieren)
2. Wir haben viel Arbeit. (machen)
3. Die Studenten stellen viele Fragen. (beantworten)
4. Das Essen wird kalt. (essen)
5. Das Auto ist schmutzig. (waschen)
6. Das Fenster ist offen. (schließen)
7. Die Schuhe sind schmutzig. (putzen)
8. Seine Haare sind zu lang. (schneiden)
9. Wir haben eine Rechnung bekommen. (bezahlen)
10. Ein Unfall ist passiert. (Polizei rufen)

Schreiben Sie die Sätze noch einmal!

SÜ 4
> Der Krankenwagen wird gerufen. (Perfekt)
> Der Krankenwagen ist gerufen worden.

1. Sie wurde nicht eingeladen. (Perfekt)
2. Das Kleid wird gewaschen. (Imperfekt)

3. Die Kinder werden abgeholt. (Plusquamperf.)
4. Die Batterie mußte geprüft werden. (Präsens)
5. Das Buch wird übersetzt. (Perfekt)
6. Die Rechnung ist schon bezahlt worden. (Imperfekt)
7. Sie werden ins Krankenhaus gebracht. (Plusquamperfekt)

WORTSCHATZ

Nomen

der Krankenwagen,-	*ambulance*
der Lärm (no pl.)	*noise*
der Zeuge,-n	*witness*
die Miete,-n	*rent*
die Unfallstelle,-n	*scene of accident*

Verben

ab·sperren	*to block off*
beschädigen	*to damage*
gelten als (+ nom.)	*to be considered as*
schicken	*to send*
verletzen	*to injure*

Verschiedenes

angewiesen sein	*to depend on*
gefragt sein	*to be in demand*

Adjektive

skeptisch	*skeptical(ly)*
schwerhörig	*hard of hearing*

ZUSATZVOKABULAR

das Beil,-e	*hatchet, pick axe*
der Bergarbeiter,-	*miner*
der Bergbau	*mining (industry)*
der Buchdrucker,-	*printer*
erkranken	*to get sick*
Glück auf!	*greeting used by miners*
die Hacke,-n	*pick axe*
die Heimorgel,-n	*home organ*
der Installateur,-e	*plumber*
die Kameradschaft,-en	*camaraderie*
der Kumpel,-	*pal, buddy, friend*
der Kratzer,-	*scratch*
kriechen	*to crawl*
die Lunge,-n	*lung*
die Pension,-en	*retirement*
pensionieren	*to get retired*
schaffen	*to accomplish*
der Schlosser,-	*mechanic*
der Steinschlag	*falling rocks*
die Taube,-n	*dove, pigeon*
die Taubenzucht	*pigeon breeding*
über Tage arbeiten	*to work above ground*
unter Tage arbeiten	*to work underground*
der Urgroßvater,⸗	*great-grandfather*
vermindern	*to reduce, diminish*
der Wasserstrahl	*water jet*
die Zeche,-n	*mine (coal mine)*
die Zechensiedlung,-en	*mining community*

Principal Parts of Irregular Verbs

This summary does not include many familiar verbs with prefixes which form their past tense and past participle like the corresponding simple verb. In the present perfect, all verbs listed use **haben** unless otherwise indicated.

Infinitive	Present	Past	Past Participle	
an·fangen	fängt an	fing an	angefangen	(to begin)
backen	bäckt	backte/buk	gebacken	(to bake)
beginnen	beginnt	begann	begonnen	(to begin)
beißen	beißt	biß	gebissen	(to bite)
bekommen	bekommt	bekam	bekommen	(to receive, get)
beschreiben	beschreibt	beschrieb	beschrieben	(to describe)
besitzen	besitzt	besaß	besessen	(to own, possess)
bestehen	besteht	bestand	bestanden	(to pass/exam)
biegen	biegt	bog	gebogen	(to bend)
bieten	bietet	bot	geboten	(to offer)
blasen	bläst	blies	geblasen	(to blow)
bleiben	bleibt	blieb	ist geblieben	(to stay, remain)
brechen	bricht	brach	gebrochen	(to break)
bringen	bringt	brachte	gebracht	(to bring)
denken	denkt	dachte	gedacht	(to think)
empfehlen	empfiehlt	empfahl	empfohlen	(to recommend)
entscheiden	entscheidet	entschied	entschieden	(to decide)
erkennen	erkennt	erkannte	erkannt	(to recoanize)
erschrecken	erschrickt	erschrak	ist erschrocken	(to be frightened)
essen	ißt	aß	gegessen	(to eat)
fahren	fährt	fuhr	ist gefahren	(to drive)
fallen	fällt	fiel	ist gefallen	(to fall)
fangen	fängt	fing	gefangen	(to catch)
finden	findet	fand	gefunden	(to find)
fliegen	fliegt	flog	ist geflogen	(to fly)
fressen	frißt	fraß	gefressen	(to devour)
frieren	friert	fror	gefroren	(to freeze)
geben	gibt	gab	gegeben	(to give)
gehen	geht	ging	ist gegangen	(to go)
gelten	gilt	galt	gegolten	(to be worth)
gewinnen	gewinnt	gewann	gewonnen	(to win)
halten	hält	hielt	gehalten	(to stop, hold)
hängen	hängt	hing	gehangen	(to hang)
heißen	heißt	hieß	geheißen	(to be named)
helfen	hilft	half	geholfen	(to help)
kennen	kennt	kannte	gekannt	(to know)
kommen	kommt	kam	ist gekommen	(to come)
kriechen	kriecht	kroch	ist gekrochen	(to crawl)
laden	lädt/ladet	lud	geladen	(to load)
lassen	läßt	ließ	gelassen	(to let)
laufen	läuft	lief	ist gelaufen	(to run)
lesen	liest	las	gelesen	(to read)
liegen	liegt	lag	gelegen	(to lie)
nehmen	nimmt	nahm	genommen	(to take)
nennen	nennt	nannte	genannt	(to call, name)

Infinitive	Present	Past	Past Participle	
raten	rät	riet	geraten	(to advise, guess)
riechen	riecht	roch	gerochen	(to smell)
rufen	ruft	rief	gerufen	(to call)
scheinen	scheint	schien	geschienen	(to shine, seem)
schießen	schießt	schoß	geschossen	(to shoot)
schlafen	schläft	schlief	geschlafen	(to sleep)
schlagen	schlägt	schlug	geschlagen	(to beat)
schließen	schließt	schloß	geschlossen	(to close)
schneiden	schneidet	schnitt	geschnitten	(to cut)
schreiben	schreibt	schrieb	geschrieben	(to write)
schreien	schreit	schrie	geschrien	(to scream)
schwimmen	schwimmt	schwamm	ist geschwommen	(to swim)
sehen	sieht	sah	gesehen	(to see)
sein	ist	war	ist gewesen	(to be)
singen	singt	sang	gesungen	(to sing)
sitzen	sitzt	saß	gesessen	(to sit)
sprechen	spricht	sprach	gesprochen	(to speak)
springen	springt	sprang	ist gesprungen	(to jump)
stehen	steht	stand	gestanden	(to stand)
stehlen	stiehlt	stahl	gestohlen	(to steal)
steigen	steigt	stieg	ist gestiegen	(to climb)
sterben	stirbt	starb	ist gestorben	(to die)
tragen	trägt	trug	getragen	(to carry, wear)
treffen	trifft	traf	getroffen	(to meet)
trinken	trinkt	trank	getrunken	(to drink)
tun	tut	tat	getan	(to do)
verbinden	verbindet	verband	verbunden	(to connect)
vergleichen	vergleicht	verglich	verglichen	(to compare)
vergessen	vergißt	vergaß	vergessen	(to forget)
verlieren	verliert	verlor	verloren	(to lose)
verschwinden	verschwindet	verschwand	ist verschwunden	(to disappear)
waschen	wäscht	wusch	gewaschen	(to wash)
werden	wird	wurde	ist geworden	(to become)
werfen	wirft	warf	geworfen	(to throw)
wiegen	wiegt	wog	gewogen	(to weigh)
wissen	weiß	wußte	gewußt	(to know)
ziehen	zieht	zog	gezogen	(to pull)

German-English Vocabulary

The numbers following the German entries refer to the chapters in which the words occur for the first time.

A

ab·biegen 30 — to turn off (street)
  bog ab, abgebogen
der Abend,-e — evening
  guten Abend! 1 — good evening
  heute abend — this evening, tonight
  gestern abend — yesterday evening, last night
das Abendessen,- 14 — supper, dinner
  abends 4 — in the evening
  aber 6 — but, however
  ab·fahren (ä) 16 — to depart, leave
  fuhr ab, ist abge-
  fahren
die Abfahrt,-en 16 — departure
  ab·heben (Geld) 31 — to withdraw
  hob ab, abgehoben
  ab·holen 16 — to pick up
das Abitur (das "Abi") 20 — final high school examination
  ab·schneiden 18 — to cut off
  schnitt ab, abge-
  schnitten
  ab·sperren 33 — to block off
  ab·schleppen 22 — to tow away
der Abschlepp-Dienst 22 — wrecker service
das Abschlußzeugnis,-se 20 — certificate of completion
das Abteil,-e 17 — compartment
  ab·trocknen 25 — to dry, to wipe
  s. ab·trocknen 25 — to dry oneself
  ach — oh
  ach so — oh, I see
  acht 1 — eight
  achtzehn 1 — eighteen
  achtzig 2 — eighty
die Adresse,-n — address
  aha — oh
  ähnlich 20 — similar
  aktiv 31 — active(ly)
  akzeptieren 31 — to accept
der Album (pl. Alben) 26 — album
der Alkohol 7 — alcohol, liquor
  alle 8 — all, everybody
  allein 4 — alone
  alles 5 — everything
  allgemein — general(ly)
der Alltag,-e 31 — everyday life

die Alpen (pl.) 24 — the Alps
das Alphabet 1 — alphabet
  als 9, 23 — than, when, as
  also — therefore, well, in other words
  alt (älter, ältest-) 2 —
die Alternative,-n 32 — alternative
  altmodisch 21 — old-fashioned
die Altstadt,¨e 12 — old part of town, city
das Amerika 1 — America
der Amerikaner,- 2 — American (m.)
die Amerikanerin,-nen 2 — American (f.)
  amerikanisch 13 — American (adj.)
  an (+ dat. or acc.) 18 — on, onto, at (used with vertical surfaces
  ander- 12 — other
  anders 12 — different(ly)
der Anfang,¨e — beginning, start
  an·fangen (ä) 16 — to begin, start
  fing an, angefangen
das Angebot,-e 12 — offer
  im Angebot sein 12 — to be on sale
die Angst,¨e — fear
  vor Angst — of fear
  Angst haben vor
  (+ dat.) — to be afraid of
  an·klopfen 22 — to knock (on the door)
  an·kommen 16 — to arrive
  kam an, ist ange-
  kommen
die Ankunft,¨e 16 — arrival
  an·probieren 12 — to try on
  an·rufen 16 — to call up (on the
  rief an, angerufen — phone)
  an·sehen (ie) 26 — to look at
  sah an, angesehen
die Ansicht,-en 25 — opinion
  anstrengend 9 — strenuous, exhausting
die Antiquitäten (pl.) 21 — antiques
die Antwort,-en 2 — answer, reply
  antworten (+ dat.) 3 — to answer, to reply
  an·ziehen 16 — to dress, to put on
  zog an, angezogen
  s. anziehen 25 — to get dressed
  an·zünden 18 — to strike a light (fire, match)
der Anzug,¨e 6 — suit
der Apfel,¨ 3 — apple
der Apfelkuchen,- 4 — apple cake
der Apfelsaft,¨e 3 — apple juice
die Apotheke,-n 16 — pharmacy
der Appetit — appetite
  guten Appetit! — enjoy your meal!
der April 8 — April
die Arbeit,-en 4 — work
  arbeiten 3 — to work

der Arbeitstag,-e 31	workday
s. ärgern (über + acc.) 26	to be angry (about), mad (at)
arm (ärmer, ärmst-) 9	poor
der Arm,-e 17	arm
der Artikel,- 2	article
der Arzt,¨e 9	physician, doctor (m.)
die Ärztin,-nen 9	physician, doctor (f.)
atmen 28	to breathe
die Attraktion,-en 21	attraction
attraktiv 13	attractive(ly)
auch 1	also, too
auf (+ dat. or acc.) 18	on, on top of, (for horizontal surfaces)in (+ language)
auf deutsch	in German
auf englisch	in English
die Aufgabe,-n 30	task
auf·machen 16	to open
auf·schlagen 26	to open (book, eyes)
schlug auf, aufge-schlagen	
auf·schneiden 28	to cut open
schnitt auf, aufge-schnitten	
auf·schreiben 16	to write down
schrieb auf, aufge-schrieben	
auf·springen 18	to jump up ,to pop open
sprang auf, ist auf-gesprungen	
auf·stehen 16	to stand up, to get up
stand auf, ist auf-gestanden	
der Aufstieg,-e 31	climb, promotion
auf·wachen 16	to wake up
das Auge,-n 17	eye
der Augenblick,-e	moment, instant
der August 8	August
aus (+ dat.) 14	from (with names of places), out of
der Ausbau (no pl.) 30	improvement, enlarge-ment
die Ausbildung,-en 20	education, training
der Ausgang,¨e	exit
die Auskunft,¨e	information
das Ausland (no pl.) 8	foreign country, abroad
der Ausländer,- 29	foreigner
ausländisch	foreign
die Auslandsreise,-n	trip abroad
die Ausnahme,-n	exception
aus·sehen (ie) 16	to look, appear
sah aus, ausgesehen	
außen	outside
außer (+ dat.)	except for, besides, aside from
außerdem	besides that, moreover
die Aussicht,-en 24	view
aus·steigen 16	to get off (vehicle)
stieg aus, ist aus-gestiegen	
die Aussprache,-n	pronunciation
aus·sprechen (i)	to pronounce
sprach aus, ausge-sprochen	
der Ausweis,-e 4	I.D. card, membership card
auswendig	by heart
aus·ziehen 16	to take off (clothing)
zog aus, ausgezogen	
s. ausziehen 25	to undress
das Auto,-s 2	car
mit dem Auto fahren 14	to go by car
das Autofahren 23	to drive (a car)
die Autobahn,-en 8	superhighway
der Autofahrer,- 7	driver
die Autopapiere (pl.) 7	car documents

B

das Baby,-s 7	baby
backen 10	to bake
backte, gebacken	
der Bäcker,- 29	baker
das Bad,¨er 8	bath (bathroom)
baden	to bathe
das Baden-Württemberg 8	name of a federal state
die Badewanne,-n 32	bathtub
das Badezimmer,- 18	bathroom
der Bagger,- 31	excavator
die Bahn,-en	railway
mit der Bahn fahren	to go by train
der Bahnhof,¨e 6	train (railroad) sta-tion
bald 18	soon
der Balken,- 18	beam, rafter
der Balkon,-s 18	balcony
der Ball,¨e 5	ball
Ball spielen	to play ball
die Banane,-n 6	banana
die Bank,-en 20	bank
die Bank,¨e	bench
bar 31	cash
der Bart,¨e 18	beard
der Bauch,¨e 17	stomach, belly
bauen 12	to build
der Bauer,-n	farmer
der Bauernhof,¨e 18	farm
die Bäuerin,-nen 27	farmer's wife

525

der Baum, ⁼e 8	tree
das Bayern 8	Bavaria
bayrisch	Bavarian
beachten 23	to observe, note, notice
der Beamte,-n,-n (adj. noun) 7	official, civil servant (m.)
beantworten (+ acc.)	to answer (question or letter - not a person)
der Bedarf (no pl.) 32	need
bedeuten 11	to mean
s. beeilen 25	to hurry
befragen 25	to interview, poll
begegnen (+ dat.) 28	to meet, run into
der Beginn (pl.)	begin
beginnen 4	to begin
begann, begonnen	
begrüßen 17	to greet (a person)
bei (+ dat.) 14	at (the home of), near, in the vicinity of, with (+ business or professional establishments)
beide 12	both
beige 12	beige
das Beil,-e 32	hatchet, pick axe
die Beilage,-n 11	supplement, side dish
das Bein,-e 17	leg
das Beispiel,-e 1	example
zum Beispiel (z.B.)12	for example
beißen 17	to bite
biß, gebissen	
bekannt 12	familiar, well-known
der Bekannte,-n,-n (adj. noun) 17	acquaintance (m.)
bekommen 5	to get, receive
bekam, bekommen	
das Belgien	Belgium
beliebt 24	popular
bellen 18	to bark
bemalen 24	to paint
benutzen	to use
das Benzin	gasoline
beobachten 30	to observe
bequem 13	comfortable
bereit	ready
bereits	already
der Berg,-e 23	mountain
der Bergarbeiter 33	miner
der Bergbau (no pl.)33	mining (industry)
der Beruf,-e 2	profession, trade
was sind Sie von Beruf? 1	what's your profession?
die Berufsausbildung,-en 20	vocational training
der Berufsfahrer,- 30	professional driver
die Berufsschule,-n 20	vocational school
berühmt 3	famous
beschädigen 33	to damage
der Bescheid 16	notification, information
Bescheid sagen 16	to notify, inform
beschreiben 7	to describe
beschrieb, beschrieben	
die Beschreibung,-en	description
besetzt	occupied, busy
besitzen 23	to own, possess
besaß, besessen	
der Besitzer,-	owner (m.)
die Besitzerin,-nen 23	owner (f.)
besonder-	special
besonders	especially
besser	better
bestehen 20	to pass (examination)
bestand, bestanden	
bestehen aus (+ dat.)	to consist of
bestellen 4	to order
bestimmt	definite(ly)
der Bestseller,- 27	bestseller
der Besuch,-e 6	visit, visitors
besuchen 7	to visit, attend (a school or function)
der Betrieb,-e 20	business
das Bett,-en 6	bed
die Bevölkerung,-en	population
bevor (subord. conj.)	before
bewundern 12	to admire
bewußt 32	conscious
bezahlen 5	to pay
die Bibliothek,-en	library
der Bibliothekar,-e 27	librarian
das Bier,-e 3	beer
das Bild,-er 2	picture, image, photo, painting
bilden 4	to form, educate
billig 12	inexpensive, cheap
bis (+ acc.)	until (+ time expression), as far as (+ places)
bis morgen!	until tomorrow
bis zum/zur	up to the
bis (subord. conj.)	until
ein bißchen 6	a little (bit)
der Bissen,- 28	morcel, bite
die Bitte,-n 10	request
bitte 1	please, you're welcome
bitte? (wie bitte?) 1	I beg your pardon?
bitte schön? 4	may I help you?
bitten um (+ acc.)	to request, ask for
bat, gebeten	

blasen [18]	to blow
blies, geblasen	
blaß (blässer) [16]	pale
blau [2]	blue
bleiben [6]	to stay, remain
blieb, ist gebieben	
der Bleistift,-e [2]	pencil
der Blick,-e [24]	view
blind [9]	blind
blond	blond
die Blume,-n [15]	flower
die Bluse,-n [6]	blouse
der Boden,ᵘ [18]	floor, ground, soil
das Boot,-e [14]	boat
böse	bad, mean, evil
böse auf (+ acc.) [18]	mad, angry at
böse werden	to get angry
der Braten,-	roast
die Bratwurst,ᵘe [5]	fried sausage
brauchen [5]	to need
die Brauerei,-en [24]	brewery
braun [2]	brown
brechen [18]	to break
brach, gebrochen	
breit [13]	broad, wide
die Bremse,-n [22]	brake
bremsen [32]	to brake
der Brief,-e [4]	letter
der Briefkasten,ᵘ [32]	mailbox
die Briefmarke,-n	stamp
der Briefträger,- [16]	mailman
die Brille,-n [4]	glasses
eine Brille tragen [6]	to wear glasses
bringen [4]	to bring
brachte, gebracht	
das Brot,-e [14]	bread
das Brötchen,- [14]	hard roll
belegte Brote und Brötchen [21]	sandwiches
die Brücke,-n [14]	bridge
der Bruder,ᵘ [7]	brother
das Buch,ᵘer [2]	book
der Buchdrucker,- [33]	printer
der Buchstabe,-n,-n [2]	letter (of alphabet)
buchstabieren [1]	to spell
der Bund [29]	federation
der Bundesbürger,- [8]	citizen of the Federal Republic of Germany
der Bundespräsident,-en, [29] -en	president of the Federal Republic
die Bundesrepublik [3]	Federal Republic (of Germany)
bunt [12]	(multi-)colored
die Burg,-en [14]	fortress, castle
der Bürger,-	citizen
bürgerlich	middle class (used as adj.)
das Büro,-s [4]	office
die Bürste,-n [26]	brush
bürsten [26]	to brush
der Bus,-se [6]	bus
mit dem Bus fahren [14]	to go by bus
die Bushaltestelle,-n	bus stop
die Butter [14]	butter

C

das Café,-s [4]	café, coffeehouse
der Campingplatz,ᵘe [14]	campsite
der Charakter,-e [26]	character
Charter- (prefix) [8]	charter
die Couch,-es [13]	couch
der Couchtisch,-e [13]	coffee table

D

da (adv.) [8]	there
da drüben [8]	over there
da (subord. conj.)	because, since, for
das Dach,ᵘer [18]	roof
die Dame,-n [2]	lady
meine Damen und Herren!	ladies and gentlemen
damit (subord. conj.)	so that
das Dänemark	Denmark
der Dank (no pl.)	thanks
vielen Dank! [8]	many thanks
danke [1]	thank you
danke schön, danke sehr	thank you very much
danken (+ dat.) [17]	to thank
dann [4]	then
darum [18]	therefore
das [2]	the (def. art., neut.)
das (demonstrative) [1]	this, that
das heißt (d.h.) [1]	that is, that means
daß (subord. conj.) [19]	that
das Datum (pl. Daten) [12]	date
dauern [4]	to last, take (time)
die DDR [3]	GDR
defensiv [23]	defensive(ly)
demokratisch [25]	democratic(ally)
die Demonstration,-en [25]	demonstration
denken (an + acc.) [16]	to think (of)
dachte, gedacht	
denn (coord. conj.) [6]	for, because
deshalb	therefore, that's why, for that reason

deutsch (adj.) [1]	German	die Dusche,-n [8]	shower
auf deutsch [2]	in German	(sich) duschen [25]	to take a shower
das Deutsch	German (language)		
der Deutsche,-n (adj. noun)	German (m.)		
die Deutsche Demokratische Republik (DDR) [3]	German Democratic Republic (GDR)	**E**	
die Deutsche Mark (DM) (no pl) [5]	German currency (DM)	die Ecke,-n [18]	corner
das Deutschland [1]	Germany	egal	equal
der Deutschunterricht (usually no pl.) [4]	German lesson, instruction	egal ob ... [31]	no matter whether...
		das ist mir egal	I don't care, it's all the same to (me)
der Dezember [8]	December	die Ehe,-n	marriage (institution)
der Dialekt,-e [6]	dialect	ehrlich	honest
der Dichter,- [12]	poet, writer	das Ei,-er [14]	egg
dick [2]	thick, fat	die Eiche,-n	oak
der Dieb,-e [27]	thief	der Eichenbaum,⸚e [28]	oak tree
der Dienstag,-e [2]	Tuesday	eigen [23]	own
dies (demonstrative)	this	die Eigenschaft,-en [25]	quality, property
dieser (der-word) [12]	this, these	eindrucksvoll [24]	impressive
direkt	direct(ly)	der Eimer,- [6]	bucket
das Ding,-e	thing	einfach [9]	simple
diskutieren	to discuss	ein·fallen (ä) (+dat)	to occur (to one's mind)
die Diskussion,-en	discussion	fiel ein, ist eingefallen	
doch [5]	yes, of course (positive response to negative questions)		
		die Einführung,-en [2]	introduction
		einige	some, a few
der Dollar,-s	dollar	der Einkauf,⸚e [10]	shopping, purchase
der Dom,-e [12]	cathedral	ein·kaufen [10]	to shop
der Donnerstag,-e [2]	Thursday	das Einkaufen	buying, shopping
das Doppelzimmer,- [8]	double room	einkaufen gehen [10]	to go shopping
das Dorf,⸚er [24]	village	der Einkaufswagen,- [10]	shopping cart
dort [2]	there	ein·laden (lädt) [16]	to invite
dort drüben [18]	over there	lud ein, eingeladen	
die Dose,-n [10]	can		
draußen [28]	out there	die Einladung,-en	invitation
drehen [32]	to turn	einmal	once, one time
drei [1]	three	noch einmal [1]	once more, again
dreißig [1]	thirty	eins [1]	one
dreizehn [1]	thirteen	ein·schlafen (ä) [16]	to fall asleep
dritt- [12]	third	schlief ein, ist eingeschlafen	
drüben	over there		
drücken [28]	to push, press	ein·sparen [32]	to save
dumm	dumb, stupid	die Einsparung,-en [32]	saving
dunkel [13]	dark	ein·steigen [16]	to get in, board (a vehicle)
dunkelblau [13]	dark blue	stieg ein, ist eingestiegen	
dünn [2]	thin		
durch (+ acc.) [8]	through	das Einzelzimmer,- [8]	single room
durch- (sep. prefix) [16]	through	einzigartig [24]	unique
durcheinander	in disorder, confused	das Eis [14]	ice, ice cream
der Durchschnitt,-e [19]	average	die Eisenbahn,-en [12]	railroad
im Durchschnitt [19]	on the average	elegant [13]	elegant
dürfen [11]	may, to be permitted	elektrisch [25]	electrical(ly)
darf, durfte	to, allowed to	elf [1]	eleven
der Durst [4]	thirst	die Eltern (pl.) [7]	parents
Durst haben [4]	to be thirsty	empfehlen (ie) [11]	to recommend
		empfahl, empfohlen	

das Ende,-n	end
am Ende	at the end
enden	to end
endlich	finally
die Energie,-n [32]	energy
eng [12]	narrow
der Engel,- [10]	angel
das England	England
das English	English (language)
english (adj.)	English
auf english	in English
entdecken [21]	to discover
die Ente,-n	duck
lahme Ente! [23]	slow poke
entscheiden [20]	to decide
entschied, ent- schieden	
entschuldigen	to excuse
s. entschuldigen	to excuse onself
entschuldigen Sie!	excuse me.
die Entschuldigung [11]	excuse
Entschuldigung!	excuse me.
entsetzlich [28]	horrible,
entweder ... oder	either ... or
entwickeln [31]	to develop
die Erde	earth (planet), ground
das Erdgeschoß,-(ss)e [18]	ground floor
erfahren (ä) [32]	to learn, find out
erfuhr, erfahren	
der Erfolg,-e [31]	success
erfolgreich [31]	successful
erfüllen [31]	to fullfil
ergänzen [1]	to add, supply
s. erinnern (an + acc.)	to remember
s. erkälten [25]	to catch (a) cold
die Erkältung,-en [8]	(common) cold
erkennen [26]	to recognize
erkannte, erkannt	
erklären [13]	to explain
erkranken an (+ dat.) [33]	to get sick with
erlauben [15]	to permit
ernst [22]	serious(ly), earnest
erotisch [21]	erotic
erreichen [17]	to reach
erschießen [28]	to shoot
erschrecken [28]	to be frightened
erschrak, erschrocken	
erst	first, not until, only
erst jetzt	only now
erst- (adj.) [12]	first
erwarten [16]	to expect
erwerbstätig [31]	employed (working)
erzählen [26]	to tell, relate, narrate
die Erzählung,-en	tale, story
es	it
es war einmal [28]	once upon a time
der Esel,- [18]	donkey
essen (ißt) [6]	to eat
aß, gegessen	
das Essen,- [4]	food, meal
das Eßzimmer,- [18]	dining-room
etwa	about, approximately
etwas [5]	something, a little somewhat
etwas anderes [21]	something else
noch etwas?	anything else?
das Europa [3]	Europe
europäisch	European
existieren [31]	to exist
der Experte,-n	expert

F

die Fabrik,-en [30]	factory
das Fach,¨er [20]	(school) subject, speciality
der Facharbeiter,- [20]	skilled worker
die Fachschule,-n [20]	technical school
das Fachwerkhaus,¨er [24]	half-timbered house
fahren (ä) [6]	to drive, go (by car train, etc.)
fuhr, ist gefahren	
der Fahrer,- [7]	driver
die Fahrkarte,-n	ticket
der Fahrlehrer,- [23]	driving instructor
der Fahrplan,¨e [16]	timetable
das Fahrrad,¨er [14]	bicycle
die Fahrschule,-n [23]	driving school
die Fahrt,-en	drive, trip
fallen (ä)	to fall
fiel, ist gefallen	
der Fall,¨e	fall, case
falsch [2]	wrong
die Familie,-n [7]	family
der Familienname,-n,-n [1]	family name, surname
fangen [18]	to catch
fing, gefangen	
die Farbe,-n [2]	color
welche Farbe hat...?	what is the color of...?
fast [4]	almost, nearly
der Favorit,-en,-en [8]	favorite
der Februar [8]	February
der Fehler,- [32]	mistake
der Feierabend,-e [19]	quitting time (from work), after working hours
Feierabend haben	to quit work
Feierabend machen	to quit work

fein	fine
das Fenster,- [2]	window
die Ferien (pl.) [8]	vacation
Ferien machen	to take a vacation
Ferien haben	to be on vacation
fern [30]	far away
fern- (sep. prefix) [30]	far away, long distance
der Fernfahrer,- [30]	long distance driver
fern·sehen (ie) [16]	to watch TV
sah fern, ferngesehen	
das Fernsehen [31]	television
der Fernseher,- [13]	TV set
fertig	ready, finished
das Fest,-e	feast, party, holiday
die Festung,-en [14]	fortress
das Feuer,- [18]	fire
das Feuerzeug,-e [4]	lighter
das Fieber,- [8]	fever
der Film,-e [15]	movie, film
finden [3]	to find
fand, gefunden	
der Finger,- [17]	finger
finster [18]	dark, gloomy
die Firma (pl. Firmen) [4]	firm, business, company
der Fisch,-e [4]	fish
die Flasche,-n [4]	bottle
das Fleisch (no pl.) [14]	meat
fleißig [25]	industrious, diligent
flexibel [31]	flexible
fliegen [8]	to fly
flog, ist geflogen	
der Flohmarkt,⸚e [21]	flea market
der Flug,⸚e [8]	flight
der Flughafen,⸚ [12]	airport
das Flugzeug,-e [14]	airplane
der Flur,-e [18]	(entrance-)hall, corridor
der Fluß,⸚(ss)e [14]	river
föderalistisch [29]	federal
folgen (+ dat.)	to follow
folgend- (adj.)	following
die Forelle,-n [11]	trout
die Form,-en	form
die Forschung,-en [25]	research
fort- (sep. prefix)	away
der Fortschritt,-e [25]	progress
der Fotoapparat,-e [11]	camera
fotografieren [11]	to photograph, take a picture
die Frage,-n [2]	question
eine Frage stellen	to ask a question
eine Frage beantworten	to answer a question
fragen (nach + dat.) [1]	to ask (for, about)
das Fragewort,⸚er	question word
das Frankreich	France
französisch (adj.)	French
das Französisch [21]	French (language)
die Frau,-en [2]	woman, wife
Frau X [1]	Mrs. X
das Fräulein [2]	young lady
Fräulein X [1]	Miss X
frei	free, vacant
der Freitag,-e [2]	Friday
die Freizeit [6]	leisure, spare time
fremd	strange, foreign
der Fremde,-n (adj. noun)	stranger, foreigner
der Fremdenverkehr (no pl.) [24]	tourism
fressen (i) [28]	to eat, devour (used for animals only)
fraß, gefressen	
die Freude,-n	pleasure, joy
s. freuen [25]	to be glad.
s. freuen auf (+acc.) [25]	to look forward to
s. freuen über (+acc.) [26]	to be glad about
es freut mich, daß	I am happy that
der Freund,-e [7]	friend (m.)
die Freundin,-nen [7]	friend (f.)
frieren [17]	to freeze, be cold
fror, gefroren	
frisch [11]	fresh
fröhlich	merry, cheerful
Fröhliche Weihnachten!	Merry Christmas
die Front,-en [24]	front, façade
früh	early
das Frühjahr,-e [21]	early spring
der Frühling,-e [8]	spring
das Frühstück,-e [8]	breakfast
zum Frühstück [14]	for breakfast
frühstücken [14]	to have breakfast
die Fuge,-n [9]	fugue
fühlen	to feel
s. fühlen [25]	to feel (+ adv.)
s. wohl fühlen	to feel well
führen (zu + dat.)	to lead (to), direct
der Führerschein,-e [7]	driver's license
füllen [28]	to fill
fünf [1]	five
fünfzehn [1]	fifteen
fünfzig [2]	fifty
für (+ acc.) [8]	for
furchtbar [18]	terrible, awful
fürchten	to fear
s. fürchten (vor + dat.) [26]	to be afraid (of)
der Fuß,⸚e [17]	foot
zu Fuß	on foot
zu Fuß gehen [3]	to walk
der Fußball (sport) [5]	soccer
Fußball spielen	to play soccer

der Fußboden,-" 18	floor
der Fußgänger,- 14	pedestrian
die Fußgängerzone,-n 14	pedestrian walk/mall
füttern 18	to feed

G

die Gabel,-n 21	fork
die Gans,"e	goose
der Gänsebraten,- 25	roasted goose
ganz 6	quite, whole, wholly entire(ly)
ganz gut	quite (pretty) good not bad
ganz in der Nähe	close by
gar nicht 10	not at all
gar nichts	nothing at all
die Garage,-n 7	garage
das Gaspedal 22	gas pedal, accelerator
der Garten," 13	garden
das Gas 32	natural gas
der Gast,"e 4	guest
Gäste haben 10	to have guests
die Gastgeberin,-nen 22	hostess
das Gasthaus,"er 11	inn, pub, restaurant
die Gastronomie 11	gastronomy
das Gebäude,-n	building
geben (i)	to give
gab, gegeben	
es gibt (+ acc.) 14	there is (are)
was gibt's?	what's the matter?
das Gebirge,- 24	mountain range
im Gebirge	in the mountains
geboren	born
wann sind Sie geboren?	when were you born?
gebrauchen	to use
gebraucht	used, second hand
der Gebrauchtwagen	used car
die Geburt,-en 12	birth
der Geburtsort,-e	birthplace
gedeckt 31	covered
die Geduld 6	patience
geduldig	patient
die Gefahr,-en 23	danger
gefährlich 19	dangerous
gefallen (ie)(+dat.) 17	to please, (to like)
gefiel, gefallen	
wie gefällt Ihnen...?	how do you like...?
es gefällt mir	I like it
das Gefühl,-e 31	feeling
gegen (+ acc.) 8	against, up against

die Gegend,-en 24	area, region
das Gegenteil,-e	opposite, contrary
im Gegenteil	on the contrary
gegenüber (+ dat.) 14	opposite, across from
gegenüber von (+dat.)	across from
gehen 3	to go
ging, gegangen	
wie geht es Ihnen? 1	how are you?
es geht mir gut. 1	I'm fine
das (es) geht.	it's possible, it can be done
gehören (+ dat.) 17	to belong
gehören zu (+ dat.)	to belong to
gelb 2	yellow
das Geld (usually no pl.) 4	money
Geld verdienen 19	to make money
Geld ausgeben 25	to spend money
der Geldbeutel,- 4	wallet
die Geldbörse,-n	wallet
gelten als (+ nom.) 33	to be considered as
gemäßigt 29	moderate
die Gemeinde,-n 19	community
gemeinsam 20	together
das Gemüse,- 10	vegetable
gemütlich 13	comfortable, cosy
die Gemütlichkeit 24	cosy atmosphere
genau 12	exact(ly), just
genauso ... wie 23	just as ... as
das Genie,-s 27	genius
genug 3	enough
die Geographie	geography
das Gepäck (no pl.) 16	baggage, luggage
gerade (adv.) 3	just, right now
geradeaus 11	straight ahead
das Gerät,-e 31	appliance, apparatus
das Gerede,- 31	talk, gossip
gern(e) 3	gladly, with pleasure
gern (lieber, liebst-) 23	like to (prefer to, like best of all (+ verb)
ich möchte gern 4	I would like to
ich esse gern	I like to eat
etwas gern tun 3	to like to do something
die Gesamtschule 20	secondary school
das Geschäft,-e 5	shop, store, business
das Geschenk,-e 15	present, gift
die Geschichte,-n 27	story, history
eine Geschichte erzählen	to tell, narrate a story
geschieden 7	divorced
das Geschirr (no pl.) 21	dishes
die Geschwister (pl.) 7	brother(s) and sister(s)
das Gesetz,-e 29	law
das Gesicht,-er 17	face
das Gespräch,-e	conversation, talk
die Geste,-n 22	gesture

gestern 8	yesterday
gestern abend	last night, yesterday evening
gesund 8	healthy
die Gesundheit 32	health
geteilt 3	divided
das Getränk,-e 10	beverage
getrennt (adj.)	separate(ly)
gewinnen 31	to win
gewann, gewonnen	
die Gewinnung 32	production
glauben (+ acc.) 10	to believe (something)
glauben (+ dat.)	to believe (s.o.)
glauben an (+ acc.)	to believe in
gleich (time adv.) 4	immediately, right away
es ist gleich Mittag 4	it's almost noon
gleich beim Bahnhof	right at the station
gleich (adj.)	same, like, equal
der Globus (pl. Globen) 12	globe
das Glück (no pl.) 19	happiness, luck
Glück auf! 33	greeting used by miners "Good luck"
viel Glück!	good luck
zum Glück 19	luckily, fortunately
glücklich	happy, lucky
der Goldhamster,- 18	hamster
das Golf 11	golf
der Gott,⁻er	God, god
ach Gott!	heavens
Gott sei Dank! 4	thank God, fortunate(ly)
mein Gott! 16	my goodness
der Grad,-e 32	degree
das Gramm,- 10	gram
das Grammophon,⁻e 21	record player
gratulieren (+ dat.) 17	to congratulate
gratulieren zu (+dat) 17	to congratulate to
das Gras,⁻er 18	grass
grau 2	gray
die Grenze,-n 29	border
an der Grenze	at the border
über die Grenze	across the border
grenzen (an + acc.)	to border (on)
der Grenzübergang,⁻e 30	check point, border crossing
das Griechenland	Greece
griechisch (adj.)	Greek
groß (größer, größt-) 2	great, large, big tall
großartig 24	great, wonderful
die Größe,-n 12	size, height
die Großeltern (pl.) 7	grandparents
die Großmutter,⁻ 7	grandmother
der Großvater,⁻ 7	grandfather

die Großstadt,⁻e 6	large city, metropolis
grün 2	green
im Grünen 25	in the open air, in the country
das Grundgesetz (no pl.) 29	basic constitutional law name of German constitution
die Grundschule,-n 20	elementary, primary school
die Gruppe,-n 15	group
der Gruß,⁻e 16	greeting
grüßen	to greet
Grüß Gott! 1	(greeting used in S. Germany at all times of the day)
gucken 28	to look, gaze, peep
die Gurke,-n 10	cucumber, pickle
die Güterbeförderung,-en	transportation of goods
gut (besser, best-) 1	good, well, fine
das Gymnasium (pl. Gymnasien) 19	German secondary school (grades 5-13)

H

das Haar,-e 17	hair (often used in the plural
s. die Haare schneiden lassen	to get a haircut
haben 4	to have
hatte, gehabt	
gern haben	to be fond of
die Hacke,-n 33	hoe
der Hahn,⁻e 18,32	rooster, faucet
halb	half
eine halbe Stunde	a half an hour
die Hälfte,-n 3	half
die Halle,-n 26	hall
das Hallenbad,⁻er 14	indoor swimming pool
der Hals,⁻e 17	neck, throat
halten (ä) 6	to stop
hielt, gehalten	
Halt!	stop
halten von (+ dat.)	to think of (used in asking for an opinion)
die Haltestelle,-n 11	stop (bus, streetcar)
die Hand,⁻e 17	hand
aus zweiter Hand 21	second hand
handeln 21	to barter, bargain
handeln von	to be about
die Geschichte handelt von	the story is about
der Händler,- 21	merchant
der Handschuh,-e 6	glove
ein Paar Handschuhe	a pair of gloves
das Handtuch,⁻er 25	towel

das Handwerk,-e 20	(handi)craft, trade
der Handwerker,- 20	craftsman, artisan
hängen 18	to hang (intransitive)
hing, gehangen	
es hängt an der Wand 18	it's hanging on the wall
hängen 18	to hang (transitive)
er hängt es an die Wand	he hangs it on the wall
die Harfe,-n 18	harp
hart 12	hard
häßlich	ugly
die Haube,-n 28	cap
haupt-(prefix) 14	main, leading
der Hauptmann,⁐er 18	leader, captain
die Hauptschule,-n 20	general school (grades 5-9)
die Hauptstadt,⁐e 3	capital city
das Haus,⁐er 3	house
nach Hause gehen 3	to go home
zu Hause sein 3	to be at home
die Hausfrau,-en 2	housewife
der Haushalt,-e 31	household
das Heft,-e 2	notebook
heil 19	safe(ly)
heim- (sep. prefix) 33	home
die Heimat,-en 25	homeland, native country
heiraten	to marry, get married
verheiratet 7	married
heiß 3	hot
mir ist es heiß 17	I feel hot
heißen 3	to be called, named
hieß, geheißen	to mean
wie heißen Sie? 1	what's your name?
wie heißt das auf deutsch? 2	what does that mean in German?
das heißt (d.h.) 2	that is, that means
heizen 33	to heat
die Heizung,-en 33	heater, radiator
helfen (i) (+ dat.) 17	to help
half, geholfen	
hell 13	light, bright
hellblau 13	light blue
das Hemd,-en 6	shirt
her 22	toward the speaker
komm her!	come here
her·bringen 22	to bring over
der Herbst,-e 8	autumn, fall
der Herr,-n,-en 2	gentleman
Herr X 1	Mr. X
herrlich 17	great, wonderful
herum- (sep. prefix) 28	about, around
das Herz,-en	heart
herzlich 17	cordial, affectionate(ly)
heute 2	today
heute morgen	this morning
die Hexe,-n 18	witch
hier 1	here
die Hilfe,-n 12	help, assistance
der Himmel (usually no pl.) 27	heaven, sky
hin 22	away from the speaker
geh hin! 22	go there. (toward a goal
hinaus- (sep.prefix) 22	out
hinaus·treiben 18	to chase out
trieb hinaus, hinausgetrieben	
hinten (adv.) 2	in the back
hinter (+ dat. or acc.) 18	behind, in back of
historisch 12	historical
die Hitze	heat
das Hobby,-s 15	hobby
hoch (höher, höchst-) 13	high
das Hochhaus,⁐er 13	high rise
der Hof,⁐e 18	yard, (courtyard)
hoffen 19	to hope
hoffentlich 10	hopefully
holen 10	to get, fetch
das Holland	Holland
holländisch (adj.)	Dutch
die Hölle (usually no pl.) 27	hell
das Holz,⁐er 24	wood
die Holzschnitzerei,-en 24	wood carving
der Honig,-e 14	honey
hören 6	to hear
schwerhörig 33	hard of hearing
das Hörproblem,-e 9	hearing problem
die Hose,-n 6	trousers, pants (often used in the plural)
das Hotel,-s 8	hotel
hübsch 13	pretty
humanistisch 20	humanistic, classical
der Humor (no pl.)	humor
der Hund,-e 7	dog
das Hundefutter 18	dogfood
hundert 2	hundred
der Hunger 4	hunger
Hunger haben 4	to be hungry
keinen Hunger haben	not to be hungry
der Hut,⁐e 8	hat

I

ideal	ideal
die Idee,-n	idea
immer	always
immer noch, noch	till
immer wieder	again and again

in (+ dat. or acc.) 18 — in, into
die Information,-en 11 — information
der Ingenieur,-e 10 — engineer
inmitten (+ gen.) 24 — in the middle of
der Installateur,-e 33 — plumber
intelligent — intelligent
der Intercity 6 — German train
interessant — interesting
das Interesse,-n 21 — interest
  s. interessieren für 25 (+ acc.) — to be interested in
international 12 — international
das Interview,-s 6 — interview
investieren 30 — to invest
irgend- — some, any
  irgend etwas — something, anything
  irgend jemand — somebody, anybody
  irgendwie — somehow, anyhow
  irgendwo 14 — somewhere, anywhere
isolieren 32 — to insulate
das Italien 8 — Italy
  italienisch (adj.) — Italian

J

ja 1 — yes
die Jacke,-n 6 — jacket
jagen 18 — to hunt
der Jäger,- 28 — hunter
das Jahr,-e 8 — year
  im Jahre — in (the year)
  dieses Jahr — this year
  nächstes Jahr — next year
  letztes Jahr — last year
  vor einem Jahr — a year ago
  ein halbes Jahr — a half a year
  einmal im Jahr — once a year
die Jahreszeit,-en 8 — season
das Jahrhundert,-e — century
der Januar 8 — January
die Jeans (pl.) 6 — jeans
  je, jemals — ever
  je ... desto 23 — the ... the
  je mehr,...desto mehr 23 — the more ... the more
jeder (der-word) 12 — each, every
jedesmal — every, each time
jedoch 19 — but
der Jeep,-s 30 — jeep
jemand — somebody
  jemand anders — somebody else
jetzt 1 — now
jodeln 18 — to yodel
die Jugend (no pl.) 15 — youth, adolescence

die Jugendherberge,-n 14 — youth hostel
der Jugendliche,-n (adj. noun) 19 — youth, adolescent
der Juli 8 — July
  jung (jünger, jüngst-) 2 — young
der Junge,-n,-n 5 — boy
der Juni 8 — June
der Juwelier,-e 31 — jeweler

K

der Kaffee (no pl.) 3 — coffee
  eine Tasse Kaffee 3 — a cup of coffee
  Kaffee kochen — to make coffee
der Käfig,-e 18 — cage
der Kakao (no pl.) 14 — cocoa
der Kalender,- 8 — calendar
  kalt (kälter, kältest-) 3 — cold
die Kälte 19 — cold
die Kamaradschaft,-en 33 — camaraderie
der Kamm 25 — comb
  kämmen 25 — to comb
  s. kämmen 25 — to comb (one's hair)
das Kännchen,- 4 — small pot
die Kantine,-n 4 — canteen
das Käppchen,- 28 — little, small cap
  kaputt 22 — broken, in pieces (not in working order)
die Karte,-n — map, ticket, card
  die Landkarte,-n 3 — map
  die Fahrkarte,-n — ticket
  Karten spielen 22 — to play cards
die Kartoffel,-n 10 — potato
der Käse,- 14 — cheese
die Kasse,-n — cash register, check-out counter
die Katze,-n 18 — cat
  kaufen 5 — to buy
der Käufer,- 21 — buyer
das Kaufhaus,⁻er 12 — department store
der Kaufmann,⁻er 20 — merchant, business man, business administrator
  kaufmännisch (adj.) —
  kaum — hardly
  kein 4 — no, not any
  keineswegs 23 — not at all
der Keller,- 8 — cellar, basement
der Kellner,- 4 — waiter
  Herr Ober! 4 — waiter (normal way of addressing a waiter)
die Kellnerin,-nen — waitress
  Fräulein! — waitress (normal way of addressing a waitress)

kennen 5 — to know, be acquainted with
   kannte, gekannt
kennen•lernen — to get to know
die Kernenergie 32 — nuclear energy
das Kfz-Zeichen,- 3 — license plate number
das Kilo(gramm),- 10 — kilo(gram)
der Kilometer,- 11 — kilometer
das Kind,-er 6 — child
das Kino,-s 6 — movie theater, cinema
   ins Kino gehen — to go to the movies
der Kiosk,-e — newsstand
die Kirche,-n 9 — church
   in die Kirche gehen — to go to church
die Kirchenmusik 9 — church music
das Kissen 18 — pillow, cushion
der Kitsch (no pl.) — junk
   klar — clear
   klären 32 — to clear
die Klasse,-n — class
das Klassenzimmer,- 2 — classroom
das Kleid,-er 6 — dress, clothes
   die Kleider (pl.) 6 — clothes
die Kleidung,-en 6 — clothes, clothing
   klein 2 — small, little
der Kleinkram (no pl.) 21 — small junk
die Kleinstadt,‼e — small, provincial town
das Klima (no pl.) 29 — climate
   klingeln 16 — to ring (the bell)
   es klingelt 16 — the bell is ringing
die Klinke,-n 28 — door handle
   klopfen — to knock
der Klub,-s — club
das Kloster,- 24 — monastery, cloister
   klug (klüger, klügst-) — smart, clever
die Kneipe,-n 30 — bar, pub, tavern
das Knie,- 17 — knee
der Knochen,- 18 — bone
der Koch,‼e 18 — cook (m.)
die Köchin,-nen 18 — cook (f.)
   kochen 18 — to cook
   das Wasser kocht — the water is boiling
   Kaffee kochen — to make coffee
der Koffer,- 17 — suitcase
die Kohle,-n 32 — coal
   Köln — Cologne
der Kollege,-n 4 — colleague (m.)
die Kollegin,-nen 4 — colleague (f.)
   kommen 3 — to come
   kam, ist gekommen
   das kommt noch 6 — it'll come (in due time)
   wie kommt es, daß...? — how is it that ...?
der Kommentar,-e 23 — comment, commentary
   komponieren 9 — to compose

der Komponist,-en,-en 9 — composer
der König,-e 24 — king
   können (kann) 11 — can, to be able to, to know (in the sense of having the ability
   konnte
   er kann Deutsch — he can speak German
   auswendig können — to know by heart
   das kann sein — that may be, that's possible
   konstruieren 12 — to construct
der Kontakt,-e 31 — contact
die Kontrolle,-n 7 — control, check
   kontrollieren — to control
das Konzert,-e 6 — concert
der Kopf,‼e 17 — head
die Kopfschmerzen (pl.) 8 — headache
der Korb,‼e — basket
der Körper,- 17 — body
der Körperteil,-e 17 — part of the body
   kosten 3 — to cost
die Kosten (pl.) — cost, fee(s)
   kostenlos 20 — free of charge
   krähen 18 — to crow
   krank 8 — sick, ill
   krank werden — to get, fall sick
der Kranke,-n (adj. noun) 21 — the sick (man)
das Krankenhaus,‼er 6 — hospital
   ins Krankenhaus bringen — to take to the hospital
die Krankheit,-en — sickness, illness
die Krankenschwester,-n 6 — nurse
der Krankenwagen,- 33 — ambulance
   kratzen 18 — to scratch
der Kratzer,- 33 — scratch
die Krawatte,-n 6 — necktie
die Kreide,-n 2 — chalk
der Kreis,-e — circle
   der Halbkreis — half circle
   im Halbkreis sitzen — to sit in a half circle
die Kreuzung,-en 23 — intersection
das Kreuzworträtsel,- 3 — crossword puzzle
   kriechen 33 — to crawl
   kroch, gekrochen
der Krieg,-e — war
   der Zweite Weltkrieg 15 — the Second World War
die Krise,-n 32 — crisis
   kritisch — critical
die Küche,-n 18 — kitchen
der Kuchen,- 4 — cake
   einen Kuchen backen — to bake a cake
der Kugelschreiber,- 2 — ballpoint pen
   der Kuli 2 — pen
   kühl 8 — cool
der Kühlschrank,‼e 18 — refrigerator

die Kultur,-en	culture
kulturell	cultural
s. kümmern um (+acc.) 30	to take care of
der Kumpel,- 33	pal, buddy, friend
der Kunde,-n,-n 5	customer (m.)
die Kundin,-nen 5	customer (f.)
das Kursbuch,"er 16	time table (train)
die Kunst,"e	art
der Künstler,-	artist
die Kurve,-n 24	curve
kurvenreich 24	winding
kurz (kürzer, kürzest-) 2	
küssen	to kiss
L	
lächeln	to smile
lachen (über + acc.) 26	to laugh (about)
laden 30	to load
lud, geladen	
die Ladung,-en 30	load
die Lage,-n 29	situation, position
die Lampe,-n 2	lamp
das Land,"er	country, land
auf dem Land	in the country
die Landschaft,-en 24	country side, land-scape
landen	to land
die Landkarte,-n 3	map
lang (länger, längst-) 2	long
drei Jahre lang	for three years
jahrelang	for years
lange (adv.)	(for) a long time
wie lange?	how long?
die Länge,-n	length
langsam 1	slow(ly)
s. langweilen 25	to be bored
langweilig	boring
der Lärm (no pl.) 33	noise
lassen (läßt) 22	to let, leave, allow,
ließ, gelassen	to have something done
das Buch zu Hause lassen	to leave the book at home
etwas machen lassen	to have something done
der Lastwagen,- 14	truck
der LKW,-s 14	common abbreviation for truck
der Lastzug,"e	trailer truck
das Latein	Latin
laufen (äu)	to run, walk fast
lief, gelaufen	
der Motor läuft	the motor is running
laut	loud(ly)

der Lautsprecher,- 26	loudspeaker
leben 9	to live
das Leben,- 6	life
lebendig 28	living, alive, lively
die Lebensmittel (pl.) 10	food, provisions, groceries
ledig 7	single, unmarried
das Leder,- 5	leather
leer 4	empty
legen 18	to lay, place flat
die Legende,-n 27	legend
s. (hin)legen	to lie down
die Lehre,-n 20	apprenticeship
der Lehrer,- 2	teacher (m.)
die Lehrerin,-nen 2	teacher (f.)
leicht 13	light, easy, easily
leider 12	unfortunately
leid tun 17	to feel sorry
es tut mir leid 14	I'm sorry
er tut mir leid	I feel sorry for him
leise 16	soft(ly), low (voice)
s. leisten	to afford
die Lektion,-en	lesson
das Lenkrad,"er 22	steering wheel
lernen 3	to learn
auswendig lernen	to memorize
lesen (ie) 6	to read
las, gelesen	
das Lesebuch,"er 31	reader
letzt- 12	last
letzten Monat	last month
letztes Jahr	last year
letzte Woche	last week
die Leute (pl.) 3	people
die meisten Leute	most people
das Licht,-er 18	light
das Licht anmachen	to turn, switch the light on
lieb	dear
lieben 24	to love
die Liebe 25	love
der Liebling,-e	darling
Lieblings- 26	favorite
	favorite color
liegen 3, 18	to lie (flat), to be
lag, gelegen	located, situated
der Likör,-e 24	liqueur
die Limonade,-n 3	lemonade, soft drink
link-	left
die linke Hand	the left hand
links (adv.) 2	left
von links nach rechts 2	from left to right
die Lippe,-n 17	lip
die Liste,-n 10	list

der Liter,- 10	liter
der Löffel,- 21	spoon
logisch 15	logical
das Lokal,-e 12	place (restaurant,bar)
los!	go on,
was ist los?	what's the matter?
die Lotterie,-n 31	lottery
das Lotto 31	short for lottery
lügen	to tell a lie
die Lunge,-n 33	lung
die Staublunge 33	illness: black lung
lustig 28	gay, merry

M

machen 4	to make, do
das macht nichts	that doesn't matter
wieviel macht das?	how much is it?
an·machen	to turn on
aus·machen	to turn off
das Mädchen,- 6	young girl
die Mahlzeit,-en 14	meal
der Mai 8	May
der Magen,ᵘ 17	stomach
das Mal,-e 18	time
dieses Mal	this time
zum ersten Mal	for the first time
zum letzten Mal	for the last time
das nächste Mal	next time
diesmal	this time
einmal	once
zweimal	twice
malen	to paint
der Maler,- 12	painter
die Malerei,-en 24	art of painting
malerisch 24	picturesque
man (indef. pronoun) 11	one, you, they, people
mancher (der-word)	many a
manchmal 6	sometimes
der Mann,ᵘer 2,7	man
männlich 23	masculine, male
der Mantel,ᵘ 6	coat
das Märchen,- 18	fairy tale
die Mark (no pl.) 5	mark (short for Deutsche Mark)
fünf Mark 5	five marks
der Markt,ᵘe 12	market
auf den Markt gehen	to go to the market
auf dem Markt	at the market
der Marktplatz,ᵘe 12	market place, square
die Marmelade,-n 14	marmalade
marschieren 18	to march
der März 8	March
die Maske,-n 26	mask

die Mathematik 2	mathematics
mathematisch 20	mathematical
die Mauer,-n 12	wall
mauern 31	to lay bricks
das Maul,ᵘer 28	mouth (of animal)
die Maus,ᵘe 18	mouse
der Mechaniker,- 2	mechanic (m.)
die Mechanikerin,-nen 2	mechanic (f.)
das Medikament,-e 9	medication, drug
die Medizin 30	medicine
mehr	more
mehr als 23	more than
nicht mehr	no longer
immer mehr (+verb or noun)	more and more
mehr oder weniger	more or less
mehrere 21	several
die Meile,-n	mile
meinen 12	to mean, be of the opinion, think
was meinen Sie?	what do you think
wie Sie meinen	as you say (like)
die Meinung,-en 25	opinion
die Meinungsforscher (pl.) 25	pollsters
meist-	most
meistens 14	mostly, most often
der Meister,- 18	master
der Mensch,-en	man, human being
die Mentalität,-en 21	mentality
merkwürdig	curious, remarkable
die Messe,-n 9	mass
das Messer,- 18	knife
der/das Meter	meter
miauen 18	to meow
die Miete 33	rent
mieten	to rent
die Milch 3	milk
die Milliarde,-n 25	billion
die Million,-en 8	million
der Millionär,-e 31	millionaire
mindestens	at least
das Mineralwasser 3	mineral water
die Minute,-n 4	minute
mißtrauisch 26	distrustful, suspicious (ly)
mit (+ dat.) 1,14	with, by (+ vehicle)
mit- (sep. prefix) 16	along
mit·bringen 16	to bring along
mit·gehen 16	to go along
der Mittag,-e 4	noon
zu Mittag	at noon
heute mittag 4	today at noon
das Mittagessen,- 14	lunch
die Mittagspause,-n 4	lunch break
mittags	at/around noon
die Mitte,-n	middle
in der Mitte	in the middle

die Mitternacht,¨e 13	midnight
der Mittwoch,-e 2	Wednesday
die Möbel (pl.) 13	furniture
modern 12	modern
mögen (mag) 11	to want, to like, care for
mochte	
ich mag keine Suppe 11	I don't like, care for soup
ich möchte (gern) 4	I would like to
möglich	possible
die Möglichkeit,-en	possibility
der Moment,-e 7	moment
einen Moment, bitte!	one moment, please
Moment mal! 20	just a moment
der Monat,-e 6	month
im (Monat) Januar	in January
der Montag,-e 2	Monday
das Moped,-s 14	moped, motorized bicycle
morgen 2	tomorrow
morgen früh	tomorrow morning
morgen abend	tomorrow evening
der Morgen 4	morning
guten Morgen! 1	good morning
heute morgen	this morning
am Morgen	in the morning
morgens 4	in the morning
um 8 Uhr morgens	at 8 o'clock in the morning
der Motor,-en	motor, engine
das Motorrad,¨er 14	motorcycle
müde 8	tired
München	Munich
der Mund,¨er 17	mouth
mündlich 1	oral(ly)
das Münster,-14	cathedral
die Münze,-n 21	coin
das Museum (pl. Museen) 12	museum
die Musik 6	music
Musik machen 18	to play music
der Musikant,-en 18	musician
müssen (muß) 11	must, have to
mußte	
die Mutter,¨ 7	mother
Mutti	Mom, Mommy

N

na! (na ja!)	well
na und?	so what?
nach (+ dat.) 6,14	to (+ destinations with proper names), after (+ time expressions

nach Hause gehen	to go home
nachdem (subord. conj.)	after
nach·denken (über + acc.) 16	to think, reflect (about)
dachte nach, nachgedacht	
nachher	afterwards
nach·kommen 18	to follow
der Nachmittag,-e 4	afternoon
am Nachmittag	in the afternoon
heute nachmittag	this afternoon
nachmittags 4	in the afternoon
nächst-	next
nächsten Monat	next month
nächstes Jahr	next year
nächste Woche	next week
das nächste Mal	next time
die Nacht,¨e 4	night
gute Nacht! 4	good night
in der Nacht	in the night
die ganze Nacht	all night
heute nacht	tonight
nachts 4	at night
der Nachteil,-e 31	disadvantage
der Nachtisch,-e 14	dessert
nahe (näher, nächst-)	near
die Nähe,-n	vicinity
(ganz) in der Nähe	close, near by
nähen 31	to sew
der Name,-n,-n 2	name
wie ist Ihr Name? 1	what's your name?
der Familienname,-n 1	family name, surname
der Vorname,-n 1	first name
nämlich	namely, that is (to say)
die Nase,-n 17	nose
naß (nässer, nässest-)	wet
naß werden	to get wet
die Nässe 19	wetness
die Natur,-en 24	nature
natürlich 8	naturally, of course
die Naturwissenschaft,-en 20	natural science
der Nebel,- 30	fog
neben (+ dat. or acc.) 18	next to, beside
nehmen (nimmt) 6	to take
nahm, genommen	
nein 1	no
nennen	to call, to name
nannte, genannt	
nervös 23	nervous
nett 13	nice, kind
das ist nett von Ihnen	that's nice of you
neu 2	new
neugierig	curious

ITG S

neun. 1	nine
neunzehn 1	nineteen
neunzig 2	ninety
nicht 1	not
noch nicht	not yet
nicht mehr	no longer
nicht wahr? 6	isn't it?
nicht so ... wie	not as ... as
nichts 7	nothing
nichts anderes 21	nothing else
nie 9	never
niedrig 13	low
niemand	nobody
das Niemandsland 30	no man's land
nirgends	nowhere
noch	still
noch nicht 6	not yet
noch einmal 1	once more
noch etwas?	anything else
noch ein Bier, bitte!	another beer, please
der Norden 3	the north
der Nordosten 3	the northeast
der Nordwesten 3	the northwest
im Norden von 3	in the north of
Norddeutschland 3	Northern Germany
nördlich (von)	north (of)
normal	normal
normalerweise (adv.)	normally
die Nostalgie 21	nostalgia
nostalgisch 21	nostalgic
der November 8	November
die Nudel,-n 14	noodle
die Null,-en (null) 1	zero
die Nummer,-n	number
nun 25	now
was nun?	what now (next)?
nur 4	only

O

ob (subord. conj.) 19	if, whether
oben (adv.) 2	above, up
da oben	up there
der Ober 4	waiter
Herr Ober! 4	Waiter' (normal way of addressing a waiter)
das Obergeschoß,-(ss)e	upper floor (story)
das Obst (no pl.) 10	fruit
obwohl (subord. conj.)	although
oder 1,6	or
der Ofen," 18	oven
offen	open

öffnen 26	to open
geöffnet von...bis	open from...to
oft 6	often
wie oft?	how often?
so oft wie möglich	as often as possible
öfters 32	more often, frequently
ohne (+ acc.) 8	without
ohne ... zu (+ inf.) 22	without ... verb (+ing)
das Ohr,-en 17	ear
der Oktober 8	October
das Öl	oil
der Onkel,- 7	uncle
die Oper,-n 9	opera, opera house
die Orange,-n	orange
die Ordnung,-en	order
in Ordnung! 7	alright, OK
geht in Ordnung	that's alright, OK
der Organist,-en,-en 9	organist
die Orgel,-n	organ
original	original
originell 21	unique,funny,amusing
der Ort,-e	place
der Osten 3	the east
der Nordosten 3	the northeast
der Südosten 3	the southeast
im Osten (von) 3	in the east (of)
Ostdeutschland	East,Eastern Germany
östlich (von)	east (of)
Ostern	Easter
zu Ostern	at Easter
Fröhliche Ostern!	Happy Easter
das Österreich 8	Austria
oval	oval

P

das Paar,-e	pair, couple
ein Paar Schuhe	a pair of shoes
ein paar	a few
vor ein paar Tagen	a few days ago
packen 27	to grab, seize, to pack
einen Koffer packen	to pack a suitcase
einen Arm packen	to seize by the arm
die Panne,-n 22	breakdown
eine Panne haben 22	to have a breakdown
eine Autopanne 22	car breakdown
das Panorama,-men 24	panorama
das Papier,-e 2	paper
ein Blatt Papier	a sheet of paper
die Papiere (pl.)	documents
das Paradies,-e 8	paradise
paradiesisch 24	idyllic
der Park,-s 8	park

parken	to park
der Parkplatz,⸚e	parking place, lot
das Parlament,-e	parliament
der Partner,- 31	partner
die Party,-s 15	party
der Paß,⸚(ss)e 7	passport, pass
der Passagier,-e 23	passenger
passen (+ dat.)	to fit
die Jacke paßt mir	the jacket fits me
das passende Wort	the right word
passieren (+ dat.) 26	to happen
die Passion 9	passion
das Passionsspiel,-e	passion play
die Paßkontrolle,-n 7	passport control, check
die Pause,-n 4	break
eine Pause machen 4	to take a break
der Pelz,-e 28	fur
die Pension,-en 33	retirement, retirement pay, also small boardinghouse
die Person,-en	person
der Pfarrer,- 27	pastor
der Pfeffer (no pl.)	pepper
die Pfeife,-n 3	pipe
der Pfennig,-e 5	penny
der Pfirsich,-e 10	peach
die Pflanze,-n 27	plant
das Pfund,-e 10	pound
zwei Pfund Zucker 10	two pounds of sugar
die Phantasie,-n 10	fantasy
phantastisch 13	fantastic
der Pianist,-en,-en 8	pianist
planen	to plan
der Plan,⸚e	plan
die Platte,-n	plate, record
der Plattenspieler,-	record player
der Platz,⸚e 11	seat, place, square
Platz·machen	to make room
Platz·nehmen	to take a seat
plötzlich 26	sudden(ly)
plus	plus
das Polen	Poland
die Politik (no pl.) 25	politics
der Politiker,-	politician
politisch	political(ly)
die Polizei (no pl.) 14	police (force)
die Polizeikontrolle,-n	police check
der Polizist,-en,-en 2	policeman
die Polizistin,-nen 2	policewoman
die Post (no pl.) 14	mail, post office
mit der Post	by mail
auf die Post gehen	to go to the post office
die Postkarte,-n 21	postcard
praktisch 13	practical(ly)
der Präsident,-en,-en 29	president
der Preis,-e	price, prize
preiswert 12	well priced, reasonable
das Prestige (no pl.) 23	prestige
privat	privat(ly)
das Problem,-e 6	problem
produzieren 30	to produce
der Professor,-en	professor
das Programm,-e 6	program
das Prozent	per cent
prüfen 20	to examine, check, test
der Prüfer,- 23	examiner
die Prüfung,-en 20	exam(ination), test
die Psychologie 26	psychology
psychologisch 26	psychological(ly)
der Pudding (no pl.) 14	pudding
der Pullover,- 6	sweater, pullover
der Pulli,-s 6	light sweater
der Punkt,-e	point
die Puppe,-n 21	doll
putzen 18	to clean
s. die Zähne putzen 25	to clean, brush one's teeth

Q

die Quelle,-n 32	source
die Querstraße,-n 14	crossroad
die zweite Querstraße rechts	the second street to your right

R

das Rad,⸚er	bicycle, bike, wheel
rad·fahren	to ride a bike
das Radio,-s 4	radio
im Radio	on the radio
Radio·hören 4	to listen to the radio
der Rasierapparat,-e 25	razor
s. rasieren 25	to shave (oneself)
raten	to guess
riet, geraten	
das Rathaus,⸚er 12	city hall
das Rätsel,-	puzzle
der Räuber,- 18	robber
das Räuberhaus,⸚er 18	robber's hideout
rauchen 3	to smoke
Rauchen verboten! 11	No smoking
der Nichtraucher	non-smoker
die Rechnung,-en 11	bill, invoice
das Recht,-e 29	right
recht	right
das ist mir recht 17	that's all right with me
recht·haben	to be right

recht-	right
die rechte Hand	the right hand
rechts (adv) 2	right, on/to the right side
reden von (+ dat.) 27	to talk of
reden über (+ acc.) 26	to talk about
die Redewendung,-en	turn of phrase, idiom
die Regel,-n 23	rule
regelmäßig	regular(ly)
die Regelung,-en 31	regulation, solution
der Regen,- 8	rain
der Regenmantel,- 9	raincoat
der Regenschirm,-e 4	umbrella
die Regierung,-en 29	government
die Bundesregierung	Federal Government (of Germany)
regnen 6	to rain
es regnet 6	it's raining
reich	rich
die Reife,-n 20	maturity
die Mittlere Reife 20	completion diploma (Realschule
der Reifen,- 22	tire
einen Reifen wechseln 22	to change a tire
die Reihe,-n	row
der Reis (no pl.) 14	rice
die Reise,-n 8	trip, journey
Gute Reise! 26	have a good trip
eine Reise machen 9	to take a trip
das Reisebüro,-s 9	travel agency
reisen (ist gereist) 8	to travel
ins Ausland reisen 8	to travel, go abroad
der Reisepaß,-(ss)e 7	passport
der Reiz,-e 24	charm
reizvoll 24	charming
rennen	to run
rannte, gerannt	
das Rennen,- 23	race
die Reparatur,-en	repair(s)
reparieren 22	to repair
reparieren lassen	to have repaired
der Reporter,- 19	reporter
die Republik,-en 29	republic
reservieren 8	to reserve
die Residenz	residence, castle in Würzburg
der Rest,-e 27	remainder, balance
das Restaurant,-s 4	restaurant
das Resultat,-e	result
retten 28	to save
der Rhein 23	Rhine (river)
der Richter,- 18	judge
richtig 2	right, correct(ly)
die Richtung,-en	direction, way
in diese Richtung	in this direction, this way
riechen 17	to smell
der Riese,-n 18	giant
das Risiko,-s 23	risk
riskieren 23	to risk
der Rock,-e 6	skirt
die Rolle,-n	roll
rollen 8	to roll
die Romantik (no pl.) 24	romantic (sight, atmosphere)
romantisch 12	romantic
die Rose,-n 22	rose
der Rostbraten	roast beef
rot 2	red
der Rotwein,-e 3	red wine
die Routine,-n 30	routine
rufen	to call
rief, gerufen	
die Ruhe (no pl.) 25	peace and quiet
rund 13	round, around, about

S

die Sache,-n 12	thing, matter
das ist Ihre Sache	that's your business
der Saft,-e 3	juice
sagen 6	to say, tell
Sagen Sie mir ...	tell me
die Sahne (no pl.)	cream
der Salat,-e 10	salad, lettuce
das Salz	salt
sammeln 21	to collect
der Sammler,- 21	collector
der Samstag,-e 2	Saturday
der Satz,-e	sentence
der Hauptsatz,-e	main clause
der Nebensatz,-e	subord. clause
sauber 13	clean
sauer 3	sour
der Sauerbraten,-	Sauerbraten
schade! 18	too bad
schaffen 33	to accomplish
die Schallplatte,-n 15	record
schätzen 25	to estimate
schauen	to look, gaze
der Scheck,-s 31	check
scheinen 8	to shine, to seem
schien, geschienen	
die Sonne scheint 8	the sun is shining
er scheint zu schlafen	he seems to be asleep
der Schemel,- 27	footstool
schenken 15	to give (a present)
die Schere,-n 28	scissors (used in the singular in German)

schick [13]	chic, stylish, smart
schicken	to send
schießen [28]	to shoot
schoß, geschossen	
das Schiff,-e [14]	ship
das Schild,-er [30]	sign
der Schinken,- [14]	ham
schlafen (ä) [6]	to sleep
schlief, geschlafen	
das Schlafzimmer,- [18]	bedroom
schlagen	to beat, hit, spank
schlug, geschlagen	
schlank	slender
schlapp [25]	listless
schlau	sly, clever
schlecht	bad
mir ist es schlecht	I feel faint
schleudern [27]	to hurl, throw
schließen [22]	to shut, close
schloß, geschlossen	
das Schloß,⁻(ss)er	castle, door lock
der Schluß,⁻(ss)e	conclusion, end
zum Schluß [31]	at the end
der Schlüssel,- [4]	key
schmal [12]	narrow
schmecken (+ dat.) [17]	to taste
es schmeckt mir gut	it tastes good to me
das Essen schmeckt mir	I like the food
hat's geschmeckt?	did you enjoy your food (meal)?
der Schmerz,-en [17]	pain, ache
der Schmuck (no pl.) [21]	jewelry
schmutzig [13]	dirty
der Schnapps	hard liquor
schnappen [28]	to catch
schnarchen [28]	to snore
der Schnee [8]	snow
schneien [8]	to snow
schneiden	to cut
schnitt, geschnitten	
schnell	fast
der Schnitt,-e [28]	cut
das Schnitzel,- [11]	veal cutlet
die Schokolade,-n [5]	chocolate
die Tafel Schokolade	chocolate bar
schon [6]	already
schon lange	for a long time
schön [6]	beautiful, nice, fine, pretty
danke schön!	thank you very much
bitte schön!	you're welcome
der Schrank,⁻e [13]	cabinet, cupboard, wardrobe
schrecklich [13]	terrible, awful
schreiben [3]	to write
schrieb, geschrieben	
die Schreibmaschine,-n [20]	typewriter
der Schreibtisch,-e	desk
das Schreibwarengeschäft,-e [5]	stationary shop
schreien [18]	to scream, yell
schrie, geschrien	
schriftlich [1]	written, in written form
der Schuh,-e [6]	shoe
ein Paar Schuhe	a pair of shoes
die Schule,-n [6]	school
in der Schule	in school
in die Schule gehen	to go to school
die Schulferien (pl.)	school vacation
die Schulter,-n [17]	shoulder
die Schürze,-n [16]	apron
schwach [8]	weak
schwarz [2]	black
das Schwein,-e	pig
das Schweinefleisch	pork
die Schweiz [29]	Switzerland
in der Schweiz	in Switzerland
in die Schweiz	to Switzerland
schwer	heavy, difficult
schwerhörig [33]	hard of hearing
die Schwester,-n [7]	sister
schwierig	difficult
die Schwierigkeit,-en	difficulties
das Schwimmbad,⁻er [14]	swimming pool
schwimmen [6]	to swim
schwamm, ist geschwommen	
schwitzen [17]	to sweat, perspire
sechs [1]	six
sechzehn [1]	sixteen
sechzig [2]	sixty
der See,-n [24]	lake
sehen (ie) [6]	to see
sah, gesehen	
die Sehenswürdigkeit,-en [12]	tourist attraction, sight, place of interest
sehr [3]	very
die Seife,-n [25]	soap
sein (ist) [1]	to be
war, ist gewesen	
seit (+ dat.) [14]	since (with a point in past time), for (a period of past time)
seit einem Monat [14]	since/for a month
seit gestern	since yesterday
seit wann?	since when?
die Seite,-n	page, side
auf Seite 15	on page 15
von allen Seiten	from all sides

die Sekretärin,-nen [2]	secretary
die Sekunde,-n	second
selbst [22]	self, even
er selbst	he himself
selbst er	even he
selbstverständlich [29]	a matter of course
das ist selbstverständlich	that goes without saying, that's understood
selten [19]	seldom, rarely
seltsam [28]	strange, peculiar
der September [8]	September
der Sessel,- [13]	easy chair
setzen	to put
s. setzen [25]	to sit down
das Shampoo,-s [26]	shampoo
sicher [12]	certain(ly), sure(ly),
die Sicherheit,-en [23]	security
sieben [1]	seven
siebzehn [1]	seventeen
siebzig [2]	seventy
das Silber [13]	silver
aus Silber [13]	made of silver
singen [18]	to sing
sang, gesungen	
die Sitte,-n [22]	custom
die Situation,-en [15]	situation
sitzen [3]	to be seated, sitting
saß, gesessen	
skeptisch [33]	skeptical
so	so, thus, that way, indeed?
so?	
so, so	well, well!
ach so!	oh, I see
und so weiter (usw.)	and so on, etc.
so etwas	something like this
so klein wie	as little as
die Socke,-n [6]	sock
das Sofa,-s [13]	sofa
sofort [15]	at once, immediately
sogar	even
sogenannt	so-called
der Sohn,"e [7]	son
solcher (der-word)	such
solch ein Mann	such a man
der Soldat,-en,-en [2]	soldier
sollen (soll) [11]	to be supposed to
sollte	shall, should
der Sommer,- [8]	summer
sondern [13]	but, on the contrary
der Sonnabend,-e [2]	Saturday
die Sonne,-n [8]	sun
sonnig [8]	sunny
der Sonntag,-e [8]	Sunday
am Sonntag	on Sunday

sonntags	Sundays, on Sundays
sonst [6]	otherwise
was sonst noch? [6]	what else?
sonst noch etwas?	anything else?
sonst nichts	nothing else
sonstig (adj.) [32]	other
das Souvenir,-s [24]	souvenir
soviel	so much, as much
soviel ich weiß	as much as I know
soviel wie möglich	as much as possible
sowieso	anyhow, anyway, in any case
das Spanien [8]	Spain
spanisch (adj.)	spanish
sparen [31]	to save
der Spaß,"e	fun, joke
aus Spaß	for fun
es macht mir Spaß [9]	I like it (a lot)
Spaß haben	to have fun
viel Spaß! [6]	have fun
spät [2]	late
wie spät ist es? [2]	how late is it?
früher oder später	sooner or later
spazieren·gehen [31]	to go for a walk
ging spazieren, ist spazieren gegangen	
die Speisekarte,-n [11]	menu
die Spezialität,-en	speciality
der Spezialist,-en	specialist
die Sphäre,-n [22]	sphere
der Spiegel,- [21]	mirror
das Spiel,-e	play
spielen [5]	to play
das Spielzeug,-e [21]	toy
spontan [27]	spontaneous(ly)
die Spitze [30]	top, head
der Sport (no pl.) [15]	sport, athletics
sportlich [13]	sporty
die Sprache,-n	language
sprechen (i) [6]	to speak
sprach, gesprochen	
springen [28]	to jump
sprang, ist gesprungen	
der Staat,-en [6]	state
die Staatsform,-en [25]	form of government
die Stadt,"e [3]	city, town
in die Stadt gehen [6]	to go downtown
die Stadtmauer,-n [12]	city/town wall
die Stadtmusik [18]	town band
der Stadtplan,"e [14]	map of the city
das Stadtzentrum (pl.-zentren) [12]	center of town
Stamm- (prefix) [22]	regular
der Stammgast,"e [22]	regular guest, customer
der Stammtisch,-e [22]	table reserved for regular guests
der Stand,"e	booth, stand

stark (stärker, stärkst-) [8]	strong, powerful
eine starke Erkältung	a bad cold
statt (+ gen.)	instead of
stechen (i) [18]	to stab
stach, gestochen	
der Status (no pl.)	status
der Stau,-s	traffic jam
stecken	to put, to stick (into)
stehen [18]	to stand,
stand, gestanden	
auf·stehen [16]	to get up
es steht in der Zeitung	it is (written) in the newspaper
stehlen (ie) [27]	to steal
stahl, gestohlen	
steigen [24]	to climb
stieg, ist gestiegen	
ein·steigen [16]	to get in, board (a vehicle)
aus·steigen [16]	to get off (vehicle)
um·steigen [16]	to transfer, change (train, bus, etc.)
der Stein,-e [27]	stone
der Steinschlag [33]	rock slide
die Stelle,-n [23]	place, position,
die Unfallstelle,-n [33]	scene of accident
stellen [18]	to place, put (upright)
s. stellen	to stand up, position oneself upright
die Stenographie [20]	stenography
sterben (i) [9]	to die
starb, ist gestorben	
die Stereoanlage,-n [13]	stereo set
die Steuer,-n	tax
der Stiefel,-n [6]	boot
ein Paar Stiefel	a pair boots
still [18]	still, quiet
sei still!	be quiet
die Stimme,-n [18]	voice
stimmen	to be correct
das/es stimmt	it's correct
der Stock,⸚e [18]	floor (story) of a building
der erste Stock [18]	American second floor
das Stockwerk,-e [18]	floor, story
die Strafe,-n [27]	punishment
die Straße,-n [12]	street
auf der Straße	in/on the street
über die Straße gehen	to go across the street
die Straßenbahn,-en [6]	streetcar
die Straßenbahnhaltestelle,-n	streetcar stop
der Strauß,⸚(ss)e [28]	bunch, bouquet
der Streifen,- [30]	strip
das Streichholz,⸚er [18]	match
die Strecke,-n [30]	route

die Struktur,-en [29]	structure
der Strumpf,⸚e [6]	stocking
die Stube,-n [28]	room
das Stück,-e [4]	piece
ein Stück Kreide	a piece of chalk
der Student,-en,-en [2]	student (m.)
die Studentin,-nen [2]	student (f.)
das Studentenhaus,⸚er [14]	student living quarters
studieren (an + dat.) [3]	to study (at)
das Studio,-s [6]	studio
der Stuhl,⸚e [2]	chair
die Stunde,-n [11]	hour
eine halbe Stunde	a half an hour
stundenlang [12]	for hours
der Stundenplan,-e [20]	(class) schedule
suchen [5]	to look for
der Süden [3]	the south
der Südosten [3]	the southeast
der Südwesten [3]	southwest
im Süden [3]	in the south (of)
Süddeutschland [3]	Southern Germany
süddeutsch	southern German
südlich (von)	south (of)
die Sünde,-n [27]	sin
der Sünder,- [28]	sinner
der Supermarkt,⸚e [11]	supermarket
die Suppe,-n [10]	soup
süß [3]	sweet
die Süßigkeit,-en [20]	sweets
das Symbol,-e [11]	symbol
die Symphonie,-n [9]	symphony
(die Sinfonie,-n)	
das System,-e [29]	system
die Szene,-n [5]	scene

T

die Tablette,-n [8]	pill
die Tafel,-n	blackboard
der Tag,-e [2]	day
tagelang	for days
guten Tag!	good day
täglich [19]	daily
über Tage arbeiten [33]	above ground
unter Tage arbeiten [33]	under ground
die Tageszeit,-en [4]	time of the day
tanken [11]	to fill up, gas up
die Tankstelle,-n [11]	filling or gas station
die Tante,-n [7]	aunt
die Tasche,-n [4]	pocket, bag, purse
in die Tasche stecken [27]	to put in the pocket
die Taschenuhr,-en [12]	pocket watch
die Tasse,-n [4]	cup

taub 9	deaf
die Taube,-n 33	pigeon
die Brieftaube,-n 33	homing pigeon
die Taubenzucht (no pl.) 33	pigeon-breeding
der Tausch (no pl.)	exchange
tauschen 33	to exchange, swap
tausend 2	thousand
das Taxi,-s 6	cab, taxi
die Technik,-en	technique
die Technologie,-n 32	technology
der Tee 3	tea
der Teil,-e 24	part
teilen	to divide, separate
das Telefon,-e 11	telephone
am Telefon	on the phone
telefonieren (mit + dat.)	to phone
das Telefonbuch,"er	telephone booth
die Telefonnummer,-n	telephone number
die Telefonzelle,-n 11	telephone
das Telegramm,-e 16	telegram
der Teller,- 21	plate
die Temperatur,-en 32	temperature
das Tennis (no pl.) 5	tennis
Tennis spielen 5	to play tennis
der Tennisball,"e 5	tennis ball
der Teppich,-e 13	carpet, rug
die Terrasse,-n 18	terrace
teuer 4	expensive
das Theater,- 6	theater
theoretisch	theoretical(ly)
der Test,-e	test
testen	to test
der Text,-e 31	text
das Thema (pl. Themen) 31	topic, subject
der Thron,-e 27	throne
tief 18	deep
das Tier,-e 18	animal
der Tip,-s 32	hint
der Tisch,-e 2	table
die Tochter," 7	daughter
der Tod (no pl.)	death
die Toilette,-n	toilet, restroom
toll 13	mad, wild, crazy
die Tomate,-n 10	tomato
die Tonne,-n 10	ton
die Torte,-n 14	fancy layer cake
tot	dead
tot·schlagen 18	to beat to death
der Tourist,-en,-en 7	tourist
die Tradition,-en	tradition
traditionell 31	traditional
tragen (ä) 6	to carry, to wear
trug, getragen	
trampen 19	hitchhike
das Transistorradio,-s 5	transistor radio
die Traube,-n 10	grape
der Transport,-e 30	transport
der Traum,"e 31	dream
träumen (von + dat.) 31	to dream (of)
traurig	sad
treffen (i) 21	to meet
traf, getroffen	
die Treppe,-n 18	stairs, staircase
trinken (aus + dat.) 3	to drink (out of)
trank, getrunken	
trocken	dry
der Trödel (no pl.) 21	junk
die Trommel,-n 18	drum
trommeln 18	to drum
die Trompete,-n 18	trumpet
trotz (+ gen.) 24	in spite of, despite
trotzdem (adv.) 9	nevertheless, in spite of
das T-Shirt 5	T-shirt
die Tschechoslowakei	Czechoslovakia
tun 3	to do
tat, getan	
(es) tut mir leid.	I'm sorry
die Tür,-en 2	door
der Turm,"e 24	tower
die Tüte,-n 20	bag
der Typ,-en	type
typisch 8	typical(ly)

U

üben	to practice
über (+ dat. or acc.) 18	over, above, via, across
überall	everywhere, all over
überholen 11	to pass
überfüllt 30	overcrowded
überlassen 31	to leave up to
s. überlegen	to think about, contemplate
übermorgen 12	the day after tomorrow
überraschen 16	to suprise
die Überraschung,-en	surprise
übersetzen 27	to translate
über·wechseln 20	to change over
üblich 21	usual, customary
übrigens 10	by the way, incidentally
die Übung,-en	exercise, practice
das Ufer,-	(river)bank
die Uhr,-en	clock, watch

wieviel Uhr ist es? 2	what time is it?
es ist vier Uhr 2	it is four o'clock
um wieviel Uhr? 4	at what time?
um (+ acc.) 8	around, about, at
um ... zu (+ inf.) 25	in order to
die Umfrage,-n 23	
s. um·schauen 26	to look around
um·steiger 16	to transfer, change
stieg um, ist umge-	(vehicle)
stiegen	
umstritten (adj.) 32	controversial
die Umwelt (no pl.) 31	environment, ecology
s. um·ziehen 16	to change (clothes)
zog sich um, umge-	
zogen	
unbeschreiblich 24	undescribable
und 1	and, plus
und so weiter	and so on, etc.
der Unfall,ᵘe 23	accident
die Unfallstelle,-n 33	scene of accident
ungefähr 8	around, about,
	approximately
ungerade	uneven
ungesund 8	unhealthy
die Uniform,-en	uniform
universal 22	universal
die Universität,-en 12	university
(die Uni)	
unten (adv.) 2	below, down, down-
	stairs
unter (+ dat. or acc.) 18	under, among
s. unterhalten (ä) 26	to converse, talk
(über + acc.)	about
unterhielt, unter-	
halten	
die Unterhaltung,-en 2	conversation, talk
der Unterricht,- 4	lesson, instruction
der Unterschied,-e	difference
was ist der Unter-	what is the difference
schied zwischen...?	between ...?
der Urgroßvater,ᵘ 33	great-grandfather
der Urlaub (no pl.) 8	vacation,
auf/im Urlaub 8	on vacation,
Urlaub haben	to be on vacation
Urlaub machen 8	to take vacation
in Urlaub gehen/fahren	to go on vacation
das Urlaubsparadies,-e 8	vacation paradise
die Urlaubsreise,-n 8	vacation trip
die USA (pl.) 8	USA

V

die Variation,-en 4	variation
der Vater,ᵘ 7	father

verantwortlich	responsible
die Verantwortung,-en 23	responsibility
verbessern	to correct, to improve
verbinden 9	to connect
verband, verbunden	
verboten 11	prohibited
Rauchen verboten 11	No smoking
der Verbrauch (no pl.) 32	consumption
verbrauchen 32	to use, to consume
der Verbraucher 32	consumer
verbringen 8	to spend, pass (time)
verbrachte, verbracht	
verdienen 19	to earn, to make (money)
die Vereinigten Staaten	the United States
die Verfassung,-en 29	constitution
vergangen (adj.) 27	past,
die Vergangenheit	past time, past tense
vergessen (vergißt) 6	to forget
vergaß, vergessen	
vergleichen 14	to compare
verglich, verglichen	
verheiratet 7	married
der Verein,-e 25	club, association
der Verkauf,ᵘe	sale
verkaufen 5	to sell
der Verkäufer,- 5	seller
die Verkäuferin,-nen 5	saleslady
der Verkehr (no pl.) 7	traffic
die Verkehrskontrolle,-n 7	traffic control
die Verkehrsregel,-n 23	traffic regulation
der Verkehrsunfall,ᵘe	traffic accident
das Verkehrszeichen,- 11	traffic sign
die Verladung,-en 30	loading, shipping
verlassen (ä) 19	to leave
verließ, verlassen	
(sich) verletzen	to hurt, injure (one-
	self)
der Verletzte,-n (adj.noun) 33	injured (person)
verlieren	to lose
verlor, verloren	
vermindern 33	to lessen, to diminish
vermuten 22	to guess, speculate
die Vermutung,-en 22	guess, speculation
verrückt 21	crazy, mad
verrutschen 30	to slip
verschieden 30	different
grundverschieden 30	fundamentally different
verschiedenes 2	miscellaneous
verschwenden 32	to waste
verschwinden 31	to disappear
verschwand, ist ver-	
schwunden	
versorgen 31	to take care of
die Versorgung 30	supply
s. verspäten 25	to be late
versprechen (i)	to promise
versprach, versprochen	

das Versprechen,-	promise
verstehen 3	to understand
s. mit jemandem ver-stehen 30	to get along with s.o.
versuchen	to try, to attempt
das Essen versuchen	to taste the food
versüßen 20	to sweeten
verwandt ,-n (adj.noun)	related
der Verwandte,-n (adj.noun) 7	relative
Verzeihung! 1	excuse me
verzollen 7	to pay duty (on)
haben Sie etwas zu verzollen? 7	have you anything to declare?
viel (mehr, meist-) 4	much
soviel	so much, as much
zuviel	too much
viele 4	many
vielleicht 6	perhaps, maybe
vier 1	four
das Viertel,- 4	quarter
dreiviertel	three quarters (of)
vierzehn 1	fourteen
vierzig 2	forty
der Violinist,-en,-en 9	violinist
der Vogel,ü 28	bird
das Volk,üer	people
das Volksfest 24	public festival
voll 4	full
vollenden	to complete
von (+ dat.) 14	from, by, of
von ... bis	from ... to,till
von ... nach	from ... to (place)
vor (+ dat. or acc.) 18	in front of, before
vor (+ dat.) 14	ago (in time ex-pressions)
vor allem 21	above all
vorbei- (sep. prefix) 16	past, over, gone
vorbei·gehen 16	to pass by
vorbei·kommen 16	to drop by
vor·bereiten	to prepare
die Vorbereitung,-en	preparation
vorgestern 12	day before yesterday
vor·haben 18	to plan, to have planned
der Vorhang,üe 13	curtain, drapes
vorher (adv.) 8	before, in advance
der Vormittag,-e 4	morning, forenoon
am Vormittag	in the morning
heute vormittag	this morning
der Vorname,-n,-n 1	first name
vorne (adv.) 2	in front
die Vorsicht (no pl.)	caution
Vorsicht!	caution!, look out!
vorsichtig 10	cautious, careful(ly)
s. vor·stellen (dat.) 31	to imagine

W

die Waage,-n 26	scales
der Wachtturm,üe 30	watch tower
die Waffe,-n 21	weapon
der Wagen,- 10	car, cart, coach
die Wahl,-en 20	choice, election
wählen 20	to choose
wahr 6	true
nicht wahr? 6	isn't it so?
während (+ gen.) 24	during
während 23	while
wahrscheinlich 22	probably
der Wald,üer 18	wood, forest
die Wand,üe 18	wall
wandern	to wander, hike
die Wanderung,-en	hike
der Wanderweg,-e	hiking path
wann (question word) 4	when
die Wanne,-n 32	tub
die Ware,-n 21	goods
warm (wärmer, wärmst-) 3	warm
warten (auf + acc.) 6	to wait (for)
warum 6	why
was 1	what
was für ...? 13	what kind of
was noch?	what else?
waschen, (ä) 6	to wash
wusch, gewaschen	
s. waschen 25	to wash (oneself)
der Waschraum,üe 26	lavatory
das Wasser 3	water
die Wasserkraft 32	hydro-electric power
der Wasserstrahl 33	water jet
das WC	man's/lady's room
der Wechsel,- 24	change
wechseln 20	to change
weder ... noch	neither ... nor
der Weg,-e	path
den Weg zeigen	to show the way
s. auf den Weg machen 28	to set out
nach dem Weg fragen	to ask the way
weg 13	away, gone
weg- (sep. prefix) 18	away, off
weg·fahren 18	to drive away
weg·werfen	to throw away
wegen (+ gen.) 24	because of
weh 17	sore
es tut mir weh 17	it hurts me
weiblich 23	feminine, female
weich 13	soft
weichgekocht 14	soft-boiled
die Weihnachten 12	Christmas
zu Weihnachten	at Christmas
Fröhliche Weihnachten	Merry Christmas

weil (subord. conj.) 19	because
die Weile,-n 28	while
eine ganze Weile	quite a while
nach einer Weile	after a while
ein Weilchen	a little while
der Wein,-e 3	wine
der Weißwein,-e 3	white wine
der Rotwein,-e 3	red wine
weinen 18	to cry
weiß 2	white
weit 14	far
weiter	farther, further
und so weiter (usw.) 1	and so on, etc.
weiter- (sep. prefix) 16	on, to continue
weiter·gehen 16	to go on
weiter·schlafen 16	to continue to sleep
welcher (der-word) 12	which
die Welt,-en 9	world
die ganze Welt	the whole world
weltberühmt 9	world-famous
wem	to whom
wen 5	whom
wenig	little
ein wenig 1	a little
wenige 21	few
weniger 1	minus, less
mehr oder weniger	more or less
wenigstens	at least
wenn (subord. conj.) 19	if, when (with present or future tense only), whenever
wer 1	who
die Werbung,-en 15	advertising
werden (wird) 6	to become, to get
wurde, geworden	
es wird kalt 6	it is getting cold
werfen (i) 18	to throw
warf, geworfen	
die Werkstatt,⸚en 22	work/repair shop
wert 21	worth
wertvoll 21	valuable
wesentlich 20	essential
im wesentlichen 20	essentially
wessen 24	whose
der Westen 3	the west
der Nordwesten 3	the northwest
der Südwesten 3	the southwest
im Westen (von) 3	in the west (of)
Westdeutschland	western, West-Germany
westlich (von)	west (of)
das Wetter 8	weather
wichtig	important
wie	how
wie bitte? 1	I beg your pardon
wie ist Ihr Name? 1	what's your name?
wie ist es mit ...? 10	how about ...?
wie lange? 4	how long?
wieder 9	again
immer wieder	again and again
wiederholen 3	to repeat
die Wiederholung,-en	review, repetition
wieder·sehen	to see again
(auf) Wiedersehen! 1	see you again, good bye!
(auf) Wiederhören	good bye (used on the phone)
wiegen 26	to weigh
wog, gewogen	
die Wiese,-n 25	meadow
wieso?	why
wieviel 1	how much
wieviel Uhr ist es? 2	what time is it?
der wievielte ist heute? 12	what is the date?
wie viele 2	how many
der Wind,-e 8	wind
windig 8	windy
der Winter,- 8	winter
im Winter	in the winter
wirklich	real(ly)
die Wirklichkeit,-en 31	reality
die Wirtschaft,-en 12	economy, trade
die Wirtschaftswissen-schaft,-en 20	economics
das Wirtschaftszentrum (pl.-zentren) 12	center of commerce, trade
wissen (weiß) 4	to know
wußte, gewußt	
der Witz,-e	joke
wo 1	where
woher 1	where (from)
wohin 3	where (to)
die Woche,-n 2	week
das Wochenende,-n 2	weekend
der Wochentag,-e 2	days of the week
wohl 25	well
s. wohl fühlen 25	to feel well
auf Ihr Wohl!	to your health
wohnen 3	to live, reside
das Wohnhaus,⸚er 13	apartment building
die Wohnung,-en 16	apartment,
das Wohnzimmer,- 13	living room
der Wolf,⸚e 28	wolf
die Wolke,-n 8	cloud
wollen (will) 1	to want to
wollte	
womit 14	with what
das Wort,⸚er 2	word
das Wörterbuch,⸚er 12	dictionary
das Wunder,-	wonder, miracle
wunderbar 13	wonderful, marvelous

	wunderlich *27*	strange, peculiar
	wunderschön *21*	beautiful
der	Wunsch,"e	wish
	wünschen	to wish
	s. wünschen (+ dat.) *26*	to wish for, to desire
die	Wurst,"e *14*	cold cuts, sausage
das	Würstchen,- *12*	hot dog

Z

die	Zahl,-en *2*	number
	zahlen *3*	to pay
	Zahlen bitte*!*	the check please
	zahllos *24*	countless
	zählen *1*	to count
der	Zahn,"e *17*	tooth
die	Zahnbürste,-n *26*	toothbrush
die	Zahnpasta (pl. Zahnpasten) *26*	toothpaste
	zart *28*	tender
der	Zaun,"e *18*	fence
die	Zeche,-n *33*	mine
die	Zechensiedlung,-en *33*	mining community
das	Zeichen,- *3*	sign
	zeichnen *31*	to draw
	zeigen *4*	to show
die	Zeit,-en *4*	time
die	Zeitschrift,-en *26*	magazine, journal, periodical
die	Zeitung,-en *4*	newspaper
das	Zelt,-e *21*	tent
das	Zentrum (pl. Zentren) *3*	center
	zerbrechen (i) *28*	break
	zerbrach, zerbrochen	
	zerkratzen *18*	to scratch up
der	Zeuge,-n *33*	witness
	ziehen *28*	to pull
	zog, gezogen	
die	Ziehung,-en *31*	drawing
	ziemlich *12*	rather, fairly
die	Zigarette,-n *4*	cigarette
die	Zigarre,-n	cigar
das	Zimmer,- *2*	room
die	Zitrone,-n *4*	lemon
der	Zoll,"e *7*	customs, duty
der	Zollbeamte,-n,-n *7*	customs official
die	Zollkontrolle,-n *7*	customs control
der	Zoo,-s *12*	zoo
	zu (adv.) *4*	too
	zu (+ dat.) *14*	to, at, for
	zu Hause *3*	at home
der	Zucker	sugar

	zuerst *10*	(at) first, first of all all
der	Zufall,"e	coincidence, chance
	zufällig	by coincidence, by chance
	zufrieden (adj.)	satisfied
der	Zug,"e *6*	train
	mit dem Zug fahren *14*	to go by train
die	Zugspitze *23*	highest mountain in the German Alps
	zu·hören	to listen to
die	Zukunft (no pl.) *22*	future
	zu·machen *16*	to close
	zurück- (sep. prefix) *16*	back, return
	zurück·bringen *16*	to return
	zurück·fahren *16*	to drive back
	zusammen *10*	together
	zuviel *4*	too much
	zwanzig *1*	twenty
	zwei *1*	two
	zweimal	twice
die	Zwiebel,-n *10*	onion
	zwischen (+ dat. or acc.) *18*	between
	zwölf *1*	twelve

Index

Numbers following index entries refer to chapters.